高等院校本科会计学专业教材新系
国家级一流本科专业建设点

Accounting for Government and Nonprofit Organizations

政府与非营利组织会计

第七版

常丽　何东平　主编

东北财经大学出版社
Dongbei University of Finance & Economics Press
大连

图书在版编目（CIP）数据

政府与非营利组织会计 / 常丽，何东平主编．—7版．—大连：东北财经大学出版社，2024.2（2025.8重印）
（高等院校本科会计学专业教材新系）
ISBN 978-7-5654-5129-4

Ⅰ.政…　Ⅱ.①常…②何…　Ⅲ.单位预算会计-高等学校-教材
Ⅳ.F810.6

中国国家版本馆CIP数据核字（2024）第013960号

东北财经大学出版社出版
（大连市黑石礁尖山街217号　邮政编码　116025）
网　　址：http://www.dufep.cn
读者信箱：dufep@dufe.edu.cn
大连雪莲彩印有限公司印刷　　东北财经大学出版社发行

幅面尺寸：185mm×260mm　字数：583千字　印张：24.5　插页：1
2024年2月第7版　　2025年8月第3次印刷

责任编辑：王　莹　吴　茜　　责任校对：刘贤恩
封面设计：原　皓　　版式设计：原　皓

定价：55.00元

第七版前言

作为现代会计的两大分支之一，政府与非营利组织会计和企业会计具有同等重要的地位。政府会计最早产生于我国的商周时期，被称为官厅会计，后来几经演变和发展，逐步形成了现代政府会计的基本架构。我国政府会计在中华人民共和国成立后经过多次改革，逐渐突破传统预算会计的局限。20世纪末开始的新一轮政府会计改革取得了显著成就，推动了我国政府会计的迅速发展。

2014年12月，国务院批转了财政部制定的《权责发生制政府综合财务报告制度改革方案》，明确了我国政府财务报告制度改革的指导思想、总体目标和主要内容。2015年末，财政部颁布了《政府会计准则——基本准则》，随后又发布了一系列政府会计具体准则、《财政总会计制度》和《政府财务报告编制办法》等，这标志着我国政府会计体系建设已经进入了一个新的阶段。结合政府会计改革的最新进展以及习近平总书记在中国共产党第二十次全国代表大会上的报告，我们对本教材的内容进行了及时的修订。

本书第七版在第六版的基础上，根据政府会计改革的总体思想和最新发展，重新梳理了政府会计的组成体系，引入了财政总会计、政府财政预算会计和政府财政财务会计等新的概念。在系统阐述政府与非营利组织会计的基本理论和方法的基础上，详细讲解了我国政府与非营利组织会计的实务操作，兼顾了西方国家政府与非营利组织会计实践，形成了全面的政府与非营利组织会计的知识体系。通过本书的学习，读者可以更深入地理解政府与非营利组织的财务活动特点和会计系统构建的原理，并系统、完整地掌握政府与非营利组织会计实务。

本书的修订完善工作主要体现在以下几个方面：

（1）结合我国政府预算管理和会计改革的发展趋势，根据习近平总书记在党的二十大报告中提及的健全现代预算制度和完善财政转移支付体系的最新要求，及时更新了教材相关章节的内容，着重突出了我国政府与非营利组织会计改革的最新成果。本书第七版体现了最新的法律法规、会计准则和会计制度的要求，与政府会计改革的进程保持一致。

（2）根据政府与非营利组织会计的最新发展，重新设计了本书的结构与内容。本书第七版在阐释政府与非营利组织会计基本理论与方法的基础上，将政府财政总会计划分为政府财政财务会计和政府财政预算会计两个部分，与政府单位会计的划分保持一致，实现了政府财务会计和政府预算会计的融合。根据2022年发布的《财政总会计制度》，重新编写了第四章的内容，并修改了其他章节的相应内容。另外，充实了我国民间非营利组织会计理论和实务的内容，概括介绍了西方政府与非营利组织会计。

（3）为满足教学的需要和学生自主式学习，本书第七版力求理论密切联系实际，以实用性和可操作性为目标，更新了原有的课程资源并增加了即测即评等数字化学习资源。同时，我们充分注重教学资源的开发和整合，随同本书更新了教学课件与习题。

本书共分为三个部分：第一部分为政府与非营利组织会计基础，阐述了政府与非营利组织会计的总体框架及基本理论和方法；第二部分为我国政府与非营利组织会计，详细讲解了我国财政总会计、政府单位会计和民间非营利组织会计的实务；第三部分为西方政府与非营利组织会计，简要介绍了西方政府基金会计和民间非营利组织会计。

本书由常丽、何东平担任主编。参加本书编写的人员及具体分工如下：第一章、第二章、第三章、第八章、第九章、第十章由常丽编写；第四章、第五章、第六章、第七章由何东平编写；第十一章由胡景涛编写。

本书既可以作为高等学校会计学专业及相关专业教学的教材，也可以作为政府财政部门、行政事业单位和民间非营利组织会计人员后续学习、提高业务知识和技能水平的参考资料。

本教材经过多次改版，东北财经大学出版社为此付出了艰苦的努力，在此对出版社的大力支持和各位编辑的默默奉献致以诚挚的谢意。

由于我国政府与非营利组织会计正处于改革创新的关键时期，新的政府会计准则制度体系尚未完善，虽然经过缜密思索和认真编写，但教材中疏漏之处在所难免，敬请同仁和广大读者不吝指正。

编　者

2023年12月于东财园

目 录

MULU

第一部分 政府与非营利组织会计基础

第二部分 我国政府与非营利组织会计

第一部分

政府与非营利组织会计基础

第一章

政府与非营利组织会计概述

学习目标

本章主要讲授政府及非营利组织会计的基本概念和主要特点。通过本章的学习，应掌握和了解以下内容：

1. 了解政府与非营利组织的基本概念和特征；
2. 理解政府与非营利组织会计的概念与特点；
3. 掌握政府与非营利组织会计的组成体系；
4. 掌握政府与非营利组织会计的规范体系。

根据现代会计理论，会计学有两大分支。其中之一是企业（营利性组织）会计，另一分支就是政府与非营利组织会计。企业与政府和非营利组织的运营目的有本质的区别，这直接导致了政府与非营利组织会计从理论到实务都与企业会计存在诸多差异。为了更好地把握政府与非营利组织会计的本质，首先需要理解政府与非营利组织会计的基本概念。

第一节　政府与非营利组织会计的概念与特征

一、政府与非营利组织的界定

（一）政府组织的界定

每一个社会，都是由个人和社会组织构成的。组织就是人们按照一定的目的、任务和形式组建起来的社会群体。社会组织的类型十分繁杂，可以按照不同的标准对组织进行分类。对于一个现代社会来说，社会组织首先可以分为两大类，即政府组织与非政府组织。政府组织是政府会计的主体，需要进行明确的界定。

1.政府组织的概念

政府有广义和狭义之分。广义的政府是指执掌公共权力的所有国家机构，包括：国家立法机关，即各级人民代表大会及其所属机构；国家行政机关，即从国务院到省、自治区、直辖市以及下属的市、地、县、乡的各级人民政府及其所属机构；国家司法机关，即公安、司法、检察机关。狭义的政府是指多级国家行政管理机关，包括中央和地方各级政权政府。作为政府会计的主体，政府组织是广义的政府概念，是指执掌公共权力的所有国家机构，包括各级立法机关、行政机关和司法机关。

2.政府组织的层次

从公共受托责任视角看，政府组织的划分应包括两个层次：（1）承担广泛受托责任的一级政权的政府，包括中央政府、各省（直辖市、自治区及特别行政区）政府、各地市政府、各县（市、区）政府以及各乡镇政府；（2）履行具体受托责任的政府组成机构，包括管理国家事务、组织经济建设和文化建设、维护社会公共秩序的国家机关及其派出机构，如国家立法机关、行政机关、审判机关、检察机关，以及各党派、人民团体等。作为政府会计的主体，政府组织包括政权政府和政府组成机构两个层次。

3.公共受托责任与政府主要经济职能

政府具有公共事务管理职责，使得政府承担了广泛的公共受托责任，其中，经济受托责任占据重要地位。政府在履行经济受托责任的过程中会表现出多种经济职能。

（1）纠正市场失灵。以理性人假定为基础，以价格机制为中心运行的市场经济能够达到帕累托有效的一般均衡，这是市场经济体制的核心。但由市场“看不见的手”进行调节达到最优是有一系列隐含假定的，如所有商品均为私人物品、信息对称、完全竞争等。在这些假设不成立的现实条件下，市场机制可能无法自行达到经济资源配置的帕累托最优。市场机制自身无法克服的缺陷主要表现在：无法使经济中普遍存在的外部性内在化；无法有效地提供公共物品；无法控制日趋垄断的趋向。因此，政府组织存在的主要功能就在于纠正上述市场失灵现象。

（2）收入再分配。即便是在不存在市场失灵的条件下，市场经济本身也只能解决效率问题，保证资源配置的帕累托最优，而不能保证公平。由政府进行初始资源的再分配，才能保证市场经济的公平。各国普遍实行的个人所得税累进税制、遗产税征收等都是政府进行初始资源的再分配、保证公平的手段。社会保障制度通常也属于政府干预社会公平的方式，政府需要从社会整体利益出发，对社会各阶层收入和财产再分配加以调节，建立和健全社会保障体系，以保证社会稳定协调发展。

（3）宏观经济调控。市场经济本身无法解决的另一个问题是宏观经济的波动问题。20世纪30年代的经济危机彻底摧毁了新古典经济学所鼓吹的微观机制自动解决宏观问题的神话，从而产生了以凯恩斯为代表人物的财政政策理论和以弗里德曼为代表人物的货币政策理论。政府进行宏观调控的目标是实现国民经济的稳定增长，具体而言是实现物价稳定、充分就业和经济增长。

政府预算是进行宏观调控的一种方式。在预算收入中可以进行“内在稳定器”的制度安排。如税收的内在稳定器表现在当经济增长时，税收收入以更快的速度增加；当经济衰退时，税收收入以更快的速度减少，从而起到自动稳定经济的作用。由于一国经济的总水平由投资、消费以及政府支出决定，因此，政府支出是决定宏观经济水平的重要因素，也可以成为政府宏观调控的手段。如在经济不景气的时候，政府的救济支出也会增加，从而起到刺激总需求的作用。政府还可以使用货币政策、对外开放政策以及不同手段的配合产生不同的宏观调控效果。现代市场经济国家政府干预的重要内容之一是通过制定和实施产业政策来实现产业结构的调整。

（二）非营利组织的界定

1.非营利组织的概念

非营利组织（Nonprofit Organization，NPO）是指运营目的具有非营利性和公益性的特点，不具有物质产品生产和国家事务管理职能，主要以精神产品或各种服务形式向社会提供服务的各类组织机构。非营利组织不以营利为宗旨和目的，其资源提供者不得获取经济回报，并且不享有该组织的所有权。非营利组织分为公立非营利组织和民间非营利组织两大类。

我国的公立非营利组织由政府出资兴办，在我国通常称为事业单位，其会计核算纳入政府会计的范畴。因此，作为非营利组织会计的主体，我国的非营利组织即民间非营利组织。民间非营利组织是指由民间出资创办的、不以营利为目的，从事教育、科技、文化、卫生、宗教等社会公益性活动的社会服务组织，包括社会团体、基金会、民办非企业单位和寺院、宫观、清真寺、教堂等。社会团体是指中国公民自愿组成，为实现会员共同意愿，按照其章程开展活动的非营利性社会组织。基金会是指按照民间捐赠人的意愿设立的专门用于捐赠人指定的社会公益性用途的非营利性基金管理组织。民办非企业单位是指企业事业单位、社会团体和其他社会力量以及公民个人利用非国有资产创办的，从事非营利性社会服务活动的社会组织，主要包括从事科学、教育、文艺、卫生、体育等科学文化类活动的非企业单位。寺院、宫观、清真寺和教堂是由具有宗教信仰和热心宗教的人在国家支持下兴办的开展宗教活动的场所。

西方国家的公立非营利组织相对较少，且在会计规范方面主要参照政府会计准则，所以西方国家比较注重对民间非营利组织的界定。美国财务会计准则委员会（Financial Accounting Standards Board，FASB）通过与营利组织的比较来定义非营利组织。它将非营利组织定义为具备如下特征的主体：（1）这些主体接受重要的资源提供者的捐赠，这些资源提供者并不期望按照其所提供资源的比例收回资源或获得货币收益；（2）它们的运营是为了达到一定的目的，但不是为了营利；（3）与企业不同，它们没有所有者权益。

2.非营利组织的分类

非营利组织在社会经济生活中扮演着重要的角色，所涉及的领域十分广泛。从我国当前的实际情况看，非营利组织主要活跃在以下领域：（1）科技组织，如研究机构、科协组织等；（2）教育组织，如幼儿园、小学、中学、职业技术学校和高等院校等；（3）文体组织，如公共图书馆、文化站、文艺表演团体和体育团体等；（4）传媒组织，如广播电视台和报社、杂志社等；（5）健康和福利组织，如医院、养老院、孤儿院、福利院、儿童保护组织以及红十字会等；（6）宗教组织，如各类寺庙、教堂等；（7）基金会，如以教育、医疗卫生、宗教以及慈善为目的而组织设立的各类基金会，主要包括中国宋庆龄基金会、教育基金会、中国老龄事业发展基金会、中国扶贫救助基金会，以及中国希望工程基金会等。

美国约翰斯·霍普金斯大学非营利组织比较研究中心设计了一个非营利组织国际分类

体系（ICNPO），把非营利组织分成12个大类，24个小类。具体如下：（1）文化与休闲，包括文化与艺术、休闲、服务性俱乐部；（2）教育与科学研究，包括中小学教育、高等教育、其他教育、科学研究；（3）卫生，包括医院与康复、诊断、精神卫生与危机防范、其他保健服务；（4）社会服务，包括社会服务、紧急情况救助、社会救济；（5）环境，包括环境保护、动物保护；（6）发展与住房，包括经济、社会、社区发展，住房，就业与职业培训；（7）法律、推进与政治，包括民权与推进组织、治安与法律服务、政治组织；（8）慈善中介与志愿行为促进；（9）国际性活动；（10）宗教活动和组织；（11）商会、专业协会、工会；（12）其他。这种分类比较完整，但是判断一个组织是否属于非营利组织并不完全根据其名称，而是要根据组织的宗旨和运营目的来确定。

二、政府与非营利组织会计的概念

（一）政府会计的概念

政府会计（Government Accounting）主要用于确认、计量、记录和报告政府和政府单位财务收支活动及受托责任的履行情况。由于政府组织与企业组织有显著的差别，政府会计更多地要服务于政府公共财务管理的需要，所以，政府会计的内涵也更为丰富。具体而言，政府会计是按照科学的方法，以货币单位核算、记录、分类、汇总交易和其他有财务特征属性的事件，以便说明、阐释这些交易、事件与结果之间的关系的工具。

政府会计的主体具有多层次性和多样化的特点，可以是各级政府，也可以是政府部门和政府单位，不同的政府会计主体的职能和经济业务活动的性质会有显著区别。为了保持政府会计的统一性，政府会计要素、会计科目和会计流程的设置需要细致地分类并加以明确规范。

政府会计以政府组织的经济业务活动作为核算对象，按照会计内部控制要求，遵循既定的核算、记录、分类、汇总和报告等会计流程。政府会计的重点在于估计事前测算的资源数量（预算）能否满足公众希望的既定服务水平的要求。政府会计的基本职能是在既定资源约束和适用法律约束下，测定政府组织实现计划服务量的能力，同时，发挥会计信息系统的功能，实现政府财务信息的透明度。

（二）非营利组织会计的概念

非营利组织会计（Nonprofit Organization Accounting）主要用于确认、计量、记录和报告各类非营利机构财务收支活动及其受托责任的履行情况。西方市场经济国家的公立非营利组织相当于我国的事业单位，除此之外，绝大部分非营利组织都是私立性质的（依靠捐赠和私人资助）。通常，公立的非营利组织主要靠政府拨款运营，视同政府单位，纳入政府会计体系核算；私立非营利组织也称为民间非营利组织，其财务收支活动因具有特殊性而自成体系。

民间非营利组织会计属于财务会计的范畴，面向资源提供者提供全面的财务信息是其主要职能。但是民间非营利组织会计的主体分布于社会经济的各个领域，不同类型的非营利组织的收支活动的内容具有明显的差异。为了提供对信息使用者决策有用的财务信息，民间非营利组织会计重视对收入和费用的分类及核算。同时，民间非营利组织会计针对资产负债以及净资产的分类与核算也体现出特殊性，比如，民间非营利组织会计将净资产要素划分为限定性净资产和非限定性净资产，这完全不同于企业会计对净资产的分类。

三、政府与非营利组织会计所面临的外部环境

政府与非营利组织和企业在不同的经济、社会、法律以及政治环境中开展它们的业务。政府与非营利组织会计运营环境的特点主要反映在以下几个重要方面：

1.服务对象极其广泛

政府与非营利组织行为的影响无处不在，正如保罗·C.纳特所说，其拥有“无所不在的利益相关者”。从接受政府与非营利组织服务的特定个体到每个履行纳税义务的纳税者，从作为全民代表的立法机构到每一个普通选民，从国债购买者到外债债权人等，都属于利益相关者范围，也是政府与非营利组织服务对象的范围。服务对象的广泛性决定了政府与非营利组织财务信息使用者也是无处不在的。财务信息使用者是指与报告主体有利害关系，需要利用财务报告所提供的信息作出各种决策的团体和人士。不同层次的信息使用者需要政府和非营利组织提供更具有普遍可理解性的财务报告，即政府与非营利组织所提供的财务信息必须清晰明确和易于理解。高透明度意味着财务信息使用者能够“通过现象看本质”，即政府和非营利组织公开披露的信息，应能够使其使用者相对比较容易判断政府与非营利组织的财务状况、运营业绩和潜在的财务风险。

2.收入不是衡量政府与非营利组织业绩的有效计量指标

企业的存在是为了提高其所有者的财富。企业从事某些社会活动时，最终关心的是如何使其收入最大化。由于收入是可量化的，并且能够用货币单位计量，因此，收入计量就成为评价企业运营效率与有效性的非常直接的方法。但政府与非营利组织的存在是为社会公众提供服务，而这些服务的价值常常不能用货币来衡量。政府提供公共物品或服务，很多情况下不能直接收费，几乎没有真正的收入；或者提供自然垄断产品，价格也并非竞争形成的均衡价格。因此，公共物品或自然垄断产品这两类产出的产品市场都无法通过价格体系对组织形成约束，政府靠税收等形成的收入并不能反映其经营业绩。由于不以营利为目的，非营利组织提供服务的收费往往低于成本，所以，非营利组织获得收入的能力也不足以成为衡量其业绩的有效指标和工具。

3.运营活动目标的复杂性和模糊性

营利性企业想要生存和发展，其管理人员必须有一个中心目标，那就是盈利。如果不盈利，企业就不可能存续。尽管企业的管理人员对盈利的含义有不同的理解，但无法否认利润本身的重要性。与企业单一的盈利目标相反，政府的运营目标存在天然的非营利性、模糊性、多元性和非量化性的特点。政府与非营利组织的多元化目标对服务的消费者和生产者有不同的重要性。因此，对每一项活动所配给的资金量都是政治过程的函数，并且有关冲突也常常发生在这些组织的领导层中。

4.基于法律和责任约束的多种业务决策

企业只提供那些它们认为能够增加它们收益的商品和服务，在这方面，企业可以自行决策。通常，人们不能要求它们提供其不情愿提供的商品和服务。同样，企业如果不能适应法律或社会环境，它们可以自由地退出市场。在融资便利时，只要愿意接受贷款人和投资人的条件，它们也可以举债运营。

对于政府与非营利组织而言，尤其是政府，向人们提供特定的服务，是法律、法规的要求，或者基于政府的公共责任而产生的期望压力。法律和行政的约束已成为指导政府与

非营利组织达到其目标的社会手段。所以，政府或非营利组织在提供公共服务时，一般不能出于成本考虑，或认为公众不应该享受这类服务而拒绝提供。在借款方面，政府与非营利组织也常常受到借款时机和借款数额的限制，非营利组织尤其要关注自身的财务风险，在负债方面应慎重。

四、政府与非营利组织会计的特点

由于上述这些因素，政府与非营利组织会计更加重视监督和合法性问题。政府与非营利组织会计是稳健的，其会计重点在于估计事前测算的资源数量（预算）是否能够满足人们提出的既定的服务水平的要求。而政府与非营利组织会计的基本职能就是在既定资源的约束下，在法律、法规的要求下，测定某个组织实现计划的能力。具体而言，政府与非营利组织会计具有如下特征：

1.以限定性财务资源为核算对象

政府和非营利组织的财务资源是有限的，而且其大部分财务资源的来源具有无偿性，为了加强对公共财务资源的管理，它们的使用只能限定于特定的目的或活动。例如，教堂因为房屋扩建而获得捐赠，医院因为要增加精密仪器而收到拨款，城市因为要修建污水处理厂而借款，大学可能因科研需要而获得政府补助。这些外部限定产生了重要的会计责任义务。管理当局也可能为某项资源的使用“指定”特定的目的。例如，管理当局可能为了更新设备或扩充仪器而积累资源。因为管理当局的指定是内部限定，可以由管理当局改变，因而它们只产生内部会计责任要求。在任何情况下，按照资源取得时固有的约定使用资源，并按照这些约定报告是基本的监督管理责任。

核算对象的特殊性对政府与非营利组织会计产生了深远的影响，比如，西方国家政府与非营利组织会计采用“基金会计”模式。“基金”是独立的财务和会计主体，拥有自平衡账户的财务和会计主体，用于记录现金和其他经济资源、相关的负债和剩余权益或余额及其变动。另外，在政府与非营利组织会计科目设置方面也有所体现，比如政府会计中的专用基金、政府性基金科目以及民间非营利组织会计中的限定性净资产等。

2.以公共性资金收支为重要核算内容

政府与非营利组织会计的重要特点在于核算内容的特殊性。其核算内容主要是公共性资金的收支活动，就我国目前的实际情况而言，就是指预算收支。我国政府及非营利组织会计强调预算会计和财务会计的“双系统”。预算会计以预算收支为重要核算内容。凡是成立总预算或单位预算的地区、部门、单位都要设置财政总预算会计、行政单位会计和事业单位会计，并执行国家规定的会计准则和会计制度。政府及非营利组织会计的会计科目和会计报表的设置，要同预算收支保持一致，以适应预算管理的需要，全面反映预算的执行情况。只有按照预算收支科目组织预算，才能保证各单位核算口径一致，才能顺利汇总全国预算收支情况，编制预算执行结果的决算报告，以满足国家预算管理的需要。

政府与非营利组织会计重视收支过程核算的特点与企业重视运营结果的核算特点有明显区别，这也反映出二者运营目标的差异性。政府与非营利组织更重视资源使用过程中的公平和效率问题。当然，在满足预算管理要求的前提下，政府与非营利组织会计也应当兼顾政府经济管理和单位财务管理的需要，反映会计主体的财务状况和业务活动成果。

3.会计确认基础具有多样化的特点

政府与非营利组织不需要衡量和报告净收益，并以当期财务资源流动作为衡量政府与非营利组织业绩的基准，其会计确认基础与企业也具有较大差别。在政府会计中，可采用的会计确认基础包括应计制、现金制、修正的应计制和修正的现金制。修正的应计制和修正的现金制突出了应计制和现金制的混合应用，体现了会计确认基础的灵活性。政府会计的确认基础在各个国家都不同。大部分国家的政府或政府单位采用现金制和修正的现金制，如德国、法国等，要求政府单位采用现金流动基础提供财务报告，同时，揭示有关应收账款和应付账款的信息，加拿大、美国州和地方政府等则要求政府单位采用修正的应计制。除此之外，有的国家还采用比较激进的完全应计制。目前，这类国家比较少，主要包括新西兰、澳大利亚以及英国等。这些国家的政府与非营利组织会计基本上采用或要求采用应计制。

世界各国的民间非营利组织会计普遍采用应计制，特别是医院和健康与福利组织。但西方国家规模较小的民间非营利组织由于会计人员配备不全，素质也参差不齐，在日常会计核算中保持现金制的会计记录，年终按公认会计原则的要求调整编制应计制的财务报表。

第二节 政府与非营利组织会计的演进

一、古代的政府会计制度

古代文明古国管理建设方面的一个突出的共同点就是建立了财计报告制度。约在公元前4 000年，巴比伦国王对国库与神库的管理已有明确要求。较之稍晚的是古埃及对提交会计报告的要求，但后者的会计报告在制度化要求方面较巴比伦要更进一步。

公元前5世纪，雅典人在进行公共财政管理的过程中，在所制定的法律制度中，对财计报告方面的要求别具一格。（1）规定由具有法律权威地位的议事会负责举荐会计员与查账员，并在法律中规定了这两种职员的责任，会计员负责核算账目与定期提交财政收支报告。同时，如果在审核中发现经济方面的问题，还必须向“陪审法庭”报告账目，并通过对账目的审计，决定解除或追究他们的责任。如果在审查中发现贪污或受贿的事实，亦应上报或进行起诉与判决处理。可见，所提供的账目与财政收支报告在法律上都具有证据作用。（2）雅典在财计方面的权力归公民大会，各项财政收支的额度也由它所制定的法律确定。（3）雅典对财计的公开还采取了一种公示制度，他们甚至把一些重要账目铭刻在石头上，向市民公布，以示接受公众对财政的监督。这一做法具有财计制度创新性质，对后世的影响十分深远。

通常，我们习惯地将我国奴隶社会和封建社会历代王朝的官府中用于记录国家财政收支活动的会计称为官厅会计。与西方国家的会计发展史不同，由于长期处于经济落后、商品经济不发达的封建社会，会计在我国最先被系统应用于代表封建统治机构的官厅。所以，我国官厅会计体系比民间会计的起源要早得多，也较为完善。在奴隶社会，由于国家财政与奴隶主贵族的私人财政基本上没有区分，当时的国家财政收支就成为奴隶主贵族私人的财政收支。国王及奴隶主贵族为了保护其财产不受侵犯，通常委托大计群吏掌管和记录其财政收支活动，并建立严格的会计报告制度，对大小官吏管理财产的责任进行考核。例如，西周奴隶制国家就有“岁会”、“月要”和“日成”的规定，要求向国王报送年报、月报和旬报，每逢岁终，天官大宰要向国王呈送一年来的财政经济收支报告。三年大计时，也必须呈送三年以来的大计报告。故年终和大计时，大宰就从小宰和司会这两方面着手来抓这项工作。小宰和司会按规定又要求所属及时报送岁会报告，以待统一钩考之后呈送大宰，最后由大宰呈报国王。国王则根据一年来的情况，论其功过，进行赏罚。

这种全面的财计报告制度的建立与应用，在当时的世界范围内处于领先地位，是中国会计法律制度建设史上的光辉的一页。

二、近代的政府会计制度

近代资本主义国家政府会计的发展以英国为代表。英国于1787年建立了国库金制度，依据此制度通过银行实行统收统支，这在财政收支的统一管理方面又取得了明显进展。至1836年时任英国财政部长的威廉·皮特又推行了“统一支付制度”，由此又实现了对财政支出的集中控制。同时，由于当时英国议会规定，凡各项税收所得之现金应一律存入英格兰和爱尔兰两家银行，纳入国库账内。凡银行所收政府各机关解缴的存款也分别设置账户，作为国库之收入账目，所以这些规定又成为国库会计与出纳之法定依据。此外，银行还须遵照收支制度的规定，定期向国库审计长报告，接受定期审计。

到20世纪前半期，英国的政府会计与银行会计（具有国库作用的银行）都在具体会计制度方面形成了统一的规定，如在记账方法方面统一采用“收、付、余”的计量与记录格局，账户设置与账簿设置相统一，以及实行统一的会计报告制度。在会计决算方面亦以预算收支制度为依据，每届决算期至，须按时编制决算报告，送达审计部门审计，检查预算收支制度执行情况。审计部门对议会负责，所以依据审计结果编制的审计报告书必须呈送议会作最终的审查。这样，便在财政、会计、出纳与审计之间形成了相互牵制的关系，它是政府之中内部控制制度建立的重要内容。

我国近代的政府会计制度和报告制度以中华民国南京临时政府时期为代表。1912年初，在中华民国南京临时政府财政部拟定的《会计法草案》中，最为突出的一点是会计立法目标明确。当时主持制定者认为：凡会计立法不定，财政整理则无从着手；凡会计立法不定，则国家预算无从办理；而如果会计立法不能确定，则监督之权不能实行。

《会计法草案》共八章三十六条，后经修改为九章三十七条，其内容已明确显示向西方政府会计立法靠拢，同时，它明确了会计法在规范政府会计行为中的重要地位与作用，在保障国家财政权益方面与临时约法的精神完全保持一致。从整理与统一财政出发，1912年2月临时政府在《财政部咨各部、各省部督查照出入款项造册报告并以后按月造报文》中规定：由会计司拟定“简明报告册”，将临时政府建立以来所有各部局的出入款项造册报部，以便统一查核。同时，南京临时政府又对预算编制制度作出规定，于1912年3月发布了《财政部呈大总统饬各部办理预算文》，强调仿效西方国家科学编制国家预算的必要性，应认真对待国家预算编制。

南京临时政府在政府会计和报告制度建设方面显示出效仿西方的指导思想，其所作出的工作具有开创意义，追求功在当时，利在后世。

三、现代政府会计制度的确立与发展

1.西方国家政府会计制度的改革与发展

随着资本经济的发展，资本主义各国的政府会计理论和实践也不断变革发展。在现代资本主义发达国家中，美国的政府会计制度建设走在前列。由美国宪法所确定的联邦体系对美国的公共预算和会计有着深远的影响。联邦政府有自己的财政法律和制度，各州也有自己的财政法律和制度，应用于其管辖范围内的州政府和地方政府。从美国州和地方政府会计的发展来看，1890—1920年的政府会计的改革主要由企业界对政府反腐败的要求推动。这一期间，政府第一次接受了会计职业界制定的会计准则。该会计准则强调统一的会计规范，以便进行统计和比较。重视政府持续经营能力，注重资产负债表，从而要求采用权责发生制基础和复式记账。这时的会计模式更接近于企业会计模式，并加入了基金会计和预算会计的成分。1930—1970年的政府会计改革主要由对财务管理的要求推动。1968年发布的政府会计、审计和财务报告第一次把会计、财务报告、审计以及预算结合在一起。它对基金种类进行了调整，并改权责发生制为修正权责发生制，形成了适用政府机构的GAAP。第三次政府会计改革的大潮于20世纪70年代掀起，强调政府会计在受托责任方面的功能。这次改革要求出具“金字塔结构”的财务报告，对基金类型进行了重分，要求进行预算比较，并开展概念框架的研究。最新的改革成果体现在GASB第34号公告中，它建立了全新的报告模式，同时，要求列报基金财务报表和政府整体财务报表，还要求管理层对政府财务活动进行总体说明。对政府整体合并财务报表，要求以经济资源计量为中心，采用完全的权责发生制作为确认基础。

2.我国预算会计制度的改革与发展

中华人民共和国成立以来至实行社会主义市场经济体制以前，经济体制基本上属于计划经济的范畴，而从计划程度的差别上看，则又有高度集中的计划经济体制和有计划的商品经济体制之分。财政预算管理体制为了适应这种经济体制并根据各个阶段的政治经济形势和社会发展需要，作了多次调整和改革。

为配合这种经济体制和预算管理体制的实施，预算会计在制度建设和组织建设方面也有一定的建树。新中国成立初期，财政部围绕统一全国财政经济工作的决定开展会计工作，并建立了从中央到地方的各级国家机关的会计工作秩序。同时，财政部又召开了全国预算会计、金库制度会议，颁布了《各级人民政府暂行总预算会计制度》和《各级人民政府暂行单位预算会计制度》。这两个制度第一次对新中国的财政机关和事业行政单位的会计核算工作作出了统一规定。1951年，政务院又正式公布了我国第一个关于预决算的法规《预算决算暂行条例》，以统一财政机关和事业行政单位的预决算编报。60年代中期，为使预算会计工作进一步适应经济建设的需要，改变当时千篇一律的预算会计制度和烦琐的核算手续，财政部召开了全国预算会计工作会议，研究预算会计制度改革问题，会后印发了《关于印发预算会计工作改革要点和各级行政事业单位适用的三本会计制度的通知》，提出了预算会计改革五个方面的内容，并通过颁布相应的会计制度来实施。此后直至1983年10月和1988年9月，才根据改革开放以后变化了的情况，分别修订颁布了《财政机关总预算会计制度》和《行政事业单位预算会计制度》，并一直沿用至1997年底。根据这两项会计制度，财政总预算会计和行政事业单位需要编制的年度财务报表就是（预算）收支表。所以，由于实行统收统支的财政预算管理体制，各级财政机关和行政事业单位的预算会计实际上也只是一种反映国家预算执行情况的收支会计。从这一点上说，这个时期的预算会计还不是现代意义上的会计，它只是起到一种“簿记”的作用。

为了适应社会主义市场经济体制建立和发展，政府管理部门和学术界进行了长时间的探索，财政部于1997年最终修订并颁布了《财政总预算会计制度》、《行政单位会计制度》和《事业单位会计制度》等一系列预算会计改革的文件，并于1998年1月1日起全面实行。

这次改革设计了一套较为完整的预算会计体系。这个体系由各级人民政府财政会计、事业单位会计和行政单位会计以及参与执行财政总预算收入的国库会计和税收征解会计（包括税收会计、农业征解会计、海关征解会计）组成。

与原来的预算会计体系相比，新体系有两个方面的变化：一是与国家政权结构和预算管理体制的划分相适应，增加了各级人民政府财政会计的层次，即把乡（镇）财政总预算会计正式纳入各级人民政府总预算会计体系；二是根据行政单位与事业单位各自的业务性质和财务收支活动的不同特点和具体管理要求，将原来的行政事业单位会计分为事业单位会计和行政单位会计。

这次预算会计制度改革为了规范会计核算和报告行为，提高会计信息质量，规定了会计核算和报告必须遵循客观性、相关性、可比性、一贯性（或一致性）、及时性、明晰性、收付实现制、专款专用、实际成本（或历史成本）和全面性等十条普遍适用于财政机关、行政单位和事业单位的一般原则。这些会计核算与报告原则在不同类型的会计中规定的形式不同。其中，财政总会计和行政单位会计的一般原则分别在《财政总会计制度》和《行政单位会计制度》中规定。考虑到事业单位类型较多、财务活动各有特点，需要制定各行业会计制度，所以，对于事业单位会计与财务报告的一般原则，则通过专门制定的《事业单位会计准则》予以规定。

3.我国政府与非营利组织会计制度的创新与发展

进入21世纪之后，我国政府与非营利组织会计进入了新的发展阶段。为了进一步完善我国民间非营利组织的规范体系，有效适应民间非营利组织快速发展的客观需要，2004年我国发布了《民间非营利组织会计制度》，具体划分为8章，共76条，并同时发布了《民间非营利组织会计制度——会计科目和会计报表》。

《民间非营利组织会计制度》的颁布实施，对于规范民间非营利组织的会计行为，提高其会计信息质量和透明度，实现与相关法律法规的协调，促进民间非营利组织的健康发展，以及对于丰富我国会计理论、完善我国会计标准建设均具有积极意义和重大作用。

该制度与原来民间非营利组织执行的《事业单位会计制度》及其他行业会计制度相比较，在会计核算原则、核算基础、计量属性、会计要素的含义和构成、会计科目的设置、经济业务的处理、会计报表体系的构成等很多方面产生了非常大的变化，充分参考了我国企业会计规范的改革成果，并借鉴了国际惯例和西方非营利组织会计制度的最新进展，引入了一些新的会计理念和会计表述方式，填补了我国会计规范的一项空白。

从2010年开始，我国政府会计又进入了新一轮的改革创新。这次改革的核心是在政府会计领域持续推进权责发生制改革。2014年12月国务院批转财政部的《权责发生制政府综合财务报告制度改革方案》（以下简称《财务报告制度改革方案》），指明了中国政府会计与财务报告的未来发展方向。2015年10月，财政部颁布了《政府会计准则——基本准则》(以下简称《基本准则》)，提出了政府会计改革的基本框架。

在《基本准则》发布并实施之后，财政部近几年又发布了一系列政府会计具体准则和《财政总会计制度》，政府会计准则制度体系日臻完善。我国的政府会计改革正在路上，逐步从传统的预算会计制度走向现代规范化的政府会计制度。

第三节 政府与非营利组织会计的组成体系

从整体上讲，政府与非营利组织会计可以分为政府会计和非营利组织会计两大部分。但由于各国政治经济制度具有本质区别，且各国政府会计的历史渊源和发展进程具有阶段性差异以及非营利组织性质的不同，从而导致各个国家的政府与非营利组织会计的组成体系有所不同。

一、政府会计

我国政府会计是以预算会计为基础发展起来的，目前正处于改革发展之中。预算会计是政府预算与政府会计的结合，是通过预算账户记录和报告预算执行情况的控制程序。预算会计是各级政府财政部门和行政事业单位采用一定的技术方法核算、反映、监督国家预算执行情况及结果的一种专业会计。我国现行政府预算会计体系是在1997年建立起来的，侧重反映政府年度预算执行情况和结果，对准确反映预算收支情况、加强预算管理和监督发挥了重要作用。随着我国财政预算改革的深入，以及社会对政府综合财务信息需求的日益凸显，现行预算会计体系已经不能满足社会发展的需要。

2014年12月，国务院批转财政部《权责发生制政府综合财务报告制度改革方案》，明确了权责发生制政府综合财务报告制度改革的总体目标、主要内容和实施步骤。权责发生制政府综合财务报告制度改革是基于政府会计规则的重大改革，总体目标是通过构建统一、科学、规范的政府会计标准体系，建立健全政府财务报告编制办法，适度分离政府财务会计与预算会计、政府财务报告与决算报告功能，全面、清晰反映政府财务信息和预算执行信息，为开展政府信用评级、加强资产负债管理、改进政府绩效监督考核、防范财政风险等提供支持，促进政府财务管理水平提高和财政经济可持续发展。

根据《政府会计准则——基本准则》，我国的政府会计的整体框架，是由政府预算会计和政府财务会计"双系统"构成，两者适度分离又相互衔接。政府预算会计是指以收付实现制为基础对政府预算执行过程中发生的全部收入和全部支出进行会计核算，主要反映和监督预算收支执行情况的会计。政府预算会计编制政府决算报告，向预算会计信息使用者提供与政府预算执行情况有关的信息，综合反映政府预算收支的年度执行结果。政府财务会计是指以权责发生制为基础对政府发生的各项经济业务和事项进行会计核算，反映和监督政府财务状况、运行情况、运行成本和现金流量等信息的会计。政府财务会计编制政府财务报告，提供有助于财务报告使用者作出决策或进行监督和管理的信息。

根据2017年发布的《政府会计制度——行政事业单位会计科目和报表》，行政事业单位建立了政府单位预算会计和政府单位财务会计。随着2022年《财政总会计制度》的颁布，各级政府建立了政府财政预算会计和政府财政财务会计，标志着我国“双系统”政府会计框架已经初步构建完成。根据财政部《权责发生制政府综合财务报告制度改革方案》和《政府会计准则——基本准则》，我国将在今后的几年中，逐步建立完整的政府财务报告制度框架体系。现行的财政总会计、行政单位会计、事业单位会计将预算会计和财务会计的功能相融合，在满足预算管理要求的前提下，兼顾了政府宏观经济管理和单位财务管理的需要。

按照政府会计主体的类型划分，我国政府会计包括政府财政会计和政府单位会计。政府财政会计是各级政府财政部门核算、反映、监督政府财政总预算资金以及其他财政资金活动的专业会计。政府单位会计包括行政单位会计和事业单位会计。行政单位会计是反映和监督各级各类国家机关、政党组织财务状况、预算执行情况及结果的专业会计。事业单位会计是以事业单位实际发生的各项业务活动为对象，记录、反映和监督事业单位财务状况、事业成果、预算执行情况及结果的专业会计。事业单位会计又进一步分为普通事业单位会计和行业事业单位会计。

另外，由于预算管理是一个严密的体系，除了财政部门、行政单位和事业单位执行政府预算外，预算资金管理过程还需要其他相关部门参与。比如，预算资金的收纳、入库、划分、留解等，并不是由财政部门直接进行的，它们是分别由国库、税收征管等部门进行的。所以，国库会计、税收征解会计也是预算会计的有机组成部分。

二、非营利组织会计

非营利组织包括公立非营利组织（事业单位）和民间非营利组织。由于我国将公立非营利组织会计纳入政府预算会计的范畴，所以，我国的非营利组织会计即民间非营利组织会计。

民间非营利组织会计是以每个民办非营利组织为会计主体，以民间非营利组织的基本业务活动为管理内容的一种专业会计，包括社团会计、基金会会计和非企业单位会计等。民间非营利组织会计有助于资源提供者、服务对象、债权人、政府和社会监管部门了解民间非营利组织财务资源的运用情况和业务的运营情况，对于加强民间非营利组织管理有着重要的作用。

第四节 政府与非营利组织会计规范

一、政府与非营利组织会计规范的界定

会计规范可以理解为调节社会经济活动中会计与财务关系的法律、行政规章、条例、准则和制度的总称。政府受人民（通过各级人民代表大会）委托，代表国家意志，以税收的形式向纳税人无偿地、强制地征集公共财政资源，并将其用于满足社会共同需要，如保护国家主权和领土完整、维护社会治安和公共秩序、促进经济繁荣和社会各项事业发展等方面。不论是公共财政资源的征集还是使用，都必须依据国家的法律规章进行，因此，对公共财政活动情况和结果进行反映的会计行为，当然也必须以相应的法律规章进行规范。

非营利组织的财务资源，包括向服务对象收取的服务费用，政府从财政收入中安排的，也包括社会各界人士无偿捐赠的。它除了要受国家法律规章制度的约束外，还要受捐赠人的财务约定约束。所以，为了使政府与非营利组织财务报告所提供的信息满足使用者的需要，并符合一定的质量要求，就必须对会计体系与财务活动行为进行规范。

二、我国政府与非营利组织会计规范体系

我国现行的政府与非营利组织会计规范主要包括会计法律法规、会计准则和会计制度三个部分。

（一）会计法律法规

会计法律法规是政府与非营利组织会计的最高层次规范，由会计法律和会计行政法规组成。

法律制度是一个国家上层建筑的重要组成部分，是国家意志的体现，也是调整社会政治经济活动中法律关系的基本规范。会计法律是调整社会经济活动中财务、会计关系的法律规范的总称。我国现行规范政府与非营利组织会计的法律主要有《中华人民共和国预算法》（以下简称《预算法》）和《中华人民共和国会计法》（以下简称《会计法》）。其中，《预算法》是规范政府与非营利组织财务活动行为的基本法律，各级政府、政府单位及非营利事业单位都必须按照《预算法》的规定组织财务收支活动，并接受立法机构的监督。《会计法》是规范会计活动行为的基本法律，是其他会计法规的"母法"，任何会计规范都必须以《会计法》为准绳，不能与之抵触或与之相违背。

行政法规是根据管理社会经济活动的需要，以行政规章、条例、制度和规定等形式颁布的一种社会经济行为规范，它既是根据法律制定和颁布的一种规范，也是法律规定的具体化。关于政府与非营利组织会计的行政法规很多，概括起来主要有三类：一是由政府或政府主管部门根据法律规章制定和颁布的法律实施细则，如国务院颁布的《中华人民共和国预算法实施条例》《中华人民共和国政府采购法实施条例》等；二是由政府主管部门根据财务会计法律制定的相关规定、方案、办法等，如《权责发生制政府综合财务报告制度改革方案》《政府财务报告编制办法（试行）》等；三是其他行政规章、财务制度，如《行政事业单位内部控制规范》《行政单位财务规则》《事业单位财务规则》《高等学校财务制度》《医院财务制度》等。

（二）会计准则

会计准则（Accounting Standards）是指会计职业界或会计人员在长期的会计实践活动中形成的、被普遍认可和广泛采用的会计惯例或规例，包括会计观念、会计方法、会计程序和会计实务处理规则等，也称为公认会计原则（Generally Accepted Accounting Principles，GAAP）。会计准则是财务会计规范的重要组成部分，是财务会计法律的具体化，它具有指导财务会计实务、可操作性强等特点。不论是对于企业还是对于政府与非营利组织，会计准则都是十分重要的规范形式。

会计准则可以由以会计职业组织为主的民间机构负责制定，也可以由政府主管部门负责制定，还可以由政府主管部门和会计职业机构联合制定。由于会计准则制定机构不同，会计准则的性质和作用也不一样。以会计职业组织为主的民间机构制定的会计准则通常称为"规范型"会计准则，它属于自律性的会计规范，具有指导性的作用，但不具有法律约

束力；由政府主管部门制定的会计准则通常称为“法规型”会计准则，它属于他律性的会计规范，具有强制性。由政府主管部门和会计职业机构共同制定的会计准则介于规范型与法规型之间，但在会计实务中通常要求必须严格执行，所以它实际上起“准法规”的作用。

我国的政府会计准则体系由基本准则、具体准则和应用指南组成。基本准则定位为整个政府会计准则体系的概念基础和框架，用于规范政府会计目标、政府会计主体、政府会计信息质量要求、政府会计核算基础，以及政府会计要素定义、确认和计量原则、列报要求等原则事项。基本准则指导具体准则的制定，并为政府会计实务问题提供处理原则。具体准则用于规范政府发生的具体经济业务或事项的会计处理，详细规定经济业务或事项引起的会计要素变动的确认、计量、记录和报告。应用指南是对具体准则的实际应用作出的操作性规定。为了规范政府的会计核算，编制权责发生制的政府财务报告，保证会计信息质量，2015年10月，财政部颁布了《政府会计准则——基本准则》，自2017年1月1日起施行。基本准则在完善现行政府预算会计功能的同时，强化政府财务会计功能，在政府会计核算中引入权责发生制原则，对资产、负债等会计要素的概念、信息质量特征都进行了重新界定，并且提出了新的要求，从而保证政府资产、负债等信息得以如实记录、完整反映，有利于全面反映政府财务状况，有利于进一步加强政府的资产管理和控制债务风险。

基本准则的重大制度理论创新主要体现在5个方面：一是构建了政府预算会计和财务会计适度分离并相互衔接的政府会计核算体系。二是确立了“3+5要素”的会计核算模式。三是科学界定了会计要素的定义和确认标准。四是明确了资产和负债的计量属性及其应用原则。五是构建了政府财务报告体系。

在基本准则发布之后，我国又陆续发布了《政府会计准则第1号——存货》等11项政府会计具体准则，详细规范了存货、投资、固定资产、无形资产、公共基础设施等政府资产的核算以及会计调整、财务报告编制等核心问题。同时，发布了3项应用指南，分别是《〈政府会计准则第3号——固定资产〉应用指南》《〈政府会计准则第10号——政府和社会资本合作项目合同〉应用指南》《〈政府会计准则第11号——文物资源〉应用指南》。这些指南对政府固定资产折旧年限的确定以及政府与社会资本合作项目的核算给予了具体应用的指导。

（三）会计制度

会计制度规范会计主体经济业务或者事项的确认、计量、记录和报告方法，为会计核算的操作提供了指引。会计制度的主要内容包括会计核算的总体要求、会计要素的确认和计量方法、会计科目的名称和编号、会计科目的使用说明、会计报表的格式与编制方法等。

目前，我国政府与非营利组织会计采用“准则”加“制度”模式。2022年11月，财政部发布了《财政总会计制度》；2017年10月，财政部印发了《政府会计制度——行政事业单位会计科目和报表》，自2019年1月1日起施行。对于民间非营利组织，财政部颁布了《民间非营利组织会计制度》(2004)。为了规范医院、高等学校、科学事业单位等行业事业单位特殊经济业务或事项的会计核算，财政部先后印发了国有林场和苗圃、测绘事业单位、地质勘查事业单位、高等学校、中小学校、医院、基层医疗卫生机构、科学事业单位、彩票机构等9类行业事业单位执行《政府会计制度》的补充规定。

《财政总会计制度》是政府会计改革的又一项新进展，制度明确规定了政府财务会计和政府预算会计的基本原则、会计要素、会计科目及使用以及会计报告编制等。总会计制度规范对于加强财政预算管理，提升国家财政治理效能以及保证各级政府会计信息质量都具有重要意义。

为了推动政府会计准则制度的顺利实施，解决政府会计改革中存在的实际困惑，财政部从2017年起陆续发布了政府会计准则制度解释，截止到2023年9月，已经发布到《政府会计准则制度解释第5号》，对于促进政府会计核算的规范化起到了积极的作用。结合民间非营利组织经济业务的发展和外部环境的变化，财政部2020年发布了《〈民间非营利组织会计制度〉若干问题的解释》，进一步明确了民间非营利组织相关经济业务事项的会计处理，以提高其会计信息质量。

思考题

1.如何界定政府组织与非营利组织？

2.政府与非营利组织会计所面临的外部环境是怎样的？

3.政府与非营利组织会计有哪些特征？

4.简述我国政府与非营利组织会计的组成体系。

5.我国政府与非营利组织会计规范包括哪些层次？

6.我国的政府会计准则体系的组成内容是什么？

即测即评

第二章 政府与非营利组织会计的基本理论和方法

学习目标

本章主要讲授政府与非营利组织会计的基本理论与方法，主要包括政府与非营利组织会计的目标、质量特征、会计要素，以及确认、计量、记录与报告。通过本章的学习，应掌握和了解以下内容：

1.掌握政府与非营利组织会计的目标；

2.明确政府与非营利组织会计的要素；

3.掌握政府与非营利组织会计的确认基础与计量方法；

4.了解政府与非营利组织会计报告的内容。

第一节 政府与非营利组织会计目标

政府与非营利组织会计目标也称为财务报告目标，公共受托责任理论对公共部门财务报告目标产生了深远的影响。公共受托责任不仅包括受托责任的履行，也包括受托责任的报告。报告观从受托人的角度研究公共受托责任，向委托人提供履约信息的义务是受托责任的核心要素。信息被称为“受托责任生命的血液”，如果缺乏关于政府绩效的准确信息，现实中的受托责任机制就不能正常发挥作用（Boyne and Law，1992）。从信息经济学角度看，受托责任一经产生必然在委托方与代理方之间存在信息不对称，通常受托责任的承担方拥有信息优势，而受托责任的授予方则为信息劣势方。正是基于信息不对称的客观存在，作为信息劣势方的委托人便要求拥有信息优势的受托责任方提供有关受托责任履行情况的信息，于是会计报告机制由此产生。根据Bromwich（1990）和Mwita（2000）的研究，会计作为一种界定、反映和控制的机制始终处于受托责任之中。Boyne and Law（1991）认为，政府财务报告是社会公众可以获取的关于公共财产保管责任的唯一综合性报告。

一、政府与非营利组织会计信息的使用者

政府与非营利组织会计信息的潜在使用者应包括政府活动所涉及的所有利益相关者。政府和非营利组织运营过程中所涉及的利益相关者极其广泛。根据《财政总会计制度》(2022) 第八条，“总会计的会计信息使用者包括人民代表大会、政府及其有关部门、政府财政部门自身和其他会计信息使用者”。

（一）立法机关和政府审计机关

人民代表大会是我国最高的权力机关。这就决定了政府在代表人民意志行使管理国家事务的权力时，必然接受各级人民代表大会的监督。人民代表大会需要依据政府相关部门所提供的会计信息来实现监督职能，并对政府使用和支配公共财务资源的效率和效果进行评价，判断政府的工作业绩。

政府审计从本质上讲，也是接受公众委托，提供公共审计服务的。所以，审计机关是代表公众利益的重要的政府财务报告使用者。《中华人民共和国审计法》明确规定，我国各级审计机关依法对国务院和地方各级人民政府及其各部门的财政收支的真实、合法和效益依法进行审计。国务院和县级以上地方人民政府应当每年向本级人民代表大会常务委员会提出审计机关对预算执行和其他财政收支情况的审计工作报告。

（二）社会公众

这里所指的公众是分散的公民个人和某些利益集团，而媒体正是他们的代言人。人民代表大会就是人民的代表，代表了公众的利益，人民代表大会所提出的政府财务信息需求也代表了公众的心声。对于公众来讲，依法纳税是其应尽的义务，而同时也享有知情权，即有权知道政府提供公共服务的状况以及政府对社会公众所托付的各种责任和义务的履行情况。

（三）主管部门和内部管理者

目前，我国实行的是“统一领导、分级管理”的财政管理体制。按照《中华人民共和国预算法》及其实施条例的有关规定，各级政府应当监督下级政府的预算执行，对下级政府在预算执行过程中违反纪律、行政法规、国家方针政策的行为依法予以制止和纠正。下级政府应将预算执行结果如实上报，接受上级政府的监督。另外，随着我国公共财政体制的发展创新，尤其是分税制改革等一系列改革措施的推行，各级政府作为独立的经济主体的趋势愈加明朗，所以，各级政府的内部管理者对相关会计信息的需求也会越来越强烈。

（四）其他利益相关者

1.投资者和债权人

投资者和债权人需要根据政府与非营利组织的会计信息及相关信息来作出是否与政府和非营利组织继续合作的经济决策。近年来，我国政府每年都需要发行一定数量的国债，而且国债二级市场也日益活跃。这样，政府国债的持有人或潜在的购买人都必然会关注政府财务信息，以帮助他们更好地进行投资决策。

2.投资评估机构

投资评估机构作为政府与非营利组织会计信息的使用者，符合社会资源最优配置的客观要求。因为无论从政府本身角度看，还是从投资者和债权人的角度看，投资评估机构对

政府和非营利组织财务信用的评价都将有助于其降低融资成本或减少投资风险。

3.外国政府和国际组织

传统观点认为，外国政府和国际组织并不是政府和非营利组织财务信息的主要使用者。但随着经济全球化的迅猛发展，我国与外国政府和国际组织之间的往来不断增多，各级政府正越来越明显地感受到来自这些使用者信息需求的压力。

二、会计信息使用者的信息需求分析

政府与非营利组织的活动涉及的各利益相关者对财务信息的需求各有侧重，它们会针对其所关注的方面，通过对相关信息的分析，对政府与非营利组织的活动进行评价和预测，并作为他们作出有关评价或决策的基础。政府与非营利组织会计信息使用者对会计信息的需求，主要包括为预算管理服务和为经济与财务管理服务两个方面。

（一）为预算管理服务

政府与非营利组织的财务资源来源于社会，应纳入财政预算管理。政府与非营利组织会计应当为预算管理服务，编制以收付实现制为基础的年度决算报告，向决算报告使用者提供与预算执行情况有关的信息，反映会计主体预算收支的年度执行结果，为进行预算监督和管理及编制后续年度预算提供参考和依据。

（二）为经济与财务管理服务

政府与非营利组织应当加强单位的经济管理和财务管理，合理配置公共经济资源，进行业绩评价与考核，披露公共受托责任的履行情况。政府与非营利组织会计应当为经济与财务管理服务，编制以权责发生制为基础的财务报告，向会计信息使用者提供与财务状况和运行情况等有关的信息，有助于会计信息使用者作出决策或者进行监督和管理。

三、政府与非营利组织现行的会计目标

（一）政府会计的目标

会计目标是提供会计信息以及编制财务报告的目的。政府与非营利组织会计的总体目标，是向会计信息使用者提供有用的信息。

通过会计信息需求分析可知，政府会计既要为预算管理服务，也要为单位的经济与财务管理服务。政府会计目标的分歧点在于：是侧重为预算管理服务，还是侧重为经济与财务管理服务；是侧重反映政府会计主体的预算收支执行情况，还是侧重反映政府会计主体的财务状况与运行情况。

我国已经颁布的各项政府会计准则、制度对会计目标作出了规定。《财政总会计制度》（2022）第八条规定，“总会计的核算目标是向会计信息使用者提供政府财政预算执行情况、财务状况、运行情况和现金流量等会计信息，反映政府财政受托责任履行情况”。《行政单位会计制度》（2013）第三条规定，“行政单位会计核算目标是向会计信息使用者提供与行政单位财务状况、预算执行情况等有关的会计信息，反映行政单位受托责任的履行情况，有助于会计信息使用者进行管理、监督和决策”。《事业单位会计准则》（2012）第四条规定，“事业单位会计核算的目标是向会计信息使用者提供与事业单位财务状况、事业成果、预算执行等有关的会计信息，反映事业单位受托责任的履行情况，有助于会计信息使用者进行社会管理、作出经济决策”。上述制度或准则在关于会计和财务报告目标

方面的规范不尽相同，但仍然集中反映了我国政府会计的改革理念和改革趋势。现行政府会计目标的特点是，在侧重为预算管理服务的基础上，兼顾经济管理、财务管理等其他方面的需要，反映政府单位受托责任履行情况，提供有助于作出经济决策的信息。

我国将建立政府预算会计和政府财务会计“双功能”，政府会计正处于改革之中，政府会计目标应当是“双目标”。政府预算会计侧重为预算管理服务，通过编制决算报告提供预算收支执行情况的会计信息。政府财务会计侧重为政府经济与财务管理服务，通过编制财务报告反映政府的受托责任履行情况，提供有助于作出经济决策的会计信息。《政府会计准则——基本准则》对政府预算会计的决算报告目标和政府财务会计的财务报告目标作出了具体规定。

（1）政府决算报告目标

政府决算报告的目标是向决算报告使用者提供与政府预算执行情况有关的信息，综合反映政府预算收支的年度执行结果，有助于决算报告使用者进行监督和管理，并为编制后续年度预算提供参考和依据。

（2）政府财务报告目标

政府财务报告的目标是向财务报告使用者提供与政府财务状况、运行情况和现金流量等有关的信息，反映政府偿债能力和受托责任履行情况，有助于财务报告使用者作出决策或进行监督和管理。

（二）非营利组织会计的目标

民间非营利组织取得的大部分资源具有无偿性，这些资源提供者虽然不追求经济回报，但是对资金用途和使用效果具有相对较高的关注度。所以，提供全面透明的财务信息对于民间非营利组织的声誉和财务持续性具有重要意义。

《民间非营利组织会计制度》（2004）第八条规定：“会计核算所提供的信息应当能够满足会计信息使用者（如捐赠人、会员、监管者等）的需要。”民间非营利组织会计属于财务会计的范畴，是对外报告会计，侧重为捐赠人、会员、监管者等外部会计信息使用者服务。民间非营利组织会计的目标，是向会计信息使用者提供有用的会计信息，反映其受托责任履行情况，满足会计信息使用者经济决策和监督管理的需要。

四、政府与非营利组织会计信息的质量特征

政府与非营利组织会计需要面对诸多的信息使用者和利益相关者，在复杂的经济环境中为了满足相关各方的信息需求，需要其财务信息具有更高的质量。根据政府会计基本准则和民间非营利组织会计制度，政府与非营利组织财务信息的质量特征具体应包括以下7个方面。

1. 可靠性

政府会计主体应当以实际发生的经济业务或者事项为依据进行会计核算，如实反映各项会计要素的情况和结果，保证会计信息真实可靠。

2. 全面性

政府会计主体应当将发生的各项经济业务或者事项统一纳入会计核算，确保会计信息能够全面反映政府会计主体预算执行情况和财务状况、运行情况、现金流量等。

3.相关性

政府会计主体提供的会计信息，应当与反映政府会计主体公共受托责任履行情况以及报告使用者决策或者监督、管理的需要相关，有助于报告使用者对政府会计主体过去、现在或者未来的情况作出评价或者预测。

4.及时性

政府会计主体对已经发生的经济业务或者事项，应当及时进行会计核算，不得提前或者延后。

5.可比性

政府会计主体提供的会计信息应当具有可比性。同一政府会计主体不同时期发生的相同或者相似的经济业务或者事项，应当采用一致的会计政策，不得随意变更。确需变更的，应当将变更的内容、理由及影响在附注中予以说明。不同政府会计主体发生的相同或者相似的经济业务或者事项，应当采用一致的会计政策，确保政府会计信息口径一致，相互可比。

6.明晰性

政府会计主体提供的会计信息应当清晰明了，便于报告使用者理解和使用。

7.实质重于形式

政府会计主体应当按照经济业务或者事项的经济实质进行会计核算，不限于以经济业务或者事项的法律形式为依据。

第二节 政府与非营利组织会计要素

政府与非营利组织会计包括政府会计和非营利组织会计两部分。政府会计是一个综合的范畴，包括政府财务会计、政府预算会计；非营利组织会计则是指民间非营利组织会计。政府会计要素和非营利组织会计要素就性质而言，是有明显区别的。

一、政府财务会计要素

政府财务会计要素是对政府财务会计对象的基本分类。根据《政府会计准则——基本准则》，政府财务会计要素包括资产、负债、净资产、收入和费用。

1.资产

资产是指政府会计主体过去的经济业务或者事项形成的，由政府会计主体控制的，预期能够产生服务潜力或者带来经济利益流入的经济资源。服务潜力是指政府会计主体利用资产提供公共产品和服务以履行政府职能的潜在能力。经济利益流入表现为现金及现金等价物的流入，或者现金及现金等价物流出的减少。政府会计主体的资产按照流动性，分为流动资产和非流动资产。符合资产定义的经济资源，在同时满足以下条件时，确认为资产：（1）与该经济资源相关的服务潜力很可能实现或者经济利益很可能流入政府会计主体；（2）该经济资源的成本或者价值能够可靠地计量。

2.负债

负债是指政府会计主体过去的经济业务或者事项形成的，预期会导致经济资源流出政府会计主体的现时义务。现时义务是指政府会计主体在现行条件下已承担的义务。未来发生的经济业务或者事项形成的义务不属于现时义务，不应当确认为负债。政府会计主体的负债按照流动性，分为流动负债和非流动负债。符合负债定义的义务，在同时满足以下条件时，确认为负债：(1) 履行该义务很可能导致含有服务潜力或者经济利益的经济资源流出政府会计主体；(2) 该义务的金额能够可靠地计量。

3.净资产

净资产是指政府会计主体资产扣除负债后的净额。净资产金额取决于资产和负债的计量。

4.收入

收入是指报告期内使得政府会计主体净资产增加的、含有服务潜力或者经济利益的经济资源的流入。收入的确认应当同时满足以下条件：(1) 与收入相关的含有服务潜力或者经济利益的经济资源很可能流入政府会计主体；(2) 含有服务潜力或者经济利益的经济资源流入会导致政府会计主体资产增加或者负债减少；(3) 流入金额能够可靠地计量。

5.费用

费用是指报告期内导致政府会计主体净资产减少的、含有服务潜力或者经济利益的经济资源的流出。费用的确认应当同时满足以下条件：(1) 与费用相关的含有服务潜力或者经济利益的经济资源很可能流出政府会计主体；(2) 含有服务潜力或者经济利益的经济资源流出会导致政府会计主体资产减少或者负债增加；(3) 流出金额能够可靠地计量。

二、政府预算会计要素

政府预算会计和财务会计不同。财务会计致力于反映政府或政府单位的整体财务状况并提供一定程度的前瞻性的财务信息，预算会计则服务于政府预算管理，主要反映总预算单位和分预算单位的预算执行情况及结果。根据《政府会计准则——基本准则》，政府预算会计的要素包括预算收入、预算支出和预算结余。

1.预算收入

预算收入是指政府会计主体在预算年度内依法取得的并纳入预算管理的现金流入。预算收入一般在实际收到时予以确认，以实际收到的金额计量。

2.预算支出

预算支出是指政府会计主体在预算年度内依法发生并纳入预算管理的现金流出。预算支出一般在实际支付时予以确认，以实际支付的金额计量。

3.预算结余

预算结余是指政府会计主体预算年度内预算收入扣除预算支出后的资金余额，以及历年滚存的资金余额。预算结余包括结余资金和结转资金。结余资金是指年度预算执行终了，预算收入实际完成数扣除预算支出和结转资金后剩余的资金。结转资金是指预算安排项目的支出年终尚未执行完毕或者因故未执行，且下年需要按原用途继续使用的资金。

目前，我国的政府会计体系正在改革之中，政府财务会计与预算会计并未分离。根据现行的政府会计制度，政府会计依然包括资产、负债、净资产、收入和支出五个会计要素，是政府财务会计和预算会计要素的融合。

三、民间非营利组织会计要素

根据2004年发布的《民间非营利组织会计制度》，民间非营利组织会计的要素包括资产、负债、净资产、收入和费用。

1.资产

资产是民间非营利组织过去的经济业务或事项形成的，由组织所有、管理、占有、使用或者控制的，预期能够提供服务潜能或带来经济利益流入的经济资源。服务潜能是指非营利组织利用资产提供物品和服务以实现组织运营目标的能力。经济利益流入表现为现金流入增加或者现金流出减少。

2.负债

负债是民间非营利组织过去的交易或者事项形成的现时义务，履行该义务预期会导致含有经济利益或者服务潜力的资源流出民间非营利组织。

3.净资产

净资产是民间非营利组织的资产减去负债后的余额。净资产应当按照其是否受到限制，分为限定性净资产和非限定性净资产等。

4.收入

收入是民间非营利组织开展业务活动取得的，引起本期净资产增加的经济利益或者服务潜力的流入。

5.费用

费用是指民间非营利组织为开展业务活动所发生的，引起导致本期净资产减少的经济利益或者服务潜力的流出。

第三节　政府与非营利组织会计的确认基础和计量方法

一、政府与非营利组织会计的确认基础

政府与非营利组织会计确认的关键，是会计确认基础的选择。会计确认基础是指为编报财务报告的目的而决定在何时确认交易或事项的影响。例如，交易或事项可以按应计制基础确认，即在交易或事项发生时确认，或按现金制基础确认，即在收到或付出现金时确认。现金制基础和应计制基础是两种最基本的会计确认基础。但就政府与非营利组织财务报告的编制而言，并不局限于单纯的现金制基础或应计制基础，还可以有其他选择。进一步讲，不同的会计确认基础下的计量重点也不尽相同。

（一）政府与非营利组织会计可选择的确认基础

事实上，在会计上存在着一个会计确认基础区间，这个区间的范围从一个极端（现金制基础）到另一极端（完全应计制基础）。在这两个极端中间，有很多变化。这些变化实际上或者是对现金制基础的修正，或者是对完全应计制基础的修正。概括起来，政府与非营利组织会计可以使用4种具体的会计确认基础，即现金制、修正的现金制、修正的应计制和应计制。

1.现金制

现金制（Cash Basis）也称为收付实现制，它是一种较为原始的会计确认基础。根据这个基础，交易或事项只在收到现金或付出现金时予以确认，并计量某一会计期间收入现金和付出现金差额的财务成果，向使用者提供关于报告期间取得现金的来源、运用和报告期末现金结余的信息，而不报告非现金资产存量的价值、负债或提供服务成本（评价效率时是必需的）信息。在现金制基础下，通常编制现金收支表，以揭示关于报告期内现金的流动以及报告期末现金结余的信息。中央政府以及从政府一般收入中取得基金的政府主体或单位通常使用现金制基础。

2.应计制

应计制（Accrual Basis）也称为权责发生制，这种基础对收入和支出（费用）是在交易或事项发生时确认，而不考虑什么时候收到现金或付出现金。据此，收入反映会计期间已实现的数额，不管款项是否在本期收到，支出反映会计期间已经消耗的货物或服务的数额，不管款项是否在本期内支付。应计制基础要求对所有为取得资本性资产而发生的支出全部予以资本化，并要求在这些资本性资产的服务潜力消耗时对它们计提折旧。政府企业、公司，以及有些国家类似的非营利主体，通常使用这种会计确认基础。

3.修正的现金制和修正的应计制

修正的现金制（Modified Cash Basis）或修正的应计制（Modified Accrual Basis）是对现金制或应计制的某种修正或偏离。国际会计师联合会认为，修正的应计制是从财务报表中去掉长期性项目，使财务报表主要报告货币性资产和货币性负债，以反映主体未来对资金的需求。修正的现金制是在财务报表中包括有关主体在会计年度结束后的短时期内会导致现金收入或现金付出的交易或事项的信息，使财务报表主要报告主体在报告期内流动的或短期的财务资源及变动情况。地方政府、一些国家的中央和州或省政府以及其他公立单位主体通常使用修正的现金制基础或修正的应计制基础。

（二）不同确认基础的计量重点

在政府与非营利组织会计中，计量重点是指在财务报告中到底要反映什么。例如，政府财务报告可以用来反映经济资源的变动、总财务资源的变动或当期财务资源的变动。某项特定计量重点的完成，不仅需要考虑计量什么资源，而且还需要考虑发生的与这些资源相关的交易或事项在何时确认，即使用何种会计确认基础。会计确认基础是计量重点的一个重要组成部分，因为某项计量重点的完成必须有一个特定的交易或事项的确认时间。

一般而言，现金制基础的侧重点在于反映现金结余（及其变动），该基础下的政府财务报告可以提供报告期内现金的来源、基金的用途以及报告日现金余额的信息。修正的现金制的侧重点在于反映当期财务资源（及其变动），该基础下的政府财务报告可以提供报告期内的现金的变动、从报告日起在短期内必须予以偿还的负债、当期现金的结余以及可以用来偿还负债的应收款项信息。修正的应计制的侧重点在于反映总财务资源（及其变动），该基础下的政府财务报告可以提供负债、可用于偿还负债的金融资产以及报告期内收入和支出的金额和来源的信息。应计制的侧重点在于反映经济资源（及其变动），该基础下的政府财务报告可以提供关于资产、负债、收入、费用和净资产的全面信息。以上关于政府与非营利组织会计不同确认基础的计量重点总结见表2-1。

表2-1　　政府与非营利组织会计可选择的确认基础及计量重点

会计基础	计量重点	会计要素
现金制基础	现金结余（及其变动）	现金收入 现金支出 现金结余
修正的现金制基础	当期财务资源（及其变动）	现金收入加应收款项 现金支出加应付款项 现金及约当现金结余
修正的应计制基础	总财务资源（及其变动）	收入 支出 金融资产 负债 净财务资源
应计制基础	经济资源（及其变动）	收入 费用（包括折旧） 资产（财务的和实物的） 负债 净资产（权益）

（三）现行政府与非营利组织会计的确认基础

1.政府会计的确认基础

我国现行政府会计制度融合了政府预算会计和政府财务会计的功能，采用“双基础”的核算方法，在收付实现制的基础上，适当引入权责发生制确认基础。《财政总会计制度》规定，财务会计实行权责发生制。预算会计实行收付实现制，国家法律法规等另有规定的，依照其规定。《政府会计制度——行政事业单位会计科目和报表》规定，单位财务会计核算实行权责发生制，单位预算会计核算实行收付实现制，国务院另有规定的，依照其规定。

根据《政府会计准则——基本准则》，政府预算会计和政府财务会计适度分离并相互衔接，采用不同的确认基础核算。

（1）政府预算会计

政府财务会计与预算会计适度分离后，政府预算会计将以收付实现制为确认基础。收付实现制是以款项的实际收付为标志来确定本期收入和支出的。凡在当期实际发生的现金收入或支出，均应作为当期应计的收入和支出；凡是不属于当期的现金收入或支出，均不应当作为当期的收入和支出。

（2）政府财务会计

政府财务会计与预算会计适度分离后，政府财务会计应当采用权责发生制确认基础，以满足政府加强财务管理、绩效考核、成本核算、债务风险防范等财务会计信息需求。权责发生制是以取得收到款项的权利或支付款项的责任为标志来确定本期收入和费用。

2.民间非营利组织会计

民间非营利组织会计是对外报告会计，需要提供反映其受托责任履行情况和有助于作出经济决策的会计信息。因此，《民间非营利组织会计制度》规定，民间非营利组织会计核算应当以权责发生制为基础。

二、政府与非营利组织会计的计量方法

政府与非营利组织会计的计量不存在像企业会计那样要对计量属性进行选择的复杂问题，特别是政府会计。在当期财务资源流动观念下，政府会计主要反映当期财务资源收支的交易和事项，即反映当期实际收到或付出的财务资源数额。所以，政府会计一般采用原始成本计量。但是，随着会计计量理论的发展和政府及非营利组织面临的外部环境日益复杂，其许多交易或事项也涉及计量属性的选择问题，如养老金、对外投资、非现金捐赠等问题。所以，近年来，政府及非营利组织会计准则制定机构，包括国际会计师联合会、美国政府会计准则委员会和财务会计准则委员会等，都提出了历史成本以外的计量属性，并发布了相关准则予以规范。

根据《政府会计准则——基本准则》，政府财务会计资产的计量方法主要有历史成本、重置成本、现值、公允价值和名义金额计量；负债的计量方法主要有历史成本、现值和公允价值。

1.资产的计量方法

（1）历史成本。历史成本计量是指资产按照取得时支付的现金或者现金等价物的金额，或者按照取得时所付出的非货币性资产的评估价值，或支付对价的公允价值计量。

（2）重置成本。重置成本计量是指资产按照现在购买相同或相似资产所需要支付的现金或者现金等价物的金额计量。

（3）现值。现值计量是指资产按照从其使用到最终处置过程中所产生的未来净现金流量的折现金额计量。

（4）公允价值。公允价值计量是指资产按照市场参与者在计量日发生的有序交易中，出售资产所能收到的价格计量。

（5）名义金额计量。无法采用上述计量属性的，采用名义金额（即人民币1元）计量。

政府会计主体在对资产进行计量时，一般应采用历史成本，如果采用重置成本、现值以及公允价值的计量方法，应当保证所确定的资产金额能够持续取得并可靠计量。

2.负债的计量方法

（1）历史成本。历史成本计量是指负债按照因承担现时义务而实际收到的款项或者资产的金额，或者承担现时义务的合同金额，或者按照日常活动中的偿还负债预期需要支付的现金或现金等价物的金额计量。

（2）现值。现值计量是指负债按照预计期限需要偿还的未来现金流出量的折现金额计量。

（3）公允价值。公允价值计量是指负债按照市场参与者在计量日发生的有序交易中，转移负债所需支付的价格计量。

政府会计主体在对负债进行计量时，一般应当采用历史成本。采用现值、公允价值计

量的，应当保证所确定的负债金额能够持续、可靠计量。

第四节　政府与非营利组织会计的记录与报告

一、政府与非营利组织会计的记录

政府与非营利组织会计采用借贷记账法记账，根据原始凭证制作记账凭证并登记账簿。较多的政府与非营利组织会计采用会计软件进行核算。

（一）会计流程与会计记录

政府与非营利组织会计的系统体现为通过分工和授权而形成的相互配合又相互制约的会计组织体系。在这个组织体系内，又划分为不同的具体的会计系统，比如预算会计、财务会计以及管理会计等。会计流程是指从经济业务发生到会计账务处理，直至编制和披露财务报告的完整过程。在这个过程中，需要采用规范化的会计核算方法进行会计记录并形成财务报告。会计记录是指对经过会计确认、会计计量的经济业务或事项，采用一定方法记录下来的过程。会计记录是会计确认与计量的结果，也是编制会计报表的基础。

（二）会计记录方法

1.会计记录的一般方法

为了实现政府会计核算与报告的统一性，财政部印发了《政府会计制度——行政事业单位会计科目和报表》。根据这份文件，政府部门单位将采用统一的会计科目和会计核算方法，未来的会计核算也会更加趋于一致。

政府与非营利组织会计的记录方法也经过多次改革，重要的改革措施是改变收付实现制的记账方法，从1997年开始采用借贷记账法记账。在记账方法之外是记账方式的问题。近年来，随着信息化和智能化的发展，较多的政府与非营利组织会计采用会计软件进行核算，自动实现根据原始凭证制作记账凭证并登记账簿的过程。在智能化的背景下，越来越需要对会计记录进行复核，关注会计软件可能无法实现的记录环节和可能出现的会计科目匹配错误等问题。

2.政府会计记录的专门方法

政府会计具有预算管理与财务管理的“双功能”，由预算会计和财务会计组成，二者既适度分离又相互衔接，采用“平行记账”的核算方法。对于纳入部门预算管理的现金收支业务，应当同时进行财务会计核算和预算会计核算。

根据相关的制度规定，政府部门或公立非营利组织的专项资金需要单独进行核算。根据专项资金的来源和使用情况，运用相关的会计科目进行连续的记录，期末根据预算执行情况确定专项资金的结余或结转并编制单独的收支报告。

3.民间非营利组织会计核算的基本原则

根据我国的《民间非营利组织会计制度》（2004），民间非营利组织会计核算要遵循以下基本原则：

（1）会计核算应当以实际发生的交易或者事项为依据，如实反映民间非营利组织的财务状况、业务活动情况和现金流量等信息。

（2）会计核算所提供的信息应当能够满足会计信息使用者（如捐赠人、会员、监管者）等的需要。

（3）会计核算应当按照交易或者事项的实质进行，而不应当仅仅以它们的法律形式作为依据。

（4）会计政策前后各期应当保持一致，不得随意变更。如有必要变更，应当在会计报表附注中披露变更的内容和理由、变更的累积影响数，以及累积影响数不能合理确定的理由等。

（5）会计核算应当按照规定的会计处理方法进行，会计信息应当口径一致、相互可比。

（6）会计核算应当及时进行，不得提前或延后。

（7）会计核算和编制的财务会计报告应当清晰明了，便于理解和使用。

（8）在会计核算中，所发生的费用应当与其相关的收入相配比，同一会计期间内的各项收入和与其相关的费用，应当在该会计期间内确认。

（9）资产在取得时应当按照实际成本计量，但本制度有特别规定的，按照特别规定的计量基础进行计量。其后，资产账面价值的调整，应当按照本制度的规定执行。除法律、行政法规和国家统一的会计制度另有规定之外，民间非营利组织一律不得自行调整资产账面价值。

（10）会计核算应当遵循谨慎性原则。

（11）会计核算应当合理划分计入当期费用的支出和予以资本化的支出。

（12）会计核算应当遵循重要性原则的要求，对资产、负债、净资产、收入、费用等有较大影响，并进而影响财务会计报告使用者据以作出合理判断的重要会计事项，必须按照规定的会计方法和程序进行处理，并在财务会计报告中予以充分披露；对于非重要的会计事项，在不影响会计信息真实性和不至于误导会计信息使用者作出正确判断的前提下，可适当简化处理。

二、政府与非营利组织的会计报告

李建发教授（1999）在其专著《政府会计论》中，界定了政府财务报告的概念——“政府财务报告是政府会计的产成品，它是按照政府会计与财务报告目标的要求，在完成财务报表要素确认、计量和记录等一系列程序后编制而成的书面文件，是反映和报告政府业绩和受托责任完成情况的载体，也是立法机关、社会公众审核并批准解除其受托责任的依据。”赵建勇教授（2002）将政府财务报告界定为“为满足信息使用者的需求而编制的以财务信息为主要内容、以财务报表为主要形式、全面系统地反映政府财务受托责任的综合报告。该报告是信息使用者进行经济和社会决策的依据，也是政府解除财务受托责任的有效凭证”。

从应用层面来看，会计报告通常由会计报表、报表附注和财务情况分析说明等组成。会计报表是政府与非营利组织根据会计数据编制的，以表格形式概括反映会计主体的财务状况和收支情况等的书面文件。政府与非营利组织会计应当根据会计制度规定的内容和格式，编制真实、准确、完整的会计报告。

（一）政府的财务报告

各级政府财务报告由政府相关部门、单位和公立非营利组织财务报告构成。现行的政府财务报告主体包括各级政府、政府部门、行政单位以及事业单位，对应的专业会计分别是财政总预算会计、行政单位会计和事业单位会计，分别编制总预算财务报告、行政单位财务报告和事业单位财务报告。

根据新颁布的《政府会计准则——基本准则》，政府会计主体采用“双报告”模式，同时编写政府决算报告与政府财务报告。政府决算报告是以收付实现制为基础编制的，反映政府年度预算收支执行结果的报告（具体见表2-2和表2-3）。政府财务报告是以权责发生制为基础编制的，反映政府财务状况、运行情况的报告。政府财务报告包括政府综合财务报告和政府部门财务报告，政府综合财务报告由政府财政部门负责编制，政府部门财务报告由政府部门负责编制。

表2-2 **部门决算报表体系及结构**

第一类：综合反映部门收入和支出的决算报表
财决01表 收入支出决算总表（自动生成）
财决02表 收入支出决算表
财决03表 收入决算表
财决04表 支出决算表
财决05表 支出决算明细表（自动生成）
财决05-1表 基本支出决算明细表
财决05-2表 项目支出决算明细表
财决06表 项目收入支出决算表（自动生成）
财决06-1表 行政事业类项目收入支出决算表
财决06-2表 基本建设类项目收入支出决算表
第二类：一般预算财政拨款收入、支出决算表
财决07表 一般预算财政拨款收入支出决算表
财决08表 一般预算财政拨款支出决算明细表（自动生成）
财决08-1表 一般预算财政拨款基本支出决算明细表
财决08-2表 一般预算财政拨款项目支出决算明细表
第三类：政府性基金预算财政拨款收入、支出决算表
财决09表 政府性基金预算财政拨款收入支出决算表
财决10表 政府性基金预算财政拨款支出决算明细表（自动生成）
财决10-1表 政府性基金预算财政拨款基本支出决算明细表
财决10-2表 政府性基金预算财政拨款项目支出决算明细表
第四类：财政专户管理资金收入支出决算表
财决11表 财政专户管理资金收入支出决算表
第五类：资产负债表
财决12表 资产负债简表
财政决算附表
财决附01表 国库集中支付预算执行情况表
财决附02表 事业单位事业基金增减变动情况表
财决附03表 事业单位专用基金增减变动情况表
财决附04表 资产情况表
财决附05表 国有资产收益情况表
财决附06表 基本数字表
财决附07表 机构人员情况表
财决附08表 学生学员统计表
财决附09表 非税收入征缴情况表（自动生成）
财决附09-1表 非税收入征缴情况明细表

表2-3　**部门支出决算明细表**

科目编码			科目名称	支出总计	工资福利支出	商品和服务支出	对个人和家庭的补助	基本建设支出	其他资本性支出	其他支出
类	款	项								
204	02		公安							
		01	行政运行							
		02	一般行政管理事务							
		03	机关服务							
		04	治安管理							
		05	国内安全保卫							
		06	刑事侦查							
		07	经济犯罪侦查							
		08	出入境管理							
		09	行动技术管理							
		10	防范和处理邪教犯罪							
		11	禁毒管理							
		12	道路交通管理							
		13	网络侦控管理							
		14	反恐怖							
		15	居民身份证管理							
		16	网络运行及维护							
		17	拘押收教场所管理							
		18	警犬繁育及驯养							
		19	信息化建设							
		50	事业运行							
		99	其他公安支出							
			合计							

编制政府综合财务报告是政府会计现阶段改革的目标。综合年度财务报告是政府在财政年度内对各项财务活动和结果进行全面、综合和系统总结的一种书面报告。综合年度报告是一种对外报告，与财务报告相比，它不仅内容更全面，而且报告形式也多种多样，它除了报告政府的财务收支活动外，还应当报告与政府职能相关、反映政府受托业绩和受托

责任的其他方面的活动状况。

（二）民间非营利组织的会计报告

2004年发布的《民间非营利组织会计制度》规定，民间非营利组织的财务会计报告由会计报表、会计报表附注和财务情况说明书三部分组成。

（1）会计报表，是以表格形式概括反映民间非营利组织财务状况、业务活动情况和现金流量的书面文件，主要包括资产负债表、业务活动表和现金流量表及附表。

（2）会计报表附注，是对会计报表内容所作的补充说明与详细解释，目的是便于会计报表使用者理解会计报表的内容。

（3）财务情况说明书，是对一定会计期间民间非营利组织的财务状况和业务情况进行总结的书面报告。

思考题

1.政府与非营利组织会计信息的使用者包括哪些？

2.政府预算会计和财务会计的目标是什么？

3.政府会计信息质量特征有哪些？

4.政府与非营利组织会计涉及的会计要素有哪些？

5.政府与非营利组织会计可选择的会计确认基础有哪些？

6.政府与非营利组织会计资产和负债的主要计量方法是什么？

7.什么是政府会计的“双报告”模式？

即测即评

第三章 政府财政收支管理制度

学习目标

本章是政府会计的业务基础，主要介绍政府预算管理制度、国库收付制度和政府采购制度。通过本章的学习，应掌握和了解以下内容：

1. 理解政府预算管理体系和预算管理体制；
2. 掌握政府预算的内容及收支分类科目；
3. 了解国库及国库支付执行机构的职责；
4. 掌握国库集中收付制度的内容；
5. 了解政府集中采购制度的主要内容。

第一节 预算管理制度

党的二十大报告从战略和全局的高度，明确了进一步深化财政体制改革的重点举措，提出"健全现代预算制度"，为做好新时代财政预算工作指明了方向、提供了依据。实施预算管理是政府财政收支管理制度的重要内容。政府与非营利组织财务资源主要来源于税收、行政事业收费等非交换交易，必须按照国家法律法规、行政法令、合同协议规定或限定的用途使用，而预算是一项最根本的限定，它要求政府与非营利组织应当以预算为依据，组织财务收支活动，采用恰当的预算控制方法和手段，加强政府预算管理。

一、政府预算与预算管理体制

（一）政府预算及其分类

政府预算（Government Budget）也称为国家预算，它是由政府编制、立法机构批准的一个国家或政府在一定期间财政收支活动的一种计划，反映一个国家或某一级政府在财政年度内收支活动所应达到的各项收支指标与收支总额之间的平衡关系，是国家财力计划与经济管理的重要手段，也是立法机关借以了解、分析政府财政收支业绩，评价政府公共经济受托责任履行情况的依据。

政府预算可以按照不同的标准进行分类，主要有以下几种方式：

（1）按照预算的编制时间，政府预算可以分为普通预算、临时预算和特别预算。其中：普通预算是指政府依法对每年度预计的财政收支编制正式的预算，经立法机构批准后公布执行；临时预算是指财政年度正式预算尚未完成立法程序前编制的，作为开展财政活动依据的一种预算；特别预算是指国家面临天灾人祸等重大事件时编制的对公共财政资金特别需要的一种预算。

（2）按照预算的编制层次，政府预算可以分为总预算和分预算。其中：总预算既指对各项财政收支项目汇总编制的预算，也指对各行政机构的单位预算汇总编制的预算；同样，分预算既指各财政收支项目的专项预算，也指各行政机构申报的单位预算。

（3）按照预算资金的用途，政府预算可以分为经常预算和资本预算。其中：经常预算是指用于维持政府日常行政事务运转的需要而编制的预算；资本预算则指政府对公共基础设施及偿还债务本息等方面的支出所编制的预算。

（4）按照预算的审批程序，政府预算可以分为拟定预算和法定预算。其中：拟定预算是指政府行政当局根据支出需要和收入来源，拟定年度收支计划，呈送立法机关审议批准的预算，也称为行政预算；法定预算则指立法机关对政府行政当局的拟定预算进行审查批准，并按立法程序公布的预算，也称为立法预算。

（5）按照预算编制的基础，政府预算可以分为功能预算和部门预算。其中：功能预算是指按照政府支出所要达到的目的或功能列示支出项目的预算；部门预算是政府各部门根据国家有关政策规定及其行使职能的需要，由基层预算单位编制，逐级上报、审核、汇总编制的部门收支的综合预算。

（二）预算管理体系

预算管理体系是根据国家政权结构、行政区域划分和财政管理体制要求确定的国家预算组织结构。我国的国家预算实行一级政权一级财政、一级财政一级总预算的模式。我国国家预算现设立中央、省（自治区、直辖市）、市（自治州）、县（不设区的市、直辖市）和乡（镇）五级预算，由中央预算和地方预算组成。

中央预算由中央各部门（含直属单位）的预算组成，地方预算由各省、自治区、直辖市总预算组成。地方各级总预算由本级政府预算和汇总下一级总预算组成。没有下一级预算的，总预算即指本级预算。地方各级政府预算由本级各部门（含直属单位）的预算组成。各部门预算由本部门所属各单位预算组成。单位预算是指列入部门预算的国家机关、社会团体和其他单位的收支预算。

政府预算分为财政总预算和部门预算两个层次。各级政府财政应当编制财政总预算，规划本级政府一定期间的财政资金总体收支活动。各级政府部门应当编制部门预算，反映本部门一定期间的预算资金收支情况。在政府预算会计组成体系中，财政总会计以财政总预算资金为对象，政府单位会计以部门预算资金为对象。

（三）预算管理体制

预算管理体制是中央政府与地方政府以及地方各级政府之间规定预算收支范围和预算

管理职权的一项制度。国家的各项职能是由各级政府共同完成的，为了保证各级政府完成本级承担的政治和经济任务，必须在中央政府和地方政府以及地方各级政府之间，明确划分各自的财政收支范围、财政资金支配权和财政管理权，各级政府的事权应与财权相适应。《中华人民共和国预算法》规定，国家实行中央和地方分税制，实行财政转移支付制度。

分税制是指在划分中央与地方事权的基础上，确定中央与地方财政支出范围，并按税种划分中央与地方预算收入的财政管理体制。我国预算管理体制随着各个时期政治经济形势的发展，经历了多次改革，试行过多种办法，从1994年起实行分税制预算管理体制。这种体制以分税为主要特征，它是在划分事权的基础上，按税种划分中央、地方财政收入的一种分级预算的管理体制。在分税制预算管理体制下，将收入划分为中央固定收入、地方固定收入和中央与地方共享收入三类，明确了中央财政与地方财政的收支范围。转移支付是以各级政府之间所存在的财政能力差异为基础，以实现各地公共服务水平的均等化为主旨，而实行的一种财政资金转移或财政平衡制度。转移支付包括中央对地方财政转移支付和地方上级财政对下级财政转移支付。转移支付包括一般性转移支付、专项转移支付和共同财政事权转移支付三种形式。

二、政府预算的内容

预算的内容是指预算收支所包括的项目或预算收支结构。政府预算通常包括一个国家或地区在预算年度的各种收支活动。根据《中华人民共和国预算法》的规定，我国的政府预算分为一般公共预算、政府性基金预算、国有资本经营预算、社会保险基金预算。各项预算应当保持完整、独立，政府性基金预算、国有资本经营预算、社会保险基金预算应当与一般公共预算相衔接。

（一）一般公共预算

一般公共预算简称一般预算，是对以税收为主体的财政收入，安排用于保障和改善民生、推动经济社会发展、维护国家安全、维持国家机构正常运转等方面的收支预算。一般公共预算是政府在年度中正常收支的预算，包括一般公共预算收入和一般公共预算支出。中央一般公共预算包括中央各部门（含直属单位）的预算和中央对地方的税收返还、转移支付预算。地方各级一般公共预算包括本级各部门的预算和税收返还、转移支付预算。

（二）政府性基金预算

政府性基金预算简称基金预算，是对依照法律、行政法规的规定在一定期限内向特定对象征收、收取或者以其他方式筹集的资金，专项用于特定公共事业发展的收支预算。基金预算由基金收入预算和基金支出预算组成。政府性基金预算应当根据基金项目收入情况和实际支出需要，按基金项目编制，做到以收定支。

（三）国有资本经营预算

国有资本经营预算是对国有资本收益作出支出安排的收支预算。国有资本经营预算是政府以所有者身份依法取得国有资本收益，并对所得收益进行分配而发生的各项收支预算。国有资本经营预算由国有资本经营收入预算和国有资本经营支出预算组成。国有资本经营预算应当按照收支平衡的原则编制，不列赤字，并安排资金调入一般公共预算。

（四）社会保险基金预算

社会保险基金预算简称社保基金预算，是对社会保险缴款、一般公共预算安排和其他方式筹集的资金，专项用于社会保险的收支预算。社保基金预算由社保基金收入预算和社保基金支出预算组成。社保基金预算应当按照统筹层次和社会保险项目分别编制，做到收支平衡。

小链接3-1

《中华人民共和国预算法》1994年3月颁布，之后经过了多次修订。目前实施的是2018年12月29日颁布的，第十三届全国人民代表大会常务委员会第七次会议通过的版本。

具体内容见链接：http://www.npc.gov.cn/npc/c2/c30834/201905/t20190521_296660.html。

三、政府收支分类科目

政府收支分类是对政府财政预算收入与预算支出进行类别与层次的划分，是政府预算管理的重要内容。政府收支分类将政府预算收支按一定标准划分为若干种类，每一类别下又进一步划分为若干款、项、目等不同层次，并按分类结果设置预算收支分类科目。政府收支分类科目是政府预算、决算编制的基础，也是政府会计核算的重要依据。政府收支分类建立了包括收入分类科目、支出功能分类科目和支出经济分类科目在内的政府收支分类科目体系。根据财政部印发的《政府收支分类科目》，政府收支的分类如下。

（一）收入的分类

收入分类主要反映收入的性质和来源。政府收入分为类、款、项、目四级。收入的类别包括税收收入、非税收入、债务收入、转移性收入和社会保险基金收入。收入的分类需要按照一般公共预算、政府性基金预算、国有资本经营预算、社会保险基金预算分别设置预算科目。其中，类、款两级科目设置情况如下：

1.税收收入

税收收入全部纳入一般公共预算管理，款项包括：增值税、消费税、企业所得税、企业所得税退税、个人所得税、资源税、城市维护建设税、房产税、印花税、城镇土地使用税、土地增值税、车船税、船舶吨税、车辆购置税、关税、耕地占用税、契税、烟叶税、环境保护税和其他税收收入。

2.非税收入

非税收入分别纳入一般公共预算管理、政府性基金预算管理和国有资本经营预算管理。纳入一般公共预算管理的款项包括：专项收入、行政事业性收费收入、罚没收入、国有资本经营收入、国有资源（资产）有偿使用收入、捐赠收入、政府住房基金收入、其他收入。纳入政府性基金预算管理的款项包括：政府性基金收入、专项债券对应项目专项收入。纳入国有资本经营预算管理的款项包括：国有资本经营收入。

3.债务收入

债务收入分别纳入一般公共预算管理和政府性基金预算管理。纳入一般公共预算管理的款项包括：中央政府债务收入、地方政府债务收入。纳入政府性基金预算管理的款项包括：地方政府债务收入。

4.转移性收入

转移性收入分别纳入一般公共预算管理、政府性基金预算管理、国有资本经营预算管理和社会保险基金预算管理。纳入一般公共预算管理的款项包括：返还性收入、一般性转移支付收入、专项转移支付收入、上解收入、上年结余收入、调入资金、债务转贷收入、动用预算稳定调节基金、区域间转移性收入。纳入政府性基金预算管理的款项包括：政府性基金转移支付收入、上解收入、上年结余收入、调入资金、债务转贷收入。纳入国有资本经营预算管理的款项包括：国有资本经营预算转移支付收入、上解收入、上年结余收入。纳入社会保险基金预算管理的款项包括：上年结余收入、调入资金、社会保险基金转移收入、社会保险基金上级补助收入、社会保险基金下级上解收入。

5.社会保险基金收入

社会保险基金收入全部纳入社会保险基金预算管理，款项包括：企业职工基本养老保险基金收入、失业保险基金收入、职工基本医疗保险基金收入、工伤保险基金收入、城乡居民基本养老保险基金收入、机关事业单位基本养老保险基金收入、城乡居民基本医疗保险基金收入、国库待划转社会保险费利息收入、其他社会保险基金收入。

（二）支出的功能分类

支出的功能分类主要根据政府职能进行，反映政府活动的不同功能和政策目标。支出的功能分类需要按照一般公共预算、政府性基金预算、国有资本经营预算、社会保险基金预算分别设置预算科目。支出按功能可分为类、款、项三级。其中，纳入一般公共预算管理的支出类、款两级科目设置情况如下：

1.一般公共服务支出

纳入一般公共预算管理的款项包括：人大事务、政协事务、政府办公厅（室）及相关机构事务、发展与改革事务、统计信息事务、财政事务、税收事务、审计事务、海关事务、纪检监察事务、商贸事务、知识产权事务、民族事务、港澳台事务、档案事务、民主党派及工商联事务、群众团体事务、党委办公厅（室）及相关机构事务、组织事务、宣传事务、统战事务、对外联络事务、其他共产党事务支出、网信事务、市场监督管理事务、社会工作事务、信访事务、其他一般公共服务支出。

2.外交支出

纳入一般公共预算管理的款项包括：外交管理事务、驻外机构、对外援助、国际组织、对外合作与交流、对外宣传、边界勘界联检、其他外交支出。

3.国防支出

纳入一般公共预算管理的款项包括：军费、国防科研事业、专项工程、国防动员、其他国防支出。

4.公共安全支出

纳入一般公共预算管理的款项包括：武装警察部队、公安、国家安全、检察、法院、司法、监狱、强制隔离戒毒、国家保密、缉私警察、其他公共安全支出。

5.教育支出

纳入一般公共预算管理的款项包括：教育管理事务、普通教育、职业教育、成人教育、广播电视教育、留学教育、特殊教育、进修及培训、教育费附加安排的支出、其他教育支出。

6.科学技术支出

纳入一般公共预算管理的款项包括：科学技术管理事务、基础研究、应用研究、技术研究与开发、科技条件与服务、社会科学、科学技术普及、科技交流与合作、科技重大专项、其他科学技术支出。

7.文化旅游体育与传媒支出

纳入一般公共预算管理的款项包括：文化和旅游、文物、体育、新闻出版电影、广播电视、其他文化旅游体育与传媒支出。

8.社会保障和就业支出

纳入一般公共预算管理的款项包括：人力资源和社会保障管理事务、民政管理事务、补充全国社会保障基金、行政事业单位养老支出、企业改革补助、就业补助、抚恤、退役安置、社会福利、残疾人事业、红十字事业、最低生活保障、临时救助、特困人员救助供养、补充道路交通事故社会救助基金、其他生活救助、财政对基本养老保险基金的补助、财政对其他社会保险基金的补助、退役军人管理事务、财政代缴社会保险费支出、其他社会保障和就业支出。

9.卫生健康支出

纳入一般公共预算管理的款项包括：卫生健康事务、公立医院、基层医疗卫生机构、公共卫生、计划生育事务、行政事业单位医疗、财政对基本医疗保险基金的补助、医疗救助、优抚对象医疗、医疗保障管理事务、老龄卫生健康事务、中医药事务、疾病预防控制事务、其他卫生健康支出。

10.节能环保支出

纳入一般公共预算管理的款项包括：环境保护管理事务、环境监测与监察、污染防治、自然生态保护、森林保护修复、风沙荒漠治理、退牧还草、已垦草原退耕还草、能源节约利用、污染减排、可再生能源、循环经济、能源管理事务、其他节能环保支出。

11.城乡社区支出

纳入一般公共预算管理的款项包括：城乡社区管理事务、城乡社区规划与管理、城乡社区公共设施、城乡社区环境卫生、建设市场管理与监督、其他城乡社区支出。

12.农林水支出

纳入一般公共预算管理的款项包括：农业农村、林业和草原、水利、巩固脱贫攻坚成果衔接乡村振兴、农村综合改革、普惠金融发展支出、目标价格补贴、其他农林水支出。

13.交通运输支出

纳入一般公共预算管理的款项包括：公路水路运输、铁路运输、民用航空运输、邮政业支出、其他交通运输支出。

14.资源勘探工业信息等支出

纳入一般公共预算管理的款项包括：资源勘探开发，制造业、建筑业、工业和信息产业监管、国有资产监管、支持中小企业发展和管理支出、其他资源勘探工业信息等支出。

15.商业服务业等支出

纳入一般公共预算管理的款项包括：商业流通事务、涉外发展服务支出、其他商业服务业等支出。

16.金融支出

纳入一般公共预算管理的款项包括：金融部门行政支出、金融部门监管支出、金融发展支出、金融调控支出、其他金融支出。

17.援助其他地区支出

纳入一般公共预算管理的款项包括：一般公共服务、教育、文化旅游体育与传媒、卫生健康、节能环保、农业农村、交通运输、住房保障、其他支出。

18.自然资源海洋气象等支出

纳入一般公共预算管理的款项包括：自然资源事务、气象事务、其他自然资源海洋气象等支出。

19.住房保障支出

纳入一般公共预算管理的款项包括：保障性安居工程支出、住房改革支出、城乡社区住宅支出。

20.粮油物资储备支出

纳入一般公共预算管理的款项包括：粮油物资事务、能源储备、粮油储备、重要商品储备支出。

21.灾害防治及应急管理支出

纳入一般公共预算管理的款项包括：应急管理事务、消防救援事务、矿山安全、地震事务、自然灾害防治、自然灾害救灾及恢复重建支出、其他灾害防治及应急管理支出。

22.预备费

无款项。

23.其他支出

纳入一般公共预算管理的款项包括：年初预留、其他支出。

24.转移性支出

纳入一般公共预算管理的款项包括：返还性支出、一般性转移支付、专项转移支付、上解支出、调出资金、年终结余、债务转贷支出、安排预算稳定调节基金、补充预算周转金、区域间转移性支出。

25.债务还本支出

纳入一般公共预算管理的款项包括：中央政府国内债务还本支出、中央政府国外债务还本支出、地方政府一般债务还本支出。

26.债务付息支出

纳入一般公共预算管理的款项包括：中央政府国内债务付息支出、中央政府国外债务付息支出、地方政府一般债务付息支出。

27.债务发行费用支出

纳入一般公共预算管理的款项包括：中央政府国内债务发行费用支出、中央政府国外债务发行费用支出、地方政府一般债务发行费用支出。

以上仅列出了一般公共预算支出的功能分类科目。政府性基金预算、国有资本经营预算和社会保险基金预算也相应设置了预算功能分类科目。

（三）支出的经济分类

支出的经济分类主要反映政府支出的经济性质和具体用途。支出的经济分类科目是各级政府、各部门（单位）编制预决算的重要工具，也是政府会计核算的重要依据。支出的经济分类科目区分政府财政和政府部门或单位，分设“政府预算支出经济分类”和“部门预算支出经济分类”两套科目。

1.政府预算支出经济分类

各级政府财政部门按“政府预算支出经济分类”的要求设置支出经济分类科目。政府预算支出经济分类体现了政府财政预算的管理要求，主要用于政府财政预算的编制、执行、决算、公开和财政总预算会计核算。政府预算支出经济分类设置类、款两级科目，具体科目设置情况如下。

（1）机关工资福利支出，反映机关和参照公务员法管理事业单位在职职工和编制外长期聘用人员的各类劳动报酬，以及为上述人员缴纳的各项社会保险费等。款项包括：工资奖金津补贴、社会保障缴费、住房公积金、其他工资福利支出。

（2）机关商品和服务支出，反映机关和参公事业单位购买商品和服务的各类支出。款项包括：办公经费、会议费、培训费、专用材料购置费、委托业务费、公务接待费、因公出国（境）费用、公务用车运行维护费、维修（护）费、其他商品和服务支出。

（3）机关资本性支出，反映机关和参公事业单位的资本性支出，不包括由发展改革部门安排的基本建设支出。款项包括：房屋建筑物购建、基础设施建设、公务用车购置、设备购置、大型修缮、其他资本性支出。

（4）机关资本性支出（基本建设），反映由发展改革部门安排的基本建设支出中机关和参公事业单位的资本性支出。款项包括：房屋建筑物购建、基础设施建设、公务用车购置、设备购置、大型修缮、其他资本性支出。

（5）对事业单位经常性补助，反映对事业单位（不含参公事业单位）的经常性补助支出。款项包括：工资福利支出、商品和服务支出、其他对事业单位补助。

（6）对事业单位资本性补助，反映对事业单位（不含参公事业单位）的资本性补助支出。款项包括：资本性支出、资本性支出（基本建设）。

（7）对企业补助，反映政府对各类企业的补助支出。款项包括：费用补贴、利息补贴、其他对企业补助。

（8）对企业资本性支出，反映政府对各类企业的资本性支出。款项包括：资本金注入、资本金注入（基本建设）、政府投资基金股权投资、其他对企业资本性支出。

（9）对个人和家庭的补助，反映政府用于对个人和家庭的补助支出。款项包括：社会福利和救助、助学金、个人农业生产补贴、离退休费、其他对个人和家庭补助。

（10）对社会保障基金补助，反映政府对社会保险基金的补助以及补充全国社会保障基金的支出。款项包括：对社会保险基金补助、补充全国社会保障基金、对机关事业单位职业年金的补助。

（11）债务利息及费用支出，反映政府债务利息及费用支出。款项包括：国内债务付息、国外债务付息、国内债务发行费用、国外债务发行费用。

（12）债务还本支出，反映政府债务还本支出。款项包括：国内债务还本、国外债务还本。

（13）转移性支出，反映政府间和不同性质预算间的转移性支出。款项包括：上下级政府间转移性支出、债务转贷、调出资金、安排预算稳定调节基金、补充预算周转金、区域间转移性支出。

（14）预备费及预留，反映预备费及预留。款项包括：预备费、预留。

（15）其他支出，反映不能划分到上述经济科目的其他支出。款项包括：国家赔偿费用支出、对民间非营利组织和群众性自治组织补贴、经常性赠与、资本性赠与、其他支出。

2.部门预算支出经济分类

各级政府部门（单位）按“部门预算支出经济分类”的要求设置经济分类科目。部门预算支出经济分类体现部门预算管理要求，主要用于部门预算编制、执行、决算、公开和部门（单位）会计核算。部门预算支出经济分类设置类、款两级科目，具体科目设置情况如下。

（1）工资福利支出，反映单位开支的在职职工和编制外长期聘用人员的各类劳动报酬，以及为上述人员缴纳的各项社会保险费等。款项包括：基本工资、津贴补贴、奖金、伙食补助费、绩效工资、机关事业单位基本养老保险缴费、职业年金缴费、职工基本医疗保险缴费、公务员医疗补助缴费、其他社会保障缴费、住房公积金、医疗费、其他工资福利支出。

（2）商品和服务支出，反映单位购买商品和服务的支出，不包括用于购置固定资产、战略性和应急性物资储备等资本性支出。款项包括：办公费、印刷费、咨询费、手续费、水费、电费、邮电费、取暖费、物业管理费、差旅费、因公出国（境）费用、维修（护）费、租赁费、会议费、培训费、公务接待费、专用材料费、被装购置费、专用燃料费、劳务费、委托业务费、工会经费、福利费、公务用车运行维护费、其他交通费用、税金及附加费用、其他商品和服务支出。

（3）对个人和家庭的补助，反映政府用于对个人和家庭的补助支出。款项包括：离休费、退休费、退职（役）费、抚恤金、生活补助、救济费、医疗费补助、助学金、奖励金、个人农业生产补贴、其他对个人和家庭的补助。

（4）债务利息及费用支出，反映单位的债务利息及费用支出。款项包括：国内债务付息、国外债务付息、国内债务发行费用、国外债务发行费用。

（5）资本性支出（基本建设），反映由发展改革部门安排的基本建设支出，对企业补助支出不在此科目反映。款项包括：房屋建筑物购建、办公设备购置、专用设备购置、基础设施建设、大型修缮、信息网络及软件购置更新、物资储备、公务用车购置、其他交通工具购置、文物和陈列品购置、无形资产购置、其他基本建设支出。

（6）资本性支出，反映各单位安排的资本性支出，不包括由发展改革部门安排的基本建设支出。款项包括：房屋建筑物购建、办公设备购置、专用设备购置、基础设施建设、大型修缮、信息网络及软件购置更新、物资储备、土地补偿、安置补助、地上附着物和青苗补偿、拆迁补偿、公务用车购置、其他交通工具购置、文物和陈列品购置、无形资产购置、其他资本性支出。

（7）对企业补助（基本建设），反映由发展改革部门安排的基本建设支出中对企业的补助支出。款项包括：资本金注入、其他对企业补助。

（8）对企业补助，反映政府对各类企业的补助支出，由发展改革部门安排的基本建设支出中对企业的补助支出不在此科目反映。款项包括：资本金注入、政府投资基金股权投资、费用补贴、利息补贴、其他对企业补助。

（9）对社会保障基金补助，反映政府对社会保险基金的补助以及补充全国社会保障基金的支出。款项包括：对社会保险基金补助、补充全国社会保障基金、对机关事业单位职业年金的补助。

（10）其他支出，反映不能划分到上述经济科目的其他支出。款项包括：国家赔偿费用支出、对民间非营利组织和群众性自治组织补贴、经常性赠与、资本性赠与、其他支出。

小链接3-2

政府收支分类科目包括一般公共预算收支科目、政府性基金预算收支科目、国有资本经营预算收支科目、社会保险基金预算收支科目和支出经济分类科目。为适应预算管理改革的需要，财政部每年都会印发新的政府收支分类科目。

《2024年政府收支分类科目》具体内容见链接：http://yss.mof.gov.cn/xiazaizhongxin/202311/P020231101564263258545.pdf。

四、政府预算的编制

（一）预算编制方法

预算编制方法是指政府编制年度预算所采用的方法或规范，也称为预算制度。在西方国家，政府预算编制通常采用的是绩效预算和零基预算等方法。

1.绩效预算

绩效预算（Performance Budget）是一种以政府在财政年度的工作计划或服务计划制定预算，以预算计算工作或活动成本，以成本分析工作或活动效益，根据效益衡量和考核政府业绩的预算制度。

绩效预算实质上强调的是对预算目的的说明，为便于预算执行，各政府机构在提出预算时，必须提供以下资料：（1）政府单位或机构的目标，申请经费的理由和拟提供的服务；（2）实现组织目标的工作或业务计划；（3）各项业务的工作量；（4）以往经费拨款所确定的服务水平；（5）新年度预算所确定的服务水平等。与其他预算制度相比，绩效预算制度根据政府总的工作规划，着重考核预算支出，使绩效评价渗透到政府的每一个部门，既考核公共资金使用的最终效果，也考核为取得这种效果所开展的工作活动情况，从而形成了以管理或绩效为导向的政府预算方法。

2.计划设计预算

计划设计预算（Planning-programing Budgeting）是以设计为中心，利用成本-效益分析方法，把目标设计、计划制订与预算编制融为一体，以协助增进政府预算执行效果的一种“方案导向型”预算制度。

计划设计预算制度的前提是政府可支用的资源数量是有限的，所以，必须以某种方式限制开支项目，并通过预算分配取得最大效益。它要求政府明确组织的基本目标和有关业务的计划结构，建立多年的发展计划，在充分考虑过去计划决策与现在设计的未来计划的基础上，编制多年财务计划。这种预算制度的基本要点包括：（1）按照持续的基础确定政府目标，根据与政府目标的相关程度评审政府各部门、各机构提出的开支事项；（2）分析在既定资源下实现上述目标的方式，设计解决问题的备选方案，比较它们的成本效益；

(3) 预计项目成本应尽可能有足够的时间跨度（比如5年到10年），以便确定项目的全部成本；(4) 决定为完成既定目标各自应付出什么样的努力，以制定有关项目合理支出规模的科学的宏观经济政策；(5) 通过社会指示器这样一种机制，促使人们形成一种观念，即政府资金是如何影响作为这笔资金支出客体的社会层面的。

3.零基预算

零基预算（Zero-base Budget）是在编制年度预算时，对所有的预算收支在不考虑以往收支水平的情况下，逐一加以研究、分析、计算编制而成的一种预算。

零基预算制度要求政府各部门在申请经费时，不应受以往既定计划的束缚，政府部门的任何支出应如同新年度的支出一样，从起点开始计划，对所有的（包括既有的和新的）计划项目和行动应从产出或业绩与成本的角度进行系统的评价和重新审查。其基本程序是：(1) 预算过程一开始就为高层管理设置总目标，即由政府部门的高级管理层提出有关可支用资源的基本目标和总体原则；(2) 确定"决策单位"，把准备"一揽子"决策的责任下放给"决策单位"的中层管理部门，由它们负责具体说明如何完成赋予它们的目标，并由它们根据需要，对项目规划需要保留或删除的部分按照效益递减的顺序进行排列；(3) 对中层管理部门提出的"一揽子"决策采用同样的排列顺序进行评价、鉴定和筛选，并根据预算年度可支用的资源设置指标，进行资源分配，最后编制成详细的行动预算。这种预算制度由于改变了以往根据上一年度预算执行情况确定未来预算年度增减幅度的做法，从而避免了浪费，使未来年度的预算一开始就建立在一个更加科学、合理的基础上。

4.增量预算

增量预算是指财政收支计划指标是在以前财政年度的基础上，按新财政年度的经济发展情况和财政经济政策要求，加以计算和调整而形成的预算。增量预算与零基预算是对应的。事实上，零基预算通常只用于具体收支项目，还未成为一种确定的编制政府预算的一般方法。

我国的政府预算无论是单式预算还是复式预算，主要采用增量预算方法。在现阶段某些具体项目计划上也采用零基预算方法，并且其使用范围有进一步扩大的趋势。这与我国改革开放以来，合理地吸收和借鉴西方发达国家先进的预算形式和管理方法有关。

（二）预算的编制程序

现代政府预算的编制程序一般是要经过政府行政部门编制草案、政府财政部门汇总审核、行政首长审核批准、议会审核四个阶段。在政府预算的编制中，应遵循及时性原则、平衡性原则、真实性原则和合理性原则。这是基本要求，并不排除在某些预算年度因国家整体利益的需要而出现不平衡的现象。我国政府预算的编制程序与其他国家的一般程序基本一致，但我国具体实行的是"两上两下"的程序。我国实行部门预算改革后，"两上两下"的编报办法依然不变。

"一上"是指，基层预算单位编制本单位在预算年度的收支建议数，上报上级部门。上级部门根据国务院关于编制预算的指示和财政部下达的编制预算的具体要求，结合国家社会经济发展情况和本部门的具体情况，提出本部门预算年度的收支建议数，上报财政部门。

"一下"是指，财政部门根据政策要求和工作任务，认真审核各主管部门上报的预算收支建议数，再根据征收部门报来的财政收入测算数，审核汇总成年度预算收支草案报政府批准。财政部门将政府批准的预算控制数下达到各主管部门，再层层下达到各基层预算单位。

“二上”是指，各主管部门按照下达的预算控制数，根据情况下达到所属下级预算单位，落实到具体项目，按照财政部门的要求编制本单位预算草案，由主管部门汇编成本部门的部门预算草案上报财政部门。

“二下”是指，财政部门收到各主管部门报来的预算草案后，进行审核汇总，形成本级政府总预算草案，报同级人民政府。政府批准之后，向人民代表大会提交政府预算草案。人民代表大会审议批准政府预算草案后，即成为具有法律效力的政府预算。财政部门在规定时间内批复部门预算，主管部门接到财政部门批复的预算后，再在规定时间内批复所属单位预算。

五、政府预算的审批、执行和披露

（一）政府预算的审批

1.财政部门审核阶段

财政部门对各主管部门报来的预算进行认真审核。其审核的主要内容是：年度预算收支是否有赤字、运用预算科目是否正确、预算收支测算是否准确、预算收支是否平衡、与财政部门下达的预算支出控制指标是否一致、是否按规定编写预算说明。

2.行政首长审核阶段

各主管部门的预算编报完成并经财政部门审核之后，财政部门应将汇总的部门预算，连同各部门报来的部门预算，送行政首长审批。经行政首长批准之后，送人民代表大会初审。

3.人民代表大会审核阶段

人民代表大会对政府预算的审核主要分为两个阶段。第一个是初审阶段。财政部门根据行政首长的指示，将政府预算草案报人民代表大会财经委员会进行初步审核。其审核的主要内容是：各项收支安排是否符合法律、法规的规定；预算收支规模是否与国民经济和社会发展计划一致；国债规模是否合适等。财政部门根据人民代表大会财经委员会的意见修改后，报送行政首长批准。第二个是审议阶段。财政部门正式代表政府向人民代表大会提交预算草案。人大代表就政府预算和部门预算进行审议，最后通过预算草案。

4.政府预算批复阶段

财政部门根据人民代表大会批准的预算，在规定的时间内批复部门预算。《中华人民共和国预算法实施条例》规定，财政部要在人民代表大会通过预算后的30天内批复中央部门预算，主管部门接到财政部门批复的部门预算后的15天内，批复所属单位预算。

（二）政府预算的执行

政府预算经过批准之后，就进入预算执行阶段。正确组织预算执行工作是实现政府预算收支任务的核心工作，是预算管理的重要组成部分。它不仅关系到国家方针政策的贯彻执行以及国民经济和社会发展计划的全面实现，而且是一项经常的、细致的、艰苦复杂的系统工程。《中华人民共和国预算法》规定，各级预算由本级政府组织执行，具体工作由本级政府财政部门负责。政府预算的执行包括预算收入的执行和预算支出的执行，以及预算执行中的调整。

1.预算收入的执行

积极正确地组织预算收入的执行是全面实现政府预算的基础，是满足各项支出资金需要的保证。我国预算收入的执行是由财政部门统一负责组织，并按各项预算收入的性质和征收方法，分别由财政机关、税务机关、海关负责征收和管理。国家金库负责预算收入资金的收纳和保管。

2.预算支出的执行

预算支出的执行是在国家统一领导、统一计划下，由各支出机关具体负责执行。财政部门在组织预算支出执行中处于主导地位。财政部门应当按照公共财政的要求和组织预算支出执行的需要，制定国家预算支出的政策和法规，制定预算支出管理的各种制度和办法。根据部门预算制定年度、季度、月度用款计划，准确掌握国库库款情况。按照集中支付制度的规定，适时、正确地把预算资金拨付到用款单位。建立经济责任制，明确各预算部门和单位的责任，确保预算资金高效和节约使用。

3.预算执行中的调整

预算调整是在预算执行过程中，通过改变预算收入来源和支出用途，以及预算收支规模，组织新的预算平衡的方法。预算调整一般有两种情况：一种是全局调整；另一种是局部调整。全局调整并不经常发生，只是在某些特殊情况下，国家对年度国民经济和社会发展计划作出重大调整时，国家预算才进行全局调整。

（三）政府预算信息的披露

《中华人民共和国预算法》第十四条规定："经本级人民代表大会或者本级人民代表大会常务委员会批准的预算、预算调整、决算、预算执行情况的报告及报表，应当在批准后二十日内由本级政府财政部门向社会公开，并对本级政府财政转移支付安排、执行的情况以及举借债务的情况等重要事项作出说明。"

预算法同时规定，经各级政府财政部门批复的部门预算、决算及报表，应当在批复后二十日内由各部门向社会公开，并对部门预算、决算中机关运行经费的安排、使用情况等重要事项作出说明。政府对外披露的预算信息包括政府采购的情况，但涉及国家秘密的预算信息不在披露范围之内。

第二节　国库收付制度

政府财政预算资金的收付并不是由财政部门自身来完成的，而是通过专门的机构——国库来执行的。国库是财政收支的出纳机构，是财政预算管理的重要部门，在财政资金收付结算中发挥重要的作用。

一、政府预算收支的管理机构

（一）预算收入的征收机构

为保证预算收入的顺利实现，我国设立了专门的征收机构来负责预算收入的征收和管理工作。财政部门负责征收部分非税收入，主要包括国有资产经营收益、行政规费收入、专项收入等。海关负责征收进出口关税及由海关代征的进口产品增值税、消费税及海关罚没等。税务部门负责征收工商企业税收及个人税收，包括增值税、消费税、企业所得税等。除上述机构外，行政单位、事业单位收取的各项收费也构成政府的预算收入。

（二）预算收支的出纳机构

我国预算收支的出纳机构是国库。我国实行代理国库制，国库业务由中国人民银行总行及其分支机构经理。国库是负责财政预算收入、支出及库款管理的专门机构，所有预算收入都要通过国库来收纳，所有预算支出也都要通过国库来支拨。同时，为便于财政资金的结算，财政部门也在商业银行开设账户，完成财政资金的收缴与拨付。

（三）财政国库支付执行机构

预算收入是由专门的征收机构负责征收，由国库来负责收纳、划分、留解和支拨，由财政部门设立专门的机构来管理。财政国库管理机构在财政部层面称为国库司，在地方财政层面称为国库处、国库科等，负责本级财政预算资金的调度、账户管理与会计核算。为适应国库集中收付制度改革的需要，各级财政国库管理机构应当设置专门的国库支付执行机构。国库支付执行机构也称为国库支付中心或国库支付局，其职责是审核、监督财政资金，按规定办理财政资金的拨付，向财政国库管理机构报告财政资金的支付情况，与央行国库、代理银行进行资金清算。

二、国库集中收付制度

（一）国库的职责

国库是国家金库的简称，负责保管、管理国家的财政资金。国库出纳业务是政府财政收支活动的重要环节和有机组成部分，国库既是政府财政的出纳中心，也是参与组织和执行政府预算的管理机关。任何国家和政府都需要设立国库办理财政收支出纳业务。但世界各国对财政出纳机关的设置不尽相同。概括起来，主要有两种基本方式：一是独立国库制，即由财政机关特设专门机构办理预算收支的出纳和财政库款的管理工作；二是委托国库制，即由政府委托国家银行经理进行财政资金的出纳和财政库款的管理工作。

根据《中华人民共和国国家金库条例》的规定，我国国库机构按照“统一领导、分级管理”的财政管理体制设立，原则上一级财政设立一级国库。与财政管理体制相适应，我国的国库分为总库、分库和支库。总库也称为中央国库，设在中国人民银行总行；分库按经济区域设置或设在各省（直辖市、自治区）人民银行分行或中心支行；支库设在各市（地区、自治州）的人民银行中心支行或支行。中央国库业务由中国人民银行经理，地方国库业务依照国务院的有关规定办理。国库作为各级政府财政收支的出纳中心，在办理国库业务中，应当按照国库条例的规定，主要履行以下职责：

（1）准确、及时地收纳预算收入。各级国库应及时将各级政府的预算收入收纳入库，并按不同的预算级次和预算收入科目进行划分，及时办理各级财政库款的报解，以保证各级财政资金的运用。

（2）按照财政制度和银行的开户管理办法，为各级财政机关开立账户；根据财政机关填发的付款凭证，办理同级财政库款的支拨。

（3）对各级财政库款和预算收入进行会计核算，按期向上级国库、同级财政和征收机关报送国库报表，反映预算收支情况；定期与财政、征收机关对账，保证数字准确一致。

（4）协助财政、税务机关组织预算收入及时缴库。

(5) 组织管理和检查指导下级国库和国库经收处的工作，总结交流工作经验，及时解决工作中存在的问题。

(6) 办理政府交办的与国库有关的其他工作。

(二) 国库集中收付制度的含义

国库集中收付制度也称国库单一账户制度（Treasury Single Account System），是指政府在国库或国库指定的代理银行开设账户，集中收纳和支付财政性资金的一种结算制度。这种制度要求，政府所有的财政收入都直接缴入国库，财政支出则通过严格的预算，将预算额度下达（而不是下拨）给预算单位，预算单位需要购买货物或支付劳务费用时，由财政部门按预算控制额度向国库发出付款指令，款项由财政部门在国库开设的单一账户直接划入商品或劳务提供者的账户。征收机关和执法机关目前设置的各种收入过渡账户，以及各部门和各单位自设的各类财政专户资金账户将随之消亡。

(三) 国库单一账户的内容

目前，我国已经逐步建立了以国库单一账户体系为基础，资金缴拨以国库集中收付为主要形式的财政国库管理制度，将所有财政性资金都纳入国库单一账户体系管理，收入直接缴入国库或财政专户，支出通过该体系支付到商品、劳务供应者或用款单位账户。根据《财政国库管理制度改革试点方案》及其补充规定，我国的国库单一账户体系包括以下类型：

1.国库单一账户

各级财政部门在中国人民银行及其分支机构开设国库单一账户，用于记录、核算和反映纳入预算管理的财政收入和支出活动，并用于与财政部门在商业银行开设的零余额账户（包括财政零余额账户和单位零余额账户）进行清算，实现财政资金的支付。

2.财政零余额账户

各级财政部门按资金使用性质在商业银行开设财政零余额账户，用于财政直接支付和与国库单一账户支出清算。开设财政零余额账户的商业银行也称为财政零余额代理银行，接受财政部门的委托办理财政直接支付的资金结算业务。

3.单位零余额账户

各预算单位经财政部门审核批准后，在商业银行开设单位零余额账户，用于财政授权支付和与国库单一账户支出清算。预算单位零余额账户可以办理转账、提取现金等业务。开设单位零余额账户的商业银行也称为单位零余额代理银行，接受预算单位的委托办理财政授权支付的资金结算业务。

除上述账户外，经国务院和省级人民政府批准或授权，财政部门可以为特定部门或预算单位在商业银行开设特殊过渡性专户（简称特设专户），用于特定专项收支活动的结算，并用于与国库单一账户清算。

(四) 国库集中收付制度的程序

1.收入收缴方式

在国库集中收付制度下，财政性收入的收缴主要采用直接缴库和集中汇缴两种方式。

(1) 直接缴库

采用此方式时，由缴款单位或缴款人按有关法律、法规的规定，直接将应缴收入缴入国库单一账户或财政资金专户，不再设立各类过渡性账户。直接缴库的税收收入，由纳税人或税务代理人申报，经征收机关审核无误后，开具缴款书，送交纳税人开户银行，纳税人的开户银行将税款缴入国库单一账户，再由国库向财政部门和征收机关出具缴款报告。非税收入的收缴程序略有不同，基本程序是：由行政事业单位向缴款义务人下达收款通知，然后由缴款人将款项缴入财政委托的代理银行，代理银行将款项划转财政专户，或与国库单一账户进行清算，再由国库向财政部门和行政事业机关报告缴款情况。

（2）集中汇缴

由征收机关（有关法定单位）按有关法律、法规的规定，将所收的应缴收入汇总缴入国库单一账户。在这种方式下，小额零散税收收入，由征收机关开具汇总缴款书缴入国库单一账户；非税收入中的现金缴款，比照集中汇缴方式缴入国库单一账户或财政资金专户。

2.支出的拨付方式

财政支出总体上分为购买性支出和转移性支出。根据支付管理需要，前者可具体分为四类：工资支出，即预算单位的工资性支出；购买支出，即预算单位购买服务、货物、工程项目等除工资支出、零星支出以外的支出；零星支出，即预算单位购买支出中的日常小额支出，即除政府采购品目分类表所列品目以外的支出，或者列入政府采购品目分类表品目但未达到规定数额的支出；转移支出，即拨付给预算单位或下级财政部门，未指明购买内容的支出，包括拨付企业补贴和未指明用途的资金、中央对地方的一般性转移支付等。按照不同的支付主体，对不同类型的支出，分别实行财政直接支付和财政授权支付两种方式。这两种方式的支付程序有一定差别。

（1）财政直接支付

预算单位用款时向财政部门的国库支付执行机构提出支付申请，国库支付执行机构根据批复的预算、用款计划及相关要求对支付申请审核无误后，向代理银行发出支付指令，并通知中央银行国库部门，通过代理银行进入全国银行清算系统实时清算，将财政资金从国库单一账户划转到收款单位的银行账户。

财政直接支付方式下，财政部门的国库支付执行机构根据预算单位的要求签发支付令，将款项通过代理银行支付给受款人，每日营业终了前由国库单一账户与代理银行进行清算。其支出主要内容包括工资支出、购买支出以及中央对地方的专项转移支付、拨付企业大型工程项目或大型设备采购的资金等，以及转移支出（中央对地方专项转移支出除外）。其中，关于工资支出，预算单位的人员编制、工资标准和开支数额分别由编制部门、人事部门和财政部门核定；支付对象为预算单位和下级财政部门的支出，由财政部门按照预算执行进度将资金从国库单一账户直接拨付到预算单位或下级财政部门账户。

（2）财政授权支付

预算单位根据批复的部门预算和资金使用计划，向财政部门的国库支付执行机构申请授权支付的月份用款额度，国库支付执行机构将批准后的限额通知代理行和预算单位，并通知中央银行国库部门。预算单位在月份用款额度内，自行开具支付令，通过国库支付执行机构转由代理银行向收款人付款，并与国库单一账户清算。采用财政授权支付的支出包括未实行财政直接支付的购买支出和零星支出。

（五）预算管理一体化下的国库集中收付制度

为加强预算管理，政府财政部门建立了预算管理一体化系统，将预算管理与信息技术紧密结合，用系统化思维全流程整合预算管理各环节业务规范，通过将规则嵌入系统强化制度执行力，为完善标准科学、规范透明、约束有力的预算制度提供基础保障。预算管理一体系统包括预算基础信息管理、预算项目库管理、预算编制、预算批复、预算调整和调剂、预算执行、会计核算、决算和报告、资产管理、债务管理等内容。

1.预算管理一体化下的收缴制度

预算管理一体化下，国家实行国库集中收缴制度。财政部门督促税务机关依法履行职责，按照财政管理体制、征收管理制度和国库集中收缴制度的规定征收税收收入，并及时缴入国库。非税收入由各级财政部门及其委托的部门和单位征收，实行国库集中收缴制度。财政部门应将电子化收缴作为非税收入收缴的主要方式。财政部门应积极创造条件，实现非税收入资金直接缴入国库，暂未实现非税收入直接缴入国库的，应在规定时限内缴入国库。

2.预算管理一体化下的支付制度

预算管理一体化下，国家实行国库集中支付制度，对政府全部支出实行国库集中支付管理。国库集中支付以国库单一账户体系为基础，以健全的财政支付信息系统和银行间实时清算系统为依托，支付款项时，由单位提出申请，经校验审核后，将资金通过单一账户体系支付给收款人。

预算管理一体化进一步完善了国库集中支付运行机制，严格预算指标对资金支付的控制，同时，简化整合资金支付流程，构建高效的资金支付机制。单位在预算管理一体化系统中向财政部门申请支付，财政部门按照项目预算指标账控制支付，系统对预算指标账控制要素及支付涉及的政府采购合同等相关信息自动校验通过后，将国库集中支付凭证发送代理银行直接办理支付。

三、预算收入的收纳、划分、留解和库款支拨

（一）预算收入的收纳

预算收入的收纳是由各单位、部门、个人的收入缴库实现的，为方便缴款人缴库和加强预算收入管理，我国预算收入的缴库方式主要有直接缴库和集中汇缴两种。各缴款人或缴款单位上缴预算收入时，必须使用国家统一印制的缴款凭证，向国库缴纳。预算收入缴款凭证一般称为“缴款书”。“缴款书”是各级财政取得预算收入的唯一凭证，一般来说，缴款书应具备收款单位名称，预算级次，收款国库，缴款单位名称、账号、开户银行，预算科目，收款年度及金额等内容。收入征收机关或缴款单位在填写“缴款书”时，应按预算收入科目分“款”填写，每“款”填写一份；预算科目的款、项名称要填写正确、齐全，防止错用错填，更不能只填科目代号不填科目名称；各联的字迹要填写清楚，否则会影响国库统计及预算收入的考核和分析等工作。

与预算收入收纳相对应的是预算收入的退库。退库是将已经入库的预算收入退还给原缴款单位或缴款人。由于预算收入的退库是一项直接抵减预算收入的支出行为，所以，它是一项非常严肃的工作，应当严格按照国库条例和实施细则及其他政策性文件的规定，按正常的退库范围和审批程序予以办理。预算收入的退库归纳起来主要有以下几种形式：第一，会计处理技术性差错引起的退库；第二，政策性或专项批准的退库；第三，出口产品税款的退库；第四，进口商品税款的退库；第五，中央预算收入的退库；第六，地方预算

收入的退库；第七，民政福利、校办工厂和外资企业的退库；第八，税务手续费的退库。

（二）预算收入的划分

各级财政预算收入的执行情况，一律以缴入基层国库的数额衡量。基层国库收到已缴纳的各项预算收入，应当根据国家财政管理体制规定的收入划分范围，在各级预算之间进行划分。

预算收入的划分是指按照国家预算管理体制的规定及财权与事权结合的原则，将预算收入划分为中央预算固定收入、地方预算固定收入和中央预算与地方预算共享收入三类。其中：中央预算固定收入全部归中央预算，地方预算不参与分成；地方预算固定收入全部归地方预算，中央预算不参与分成；中央预算与地方预算共享收入纳入中央预算收入，再根据预算管理体制确定的地方分成比例划转地方预算。

地方预算收入也应在地方各级预算之间进行划分，分为上级预算固定收入、本级预算固定收入、上级预算与本级预算共享收入三类。上级预算固定收入，本级预算不参与分成；本级预算固定收入，上级预算不参与分成；上级预算与本级预算共享收入，比照中央预算与地方预算分成办法或根据有关规定办理划分手续。

（三）预算收入的留解

预算收入的留解是指国库将预算收入在各级预算之间进行划分和分成的基础上，编制“预算收入日报表”和“分成收入计算表”，并根据这些报表分别将库款留存到本级国库和上解上级财政在国库中的账户。国库内部下级国库需要向上级国库上解预算收入，同时，各级国库要按照留存比例向同级财政部门报解预算收入。

（四）国库库款支拨

库款支拨，也称预算拨款，它是各级财政部门根据批准的预算，在库款余额内支拨预算资金，将款项拨付给政府的预算单位或建设单位。各级财政在支拨库款时应使用财政部统一制定的预算拨款凭证或划汇凭证办理；各级国库在办理库款支拨时，应严格审查拨款凭证上的各项内容，认真核对拨款凭证上的印鉴是否与预留印鉴相符。各级国库支拨库款只办理转账，不支付现金。

第三节　政府采购制度

公共财政资金是一种以满足社会共同需要为目的，凭借国家权力筹集和使用的资金。它由政府代表国家意志，接受人民委托，行使资金筹集、使用和管理的权力，承担相应的义务和受托责任。各国政府为了提高公共财政资金的使用效益，减轻广大纳税人的负担，采取了一系列措施，以强化财政资金管理。政府采购制度是其中一项重要的制度。

一、政府采购制度的含义及意义

（一）政府采购与政府采购制度的含义

政府采购（Government Procurement）也称为公共采购，它是指各级政府及其所属机构为满足开展日常政务活动或提供公共服务活动的需要，在财政的监督下，以法定的方式、方法和程序，购买货物、工程或劳务的行为。

政府采购制度，是对政府采购的行为进行规范的管理制度。政府一般通过制定一系列的法律、规章、制度等，对政府采购的采购方式、采购程序、管理机构、资金拨付等进行规范。我国于2002年颁布了《中华人民共和国政府采购法》，自2003年1月1日起实施，对政府采购方式、采购政策、采购资金管理等进行了规范。

（二）政府采购制度的意义

政府采购制度是财政管理制度的组成部分，其管理对象是公共支出，主要解决由谁提供货物、如何提高财政资金使用效率和效益等问题。政府采购制度是我国现阶段节约财政资金最直接、最有效的一种符合国际惯例的财政制度。从另一个角度看，政府采购要求采购资金由财政部门直接拨给供应商，这与我国建立国库集中收付制度的目标是一致的。建立政府采购制度，对于加强财政支出管理，提高资金使用效益，提高采购活动的透明度，促进各级政府机构的廉政建设，强化商业意识，促进市场观念的转变等方面都具有积极的意义。

（三）政府采购制度的适用范围

各级国家机关、实行预算管理的事业单位和社会团体（以下统称采购机关）使用财政资金，以单独采购或批量采购、租赁、委托或雇佣等方式获取货物、工程或服务的购买行为，都适用政府采购制度。其中，金额达到政府或财政部规定的限额标准以上的采购项目，应当实行公开招标或邀请招标的采购方式。因特殊原因，需要实行竞争性谈判、询价和单一来源等采购方式的，应当在采购活动开始前，报经同级财政部门批准。在同一年度，各采购机关对同一采购项目不得采购两次以上。对低于限额标准的采购项目，按同级财政部门的有关规定执行。

二、政府采购的管理机构与采购方式

（一）政府采购管理机构

政府采购所涉及的相关方主要有：财政部及政府采购主管机构、采购机关、供应商和中介机构。财政部主要负责全国政府采购的管理和监督，包括拟订政府采购法律、法规草案，制定政府采购政策和规章等。

采购机关是政府采购的执行机构，负责各项政府采购活动的组织与实施。采购机关分为集中采购机关和采购单位。其中，集中采购机关是政府或财政部门为了组织实施政府采购活动而专设的机构。采购单位是集中采购机关之外的采购机构。集中采购机关的主要职责是组织实施纳入集中采购目录的政府采购项目；采购单位只采购未纳入采购目录的货物或劳务。

政府采购中介机构是指依法成立，具有法人资格和招标能力，经财政部门资格认定后，从事政府采购招标等中介业务的社会招标机构。中介机构的主要职责是接受委托，组织政府采购招标投标等事务。

财政部及政府采购主管机构不得参与和干涉政府采购中的具体商业活动。采购机关和中介机构应当按照有关法律、法规和制度的规定开展政府采购工作。

（二）政府集中采购与分散采购

1.政府集中采购

政府集中采购是由政府集中采购管理部门统一组织采购的方式。各级国家机关、事业单位和团体组织使用财政性资金购买列入政府采购集中采购目录或金额超过集中采购限额标准的货物、工程和服务，均属于政府集中采购的范围。政府集中采购必须按照政府采购法确定的采购方式和采购程序进行。

2.分散采购

分散采购是由预算单位自行组织采购的方式。凡未纳入集中采购目录，或数额在采购限额标准以下的货物、工程和服务，可由预算单位分散采购。分散采购包括部门统一采购和单位分散采购两种方式。

（三）政府采购的方式

政府采购按其是否具备招标性质，可分为招标性采购和非招标性采购两大类，其划分的重要标准之一是采购的金额。招标性采购主要采用公开招标采购和邀请招标采购等方式；非招标性采购包括竞争性谈判采购、询价采购、单一来源采购等采购方式。

公开招标采购是指采购机关或其委托的政府采购业务代理机构（统称招标人）以招标公告的方式邀请不特定的供应商（统称投标人）投标，招标人根据某种事先确定并公布的标准从所有投标中评选出中标商，并与之签订合同的一种采购方式。

邀请招标采购是指招标人以投标邀请书的方式邀请5个以上的供应商投标，招标人根据某种事先确定并公布的标准从所有投标中评选出中标商，并与之签订合同的一种采购方式。

竞争性谈判采购是指采购机关直接邀请3家以上的供应商就采购事宜进行谈判的采购方式。该方法适用于紧急情况下的采购或涉及高科技应用产品或服务的采购。

询价采购是指对3家以上的供应商提供的报价进行比较，以确保价格具有竞争性的采购方式。该方法仅适用于采购现货或价值较小的标准规格的设备，或者小型、简单的土建工程。

单一来源采购即没有竞争的采购，它是指达到了竞争性谈判采购金额标准，但所购商品的来源渠道单一，或属专利、首次制造、合同追加等特殊情况，因此，只能由一家供应商供货。单一来源采购也称为直接采购，即采购机关向供应商直接购买。

三、政府采购的程序与资金拨付的方式

（一）政府采购的程序

政府采购的程序包括编制政府采购预算、汇编政府采购计划、确定并执行采购方式、订立及履行合同、验收和结算等步骤。

政府采购预算是反映采购机关年度政府采购项目及资金的计划，是部门预算（或单位财务收支计划）的组成部分。采购机关应当按照财政部门的要求，编制政府采购预算，经主管部门审核汇总，报同级财政部门审核。财政部门的政府采购主管机构依据批复的部门预算，按项目或项目汇总编制本级政府采购计划，列明当年集中采购目录，采购机关，各采购项目的采购组织、采购形式、资金支付办法等事项，批复给各个机关；采购机关的主管部门应在接到财政部门批复的政府采购计划后，向同级财政部门提交集中采购项目的采购清单（内容包括采购项目的详细品名、技术规格和数量，预算和资金构成，交货时间等）。采购清单由财政部门根据预算和政府采购计划核对无误后，交集中采购机关实施。

集中采购机关应当按照政府采购计划中确定的采购范围和方式组织采购活动，与中标

供应商签订合同。在合同履行过程中，需要变更有关条款的，合同当事人各方应协商一致。

政府采购合同的验收，应当依照合同的约定进行。合同履行质量的验收，应由第三方负责，财政部门的政府采购主管机构不得参加验收工作。

支付采购资金时，采购机关应当依照有关规定，向财政部门报送拨款申请书及有关文件。最后，财政部门和采购单位对采购机关报送的拨款申请书及有关文件进行审核。审核无误后，按照合同约定的金额和采购进度向中标供应商付款。

（二）政府采购资金拨付的方式

政府采购的最后一个环节是向供应商支付货款，该货款也称为政府采购资金。它是指采购机关获取货物、工程或服务时支付的资金，包括财政性资金和与财政性资金配套的单位自筹资金。其中，单位自筹资金是指采购机关按照政府采购拼盘项目要求，按规定用单位自有资金安排的支出。政府采购资金的支付实行财政直接拨付和单位支付相结合，统一管理，统一核算，专款专用。

政府采购资金直接拨付是指财政部门按照政府采购合同约定，将采购资金通过代理银行（国有商业银行或股份制商业银行）直接拨付给中标供应商的拨款方式。选定的代理银行必须事先经过中国人民银行国库部门对其采购资金划拨业务的资格进行认证，然后由财政部门对有资格的银行通过招标形式确定代理银行。财政部门的国库管理机构应在代理银行按规定开设“政府采购资金专户”。政府采购资金直接拨付分为三种拨付方式：全额直接拨付方式、差额拨付方式、公务卡结算方式。项目的具体拨款方式由同级财政部门根据实际情况确定。

（1）全额直接拨付方式。在采购活动开始前，采购机关必须先将单位自筹资金汇集到政府采购资金专户。需要支付款项时，财政部门将预算资金和已汇集的单位自筹资金通过政府采购资金专户一起拨付给中标供应商。目前，政府采购制度已经与国库集中收付制度相结合，采购资金一般通过财政直接拨付的方式划拨到供应商的银行账户中。

（2）差额拨付方式。财政部门和采购机关按照政府采购拼盘项目合同中约定的各方负担金额比例，分别将预算资金和单位自筹资金支付给中标供应商。

（3）公务卡结算方式。为进一步深化国库集中支付制度改革，规范预算单位财政授权支付业务，减少现金支付结算，提高支付透明度，加强财政监督，方便预算单位用款，预算单位的公务支出实施公务卡结算制度。公务卡是指财政预算单位工作人员持有的、主要用于日常公务支出和财务报销业务的信用卡。预算单位应当选择办理国库集中支付业务的代理银行，为本单位职工申办公务卡。对于差旅、会议、购买等公务支出，使用公务卡结算的，应在公务卡信用额度内，先通过公务卡结算，并须取得发票等财务报销凭证和有关银行卡消费凭证。持卡人使用公务卡消费结算的各项公务支出，必须在发卡行规定的免息还款期内，到所在单位财务部门报销。单位财务人员经过审核确认后予以报销，签发财政授权支付指令，通知发卡行向指定的公务卡还款。代理银行根据预算单位签发的支付指令和“还款汇总表”信息，于收到支付指令的当日，将资金支付到公务卡账户。

思考题

1.什么是政府预算？政府预算包括哪些种类？

2.我国的政府预算体系包括哪些层次？

3.我国目前的政府预算管理体制是怎样的？

4.我国政府预算包括哪些内容？

5.根据《政府收支分类科目》，政府的收入包括哪些种类？

6.政府的支出按功能划分包括哪些科目？按经济划分包括哪些科目？

7.什么是国库集中收付制度？

8.国库单一账户的内容是什么？

9.在国库集中收付制度下，收入的收缴方式是什么？

10.在国库集中收付制度下，支出的拨付方式是什么？

11.什么是政府采购和政府采购制度？

12.政府采购制度的适用范围是什么？

13.政府采购资金拨付的方式包括哪些？

即测即评

第二部分

我国政府与非营利组织会计

第四章

政府财政总会计（上）

学习目标

本章为政府财政总会计的上半部分，在介绍我国政府财政总会计的基本概念的基础上，重点讲解了政府财政财务会计的实务。通过本章学习，建立政府财政总会计的概念框架，理解政府财政总会计的基本理论，掌握政府财政财务会计的核算方法，熟悉政府财政财务会计的账务处理流程。具体要求如下：

1. 明确政府财政总会计的含义与范围，了解政府会计准则与财政总会计制度；
2. 理解政府财政总会计的组成体系，熟悉财政总会计的确认、计量、记录与报告方法；
3. 熟练掌握政府财政总会计收入、费用的内容与会计核算方法；
4. 掌握政府财政总会计资产、负债和净资产的内容与会计核算方法。

第一节　政府财政总会计概述

党的二十大报告提出，应当“健全现代预算制度，优化税制结构，完善财政转移支付体系”。财政总会计是支撑现代预算制度建设的重要基础。财政总会计是政府会计的重要组成部分，由财政财务会计和财政预算会计组成。本节介绍政府财政总会计的含义、范围及准则制度体系，阐述财政总会计的组成体系和核算模式，为后续会计实务的学习奠定基础。

一、政府财政总会计的含义与范围

（一）财政总会计的含义

财政总会计简称财政会计或总会计，是各级政府财政部门核算、反映、监督政府财政总预算资金以及其他财政资金活动的专业会计。财政总会计以各级人民政府为会计主体，由各级政府财政部门负责组织。财政总会计提供一级政府的财务状况、运行情况、现金流量和总预算执行情况等会计信息，反映政府受托责任履行情况，为政府经济决策提供信息支持。

财政总会计以政府财政资金为核算对象，反映一级政府占有或控制的财政资金运动。政府财政资金包括财政预算资金和其他财政资金。财政预算资金是纳入财政总预算管理的资金，由一般公共预算资金、政府性基金预算资金、国有资本经营预算资金和社会保险基金预算资金四项预算组成。其中，社会保险基金预算资金的会计核算执行《社会保险基金会计制度》，未纳入财政总会计的核算范围。因此，财政总会计核算的财政预算资金包括一般公共预算资金、政府性基金预算资金和国有资本经营预算资金三项内容。其他财政资金是财政部门管理的总预算资金以外的财政资金，主要包括财政专户管理资金、专用基金和代管资金等。

财政总会计的目标是向会计信息使用者提供政府财政预算执行情况、财务状况、运行情况和现金流量等会计信息，反映政府财政受托责任履行情况。财政总会计的会计信息使用者包括人民代表大会、政府及其有关部门、政府财政部门自身和其他会计信息使用者。

（二）财政总会计的范围

财政部门是政府的理财机构，负责管理政府财政资金，组织财政资金的会计核算。财政总会计体系与政府预算管理体系一致，一级政府设立一级财政预算，设立一级财政总会计。中央，省、自治区、直辖市及新疆生产建设兵团，设区的市、自治州，县、自治县、不设区的市、市辖区，乡、民族乡、镇等各级政府财政部门均设立财政总会计，组织本级政府财政资金的会计核算。

中央政府财政总会计设在财政部，负责中央政府财政资金的会计核算。省（直辖市、自治区）财政总会计设在各省、自治区、直辖市财政厅（局），负责省级政府财政资金的会计核算。市（自治州）财政总会计设在各市、自治州财政局，负责市级政府财政资金的会计核算。县（市辖区、县级市）财政总会计设在各县、区、市财政局，负责县区级政府财政资金的会计核算。乡（镇）财政总会计设在各乡、镇财政所，负责乡镇级政府财政资金的会计核算。

此外，设立在税务部门的税收征解会计、设立在人民银行的国库会计和设立在财政部门的支付执行机构会计，反映财政总预算资金的税收、收纳和支拨的过程，属于广义的财政总会计。社会保险基金、土地储备资金、物资储备资金等资金主体的会计核算，执行单独的会计制度，不属于财政总会计。

二、政府财政总会计准则制度

（一）政府会计准则

财政总会计属于政府会计，应当遵循财政部制定的政府会计准则体系。财政总会计应当按照政府会计准则规定的原则的要求，对其发生的各项经济业务或事项进行会计核算。政府会计准则包括基本准则、具体准则及应用指南。

基本准则是政府会计准则体系的概念基础和框架，指导具体准则的制定，并为政府会计实务问题提供处理原则。基本准则的内容包括政府会计目标、会计信息质量要求、会计要素的定义及确认计量原则与列报要求等。2015年10月财政部颁布了《政府会计准则——基本准则》（财政部令第78号），自2017年1月1日起施行。

具体准则用于规范政府发生的具体经济业务或事项的会计处理，详细规定经济业务或事项引起的会计要素变动的确认、计量、记录和报告。政府会计具体准则正在制定、颁布之中，截至2023年12月，财政部已经颁布了《政府会计准则第1号——存货》《政府会计准则第2号——投资》《政府会计准则第3号——固定资产》《政府会计准则第4号——无形资产》《政府会计准则第5号——公共基础设施》《政府会计准则第6号——政府储备物资》《政府会计准则第7号——会计调整》《政府会计准则第8号——负债》《政府会计准则第9号——财务报表编制和列报》《政府会计准则第10号——政府和社会资本合作项目合同》《政府会计准则第11号——文物资源》等11项具体准则。其中，投资、负债、财务报表编制和列报与财政总会计的核算密切相关。

应用指南是对具体准则的实际应用作出的操作性规定。每项具体准则对应一个应用指南，对具体准则中的条款进行操作指引。目前，已经颁布了固定资产、政府和社会资本合作项目合同、文物资源等3项应用指南。

（二）财政总会计制度

政府会计采用“准则+制度”的会计规范模式，财政总会计有单独的会计制度。会计制度是操作层面的会计规范，内容包括会计核算的总体要求、会计科目及其使用说明、报表格式及其编制说明等，便于会计人员进行日常核算。

为加强财政预算管理，进一步规范各级政府财政总会计核算，保证会计信息质量，充分发挥财政总会计职能作用，2022年11月，财政部修订发布了《财政总会计制度》（财库〔2022〕41号），自2023年1月1日起施行。财政总会计制度是财政管理的重要基础性制度，是加强财政预算管理、提升国家财政治理效能的坚实保障。财政总会计制度的实施有利于提高政府的财务管理水平和透明度，促进社会公正、稳定和可持续发展。财政总会计应当按照会计制度的规定组织会计核算，准确编制会计报表，加强对各项财政业务的会计监督。

小链接4-1

《财政总会计制度》（财库〔2022〕41号）包括8章66条内容，明确了财政总会计核算的总体要求和会计要素的内容及确认条件，规定了会计科目名称和会计报表格式，提出了会计监督的要求。

具体内容见链接：https://gks.mof.gov.cn/guizhangzhidu/202212/P020221221366063217022.pdf。

三、政府财政总会计体系与核算方法

（一）财政总会计体系

财政总会计是政府会计的重要组成部分，应当同时具备财务会计与预算会计的“双功能”，全面清晰反映政府财政财务信息和预算执行信息。因此，财政总会计由财政财务会计和财政预算会计组成。

1.财政财务会计

财政财务会计是以权责发生制为基础，对各级政府财政发生的各项经济业务或事项进行核算，反映和监督各级政府财政的财务状况、运行情况和现金流量等信息。政府财政财务会计编制政府综合财务报告，提供有助于政府财务报告使用者作出决策或进行监督和管理的信息。

2.财政预算会计

财政预算会计是以收付实现制为基础，对各级政府财政预算执行过程中发生的收入和支出进行核算，反映和监督各级政府预算收支执行情况。政府财政预算会计编制政府决算报告，向政府决算报告使用者提供与政府预算执行情况有关的信息，综合反映政府预算收支的年度执行结果。

财政总会计在同一会计核算系统中融合运行预算会计和财务会计两个子系统，财务会计与预算会计适度区分并相互衔接。适度区分财务会计和预算会计的功能，分别反映政府财政的财务信息和预算执行信息，以财务会计核算形成账簿数据为基础编制政府综合财务报告，以预算会计核算形成账簿数据为基础编制政府决算报告。预算会计要素和财务会计要素之间相互协调、相互补充，通过平行记账方法记录政府财政发生的经济业务或事项，共同反映政府财政的财务信息和预算执行信息。

（二）财政总会计的确认基础

会计确认是将某一经济业务或会计事项归于特定会计要素的过程，是会计核算的首要环节。会计确认基础也称为会计核算基础或会计基础，是会计要素确认的时点所依据的原则，即判断何时计入会计要素的时间标准。会计确认基础主要包括权责发生制和收付实现制。财务会计和预算会计分离后，政府财政总会计的财务会计和预算会计分别采用不同的会计确认基础，实行“双基础”的会计核算模式。《财政总会计制度》规定，政府财政财务会计实行权责发生制，政府财政预算会计实行收付实现制，国家法律法规等另有规定的，依照其规定。

1.财政财务会计的确认基础

财政财务会计采用权责发生制基础，以取得收取款项的权利或支付款项的义务为标志来确定本期收入和费用。凡是当期已经实现的收入和已经发生的或应当负担的费用，不论款项是否收付，都应当作为当期的收入和费用；凡是不属于当期的收入和费用，即使款项已在当期收付，也不应当作为当期的收入和费用。财政财务会计采用权责发生制基础，可以全面核算政府财政占有或控制的经济资源和承担的债务，合理确认发生的收入和费用，客观反映政府运行成本，科学评价政府的运营绩效。

2.财政预算会计的确认基础

财政预算会计采用收付实现制基础，以现金的实际收付为标志来确定本期收入和支出。凡在当期实际收到或支付现金，均应作为当期的收入和支出；凡是未在当期实际收到或支付现金，均不应当作为当期的收入和支出。财政预算会计采用收付实现制基础，可以及时反映实际已经收到款项的收入和实际已经支付款项的支出，如实地提供一定期间预算收入、预算支出和预算结余情况等会计信息，准确地反映预算执行情况。

（三）财政总会计的平行记账

财政总会计采用借贷记账法，记录政府财政发生的经济业务或会计事项。财政总会计由财务会计和预算会计组成，在一个账套运行预算会计和财务会计两套科目体系，实行“平行记账”的会计核算模式。《财政总会计制度》规定：“对于纳入预算管理的财政资金收支业务，在采用预算会计核算的同时应当进行财务会计核算；对于不同预算类型资金间的调入调出、待发国债等业务，仅需进行预算会计核算；对于其他业务，仅需进行财务会计核算。”

平行记账是指政府财政对于发生的经济业务和事项，在一个会计信息系统中，同时进行财务会计和预算会计两项核算，以全面、清晰地反映政府财政的财务信息和预算执行信息。平行记账方法的应用，将在后续章节中结合具体业务详细讲解。

（四）财政总会计的报告

财务报告是政府财政依据会计账簿数据等资料编制的，概括反映政府财政的财务状况、运行情况和财政预算执行情况的总结性书面文件。根据《政府会计准则——基本准则》，财政总会计应当编制包括政府综合财务报告和政府决算报告的“双报告”，披露政府的财务信息和预算信息。

1.政府综合财务报告

政府综合财务报告是政府财政依据财务会计核算生成的数据编制的、综合反映政府整体财务状况、运行情况和财政中长期可持续性的报告。政府综合财务报告应当包括财务报表、财政经济分析和财政财务管理情况等。

2.政府决算报告

政府决算报告是由政府财政依据预算会计核算生成的数据编制的、综合反映政府财政年度预算收支执行结果的报告。政府决算报告由决算报表和决算说明与分析组成。

四、政府财政总会计要素与会计科目

（一）财政总会计要素

会计要素是对会计核算和监督内容的分类，也是会计报表的构成要素，是确认、计量、记录和报告的基础。财政总会计的财务会计和预算会计分离后，财务会计和预算会计分别设置会计要素，实行了“5+3=8要素”的会计核算模式。

1.财政财务会计要素

财政财务会计提供各级政府财政的财务状况、运行情况和现金流量等信息，设置资产、负债、净资产、收入和费用五个会计要素。其中，资产、负债和净资产是反映政府财政财务状况的会计要素，收入和费用是反映政府财政运行情况的会计要素。

2.财政预算会计要素

财政预算会计提供各级政府财政的预算执行情况的信息，设置预算收入、预算支出和预算结余三个会计要素。

（二）财政总会计科目

根据《财政总会计制度》（财库〔2022〕41号），财政总会计共设置了89个一级会计科目，分别为财务会计与预算会计设置会计科目。

1.财政财务会计科目

财政财务会计共设置了55个一级会计科目。其中，资产类科目14个，负债类科目11个，净资产类科目6个，收入类科目9个，费用类科目15个。

财政财务会计科目见表4-1。

表4-1 政府财政财务会计科目表

序号	科目编号	会计科目名称	序号	科目编号	会计科目名称
		（一）资产类			（四）收入类
1	1001	国库存款	32	4001	税收收入
2	1002	其他财政存款	33	4002	非税收入
3	1003	国库现金管理资产	34	4011	投资收益
4	1011	有价证券	35	4021	补助收入
5	1021	应收非税收入	36	4022	上解收入
6	1022	应收股利	37	4023	地区间援助收入
7	1031	借出款项	38	4031	其他收入
8	1032	与下级往来	39	4041	财政专户管理资金收入
9	1033	预拨经费	40	4042	专用基金收入
10	1034	在途款			（五）费用类
11	1035	其他应收款	41	5001	政府机关商品和服务拨款费用
12	1041	应收地方政府债券转贷款	42	5002	政府机关工资福利拨款费用
13	1042	应收主权外债转贷款	43	5003	对事业单位补助拨款费用
14	1061	股权投资	44	5004	对企业补助拨款费用
		（二）负债类	45	5005	对个人和家庭补助拨款费用
15	2001	应付短期政府债券	46	5006	对社会保障基金补助拨款费用
16	2011	应付国库集中支付结余	47	5007	资本性拨款费用
17	2012	与上级往来	48	5008	其他拨款费用
18	2013	其他应付款	49	5011	财务费用
19	2014	应付代管资金	50	5021	补助费用
20	2015	应付利息	51	5022	上解费用
21	2021	应付长期政府债券	52	5023	地区间援助费用
22	2022	借入款项	53	5031	其他费用
23	2031	应付地方政府债券转贷款	54	5041	财政专户管理资金支出
24	2032	应付主权外债转贷款	55	5042	专用基金支出
25	2041	其他负债			
		（三）净资产类			
26	3001	累计盈余			
27	3011	本期盈余			
28	3021	预算稳定调节基金			
29	3022	预算周转金			
30	3041	权益法调整			
31	3051	以前年度盈余调整			

2.财政预算会计科目

财政预算会计共设置了34个一级会计科目。其中，预算收入类科目13个，预算支出类科目13个，预算结余类科目8个。

财政预算会计科目见表4-2。

表4-2　**政府财政预算会计科目表**

序号	科目编号	会计科目名称	序号	科目编号	会计科目名称
（一）预算收入类			18	7007	专用基金支出
1	6001	一般公共预算收入	19	7011	补助预算支出
2	6002	政府性基金预算收入	20	7012	上解预算支出
3	6003	国有资本经营预算收入	21	7013	地区间援助预算支出
4	6005	财政专户管理资金收入	22	7021	调出预算资金
5	6007	专用基金收入	23	7031	安排预算稳定调节基金
6	6011	补助预算收入	24	7041	债务还本预算支出
7	6012	上解预算收入	25	7042	债务转贷预算支出
8	6013	地区间援助预算收入	26	7051	待处理支出
9	6021	调入预算资金	（三）预算结余类		
10	6031	动用预算稳定调节基金	27	8001	一般公共预算结转结余
11	6041	债务预算收入	28	8002	政府性基金预算结转结余
12	6042	债务转贷预算收入	29	8003	国有资本经营预算结转结余
13	6051	待处理收入	30	8005	财政专户管理资金结余
（二）预算支出类			31	8007	专用基金结余
14	7001	一般公共预算支出	32	8031	预算稳定调节基金
15	7002	政府性基金预算支出	33	8033	预算周转金
16	7003	国有资本经营预算支出	34	8041	资金结存
17	7005	财政专户管理资金支出			

第二节　收入的核算

政府为实现其社会与经济管理职能，必须以取得一定的收入作保障。收入是政府财政财务会计的要素，反映一定时期政府财政的运行过程与成果。本节介绍政府财政收入的确认与内容，讲解各收入类科目的账户设置、核算方法和账务处理程序。

一、收入的确认与内容

（一）收入的确认

财政总会计中的收入是政府财政在一定时期取得的，会引起净资产增加的、含有服务潜力或者经济利益的经济资源的流入。财政总会计确认一项收入，要求与收入相关的含有服务潜力或者经济利益的经济资源很可能流入政府会计主体，含有服务潜力或者经济利益的经济资源流入会导致政府会计主体资产增加或者负债减少，流入金额能够可靠地计量。

财政总会计核算的收入原则上以权责发生制为确认基础，凡是当期已经实现的收入，不论款项是否收到，都应当作为当期的收入。财政总会计核算的收入，应当按照开具票据金额或实际取得金额进行计量。

（二）收入的内容

按照收入的来源和内容划分，财政总会计核算的收入包括税收收入、非税收入、转移性收入、投资收益和其他财政资金收入等。

（1）税收收入是指政府财政筹集的纳入本级财政管理的各项税收收入。

（2）非税收入是指政府财政筹集的纳入本级财政管理的各项非税收入。

（3）投资收益是指政府持有股权投资所实现的收益或发生的损失。

（4）转移性收入是指在各级政府财政之间进行资金调拨所形成的收入，包括补助收入、上解收入和地区间援助收入等。

（5）其他财政资金收入是指财政部门管理的总预算资金以外的财政资金收入，包括财政专户管理资金收入、专用基金收入和其他收入。

二、税收收入

（一）税收收入的内容

税收收入是政府依据国家法律法规，以征税的方式从单位和个人无偿取得的财政收入。税收收入具有强制性、无偿性和固定性，是国家财政收入的主要来源。

根据《政府收支分类科目》，纳入税收收入的款项包括增值税、消费税、企业所得税、企业所得税退税、个人所得税、资源税、城市维护建设税、房产税、印花税、城镇土地使用税、土地增值税、车船税、船舶吨税、车辆购置税、关税、耕地占用税、契税、烟叶税、环境保护税和其他税收收入。

（二）税收收入的核算

政府财政财务会计设置“税收收入”科目，核算政府财政筹集的纳入本级财政管理的税收收入。本科目应参照《政府收支分类科目》中“税收收入”科目进行明细核算。本科目平时贷方余额反映本级政府财政税收收入的累计数。年终转账时，应将本科目的贷方余额转入本期盈余科目。期末结转后，本科目应无余额。

税收收入应当在收到款项时按照实际收到的金额入账。税收收入由国家税务机关负责征收，款项缴入本级政府国库。国库每日向财政部门提交“预算收入日报表”，反映当日本级政府税收收入的数额及明细情况。收到款项时，根据当日预算收入日报表所列本级税收收入数，借记“国库存款”科目，贷记“税收收入”科目。

【例4-1】某政府财政收到国库报送的预算收入日报表，列示当日收到纳入一般公共预算管理的国有企业增值税收入58 300 000元。

借：国库存款　58 300 000

　贷：税收收入——增值税　58 300 000

三、非税收入

（一）非税收入的内容

非税收入是各级政府及其所属部门和单位，依法利用行政权力、政府信誉、国家资源、国有资产或提供特定公共服务征收、收取、提取、募集的除税收收入以外的财政收入。非税收入是政府财政收入的重要组成部分。

根据《政府收支分类科目》，纳入非税收入的款项包括政府性基金收入、专项收入、行政事业性收费收入、罚没收入、国有资本经营收入、国有资源（资产）有偿使用收入、捐赠收入、政府住房基金收入、其他收入。

（二）非税收入的核算

政府财政财务会计设置“非税收入”科目，核算政府财政筹集的纳入本级财政管理的非税收入。本科目应参照《政府收支分类科目》中“非税收入”科目进行明细核算。本科目平时贷方余额反映本级政府财政非税收入的累计数。年终转账时，应将本科目的贷方余额转入本期盈余科目。期末结转后，本科目应无余额。

一般情况下，非税收入在收到款项时按照实际收到的金额入账。非税收入由各级国家机关、事业单位、代行政府职能的社会团体及其他组织依法征收、收取，款项缴入本级政府国库。国库每日均向财政部门提交“预算收入日报表”，反映当日本级政府非税收入的数额及明细情况。确认取得非税收入时，按照实际收到的非税收入金额，借记“国库存款”科目，贷记“非税收入”科目。

【例4-2】某政府财政收到国库报送的预算收入日报表，列示当日收到纳入政府性基金预算管理的国有土地收益基金收入为68 200 000元。

借：国库存款　68 200 000

　贷：非税收入——国有土地收益基金　68 200 000

【例4-3】某政府财政收到国库报送的预算收入日报表，列示纳入一般公共预算的行政事业性收费收入为760 000元。

借：国库存款　760 000

　贷：非税收入——行政事业性收费收入　760 000

特定情况下，非税收入可以在开具缴款票据时按照应当收缴的金额入账。目前，各级政府财政部门正在推进非税收入收缴电子化管理工作，开具电子非税收入一般缴款书，建立全流程在线办理的电子化缴款新机制。非税收入收缴电子化管理实施后，不仅方便了缴款人缴款，也为非税收入的核算提供了数据支撑。实行非税收入电子化管理，非税收入管理部门具备条件向财政部门提供已开具缴款票据、尚未缴入本级国库的非税收入数据，财政总会计可以按照权责发生制原则确认非税收入。按照本级应收的非税收入金额，借记“应收非税收入”科目，贷记“非税收入”科目。期末，非税收入管理部门应提供已列应收非税收入中确认不能缴库的金额，借记“非税收入”科目，贷记“应收非税收入”科目。

【例4-4】公安机关具有交通违法行为的处罚权，实行交通违法罚款电子化管理。本月，公安机关交通管理部门向政府财政提供数据，已开具非税收入缴款票据、尚未缴入本级国库的罚款金额为186 000元。

借：应收非税收入 186 000

　贷：非税收入——罚没收入 186 000

四、投资收益

（一）投资收益的内容

投资收益是政府因持有股权投资而实现的收益或发生的损失，主要包括持有股权投资期间获取的现金股利或利润、处置股权投资时差价收益（或损失）和破产清算时的清算收入。

股权投资是政府从事的权益性投资活动。为支持相关产业和领域的发展，政府采用股权投资等市场化方式对经济社会发展的重点领域和薄弱环节进行投资。各级国有资产监督管理机构履行出资人职责，承担股权投资的监督管理责任。

（二）投资收益的核算

政府财政财务会计设置“投资收益”科目，核算政府股权投资所实现的收益或发生的损失。本科目可根据管理需要，按照被投资主体进行明细核算。年终转账时，应将本科目的贷方余额转入本期盈余科目。期末结转后，本科目应无余额。

投资收益应当在其实现时予以确认。政府财政总会计股权投资的核算方法包括权益法和成本法。（1）采用权益法核算，股权投资持有期间，被投资主体实现净损益的，根据股权管理部门提供的资料，按照应享有或应分担的被投资主体实现净损益的份额，借记或贷记“股权投资——损益调整”科目，贷记或借记“投资收益”科目。（2）采用成本法核算，股权投资持有期间，被投资主体宣告发放现金股利或利润的，根据股权管理部门提供的资料，按照应上缴政府财政的部分，借记“应收股利”科目，贷记“投资收益”科目。

【例4-5】某政府财政根据股权管理部门提供的资料，确认股权投资实现的投资收益。

（1）股权投资A采用权益法核算，被投资主体宣告实现盈利，本级政府财政应享有的份额为5 000 000元。

借：股权投资——A企业股权投资——损益调整 5 000 000

　贷：投资收益 5 000 000

（2）股权投资B采用成本法核算，被投资主体宣告发放分配利润，应上缴本级政府财政的份额为2 000 000元。

借：应收股利——B企业股权投资 2 000 000

　贷：投资收益 2 000 000

五、转移性收入

转移性收入并非由政府财政直接从社会征收或筹集的，而是来源于各级政府财政之间的资金调拨，包括补助收入、上解收入和地区间援助收入。

（一）补助收入的核算

补助收入是指上级政府财政按照财政体制规定或专项需要补助给本级政府财政的款

项，包括上级税收返还、转移支付等。税收返还是指根据财政体制的安排，上级政府财政将收到的部分税收收入按规定的比例返还给下级政府财政，如增值税税收返还、所得税税收返还、消费税税收返还等。转移支付是指为解决政府之间财力失衡，上级政府财政通过一定的形式和途径向下级政府财政转移财政资金，包括一般转移支付和专项转移支付。

政府财政财务会计设置“补助收入”科目，核算上级政府财政按照财政体制规定或专项需要补助给本级政府财政的款项。本科目平时贷方余额反映本级政府财政取得补助收入的累计数。年终转账时，应将本科目的贷方余额转入本期盈余科目。期末结转后，本科目应无余额。

补助收入应当根据财政体制的规定和预算管理需要，按实际发生的金额入账。主要账务处理如下：（1）年终，补助收入应当在与上级政府财政结算时予以确认，按照结算确认的应当由上级政府补助的收入数，借记“与上级往来”科目，贷记“补助收入”科目。（2）年度执行中，收到上级政府财政调拨的资金时，按照实际收到的金额，借记“国库存款”等科目，贷记“补助收入”科目。（3）退还或核减补助收入时，借记“补助收入”科目，贷记“与上级往来”科目。

【例4-6】某市政府财政收到国库报送的预算收入日报表，列示收到上级省级政府财政拨来的专项补助款600 000元。

借：国库存款　　600 000

　贷：补助收入　　600 000

（二）上解收入的核算

上解收入是指按照财政体制规定或专项需要由下级政府财政上交给本级政府财政的款项，包括体制上解款和专项上解款。体制上解款是指按财政体制规定由下级政府财政上交本级政府财政的一般公共预算资金，专项上解款是指下级政府财政上交本级政府财政的政府性基金预算资金或其他一次性、临时性的专项资金。

政府财政财务会计设置“上解收入”科目，核算按照财政体制规定或专项需要由下级政府财政上交给本级政府财政的款项。本科目可根据管理需要，按照上解地区进行明细核算。本科目平时贷方余额反映本级政府取得上解收入的累计数。年终转账时，应将本科目的贷方余额转入本期盈余科目。期末结转后，本科目应无余额。

上解收入应当根据财政体制的规定，按照实际发生的金额入账。主要账务处理如下：（1）年终，上解收入应当在与下级政府财政结算时予以确认，按照结算确认的应上解金额，借记“与下级往来”科目，贷记“上解收入”科目。（2）年度执行中，收到下级政府财政上解的资金时，按照实际收到的金额，借记“国库存款”等科目，贷记“上解收入”科目。（3）退还或核减上解收入时，借记“上解收入”科目，贷记“与下级往来”科目。

【例4-7】年终，某市级政府财政与下级区级政府财政按财政体制规定进行财政结算，经确认应核减上解收入300 000元。

借：上解收入　　300 000

　贷：与下级往来——××区财政　　300 000

（三）地区间援助收入的核算

地区间援助收入是指受援方政府财政收到援助方政府财政转来的可统筹使用的各类援助、捐赠等资金收入。我国建立了地方政府间援助机制，经济发达地区的地方政府向经济落后地区的地方政府提供资金，支持其社会与经济发展。受援方政府与援助方政府并非同一地区的上下级政府，是跨地区（省、市、县）之间的政府。

政府财政财务会计设置“地区间援助收入”科目，核算受援方政府财政收到援助方政府财政转来的可统筹使用的各类援助、捐赠等资金收入。本科目可根据管理需要，按照援助地区等进行明细核算。本科目平时贷方余额反映本级政府取得地区间援助收入的累计数。年终转账时，应将本科目的贷方余额转入本期盈余科目。期末结转后，本科目应无余额。

地区间援助收入应当在收到时按照实际收到的数额入账。收到援助方政府财政转来的资金时，借记“国库存款”等科目，贷记“地区间援助收入”科目。

【例4-8】某政府财政收到国库报送的预算收入日报表，列示援助方政府财政转来款项700 000元，对本级政府财政予以经济援助。

借：国库存款 700 000

贷：地区间援助收入——××政府财政 700 000

六、其他财政资金收入

其他财政资金收入是指在财政预算资金以外，由政府财政部门管理的其他财政性资金所取得的收入。根据职能安排，部分财政资金由各级政府财政部门设置和使用，纳入财政专项或专户管理。财政总会计核算的其他财政资金收入包括财政专户管理资金收入、专用基金收入和其他收入。

（一）财政专户管理资金收入的核算

财政专户管理资金收入是指政府财政纳入专户管理资金所取得的收入。财政专户管理资金是行政事业单位或其他单位为履行或代行政府职能，依国家法律法规而收取、提取和安排使用的纳入财政专户管理的财政性资金。按照“收支两条线，财政专户管理”的方式，这部分资金应当由财政部门建立统一的财政专户进行管理。行政事业单位收取的各项收费必须按一定方式上缴财政专户，使用资金必须经过财政部门审批，由财政专户核拨。目前，纳入财政专户管理的资金主要是教育收费。

政府财政财务会计设置“财政专户管理资金收入”科目，核算政府财政纳入财政专户管理的教育收费等资金收入。本科目可根据管理需要，按照预算单位等进行明细核算。本科目平时贷方余额反映财政专户管理资金收入的累计数。年终转账时，应将本科目贷方余额转入本期盈余。期末结转后，本科目应无余额。

财政专户管理资金收入应当在收到款项时按照实际收到的金额入账。教育收费等纳入财政专户管理的资金由学校等单位负责收取，款项缴入同级政府财政专户。收到财政专户管理资金时，借记“其他财政存款”科目，贷记“财政专户管理资金收入”科目。

【例4-9】某政府财政教育收费专户收到款项985 000元，为某高等学校缴来的本年度学生学费。

借：其他财政存款 985 000

贷：财政专户管理资金收入——教育收费收入 985 000

（二）专用基金收入的核算

专用基金收入是指政府财政管理的各项专用基金所取得的收入。专用基金是政府财政部门按规定设置或取得，并单独管理的资金。专用基金实行专户管理，用于保证重点项目的资金需要。目前，政府财政管理的专用基金主要是粮食风险基金。国家为保证粮食生产的稳定性，维护粮食正常流通秩序，平抑粮食的市场价格，每年从财政预算中划出一定数额的资金，专门用于粮农直接补贴、粮油储备费用补贴等。

政府财政财务会计设置"专用基金收入"科目，核算政府财政按照法律法规和国务院、财政部规定设置或取得的粮食风险基金等专用基金收入。本科目可根据管理需要，按照专用基金的种类进行明细核算。本科目平时贷方余额反映本级政府财政专用基金收入的累计数。年终转账时，应将本科目贷方余额转入本期盈余。期末结转后，本科目应无余额。

专用基金收入应当在取得时确认。专用基金财政专户收到款项时，借记"其他财政存款"科目，贷记"专用基金收入"科目。通过费用安排取得专用基金收入仍留存国库的，借记有关费用科目，贷记"专用基金收入"科目。

【例4-10】某政府财政设立在银行的专用基金专户收到款项3 000 000元，为粮食风险基金收入。

借：其他财政存款	3 000 000	
贷：专用基金收入——粮食风险基金		3 000 000

（三）其他收入的核算

其他收入是指政府财政除税收收入、非税收入、投资收益、补助收入、上解收入、地区间援助收入、财政专户管理资金收入、专用基金收入以外的各项收入，包括从其他渠道调入资金、豁免主权外债偿还责任以及无偿取得股权投资等产生的收入。

政府财政财务会计设置"其他收入"科目，核算政府财政取得的其他各项收入。本科目可根据管理需要，按照其他收入类别等进行明细核算。本科目平时贷方余额反映本级政府财政其他收入的累计数。年终转账时，应将本科目贷方余额转入本期盈余。期末结转后，本科目应无余额。

其他收入的确认，应当区分不同的经济业务或事项。从其他渠道调入资金时，按照调入的金额，借记"国库存款"科目，贷记"其他收入"科目。债权人豁免政府财政承担的主权外债时，政府财政按照减少的债务金额，借记"借入款项"等科目，贷记"其他收入"科目。无偿划入股权投资时，借记"股权投资"科目，贷记"其他收入"科目。

【例4-11】某政府财政以政府名义向国际金融组织借入款项8 000 000元，根据债务管理部门转来的有关资料，豁免偿还本金。

借：借入款项	8 000 000	
贷：其他收入——豁免主权外债偿还责任		8 000 000

第三节　费用的核算

政府为实现其社会与经济管理职能，必然会发生一定的资金耗费。费用是政府财政财务会计的要素，反映一定时期政府运行中的各项耗费。本节介绍政府财政费用的确认与内容，讲解各费用类科目的账户设置、核算方法和账务处理程序。

一、费用的确认与内容

（一）费用的确认

财政总会计的费用是政府财政在一定时期发生的，会导致净资产减少的、含有服务潜力或者经济利益的经济资源的流出。政府财政确认一项费用，要求与费用相关的含有服务潜力或者经济利益的经济资源很可能流出政府会计主体，含有服务潜力或者经济利益的经济资源流出会导致政府会计主体资产减少或者负债增加，流出金额能够可靠地计量。

财政总会计核算的费用以权责发生制基础确认，凡是当期已经发生的或应当负担的费用，不论款项是否支付，都应当作为当期的费用。财政总会计核算的费用，应当按照承担支付义务金额或实际发生金额进行计量。

（二）费用的内容

按照费用的具体用途和经济内容划分，财政总会计核算的费用包括财政拨款费用、转移性费用、财务费用和其他财政费用。

（1）财政拨款费用是指本级政府财政拨付相关部门或单位款项而发生的各类费用，包括政府机关商品和服务拨款费用、政府机关工资福利拨款费用、对事业单位补助拨款费用、对企业补助拨款费用、对个人和家庭补助拨款费用、对社会保障基金补助拨款费用、资本性拨款费用、其他拨款费用。

（2）财务费用是指本级政府财政用于偿还政府债务的利息费用、债务发行兑付费用和汇兑损益。

（3）转移性费用是指在各级政府财政之间进行资金调拨形成的费用，包括补助费用、上解费用、地区间援助费用等。

（4）其他财政费用是指财政部门发生的其他各项费用，包括财政专户管理资金支出、专用基金支出、其他费用。

二、财政拨款费用

（一）政府机关商品和服务拨款费用的核算

政府机关商品和服务拨款费用是指本级政府财政拨付给机关和参照公务员法管理的事业单位（以下简称参公事业单位）购买商品和服务的各类费用，包括办公经费、会议费、培训费、专用材料购置费、委托业务费、公务接待费、因公出国（境）费用、公务用车运行维护费、维修（护）费、其他商品和服务支出。政府机关商品和服务拨款是拨付给机关和参公事业单位的经常性费用，不包括用于购置固定资产、基础设施建设、战略性和应急性物资储备等资本性拨款费用。

政府财政财务会计设置“政府机关商品和服务拨款费用”科目，核算本级政府财政拨付给机关和参公事业单位的商品和服务费用。本科目可根据管理需要，参照《政府收支分类科目》中支出经济分类科目，按照预算单位和项目等进行明细核算。本科目平时借方余额反映本级政府机关商品和服务拨款费用的累计数。年终转账时，应将本科目借方余额转入本期盈余。期末结转后，本科目应无余额。

财政拨款费用在发生时确认。政府财政根据用款单位的预算指标、用款计划和支付申请，签发支付令，以国库集中支付方式拨付财政资金。国库支付执行机构负责财政资金的支拨与结算工作，并向财政总会计报送预算支出结算清单。

实际发生政府机关商品和服务拨款费用时，借记“政府机关商品和服务拨款费用”科目，贷记“国库存款”科目。

【例4-12】某政府财政开出拨款凭证，以国库集中支付方式拨付公安机关款项2 600 000元，用于支付购买商品和服务的费用。财政总会计已经收到国库支付执行机构报送的预算支出结算清单，款项已经支付。

借：政府机关商品和服务拨款费用　2 600 000

　贷：国库存款　2 600 000

（二）政府机关工资福利拨款费用的核算

政府机关工资福利拨款费用是指本级政府财政拨付给机关和参公事业单位在职职工和编制外长期聘用人员的各类劳动报酬及为上述人员缴纳的各项社会保险费等费用，包括工资奖金津补贴、社会保障缴费、住房公积金、其他工资福利支出。

政府财政财务会计设置“政府机关工资福利拨款费用”科目，核算本级政府财政拨付给机关和参公事业单位的工资福利费用。本科目可根据管理需要，参照《政府收支分类科目》中支出经济分类科目，按照预算单位和项目等进行明细核算。本科目平时借方余额反映本级政府机关工资福利拨款费用的累计数。年终转账时，应将本科目借方余额转入本期盈余。期末结转后，本科目应无余额。

实际发生政府机关工资福利拨款费用时，借记“政府机关工资福利拨款费用”科目，贷记“国库存款”科目。

【例4-13】某政府财政开出拨款凭证，以国库集中支付方式拨付人大常委会机关款项3 600 000元，用于支付职工的工资和社会保险费。财政总会计已经收到国库支付执行机构报送的预算支出结算清单，款项已经支付。

借：政府机关工资福利拨款费用　3 600 000

　贷：国库存款　3 600 000

（三）对事业单位补助拨款费用的核算

对事业单位补助拨款费用是指本级政府财政拨付的对事业单位（不含参公事业单位）的经常性补助费用，包括工资福利费用、商品和服务费用、其他对事业单位补助费用，不包括对事业单位的资本性拨款费用。

政府财政财务会计设置“对事业单位补助拨款费用”科目，核算本级政府财政拨付给事业单位的经常性补助费用。本科目可根据管理需要，参照《政府收支分类科目》中支出经济分类科目，按照预算单位和项目等进行明细核算。本科目平时借方余额反映本级政府财政对事业单位补助拨款费用的累计数。年终转账时，应将本科目借方余额转入本期盈余。期末结转后，本科目应无余额。

实际发生对事业单位补助拨款费用时，借记“对事业单位补助拨款费用”科目，贷记“国库存款”科目。

【例4-14】某政府财政开出拨款凭证，以国库集中支付方式拨付某科研事业单位经常性补助5 200 000元。财政总会计已经收到国库支付执行机构报送的预算支出结算清单，款项已经支付。

借：对事业单位补助拨款费用　5 200 000

贷：国库存款 5 200 000

（四）对企业补助拨款费用的核算

对企业补助拨款费用是指本级政府财政拨付的对各类企业的补助费用，包括费用补贴、利息补贴、其他对企业补助，不包括对企业的资本金注入和资本性拨款费用。

政府财政财务会计设置“对企业补助拨款费用”科目，核算本级政府财政拨付给各类企业的补助费用。本科目可根据管理需要，参照《政府收支分类科目》中支出经济分类科目，按照预算单位和项目等进行明细核算。本科目平时借方余额反映本级政府财政对企业补助拨款费用的累计数。年终转账时，应将本科目借方余额转入本期盈余。期末结转后，本科目应无余额。

实际发生对企业补助拨款费用时，借记“对企业补助拨款费用”科目，贷记“国库存款”科目。

【例4-15】某政府财政开出拨款凭证，以国库集中支付方式拨付某国有企业款项7 500 000元，用于补助其高新技术研发费用。财政总会计已经收到国库支付执行机构报送的预算支出结算清单，款项已经支付。

借：对企业补助拨款费用 7 500 000

贷：国库存款 7 500 000

（五）对个人和家庭补助拨款费用

对个人和家庭补助拨款费用是指本级政府财政拨付的对个人和家庭的补助费用，包括社会福利和救助、助学金、个人农业生产补贴、离退休费、其他对个人和家庭补助。

政府财政财务会计设置“对个人和家庭补助拨款费用”科目，核算本级政府财政拨付给个人和家庭的补助费用。本科目可根据管理需要，参照《政府收支分类科目》中支出经济分类科目，按照预算单位和项目等进行明细核算。本科目平时借方余额反映本级政府财政对个人和家庭补助拨款费用的累计数。年终转账时，应将本科目借方余额转入本期盈余。期末结转后，本科目应无余额。

实际发生对个人和家庭补助拨款费用时，借记“对个人和家庭补助拨款费用”科目，贷记“国库存款”科目。

【例4-16】某政府财政开出拨款凭证，以国库集中支付方式拨付民政部门款项1 200 000元，用于支付生活困难居民的生活补助。财政总会计已经收到国库支付执行机构报送的预算支出结算清单，款项已经支付。

借：对个人和家庭补助拨款费用 1 200 000

贷：国库存款 1 200 000

（六）对社会保障基金补助拨款费用的核算

对社会保障基金补助拨款费用是指本级政府财政拨付的对社会保险基金的补助，以及补充全国社会保障基金的费用，包括对社会保险基金补助、补充全国社会保障基金、对机关事业单位职业年金的补助。

政府财政财务会计设置“对社会保障基金补助拨款费用”科目，核算本级政府财政拨付给社会保险基金的补助费用。本科目可根据管理需要，参照《政府收支分类科目》中支出经济分类科目，按照预算单位和项目等进行明细核算。本科目平时借方余额反映本级政府财政对社会保障基金补助拨款费用的累计数。年终转账时，应将本科目借方余额转入本期盈余。期末结转后，本科目应无余额。

实际发生对社会保障基金补助拨款费用时，借记“对社会保障基金补助拨款费用”科目，贷记“国库存款”科目。

【例4-17】某政府财政开出拨款凭证，以国库集中支付方式拨付社会保险基金管理机构款项8 600 000元，用于补充社会保险基金。财政总会计已经收到国库支付执行机构报送的预算支出结算清单，款项已经支付。

借：对社会保障基金补助拨款费用　　8 600 000

　贷：国库存款　　8 600 000

（七）资本性拨款费用的核算

资本性拨款费用是指本级政府财政拨付给行政事业单位和企业的资本性费用，包括房屋建筑物购建、基础设施建设、公务用车购置、土地征迁补偿和安置支出、设备购置、大型修缮、其他资本性支出，不包括对企业的资本金注入。

政府财政财务会计设置“资本性拨款费用”科目，核算政府财政拨付给行政事业单位和企业的资本性拨款费用。本科目可根据管理需要，参照《政府收支分类科目》中支出经济分类科目，按照预算单位和项目等进行明细核算。本科目平时借方余额反映本级政府财政资本性拨款费用的累计数。年终转账时，应将本科目借方余额转入本期盈余。期末结转后，本科目应无余额。

实际发生资本性拨款费用时，借记“资本性拨款费用”科目，贷记“国库存款”科目。

【例4-18】某政府财政开出拨款凭证，以国库集中支付方式拨付某高等学校款项9 800 000元，用于支付其创新创业实验楼建设款项。财政总会计已经收到国库支付执行机构报送的预算支出结算清单，款项已经支付。

借：资本性拨款费用　　9 800 000

　贷：国库存款　　9 800 000

（八）其他拨款费用的核算

其他拨款费用是指本级政府财政拨付的上述拨款以外的费用，主要包括经常性赠与、国家赔偿费用、对民间非营利组织和群众性自治组织补贴等费用。

政府财政财务会计设置“其他拨款费用”科目，核算本级政府财政拨付的其他各项费用。本科目可根据管理需要，参照《政府收支分类科目》中支出经济分类科目，按照预算单位和项目等进行明细核算。本科目平时借方余额反映本级政府财政其他拨款费用的累计数。年终转账时，应将本科目借方余额转入本期盈余。期末结转后，本科目应无余额。

实际发生其他拨款费用时，借记“其他拨款费用”科目，贷记“国库存款”科目。

【例4-19】某政府财政开出拨款凭证，以国库集中支付方式拨付某民间社会团体款项1 600 000元，用于资助其事业发展。财政总会计已经收到国库支付执行机构报送的预算支出结算清单，款项已经支付。

借：其他拨款费用　　1 600 000

　贷：国库存款　　1 600 000

三、财务费用

（一）财务费用的内容

财务费用是指本级政府财政为筹集资金等而发生的费用，包括利息费用、债务发行兑付费用和汇兑损益。利息费用是用于偿还政府债务利息的费用，债务发行兑付费用是政府为发行债务而支付的发行费用、兑付费用和登记费用，汇兑损益是以外币计算的政府资产及债务由于汇率变化产生的汇兑差额。

（二）财务费用的核算

政府财政财务会计设置“财务费用”科目，核算本级政府财政用于偿还政府债务利息费用，政府债务发行、兑付、登记费用，以外币计算的政府资产及债务由于汇率变化产生的汇兑损益等。本科目应设置“利息费用”“债务发行兑付费用”“汇兑损益”明细科目。本科目平时借方余额反映本级政府财政财务费用的累计数。年终转账时，应将本科目借方或贷方余额转入本期盈余。期末结转后，本科目应无余额。

财务费用在其发生时确认，主要账务处理如下：（1）按期计提利息费用时，根据债务管理部门计算确定的本期应支付利息金额，借记“财务费用”科目，贷记“应付利息”“应付地方政府债券转贷款——应付利息”“应付主权外债转贷款——应付利息”等科目。（2）支付政府债务发行、兑付、登记款项时，按照实际支付的金额，借记“财务费用”科目，贷记“国库存款”科目。（3）期末，将以外币计算的政府资产及债务按期末汇率折算为人民币金额，按照折算差额，借记或贷记“财务费用”科目。

【例4-20】某政府财政发行地方政府一般债券筹措资金，债券发行额为1.2亿元。为债券发行，向证券登记结算机构支付登记费600 000元。

借：财务费用——债务发行兑付费用	600 000	
贷：国库存款		600 000

四、转移性费用

（一）补助费用的核算

补助费用是指本级政府财政按照财政体制规定或专项需要补助给下级政府财政的费用，包括对下级的税收返还、一般性转移支付和专项转移支付等。本级政府财政的补助费用与下级政府财政的补助收入相对应，是本级政府财政给予下级政府财政的补助款项。

政府财政财务会计设置“补助费用”科目，核算本级政府财政补助给下级政府财政的款项。本科目可根据管理需要，按照补助地区进行明细核算。本科目平时借方余额反映本级政府财政对下级补助费用的累计数。年终转账时，应将本科目借方余额转入本期盈余。期末结转后，本科目应无余额。

补助费用应当按照财政体制的规定和预算管理需要，按实际发生的金额入账。主要账务处理如下：（1）按财政体制规定补助给下级政府财政的款项，应当在年终与下级政府财政结算时确认补助费用。年终，与下级政府财政结算时，按照结算确认的应当补助下级政府的费用数，借记“补助费用”科目，贷记“与下级往来”科目。（2）年度执行中，调拨资金给下级政府财政，根据实际调拨的金额借记“补助费用”科目，贷记“国库存款”科目。（3）退还或核减补助费用时，借记“与下级往来”科目，贷记“补助费用”科目。专项转移支付资金实行特设专户管理的，根据有关支出管理部门下达的预算文件和拨款依据确认补助费用。

【例4-21】年终，某市级政府财政与下级区级政府财政按财政体制规定进行财政结算，经确认应补助下级区政府的费用为2 500 000元。

借：补助费用　　2 500 000

　贷：与下级往来——××区财政　　2 500 000

（二）上解费用的核算

上解费用是指本级政府财政按照财政体制规定或专项需要上交给上级政府财政的费用，包括体制上解款和专项上解款。体制上解款是按财政体制的规定，将本级政府财政收入的一部分上交上级政府财政。专项上解款是本级政府财政按政策规定专项上交上级政府财政的款项和临时性上交上级政府财政的款项。本级政府财政的上解费用与上级政府财政的上解收入相对应，是本级政府财政上交给上级政府财政的款项。

政府财政财务会计设置"上解费用"科目，核算本级政府财政上解给上级政府财政的款项。本科目可根据管理需要按照项目等进行明细核算。本科目平时借方余额反映本级政府财政上解费用的累计数。年终转账时，应将本科目借方余额转入本期盈余。期末结转后，本科目应无余额。

上解费用应当按照财政体制的规定和预算管理需要，按实际发生的金额入账。主要账务处理如下：（1）年终，与上级政府财政结算时，按照结算确认的应当上解费用数，借记"上解费用"科目，贷记"与上级往来"科目。（2）年度执行中，发生上解费用时，借记"上解费用"科目，贷记"国库存款"等科目。（3）退还或核减上解费用时，借记"与上级往来"等科目，贷记"上解费用"科目。

【例4-22】某市级政府财政按照财政体制规定，通过国库上解给上级政府财政的款项4 800 000元。

借：上解费用　　4 800 000

　贷：国库存款　　4 800 000

（三）地区间援助费用的核算

地区间援助费用是指援助方政府财政安排用于受援方政府财政统筹使用的各类援助、补偿、捐赠等费用。根据政府间的援助机制，经济发达地区的地方政府财政有义务向经济落后地区的地方政府提供资金，支持其社会与经济发展。

政府财政财务会计设置"地区间援助费用"科目，核算援助方政府财政援助受援方政府财政的款项。本科目可根据管理需要，按照受援地区等进行明细核算。本科目平时借方余额反映地区间援助费用的累计数。年终转账时，应将本科目借方余额转入本期盈余。期末结转后，本科目应无余额。

地区间援助费用应当在实际支付援助款项时确认。发生地区间援助费用时，借记"地区间援助费用"科目，贷记"国库存款"科目。

【例4-23】某政府财政根据政府间援助计划，向对口援助方政府财政拨付款项9 000 000元，以支持其经济发展。

借：地区间援助费用——××政府财政　　9 000 000

　贷：国库存款　　9 000 000

五、其他财政费用

（一）财政专户管理资金支出的核算

财政专户管理资金支出是指政府财政用纳入财政专户管理的资金安排的支出。目前，纳入财政专户管理的资金主要是教育收费等。按照“收支两条线，财政专户管理”的要求，教育收费应当缴入财政专户统一管理，支用时通过财政专户核拨。

政府财政财务会计设置“财政专户管理资金支出”科目，核算本级政府财政用纳入财政专户管理的教育收费等资金安排的支出。本科目可根据管理需要，按照预算单位等进行明细核算。本科目平时借方余额反映财政专户管理资金支出的累计数。年终转账时，应将本科目借方余额转入本期盈余。期末结转后，本科目应无余额。

财政专户管理资金支出应当在实际支付款项时确认。发生财政专户管理资金支出时，借记“财政专户管理资金支出”科目，贷记“其他财政存款”等科目。

【例4-24】某政府财政运用财政专户管理的资金，通过在商业银行开设的专户，向某学校核拨教育经费1 200 000元。

借：财政专户管理资金支出	1 200 000	
贷：其他财政存款		1 200 000

（二）专用基金支出的核算

专用基金支出是指政府财政用专用基金收入安排的支出。目前，政府财政管理的专用基金主要是粮食风险基金。财政部门设置财政粮食风险基金专户，专门用于粮农直接补贴、粮油储备费用补贴等，维护粮食市场正常的流通秩序。

政府财政财务会计设置“专用基金支出”科目，核算本级政府财政用专用基金收入安排的支出。本科目可根据管理需要，按照专用基金种类、预算单位等进行明细核算。本科目平时借方余额反映专用基金支出的累计数。年终转账时，应将本科目借方余额转入本期盈余。期末结转后，本科目应无余额。

专用基金支出应当在实际支付款项时确认。发生专用基金支出时，借记“专用基金支出”科目，贷记“其他财政存款”等科目。

【例4-25】某政府财政运用粮食风险基金，通过在银行开设的专户，向某粮食储备部门拨付粮油储备费用补贴款600 000元。

借：专用基金支出——粮食风险基金	600 000	
贷：其他财政存款		600 000

（三）其他费用的核算

其他费用是指政府财政发生的上述费用以外的各项费用，主要包括政府财政无偿划出股权投资时产生的投资损失、政府财政承担支出责任的其他负债等。

政府财政财务会计设置“其他费用”科目，核算本级政府财政无偿划出股权投资以及确认其他负债等产生的费用。本科目可根据管理需要，按照类别进行明细核算。本科目平时借方余额反映本级政府财政其他费用的累计数。年终转账时，应将本科目借方余额转入本期盈余。期末结转后，本科目应无余额。

政府财政无偿划出股权投资时，根据股权管理部门提供的资料，按照被划出股权投资的账面余额，借记“其他费用”科目，贷记“股权投资”科目。政府财政承担支出责任的其他负债，按照确定应承担的负债金额，借记“其他费用”科目，贷记“其他负债”科目。

【例4-26】某政府财政无偿划出一项股权投资，根据股权管理部门提供的资料，股权投资的账面余额（投资成本）为15 000 000元，对应的“权益法调整”科目无账面余额。

借：其他费用　　15 000 000

　贷：股权投资　　15 000 000

第四节　资产的核算

资产是政府履行职能的重要物质基础，反映一级政府财政控制的经济资源。本节介绍政府财政总会计资产的内容，讲解主要资产项目的会计核算方法。

一、资产的确认与内容

（一）资产的确认

财政总会计的资产是指政府财政占有或控制的，能以货币计量的经济资源。资产作为一项经济资源，是由过去的交易或事项形成的，由政府财政部门代表政府占有或控制，预期会给政府财政带来经济利益或者服务潜力。资产是政府开展业务活动的物质基础，主要用于社会各项事业及经济建设。

政府财政将一项经济资源确认为资产，应当符合资产的定义，在取得对其相关的权利，并且能够可靠地进行货币计量时确认。财政总会计核算的资产，应当按照取得或发生时的实际金额进行计量。

（二）资产的内容

财政总会计核算的资产按照流动性，分为流动资产和非流动资产。

（1）流动资产是指预计在1年内（含1年）耗用或者可以变现的资产，包括财政存款、应收及暂付款、预拨经费与在途款、有价证券等。

（2）非流动资产是指流动资产以外的资产，包括股权投资、应收转贷款等。

二、财政存款

财政存款是指政府财政部门代表政府管理的、存放在国库或商业银行的财政资金。财政存款的支配权属于同级政府财政部门，由财政总会计负责管理，统一在国库或选定的银行开立存款账户，统一收付，不得透支，不得提取现金。财政总会计核算的财政存款包括国库存款、其他财政存款和国库现金管理资产。

（一）国库存款的核算

国库存款是指政府财政存放在国库单一账户的预算资金。实行国库集中收付制度后，政府财政资金纳入国库单一账户体系统一管理。国库单一账户体系主要包括国库单一账户、财政零余额账户、单位零余额账户等。纳入财政预算管理的资金，一般在同级国库开立账户，实行国库集中支付制度。

政府财政财务会计设置“国库存款”科目，核算政府财政存放在国库单一账户的款项。本科目无规定的明细科目。国库存款的主要账务处理如下：（1）国库存款增加时，按照实际收到的金额，借记“国库存款”科目，贷记有关科目；（2）国库存款减少时，按照实际支付的金额，借记有关科目，贷记“国库存款”科目。本科目期末借方余额反映政府财政国库存款的结存数。

【例4-27】某政府财政收到国库报送的预算收入日报表，列示本日税收收入为5 200 000元，非税收入为3 400 000元，共计8 600 000元。

借：国库存款	8 600 000	
贷：税收收入		5 200 000
非税收入		3 400 000

（二）其他财政存款的核算

其他财政存款是指在国库存款和国库现金管理资产以外，政府财政存放在商业银行财政专户的财政资金。根据职能安排和收支结算的需要，政府财政需要在商业银行开设账户，收纳和支付部分财政资金。其他财政存款主要对应其他财政资金的收支，如财政专户管理资金收支、专用基金收支等。财政预算资金的收支，主要通过国库存款核算。但有些预算资金收支业务，如专项转移支付、主权外债转贷、未设国库乡（镇）的预算收支，需要通过其他财政存款核算。

政府财政财务会计设置“其他财政存款”科目，核算政府财政未列入“国库存款”科目反映的各项财政存款。本科目应按照存款资金的性质和存款银行等进行明细核算。其他财政存款的主要账务处理如下：（1）财政专户收到款项时，按照实际收到的金额，借记“其他财政存款”科目，贷记有关科目；（2）其他财政存款减少时，按照实际支付的金额，借记有关科目，贷记“其他财政存款”科目。本科目期末借方余额反映政府财政持有的其他财政存款。

【例4-28】某政府财政在工商银行某支行开设专户，统一管理教育收费收入。根据教育行政部门开出的“非税收入一般缴款书”和开户银行的入账凭证，学生学费共计1 800 000元已经缴入专户。

借：其他财政存款——财政专户管理资金（工商银行××支行）	1 800 000	
贷：财政专户管理资金收入		1 800 000

（三）国库现金管理资产的核算

国库现金管理资产是指政府财政实行国库现金管理业务存放在商业银行的预算资金。国库现金管理是在确保财政国库支付需要前提下，以实现国库现金余额最小化和投资收益最大化为目标的一系列财政管理活动。国库现金管理的操作方式包括商业银行定期存款、买回国债等。

政府财政财务会计设置“国库现金管理资产”科目，核算政府财政将暂时闲置的国库存款存放商业银行或者投资于货币市场形成的资产。国库现金管理资产的主要账务处理如下：（1）根据国库现金管理有关规定开展商业银行定期存款时，将国库存款转存商业银行，按照存入商业银行的金额，借记“国库现金管理资产”科目，贷记“国库存款”科目；（2）商业银行定期存款收回国库时，按照实际收回的金额，借记“国库存款”科目，按照原存入商业银行的存款本金金额，贷记“国库现金管理资产”科目，按照其差额，贷记“非税收入”科目。本科目期末借方余额反映政府财政开展国库现金管理业务形成的资产。

【例4-29】某政府财政实行国库现金管理业务，本期存款量为50 000 000元，存款期限9个月。某商业银行通过定期存款业务招投标系统中标，中标年利率为4.65%。

（1）开具划款凭证，将款项转入商业银行账户。

借：国库现金管理资产　50 000 000

　贷：国库存款　50 000 000

（2）实行国库现金管理的存款到期收回本金，并收到支付的利息1 743 750元。

借：国库存款　51 743 750

　贷：国库现金管理资产　50 000 000

　　　非税收入　1 743 750

三、应收及暂付款

应收及暂付款是指政府财政在业务活动中形成的债权资产，包括应收款项和暂付款项。财政总会计核算的应收及暂付款包括应收非税收入、应收股利、借出款项、与下级往来和其他应收款。应收及暂付款属于流动资产，债务转贷形成的应收款项属于非流动资产，将在后续的内容中讲解。

（一）应收非税收入的核算

应收非税收入是指政府财政应向缴款人收取但实际尚未缴入国库的非税收入款项。非税收入由各级行政机构、事业单位等负责执收管理，如果管理部门可以向政府财政提供已开具非税收入缴款票据、尚未缴入本级国库的非税收入数据，财政总会计则应当将本级财政应收的款项确认为非税收入。一般来说，实行非税收入电子化管理的地区应当确认应收非税收入。

政府财政财务会计设置“应收非税收入”科目，核算政府财政应向缴款人收取但实际尚未缴入国库的非税收入款项。本科目应参照《政府收支分类科目》中“非税收入”科目进行明细核算，同时可根据管理需要，参照实际情况，按执收部门（单位）进行明细核算。应收非税收入的主要账务处理如下：（1）确认取得非税收入时，按照非税收入管理部门提供的已开具缴款票据、尚未缴入本级国库的非税收入金额，借记“应收非税收入”科目，贷记“非税收入”科目；（2）实际收到非税收入款项时，按照实际收到的非税收入金额，借记“国库存款”科目，已列应收非税收入部分金额，贷记“非税收入”科目，未列入应收非税收入部分金额，贷记“非税收入”科目；（3）期末，非税收入管理部门应对未入库的应收非税收入进行全面核查，总会计根据核查结果对应收非税收入余额进行确认，确保应收非税收入核算准确。本科目期末借方余额反映政府财政尚未入库的应收非税收入。

【例4-30】某行政机关为非税收入的管理部门，具有依法对违反国家法律法规的行为进行罚款的权力，实现了非税收入收缴电子化管理。

（1）政府财政收到非税收入的管理部门的报告，本月已开具电子非税收入一般缴款书、尚未缴入本级国库的非税收入为120 000元。

借：应收非税收入　120 000

　贷：非税收入——罚没收入　120 000

（2）收到国库报送的预算收入日报表，非税收入中已列应收非税收入部分的金额为70 000。

借：国库存款　　70 000

　贷：应收非税收入　　70 000

（3）期末，已列应收非税收入中确认不能缴库的金额为50 000元。

借：非税收入——罚没收入　　50 000

　贷：应收非税收入　　50 000

（二）应收股利的核算

应收股利是指政府因持有股权投资应当收取的现金股利或应当分得的利润。股权投资是政府持有的各类股权投资资产，一般采用权益法进行核算，或者采用成本法核算。持有股权投资期间，如果被投资主体宣告现金股利或利润的分配方案，政府财政享有取得现金股利或利润的权利。

政府财政财务会计设置“应收股利”科目，核算政府因持有股权投资应当收取的现金股利或应当分得的利润。本科目应根据管理需要，按照被投资主体进行明细核算。应收股利的主要账务处理如下：

（1）采用权益法核算，持有股权投资期间，被投资主体宣告发放现金股利或利润的，根据股权管理部门提供的资料，按照应上缴政府财政的部分，借记“应收股利”科目，贷记“股权投资——损益调整”科目；收到现金股利或利润时，按照实际收到的金额，借记“国库存款”科目，贷记“应收股利”科目。

（2）采用成本法核算，持有股权投资期间，被投资主体宣告发放现金股利或利润时，根据股权管理部门提供的资料，按照应上缴政府财政的部分，借记“应收股利”科目，贷记“投资收益”科目；收到现金股利或利润时，按照实际收到的金额，借记“国库存款”科目，贷记“应收股利”科目。

本科目期末借方余额反映政府财政应当收取但尚未收到的现金股利或利润。

【例4-31】某政府财政持有GW投资基金的股权，采用权益法核算。

（1）GW投资基金宣告利润分配方案，归于投资主体政府财政的部分为3 600 000元。

借：应收股利——GW投资基金　　3 600 000

　贷：股权投资——GW投资基金——损益调整　　3 600 000

（2）收到GW投资基金发放的利润3 600 000元。

借：国库存款　　3 600 000

　贷：应收股利——GW投资基金　　3 600 000

（三）借出款项的核算

借出款项是指政府财政按照对外借款管理有关规定借给预算单位临时急需，并按期收回的款项。借出款项仅限于政府财政对纳入本级预算管理的一级预算单位安排借款，不得经预算单位再转借企业。借款资金仅限于临时性资金周转或应对社会影响较大突发事件的临时急需垫款。借出款项属于流动资产，借款期限不得超过一年。

政府财政财务会计设置“借出款项”科目，核算政府财政按照对外借款管理有关规定借给预算单位的款项。本科目应按照借款单位进行明细核算。借出款项的主要账务处理如下：（1）将款项借出时，按照实际支付的金额，借记“借出款项”科目，贷记“国库存款”等科目；（2）收回借款时，按照实际收到的金额，借记“国库存款”等科目，贷记“借出款项”科目。本科目期末借方余额反映政府财政借给预算单位尚未收回的款项。

【例4-32】某政府财政根据借款管理的有关规定，借给所属教育局临时急需用款170 000元，用于学校安全设施改造。

（1）借出款项时，

借：借出款项——教育局　170 000

　贷：国库存款　170 000

（2）收回借款时，

借：国库存款　170 000

　贷：借出款项——教育局　170 000

（四）与下级往来的核算

与下级往来是指本级政府财政与下级政府财政的待结算往来款项。与下级往来反映本级政府财政与下级政府财政之间的债权债务关系，既核算本级政府财政与下级政府财政之间的债权，也核算本级政府财政与下级政府财政之间的债务。上下级政府财政之间的债权、债务关系，主要有两种情况。一是上下级政府财政之间的往来性款项。下级政府财政如果在一定期间出现了收支不平衡，可以向上级政府财政申请短期借款；上级政府财政也可以向有结余的下级政府财政借入款项。二是上下级政府财政由于体制补助、上解产生的结算款项。根据财政体制的安排，下级政府财政取得的税收收入需要按一定比例上缴上级政府财政；上级政府财政需要对下级政府财政进行税收返还，或对下级政府财政进行专项补助。

政府财政财务会计设置“与下级往来”科目，核算本级政府财政与下级政府财政的往来待结算款项。本科目应按照下级政府财政进行明细核算。与下级往来属于双重性质账户，借方记录债权的增加或债务的减少；贷方记录债权的减少或债务的增加。本科目期末借方余额反映下级政府财政欠本级政府财政的款项（债权）；期末贷方余额反映本级政府财政欠下级政府财政的款项（债务）。由于在实际工作当中，多为下级政府财政欠本级政府财政款项而形成债权，所以本科目多为资产而列示在资产负债表的左侧（资产一列），如果存在贷方余额则以负数列示。与下级往来的主要账务处理如下：

1.与下级政府财政的往来性款项

拨付下级政府财政往来性款项时，借记“与下级往来”科目，贷记“国库存款”科目。收回下级政府财政的往来性款项时，借记“国库存款”科目，贷记“与下级往来”科目。往来性款项转作补助时，借记“补助费用”科目，贷记“与下级往来”科目。

【例4-33】政府财政与下级政府财政发生往来性款项，本级政府财政的会计核算如下：

（1）借给下级政府财政一般公共预算资金600 000元。

借：与下级往来——××政府财政　600 000

　贷：国库存款　600 000

（2）下级政府财政归还所借入的一般公共预算资金400 000元。

借：国库存款　400 000

　贷：与下级往来——××政府财政　400 000

（3）经批准，将下级政府财政的借款余额200 000元转为对其的一般公共预算补助。

借：补助费用　200 000

　贷：与下级往来——××政府财政　200 000

2. 与下级政府财政年终体制结算款项

年终与下级政府财政进行体制结算时，按照确认的应补助下级政府财政的费用数，借记“补助费用”科目，贷记“与下级往来”科目；按照确认的应当由下级政府财政上交的收入数，借记“与下级往来”科目，贷记“上解收入”科目。

【例4-34】年终，政府财政与下级政府财政进行体制结算，本级政府财政的会计核算如下：

（1）按照财政体制的规定，本级政府财政尚未拨付下级政府财政的一般公共预算补助款的金额为500 000元。

借：补助费用　500 000

　贷：与下级往来——××政府财政　500 000

（2）按照财政体制的规定，本级政府财政尚未收到下级政府财政的一般公共预算上解款的金额为700 000元。

借：与下级往来——××政府财政　700 000

　贷：上解收入　700 000

（3）经过年终体制结算，本级政府财政的“与下级往来——××政府财政”科目存在借方余额（债权）。收到下级政府财政上解的一般公共预算结算款项200 000元。

借：国库存款　200 000

　贷：与下级往来——××政府财政　200 000

（五）其他应收款的核算

其他应收款是指政府财政临时发生的应收及暂付款项，主要包括应收款项、暂付款项和垫付款项，以及政府财政履行担保责任，为项目单位代偿的外国政府和国际金融组织贷款的本息费。不同于借出款项，其他应收款并非对外借款，既可以收回债权，也可以将债权转作预算支出。

政府财政财务会计设置“其他应收款”科目，核算政府财政临时发生的其他应收及暂付款项。本科目应按照资金类别、债务单位等进行明细核算。其他应收款的主要账务处理如下：（1）发生其他应收款项时，借记“其他应收款”科目，贷记“国库存款”“其他财政存款”等科目；（2）收回其他应收款项时，借记“国库存款”“其他财政存款”科目，贷记“其他应收款”科目；（3）其他应收款项转列费用时，借记有关费用科目，贷记“其他应收款”科目。本科目应及时清理结算，期末原则上应无余额。

【例4-35】某政府财政为M项目单位的国际金融组织贷款承担担保责任。

（1）M项目单位拖欠国际金融组织贷款，本级政府财政履行担保责任，通过国库账户支付贷款本息费共计2 500 000元。

借：其他应收款——M项目单位　2 500 000

　贷：国库存款　2 500 000

（2）政府财政行使追索权，收回M项目单位贷款本息费2 000 000元，最终未收回的款项500 000元经核准列支。

借：国库存款　2 000 000

　　其他费用　500 000

　贷：其他应收款——M项目单位　2 500 000

四、预拨经费与在途款

预拨经费与在途款是财政总会计设置的两项调整类资产，反映年度预算执行中预拨的需要调整为以后期间费用的款项，以及决算清理期内发生的需要调整为上一年度收入与费用的款项。预拨经费与在途款属于流动资产。

（一）预拨经费的核算

预拨经费是指政府财政按照预拨经费管理有关规定预拨给预算单位尚未列为费用的款项，包括在年度预算执行中预拨出的应在以后各月列入费用的预算资金，以及会计年度终了前预拨给用款单位的下年度预算资金。预拨经费主要针对两种情况：一是处于偏远地区的预算单位的经费需要提前拨出，以便保证款项的及时到账；二是需要提前准备的项目，需要预拨经费以便项目能够顺利展开。除预拨下年度经费外，预拨经费应在年终前转列支出或清理收回。

政府财政财务会计设置“预拨经费”科目，核算政府财政按照预拨经费管理有关规定预拨给预算单位尚未列为费用的款项。本科目应当按照预算单位进行明细核算。预拨经费的主要账务处理如下：（1）拨出款项时，借记“预拨经费”科目，贷记“国库存款”等科目；（2）转列费用时，借记有关费用科目，贷记“预拨经费”科目；（3）收回预拨款项时，借记“国库存款”等科目，贷记“预拨经费”科目。本科目期末借方余额反映政府财政年末尚未转列费用或尚待收回的预拨经费款项。

【例4-36】某政府财政根据预算安排和资金使用计划，向某政府机关预算单位预拨下月商品和服务拨款200 000元。

（1）本月拨出款项

借：预拨经费——××预算单位　200 000

　贷：国库存款　200 000

（2）下月转列费用

借：政府机关商品和服务拨款费用　200 000

　贷：预拨经费——××预算单位　200 000

（二）在途款的核算

在途款是指在报告清理期和库款报解整理期内发生的，需要过渡处理的属于上年度收入、费用等业务的款项。预算收入由国库负责收纳、划分和留解，年终可能会出现国库已经收纳，但尚未报解的情况，在新年度收到了属于上一年度的收入，或收回了属于上一年度拨款或费用，致使财政资金的收付期间（新年度）与收入和费用的所属期间（上年度）不一致。为准确核算与反映跨年度的收入与费用，需要在年初设置一个过渡期。政府财政设置的过渡期为“报告清理期”，国库设置的过渡期为“库款报解整理期”，这一期间通常为10天左右。在报告清理期和库款报解整理期内收到属于上年度的收入，或收回属于上年度的拨款和费用，视为在途款，应当列入上一财政年度的报告。财政总会计对年终报告清理期内发生的会计事项，应当划清会计年度。属于清理上年度的会计事项，记入上年度会计账；属于新年度的会计事项，记入新年度会计账。

政府财政财务会计设置"在途款"科目，核算报告清理期和库款报解整理期内发生的需要通过本科目过渡处理的属于上年度收入、费用等业务的款项。在途款的主要账务处理如下：(1) 报告清理期和库款报解整理期内收到属于上年度收入等款项时，在上年度账务中，借记"在途款"科目，贷记有关收入科目或"应收非税收入"科目；收回属于上年度费用等款项时，在上年度账务中，借记"在途款"科目，贷记"预拨经费"或有关费用科目。(2) 冲转在途款时，在本年度账务中，借记"国库存款"科目，贷记"在途款"科目。本科目期末借方余额反映政府财政持有的在途款。

【例4-37】某政府财政在报告清理期和库款报解整理期内收到国库报送的预算收入日报表，列示收到属于上一年度的税收收入1 000 000元。

(1) 上年账：

借：在途款	1 000 000	
贷：税收收入		1 000 000

(2) 本年账：

借：国库存款	1 000 000	
贷：在途款		1 000 000

五、有价证券与股权投资

有价证券与股权投资是财政总会计设置的两项投资类资产。投资是政府为了实现其职能，获取投资收益，利用政府财政资金进行的投资活动。有价证券属于流动资产，股权投资属于非流动资产。

(一) 有价证券的核算

有价证券是指政府财政按照有关规定取得并持有的有价证券。各级政府财政如果财政资金有结余，可以按规定购买政府发行的国债和地方政府债券。

政府财政财务会计设置"有价证券"科目，核算政府财政按照有关规定取得并持有的有价证券。本科目应按照有价证券种类进行明细核算。有价证券的主要账务处理如下：(1) 购入有价证券时，按照实际支付的金额，借记"有价证券"科目，贷记"国库存款""其他财政存款"等科目；(2) 转让或到期兑付有价证券时，按照实际收到的金额，借记"国库存款""其他财政存款"等科目，按照该有价证券的账面余额，贷记"有价证券"科目，按照其差额，贷记或借记有关收入或费用科目。本科目期末借方余额反映政府财政持有的有价证券金额。

【例4-38】某政府财政用一般公共预算结余资金购买中央政府发行的202306期记账式国债，该国债票面年利率为3.50%，1年期，到期一次还本付息。

(1) 用国库存款支付购买国债款项2 000 000元。

借：有价证券——202306期国债	2 000 000	
贷：国库存款		2 000 000

(2) 到期兑付国债，收到国债面值和利息共计2 070 000元。

借：国库存款	2 070 000	
贷：有价证券——202306期国债		2 000 000
非税收入		70 000

（二）股权投资的核算

股权投资是政府进行的权益性投资活动，通过取得被投资单位的股权，实施对被投资单位的控制，获取现金股利或利润。政府股权投资主要包括国际金融组织股权投资、政府投资基金股权投资和企业股权投资等。其中，政府投资基金是指由各级政府通过预算安排，以单独出资或与社会资本共同出资设立，采用股权投资等市场化方式，引导社会各类资本投资经济社会发展的重点领域和薄弱环节，支持相关产业和领域发展的资金。

政府财政财务会计设置"股权投资"科目，核算政府持有的各类股权投资。本科目应当按照"国际金融组织股权投资""政府投资基金股权投资""企业股权投资"设置一级明细科目，在一级明细科目下，分别设置"投资成本""损益调整""其他权益变动"明细科目，同时，应根据管理需要，按照被投资主体进行明细核算。本科目期末借方余额反映政府持有的各类股权投资的价值。

股权投资在持有期间，通常采用权益法进行核算。权益法下，股权投资按实际成本进行初始计量，在持有期间随着被投资主体的权益变动而加以调整，并确认投资收益。主要账务处理如下：（1）政府财政以现金取得股权投资时，按照实际支付的金额，借记"股权投资——投资成本"科目，贷记"国库存款"科目。（2）被投资主体实现净利润的，根据股权管理部门提供的资料，按照应享有的份额，借记"股权投资——损益调整"科目，贷记"投资收益"科目；被投资主体发生净亏损的，按照应分担的份额，借记"投资收益"科目，贷记"股权投资——损益调整"科目，但以"股权投资"的账面余额减记至零为限。（3）被投资主体宣告发放现金股利或利润的，根据股权管理部门提供的资料，按照应上缴政府财政的部分，借记"应收股利"科目，贷记"股权投资——损益调整"科目。（4）收到现金股利或利润时，按照实际收到的金额，借记"国库存款"科目，贷记"应收股利"科目。（5）被投资主体发生除净损益和利润分配以外的所有者权益变动的，根据股权管理部门提供的资料，按照应享有或应分担的份额，借记或贷记"股权投资——其他权益变动"科目，贷记或借记"权益法调整"科目。

【例4-39】某政府财政对SIF投资基金进行股权投资，根据股权管理部门提供的资料进行会计核算。

（1）运用国库存款向SIF投资基金支付款项8 000 000元，取得等额的投资权益。

借：股权投资——SIF投资基金股权投资——投资成本	8 000 000	
贷：国库存款		8 000 000

（2）年末，SIF投资基金宣告盈利，政府财政应享有的份额为600 000元。

借：股权投资——SIF投资基金股权投资——损益调整	600 000	
贷：投资收益		600 000

（3）SIF投资基金宣告发放利润，应上缴本级政府财政的部分为200 000元。

借：应收股利——SIF投资基金股权投资	200 000	
贷：股权投资——SIF投资基金股权投资——损益调整		200 000

（4）收到SIF投资基金发放的利润200 000元。

借：国库存款	200 000	
贷：应收股利——SIF投资基金股权投资		200 000

政府无权决定被投资主体的财务和经营政策或无权参与被投资主体的财务和经营政策

决策的，股权投资应当采用成本法进行核算。成本法下，股权投资按实际成本进行初始计量，在持有期间被投资主体宣告发放现金股利或利润时确认投资收益。

六、应收转贷款

应收转贷款是指政府财政将借入的资金转贷给下级政府财政形成的应收款项。根据《中华人民共和国预算法》的规定，中央政府财政、省级政府财政可以举借债务筹措资金，省级以下政府财政不允许直接举借债务，但可以通过上级政府财政转贷的形式取得债务资金。应收转贷款是本级政府财政向下级政府财政转贷形成的债权，包括应收地方政府债券转贷款和应收主权外债转贷款。应收转贷款通常属于非流动资产。

（一）应收地方政府债券转贷款的核算

应收地方政府债券转贷款是指本级政府财政将通过发行地方政府债券筹措的资金转贷给下级政府财政而形成的应收款项，包括转贷的地方政府债券本金和利息。由于转贷的是地方政府债券，所以转贷方通常为省级政府财政，被转贷方为省级以下政府财政。

政府财政财务会计设置“应收地方政府债券转贷款”科目，核算本级政府财政转贷给下级政府财政的地方政府债券资金的本金及利息。本科目应设置“应收本金”和“应收利息”明细科目，并按照转贷对象进行明细核算，其下应根据管理规定设置“一般债券”“专项债券”等明细科目。其中，“应收利息”科目通常应根据债务管理部门计算并提供的政府债券转贷款的应收利息情况，按期进行核算。主要账务处理如下：（1）向下级政府财政转贷地方政府债券资金时，按照转贷的本金，借记“应收地方政府债券转贷款”科目，按照实际拨付的金额或债务管理部门确认的转贷金额，贷记“国库存款”或“与下级往来”等科目。（2）按期确认地方政府债券转贷款的应收利息时，根据债务管理部门计算确认的转贷款本期应收未收利息金额，借记“应收地方政府债券转贷款”科目，贷记“财务费用——利息费用”等有关科目。（3）收到下级政府财政偿还的地方政府债券转贷款本息时，按照收到的金额，借记“国库存款”“其他财政存款”等科目，贷记“应收地方政府债券转贷款”科目。

【例4-40】某省级政府财政向所属某市政府财政转贷其发行地方政府一般债券所筹措的资金。省级政府财政的会计核算如下：

（1）某年7月1日向某市政府财政转贷地方政府债券资金10 000 000元，期限1年，年利率4.50%。

借：应收地方政府债券转贷款——一般债券——应收本金	10 000 000	
贷：国库存款		10 000 000

（2）根据债务管理部门计算并提供的应收利息情况，按月确认地方政府债券转贷款的应收利息37 500元，共计提12个月。

借：应收地方政府债券转贷款——一般债券——应收利息	37 500	
贷：财务费用——利息费用		37 500

（3）次年6月30日，国库收到某市政府财政偿还的转贷款的本金10 000 000元和利息450 000元，利息费用已经全部计提。

借：国库存款	10 450 000	
贷：应收地方政府债券转贷款——一般债券——应收本金		10 000 000
——一般债券——应收利息		450 000

（二）应收主权外债转贷款的核算

应收主权外债转贷款是指本级政府财政将取得的外国政府或国际金融组织贷款等主权外债转贷给下级政府财政而形成的应收款项，包括转贷的主权外债本金和利息。由于转贷的是主权外债，所以转贷方通常为中央政府财政，被转贷方为省级或省级以下政府财政。

政府财政财务会计设置“应收主权外债转贷款”科目，核算本级政府财政转贷给下级政府财政的外国政府、国际金融组织贷款等主权外债资金的本金及利息。本科目应设置“应收本金”和“应收利息”明细科目，并按照转贷对象进行明细核算。应收主权外债转贷款的账务处理，与应收地方政府债券转贷款的处理类似。

第五节　负债的核算

政府财政应当加强债务管理，防范政府债务风险。本节介绍政府财政总会计负债的内容，讲解主要负债项目的账务处理方法。

一、负债的确认与内容

（一）负债的确认

财政总会计中的负债是指政府财政承担的能以货币计量，需以资产偿付的债务。负债是政府财政过去的经济业务或者事项形成的，预期会导致经济资源流出政府会计主体的现时义务。准确反映政府负债信息，有助于政府会计信息使用者全面了解政府的负债情况、债务风险和偿债压力，评价政府偿债能力，有助于政府相关部门加强政府债务风险管理。

政府财政将一项现时义务确认为负债，应当符合负债的定义，确信履行该义务很可能导致含有服务潜力或者经济利益的经济资源流出政府财政，该义务的金额能够可靠地计量。财政总会计的负债，应当在对其承担偿还责任时，按照承担的相关合同金额或实际发生金额进行计量。

（二）负债的内容

财政总会计核算的负债按照流动性，分为流动负债和非流动负债。

（1）流动负债是指预计在1年内（含1年）偿还的负债，内容包括应付国库集中支付结余、与上级往来、其他应付款、应付代管资金、应付利息等应付及暂收款项，以及应付短期政府债券。

（2）非流动负债是指流动负债以外的负债，内容包括应付长期政府债券、借入款项、应付转贷款、其他负债等。

二、应付及暂收款

应付及暂收款是指政府财政在业务活动中形成的债务，如各种应付款项、暂收款项、待结算款项和代管款项等。应付及暂收款属于流动负债。财政总会计核算的应付及暂收款包括应付国库集中支付结余、与上级往来、其他应付款、应付代管资金和应付利息。

（一）应付国库集中支付结余的核算

应付国库集中支付结余是指省级以上（含省级）政府财政国库集中支付中应列为当年

费用，但年末未支付需结转下一年度支付的款项。实行国库集中收付制度后，预算单位的经费通过国库单一账户统一拨付。年初，政府财政根据批复的部门预算下达各预算单位预算指标。年末，如果预算单位有未使用的预算指标，需要对其进行注销，并在下一年度予以支付。根据财政总会计制度的要求，当年形成的国库集中支付结余，可按照权责发生制基础确认费用，与其同时确认的应付款项即为应付国库集中支付结余。按照《国务院关于进一步深化预算管理制度改革的意见》（国发〔2021〕5号）的规定，市县级财政国库集中支付结余不再按权责发生制列支，应付国库集中支付结余只适用于中央级和省级单位。

政府财政财务会计设置“应付国库集中支付结余”科目，核算省级以上政府财政国库集中支付中需结转下一年度支付的款项。本科目应按照预算单位进行明细核算，同时，可根据管理需要，参照《政府收支分类科目》中支出经济分类科目进行明细核算。主要账务处理如下：（1）年末，对当年发生的应付国库集中支付结余，借记有关费用科目，贷记“应付国库集中支付结余”科目；（2）实际支付应付国库集中支付结余资金时，借记“应付国库集中支付结余”科目，贷记“国库存款”科目。本科目期末贷方余额反映政府财政尚未支付的国库集中支付结余。

【例4-41】某省级政府财政所属的机关行政单位当年商品和服务拨款费用预算指标为3 800 000元，当年通过国库集中支付的数额为3 750 000元。

（1）年末，政府财政需要采用权责发生制列支的数额为50 000元。

借：政府机关商品和服务拨款费用　　50 000

　贷：应付国库集中支付结余——××预算单位　　50 000

（2）下年度，运用恢复的预算指标为预算单位支付相关费用50 000元。

借：应付国库集中支付结余——××预算单位　　50 000

　贷：国库存款　　50 000

（二）与上级往来的核算

与上级往来是指本级政府财政与上级政府财政的待结算往来款项。与上级往来反映本级政府财政与上级政府财政之间的债权债务关系，既核算本级政府财政与上级政府财政之间的债务，也核算本级政府财政与上级政府财政之间的债权。本级政府财政的“与上级往来”和上级政府财政的“与下级往来”相对应，主要有两种情况：一是上下级政府财政之间的往来性款项，二是上下级政府财政由于补助、上解产生的体制结算款项。

政府财政财务会计设置“与上级往来”科目，核算本级政府财政与上级政府财政的往来待结算款项。本科目可根据管理需要，按照往来款项的类别和项目等进行明细核算。与上级往来属于双重性质账户，本科目借方记录债权的增加或债务的减少，贷方记录债权的减少或债务的增加。本科目期末贷方余额反映本级政府财政欠上级政府财政的款项（债权），期末借方余额反映上级政府财政欠本级政府财政的款项（债权）。由于在实际工作中，多为本级政府财政欠上级政府财政款项而形成债务，所以，本科目多为负债而列示在资产负债表的右侧（负债一列），如果存在借方余额则以负数列示。主要账务处理如下：

1.与上级政府财政的往来性款项

收到上级政府财政拨付的往来性款项时，借记“国库存款”科目，贷记“与上级往来”科目。归还上级政府财政的往来性款项时，借记“与上级往来”科目，贷记“国库存款”科目。往来性款项转作补助时，借记“与上级往来”科目，贷记“补助收入”科目。

【例4-42】某政府财政与上级政府财政发生往来性款项，本级政府财政的会计核算如下：

（1）从上级政府财政借入一般公共预算资金600 000元。

借：国库存款　600 000

　贷：与上级往来　600 000

（2）归还上级政府财政所借入的一般公共预算资金400 000元。

借：与上级往来　400 000

　贷：国库存款　400 000

（3）经上级政府财政同意，将借款余额200 000元转为对本级政府财政的一般公共预算补助。

借：与上级往来　200 000

　贷：补助收入　200 000

2. 与上级政府财政年终体制结算款项

年终与上级政府财政进行体制结算时，按照应当上交上级政府财政款项的金额，借记“上解费用”科目，贷记“与上级往来”科目；按照应当由上级政府财政补助的款项的金额，借记“与上级往来”科目，贷记“补助收入”科目。

【例4-43】年终，某政府财政与上级政府财政进行体制结算，本级政府财政的会计核算如下：

（1）按照财政体制的规定计算，本级政府财政尚未支付的一般公共预算上解款的金额为700 000元。

借：上解费用　700 000

　贷：与上级往来　700 000

（2）按照财政体制的规定计算，本级政府财政尚未收到的一般公共预算补助款的金额为500 000元。

借：与上级往来　500 000

　贷：补助收入　500 000

（3）经过年终体制结算，本级政府财政的“与上级往来”科目存在贷方余额（债务）。本级政府财政支付上级政府财政一般公共预算结算款200 000元。

借：与上级往来　200 000

　贷：国库存款　200 000

（三）其他应付款的核算

其他应付款是指政府财政临时发生的暂收及应付款项，包括收到的不明性质款项、收回的结转结余资金，以及税务机关代征入库的社会保险费等。

政府财政财务会计设置“其他应付款”科目，核算政府财政临时发生的暂收及应付款项。本科目应按照债权人或资金来源等进行明细核算。主要账务处理如下：（1）收到不明性质款项及收回结转结余资金时，借记“国库存款”“其他财政存款”等科目，贷记“其他应付款”科目。（2）将有关款项清理退还、划转、转作收入时，借记“其他应付款”科目，贷记“国库存款”“其他财政存款”或有关收入科目。本科目应当及时清理结算，期末贷方余额反映政府财政尚未结清的其他应付款项。

【例4-44】某政府财政收到国库报送的预算收入日报表，列示的款项中预算科目与代码不正确，款项性质不明的数额为950 000元，作暂收款处理。

借：国库存款 950 000

贷：其他应付款——性质不明款项 950 000

（四）应付代管资金的核算

应付代管资金是指政府财政代为管理的，使用权属于被代管主体的资金。代管资金是政府财政根据职能安排代其他单位管理的款项，应当按照有关规定和委托单位的要求使用。

政府财政财务会计设置“应付代管资金”科目，核算政府财政代为管理的资金。本科目应根据管理需要进行相关明细核算。主要账务处理如下：（1）收到代管资金时，借记“其他财政存款”等科目，贷记“应付代管资金”科目。（2）支付代管资金时，借记“应付代管资金”科目，贷记“其他财政存款”等科目。本科目期末贷方余额反映政府财政尚未支付的代管资金。

【例4-45】某政府财政代管预算单位的往来款项，收到某单位交来的款项250 000元，存入代管资金财政专户。

借：其他财政存款 250 000

贷：应付代管资金——××单位 250 000

（五）应付利息的核算

应付利息是指政府财政以政府名义发行的政府债券及借入款项应支付的利息，包括应付国债利息、应付地方政府债券利息和应付地方政府主权外债利息。应付利息是流动负债，核算将在1年内（含1年）偿付的利息。

政府财政财务会计设置“应付利息”科目，核算发行政府债券、借入款项本期应承担的利息。本科目应根据管理需要设置“应付国债利息”“应付地方政府债券利息”“应付地方政府主权外债利息”明细科目。本科目应根据债务管理部门计算并提供的政府债券及借入款项的应付利息情况，按期进行核算。主要账务处理如下：（1）根据债务管理部门计算确定的本期应付未付利息金额，借记“财务费用——利息费用”科目，贷记“应付利息”科目。（2）实际支付利息时，支付金额中已计提的部分，借记“应付利息”科目，未计提的部分，借记“财务费用——利息费用”科目，贷记“国库存款”“其他财政存款”等科目。本科目期末贷方余额反映政府财政应付未付的利息金额。

【例4-46】某政府财政发行地方政府债券，根据债务管理部门提供的情况，计提并偿付债券利息。

（1）计提本期应付未付地方政府债券利息金额6 100 000元。

借：财务费用——利息费用 6 100 000

贷：应付利息——应付地方政府债券利息 6 100 000

（2）本期应当支付的地方政府债券利息为9 500 000元，已经全部计提，以国库存款支付。

借：应付利息——应付地方政府债券利息 9 500 000

贷：国库存款 9 500 000

三、举借债务

举借债务是指政府财政通过融资活动借入的款项，包括以政府名义发行的政府债券，向外国政府、国际经济组织等借入的款项。根据预算法，中央一般公共预算中必需的部分资金，可以通过举借国内和国外债务等方式筹措。经国务院批准，省（包括自治区、直辖市）的预算中必需的建设投资的部分资金，可以通过发行地方政府债券举借债务的方式筹措。政府财政的举借债务包括应付短期政府债券、应付长期政府债券和借入款项。应付短期政府债券属于流动负债，应付长期政府债券和借入款项属于非流动负债。

（一）应付短期政府债券的核算

应付短期政府债券是指政府财政以政府名义发行的期限不超过1年（含1年）的债券，包括中央政府财政发行的短期国债和省级地方政府发行的短期地方政府债券。其中，国债包括中央政府财政发行的国内政府债券和境外发行的主权债券等。

政府财政财务会计设置"应付短期政府债券"科目，核算政府财政以政府名义发行的短期政府债券的应付本金。本科目应设置"应付国债""应付地方政府一般债券""应付地方政府专项债券"明细科目。债务管理部门应当设置辅助明细账，主要包括政府债券金额、种类、期限、发行日、到期日、票面利率、偿还本金及付息情况等内容，并按期计算债券存续期应付利息情况。主要账务处理如下：（1）实际收到短期政府债券发行收入时，按照实际收到的金额，借记"国库存款"科目，按照短期政府债券实际发行额，贷记"应付短期政府债券"科目，按照发行收入和发行额的差额，借记或贷记"财务费用"等有关费用科目。（2）实际偿还本级政府财政承担的短期政府债券本金时，借记"应付短期政府债券"科目，贷记"国库存款"等科目。本科目期末贷方余额反映政府财政尚未偿还的短期政府债券本金。

【例4-47】某地方政府财政发行短期专项债券筹措资金，债券发行额为20 000 000元，期限30天，为凭证式附息债券，票面年利率为1.80%。

（1）债券经招标发行，发行收入与发行额相同，发行费用另行支付，实际收到款项20 000 000元已经缴入国库。

借：国库存款	20 000 000	
贷：应付短期政府债券——应付地方政府专项债券		20 000 000

（2）专项债券到期还本付息，偿还本金20 000 000元，支付利息30 000元。

借：应付短期政府债券——应付地方政府专项债券	20 000 000	
财务费用——利息费用	30 000	
贷：国库存款		20 030 000

（二）应付长期政府债券的核算

应付长期政府债券是指政府财政以政府名义发行的期限超过1年的债券，包括中央政府财政发行的长期国债和省级地方政府发行的长期地方政府债券。应付长期政府债券的数额，只包括长期政府债券的应付本金，不包括长期政府债券的应付利息。

政府财政财务会计设置"应付长期政府债券"科目，核算政府财政以政府名义发行的长期政府债券的应付本金。本科目应设置"应付国债""应付地方政府一般债券""应付地方政府专项债券"明细科目。辅助明细账设置，与"应付短期政府债券"科目的要求相同。为简化政府债券的核算，财政总会计并未在本科目下设置“应计利息”明细科目，未将应付利息的金额计入本科目，应付未付利息的金额通过“应付利息”科目核算。主要账务处理如下：（1）实际收到长期政府债券发行收入时，按照实际收到的金额，借记“国库存款”“其他财政存款”科目，按照长期政府债券实际发行额，贷记“应付长期政府债券”科目，按照其差额，借记或贷记“财务费用”等有关费用科目。（2）计提本期应付未付利息时，借记“财务费用——利息费用”科目，贷记“应付利息”科目。（3）实际支付利息时，借记“应付利息”“财务费用——利息费用”等科目，贷记“国库存款”“其他财政存款”等科目。（4）实际偿还长期政府债券本金时，借记“应付长期政府债券”科目，贷记“国库存款”“其他财政存款”等科目。本科目期末贷方余额反映政府财政尚未偿还的长期政府债券本金。

【例4-48】某政府财政发行地方政府一般债券筹措资金，债券发行额为1.2亿元，期限3年，为记账式附息债券，票面年利率为3.00%，按年支付利息，到期一次还本。

（1）地方政府债券经招标发行，发行收入与发行额相同，发行费用另行支付，实际收到款项120 000 000元已经缴入国库。

借：国库存款　　120 000 000

　贷：应付长期政府债券——应付地方政府一般债券　　120 000 000

（2）在债券发行期间，应当按期确认应付利息，每月利息为300 000元。

借：财务费用——利息费用　　300 000

　贷：应付利息——应付地方政府债券利息　　300 000

（3）支付债券的年利息3 600 000元（已经全额计提）。

借：应付利息——应付地方政府债券利息　　3 600 000

　贷：国库存款　　3 600 000

（4）债券到期，通过国库存款偿还本金120 000 000元。

借：应付长期政府债券——应付地方政府一般债券　　120 000 000

　贷：国库存款　　120 000 000

（三）借入款项的核算

借入款项是指政府财政以政府名义向外国政府和国际金融组织等借入的款项，以及经国务院批准的其他方式借入的款项。根据《预算法》的规定，中央政府一般公共预算中必需的部分资金，可以通过举借国内和国外债务等方式筹措。借入款项的内容主要是主权债务，即政府以国家信用为担保从其他国家政府或国际金融组织取得的贷款。

政府财政财务会计设置“借入款项”科目，核算政府财政以政府名义借入的款项。本科目应按照债权人进行明细核算。债务管理部门应设置辅助明细账，主要包括借入款项对应的项目、期限、借入日期、实际偿还及付息情况等内容，并按期计算借款存续期应负担的利息金额。借入款项只核算借款的应付本金，不包括借款的应付利息。主要账务处理如下：（1）本级政府财政收到借入的主权外债资金时，按照实际收到的金额借记“国库存款”“其他财政存款”科目，按照实际承担的债务金额贷记“借入款项”科目，按照实际收到的金额与承担的债务之间的差额，借记或贷记有关费用科目。（2）偿还主权外债本金时，按照实际支付的金额，借记“借入款项”科目，贷记“国库存款”“其他财政存款”等科目。本科目期末贷方余额反映本级政府财政尚未偿还的借入款项本金。

【例 4–49】中央政府财政从国际货币基金组织（IMF）借入80 000 000美元，款项已经转入财政专户，按照当日中国人民银行公布的美元汇率中间价7.1446计算，折算为人民币571 568 000元。

借：其他财政存款 571 568 000

贷：借入款项——国际货币基金组织 571 568 000

四、应付转贷款

应付转贷款是指政府财政从上级政府财政借入的债务转贷款的本金和利息，包括应付地方政府债券转贷款和应付主权外债转贷款等。省级以下政府（不包括省级）不允许直接举借债务，但可以通过上级政府财政转贷的形式取得债务资金。应付转贷款通常属于非流动负债。财政总会计核算的应付转贷款包括应付地方政府债券转贷款和应付主权外债转贷款。

（一）应付地方政府债券转贷款的核算

应付地方政府债券转贷款是指本级政府财政因借入上级政府财政发行的地方债券转贷资金而形成的应付款项，包括转贷的地方政府债券贷款本金和利息。本级政府财政作为地方政府债券的被转贷方，通常为省级以下政府财政，转贷方通常为省级政府财政。

政府财政财务会计设置“应付地方政府债券转贷款”科目，核算地方政府财政从上级政府财政借入地方政府债券转贷款的本金和利息。与应付长期政府债券不同，应付地方政府债券转贷款不但包括转贷资金的应付本金，还包括转贷资金的应付利息。本科目应设置“应付本金”和“应付利息”明细科目，其下可根据管理规定设置“地方政府一般债券”“地方政府专项债券”等明细科目。其中，“应付利息”科目应根据债务管理部门计算并提供的政府债券转贷款的应付利息情况，按期进行核算。主要账务处理如下：（1）上级政府财政转贷地方政府债券资金时，按照实际收到的金额或债务管理部门转来的相关资料，借记“国库存款”或“与上级往来”等科目，按照转贷本金金额，贷记“应付地方政府债券转贷款——应付本金”科目，按照其差额，借记或贷记有关费用科目。（2）按期确认地方政府债券转贷款的应付利息时，根据债务管理部门计算确定的本期应付未付利息金额，借记“财务费用——利息费用”科目，贷记“应付地方政府债券转贷款——应付利息”科目。（3）偿还本级政府财政承担的地方政府债券转贷款本息时，借记“应付地方政府债券转贷款——应付本金、应付利息”科目，贷记“国库存款”等科目。本科目期末贷方余额反映本级政府财政尚未偿还的地方政府债券转贷款本金和利息。

【例 4–50】某省级政府财政向所属市政府财政转贷其发行地方政府一般债券所筹措的资金。市政府财政的会计核算如下：

（1）7月1日，市政府财政收到转贷资金本金金额10 000 000元，期限1年，年利率4.50%。

借：国库存款 10 000 000

贷：应付地方政府债券转贷款——应付本金 10 000 000

（2）根据债务管理部门计算确定的应付未付利息金额，按月确认应付利息37 500元。

借：财务费用——利息费用 37 500

贷：应付地方政府债券转贷款——应付利息 37 500

（3）次年6月30日，偿还省政府财政转贷款的本金10 000 000元和已经按月计提的利息450 000元。

借：应付地方政府债券转贷款——应付本金 10 000 000

——应付利息 450 000

贷：国库存款 10 450 000

（二）应付主权外债转贷款的核算

应付主权外债转贷款是指因借入上级政府财政的主权外债转贷资金而形成的应付款项，包括转贷的主权外债贷款本金和利息。本级政府财政作为主权外债的被转贷方，通常为省级及省级以下政府财政，转贷方通常为中央政府财政。

政府财政财务会计设置"应付地方政府债券转贷款"科目，核算本级政府财政从上级政府财政借入主权外债转贷款的本金和利息。本科目应设置"应付本金"和"应付利息"明细科目。应付主权外债转贷款的账务处理，与应付地方政府债券转贷款的类似。

除上述负债类会计科目外，财政总会计还应当设置"其他负债"科目，核算政府财政因有关政策明确要求其承担支出责任的事项而形成的支付义务。

第六节 净资产的核算

净资产是政府财政所掌握的资产的净值，反映一级政府的财务状况。本节介绍政府财政总会计净资产的内容，讲解各净资产科目的会计核算方法。

一、净资产的确认与内容

（一）净资产的确认

财政总会计的净资产是指某一时点资产扣除负债后的净额。政府财政的净资产没有权益属性，归于社会公众，由政府财政部门管理，是政府财力的重要保障。净资产的确认依赖于资产、负债两个会计要素的确认，净资产金额取决于资产和负债的计量结果。基本关系式如下：

净资产=资产-负债

（二）净资产的内容

财政总会计的净资产包括盈余、财政性基金和权益法调整。

（1）盈余是指政府财政收入与费用相抵后的余额历年滚存的余额，包括本期盈余、累计盈余和以前年度盈余调整。

（2）财政性基金是指政府财政设置的用于弥补以后年度预算资金的不足、调剂预算收支差额的储备金，包括预算稳定调节基金和预算周转金。

（3）权益法调整是指政府财政按照持股比例计算应享有的被投资主体除净损益和利润分配以外的所有者权益变动的份额。

财政总会计的净资产类会计科目中，"本期盈余""以前年度盈余调整"反映净资产的变动过程，只有期末余额，年末应当没有余额。"累计盈余"、"预算稳定调节基金"、"预算周转金"和"权益法调整"反映净资产的变动过程和结果，存在期末余额和年末余额。

二、本期盈余

（一）本期盈余的内容

本期盈余是政府财政一定时期各项收入与费用相抵后的余额。为反映当期政府财政的收入、费用及盈余情况，政府财政总会计应当定期进行本期盈余的账务处理，结转本期盈余。基本关系式如下：

本期盈余=本期收入-本期费用

按照资金性质划分，本期盈余分为预算管理资金本期盈余、财政专户管理资金本期盈余和专用基金本期盈余。其中，预算管理资金本期盈余是指本期纳入预算管理的资金收入与费用相抵后的余额，包括一般公共预算本期盈余、政府性基金预算本期盈余和国有资本经营预算本期盈余；财政专户管理资金本期盈余是指本期财政专户管理资金收入与支出相抵后的余额；专用基金本期盈余是指本期专用基金收入与支出相抵后的余额。

（二）本期盈余的核算

政府财政财务会计设置“本期盈余”科目，核算政府财政本期各项收入、费用相抵后的余额。本科目应设置“预算管理资金本期盈余”“财政专户管理资金本期盈余”“专用基金本期盈余”明细科目。

财政总会计的本期盈余应当至少年末结转一次。期末，应当将本期实现的各项收入、发生的各项费用转至本期盈余。主要账务处理如下：（1）结转收入时，按照各收入科目的本期发生额，借记各收入类科目，贷记“本期盈余”科目；（2）结转费用时，按照各费用科目的本期发生额，借记“本期盈余”科目，贷记各费用类科目。

本期盈余的结转，应当进行明细核算。其中，“财政专户管理资金收入”和“财政专户管理资金支出”科目的本期发生额转入“本期盈余——财政专户管理资金本期盈余”明细科目，“专用基金收入”和“专用基金支出”科目的本期发生额转入“本期盈余——专用基金本期盈余”明细科目，其他各收入、费用科目的本期发生额均转入“本期盈余——预算管理资金本期盈余”明细科目。

【例4-51】某政府财政本期各收入、费用类科目的发生额见表4-3，进行本期盈余期末结转。

（1）预算管理资金本期盈余

借：税收收入	572 000 000	
非税收入	158 000 000	
投资收益	3 700 000	
补助收入	47 000 000	
上解收入	7 800 000	
贷：政府机关商品和服务拨款费用		147 000 000
政府机关工资福利拨款费用		165 000 000
对事业单位补助拨款费用		211 000 000
对企业补助拨款费用		98 500 000
资本性拨款费用		128 000 000
补助费用		32 000 000
本期盈余——预算管理资金本期盈余		7 000 000

表4-3 **收入、费用类科目的本期发生额** 单位：元

收入类科目	贷方发生额	费用类科目	借方发生额
税收收入	572 000 000	政府机关商品和服务拨款费用	147 000 000
非税收入	158 000 000	政府机关工资福利拨款费用	165 000 000
投资收益	3 700 000	对事业单位补助拨款费用	211 000 000
补助收入	47 000 000	对企业补助拨款费用	98 500 000
上解收入	7 800 000	对个人和家庭补助拨款费用	
地区间援助收入		对社会保障基金补助拨款费用	
其他收入		资本性拨款费用	128 000 000
		其他拨款费用	
		财务费用	
		补助费用	32 000 000
		上解费用	
		地区间援助费用	
		其他费用	
财政专户管理资金收入	6 500 000	财政专户管理资金支出	6 200 000
专用基金收入	7 800 000	专用基金支出	7 300 000
合计	802 800 000	合计	795 000 000

（2）财政专户管理资金本期盈余

借：财政专户管理资金收入 6 500 000

　贷：财政专户管理资金支出 6 200 000

　　本期盈余——财政专户管理资金本期盈余 300 000

（3）专用基金本期盈余：

借：专用基金收入 7 800 000

　贷：专用基金支出 7 300 000

　　本期盈余——专用基金本期盈余 500 000

期末结转后，本科目如为贷方余额，反映政府财政自年初至当期期末累计实现的盈余；如为借方余额，反映政府财政自年初至当期期末累计发生的亏损。年末将本期实现的盈余转至累计盈余后，本科目应无余额。

三、财政性基金

政府财政为保持年度间预算的衔接和稳定、调剂年度内预算收支差额而设置的财政性基金，是净资产的重要组成部分，包括预算稳定调节基金和预算周转金。

（一）预算稳定调节基金的核算

预算稳定调节基金是指政府财政为保持年度间预算的衔接和稳定而设置的储备性资金。预算稳定调节基金有两个来源渠道，一是从预算管理资金本期盈余中调入，二是从预

算周转金中调入。预算稳定调节基金是具有储备性质的基金，视预算的平衡情况安排使用，用于弥补短收年份预算执行的收支缺口。

政府财政财务会计设置“预算稳定调节基金”科目，核算本级政府财政为保持年度间预算的衔接和稳定而设置的储备性资金。主要账务处理如下：（1）设置或补充预算稳定调节基金时，借记“本期盈余——预算管理资金本期盈余”科目，贷记“预算稳定调节基金”本科目。（2）将预算周转金调入预算稳定调节基金时，借记“预算周转金”科目，贷记“预算稳定调节基金”科目。（3）动用预算稳定调节基金时，借记“预算稳定调节基金”科目，贷记“本期盈余——预算管理资金本期盈余”科目。本科目期末贷方余额反映预算稳定调节基金的累计规模。

【例4-52】某政府财政根据预算执行情况，决定使用本期盈余补充预算稳定调节基金2 000 000元。

借：本期盈余——预算管理资金本期盈余	2 000 000	
贷：预算稳定调节基金		2 000 000

（二）预算周转金的核算

预算周转金是指政府财政为调剂预算年度内季节性收支差额，保证及时用款而设置的库款周转资金。预算周转金应根据《预算法》的要求设置，不得随意减少。预算周转金来源于预算管理资金本期盈余，其数额要与年度预算收支的数额相适应，保持一个相对稳定的额度。预算周转金只能用于平衡预算，不能用于安排其他财政支出。

政府财政财务会计设置“预算周转金”科目，核算政府财政设置的用于调剂预算年度内季节性收支差额周转使用的资金。主要账务处理如下：（1）设置或补充预算周转金时，借记“本期盈余——预算管理资金本期盈余”科目，贷记“预算周转金”科目。（2）将预算周转金调入预算稳定调节基金时，借记“预算周转金”科目，贷记“预算稳定调节基金”科目。本科目期末贷方余额反映预算周转金的累计规模。

【例4-53】某政府财政根据预算法的规定，通过预算管理资金本期盈余补充预算周转金1 500 000元。

借：本期盈余——预算管理资金本期盈余	1 500 000	
贷：预算周转金		1 500 000

四、以前年度盈余调整

（一）以前年度盈余调整的内容

以前年度盈余调整是指政府财政调整以前年度盈余的事项，包括以前年度收入调整事项、以前年度费用调整事项和以前年度取得资产负债调整事项。会计调整是指政府财政因按照法律、行政法规和政府会计准则制度的要求，或者在特定情况下对其原采用的会计政策、会计估计，以及发现的会计差错、发生的报告日后事项等所作的调整。

（二）以前年度盈余调整的核算

政府财政财务会计设置“以前年度盈余调整”科目，核算政府财政调整以前年度盈余的事项。本科目应设置“预算管理资金以前年度盈余调整”“财政专户管理资金以前年度盈余调整”“专用基金以前年度盈余调整”明细科目。主要账务处理如下：（1）调整增加以前年度收入时，按照调整增加的金额，借记有关科目，贷记“以前年度盈余调整”科目；调整减少的，作相反的会计分录。(2) 调整增加以前年度费用时，按照调整增加的金额，借记“以前年度盈余调整”科目，贷记有关科目；调整减少的，作相反的会计分录。(3) 对于政府以前年度取得的资产或承担的负债，在本年初次确认时，借记有关资产科目或贷记有关负债科目，贷记或借记“以前年度盈余调整”科目。年终转账时，将本科目余额转入累计盈余。期末结转后，本科目应无余额。

【例4-54】某政府财政因会计差错，漏提上一年度应付地方政府债券利息的应计利息500 000元，年初予以补提。

借：以前年度盈余调整——预算管理资金以前年度盈余调整　　500 000

　贷：应付利息——应付地方政府债券利息　　500 000

五、累计盈余

（一）累计盈余的内容

累计盈余是政府财政历年实现的盈余滚存的金额，包括预算管理资金累计盈余、财政专户管理资金累计盈余和专用基金累计盈余。年度终了，本期实现的盈余经过设置或补充预算稳定调节基金和预算周转金后，应将其余额转入累计盈余。如果存在以前年度盈余调整事项，也应将其余额转入累计盈余。累计盈余反映政府财政财力的积累，用于后续的社会和经济发展。

（二）累计盈余的核算

政府财政财务会计设置“累计盈余”科目，核算政府财政历年实现的盈余滚存的金额。本科目应设置“预算管理资金累计盈余”“财政专户管理资金累计盈余”“专用基金累计盈余”明细科目。主要账务处理如下：(1) 年终转账时，将本期实现的盈余转入累计盈余，借记或贷记“本期盈余”科目，贷记或借记“累计盈余”科目。(2) 年终转账时，将以前年度盈余调整转入累计盈余，借记或贷记“以前年度盈余调整”科目，贷记或借记“累计盈余”科目。本科目期末余额反映财政资金盈余的累计数。

【例4-55】某政府财政经过本期盈余结转、设置或补充预算稳定调节基金和预算周转金后，“本期盈余”各明细科目中，预算管理资金本期盈余贷方余额3 500 000元，财政专户管理资金本期盈余贷方余额300 000元，专用基金本期盈余贷方余额500 000元，将其转入累计盈余。

借：本期盈余——预算管理资金本期盈余　　3 500 000

　　　　　——财政专户管理资金本期盈余　　300 000

　　　　　——专用基金本期盈余　　500 000

　贷：累计盈余——预算管理资金累计盈余　　3 500 000

　　　　　　——财政专户管理资金累计盈余　　300 000

　　　　　　——专用基金累计盈余　　500 000

【例4-56】某政府财政年终转账后，“以前年度盈余调整——预算管理资金以前年度盈余调整”科目的借方余额500 000元，将其转入累计盈余。

借：累计盈余——预算管理资金累计盈余　　500 000

　贷：以前年度盈余调整——预算管理资金以前年度盈余调整　　500 000

六、权益法调整

政府财政财务会计设置“权益法调整”科目，核算政府财政持有的股权投资采用权益法核算时，按照持股比例计算应享有的被投资主体除净损益和利润分配以外的所有者权益变动的份额。本科目应根据管理需要，按照被投资主体进行明细核算。本科目期末余额反映政府财政在被投资主体除净损益和利润分配以外的所有者权益变动中累计享有（或分担）的份额。

被投资主体发生除净损益和利润分配以外的其他权益变动时，按照政府财政持股比例计算应享有的部分，借记或贷记“股权投资——其他权益变动”科目，贷记或借记“权益法调整”科目。

思考题

1. 什么是财政总会计？其适用范围是什么？
2. 财政总会计需要遵循哪些会计准则和会计制度？
3. 财政总会计体系包括哪些内容？
4. 财政总会计采用的确认基础是什么？
5. 财政总会计设置了哪些会计要素？
6. 什么是财政总会计的收入？如何进行确认？
7. 财政总会计的收入包括哪些内容？
8. 什么是税收收入？税收收入如何进行核算？
9. 什么是非税收入？非税收入如何进行核算？
10. 什么是转移性收入？转移性收入包括哪些内容？
11. 什么是财政总会计的费用？如何进行确认？
12. 财政总会计的费用包括哪些内容？
13. 什么是财政拨款费用？其包括哪些会计科目？
14. 什么是转移性费用？其包括哪些会计科目？
15. 什么是财政总会计的资产？其包括哪些内容？
16. 与下级往来的核算内容是什么？如何进行核算？
17. 什么是股权投资？如何进行账务处理？
18. 什么是财政总会计的负债？其包括哪些内容？
19. 政府举借债务包括哪些方式？
20. 应付政府债券的账务处理包括哪些环节？
21. 什么是财政总会计的净资产？其包括哪些内容？
22. 如何进行本期盈余结转的账务处理？
23. 什么是预算稳定调节基金与预算周转金？

即测即评

第五章 政府财政总会计（下）

学习目标

本章为政府财政总会计的下半部分，重点讲解政府财政预算会计的账务处理，学习政府财政总会计综合业务的平行记账方法，介绍政府财政总会计报表与报告的内容和编制要求。通过本章学习，掌握政府财政预算会计的核算方法，学会应用平行记账方法，熟悉财政总会计报表的结构与编制方法，了解政府综合财务报告和政府决算报告的内容。通过本章的学习，应掌握和了解以下内容：

1.熟练掌握财政总会计预算收入、预算支出的内容与会计核算方法；

2.了解财政总会计预算结余的内容，熟悉结转结余的账务处理流程；

3.理解平行记账的原理和规则，学会应用平行记账方法处理政府财政的综合业务；

4.明确政府财政总会计报表的内容，了解政府综合财务报告和政府决算报告的编制要求。

第一节 预算收入的核算

预算收入是政府财政预算会计要素，反映政府财政一定时期收入的预算执行情况。本节介绍政府财政预算收入的确认与内容，讲解各预算收入类科目的账户设置、核算方法和账务处理程序。

一、预算收入的确认与内容

（一）预算收入的确认

财政总会计的预算收入是政府财政在预算年度内依法取得的并纳入预算管理的现金流

入。政府财政预算会计将一项现金流入确认为预算收入，应当同时具备两个条件：一是预算收入的资金应当是纳入财政预算管理的资金，包括一般公共预算资金、政府性基金预算资金、国有资本经营预算资金，财政专户管理资金、专用基金，以及各类转移性收入、债务性收入等。没有纳入财政预算的现金流入不得确认为预算收入，如收到的应付及暂收款项、应付代管资金等。二是预算收入应当是实际取得的现金流入，款项已缴入国库或财政专户。没有实际流入政府财政的预算资金不得确认为预算收入，如应收非税收入、应收股利等。

财政总会计核算的预算收入原则上以收付实现制为确认基础，国家法律法规等另有规定的，依照其规定。收付实现制以是否实际收到现金为标志确认预算收入，凡在当期实际收到纳入预算管理的现金收入，均应确认为当期的预算收入。预算收入一般在实际取得时予以确认，以实际取得的金额计量。

财政总会计应当加强各项预算收入的管理，严格规范会计核算手续。对于各项预算收入的账务处理必须以审核无误的国库入账凭证、预算收入日报表、专户资金入账凭证和其他合法凭证为依据。

（二）预算收入的内容

按照预算收入的来源和资金性质划分，财政总会计核算的预算收入包括本级预算收入、转移性预算收入、债务性预算收入和其他财政资金收入。

（1）本级预算收入是指由本级政府财政筹集的纳入预算管理的各项收入，包括一般公共预算收入、政府性基金预算收入和国有资本经营预算收入。

（2）转移性预算收入是指在各级政府财政之间进行资金调拨和不同类型资金之间调剂所形成的收入，包括补助预算收入、上解预算收入、地区间援助预算收入、调入预算资金和动用预算稳定调节基金。

（3）债务性预算收入是指政府财政根据法律法规等规定，通过举借债务的方式筹集资金所取得的收入，包括债务预算收入、债务转贷预算收入。

（4）其他财政资金收入是指在财政总预算资金以外，由政府财政部门管理的其他财政性资金所取得的收入，包括财政专户管理资金收入、专用基金收入和待处理收入。

与财政财务会计的收入要素不同，预算收入在按其来源划分的基础上，增加了按预算资金的性质分类。在转移性预算收入中，预算收入增加了调入预算资金和动用预算稳定调节基金。政府举借债务取得的资金在财务会计中确认为负债，而在预算会计中确认为预算收入。

二、本级预算收入

本级预算收入是指由本级政府财政筹集的纳入预算管理的各项收入。本级预算收入是预算收入的重要组成部分，由本级政府财政根据法律法规通过一定方式取得，归本级政府财政安排支用。财政总会计核算的本级预算收入包括一般公共预算收入、政府性基金预算收入和国有资本经营预算收入。

（一）一般公共预算收入的核算

一般公共预算收入是指政府财政筹集的纳入本级一般公共预算管理的收入。一般公共预算是对以税收为主体的财政收入，安排用于保障和改善民生、推动经济社会发展、维护国家安全、维持国家机构正常运转等方面的收支预算。一般公共预算收入包括纳入本级一般公共预算管理的税收收入和非税收入。

政府财政预算会计设置“一般公共预算收入”科目，核算政府财政筹集的纳入本级一般公共预算管理的税收收入和非税收入。本科目应根据《政府收支分类科目》中“一般公共预算收入”科目进行明细核算。本科目平时贷方余额反映本级一般公共预算收入的累计数。年终转账时，应将本科目贷方余额转入一般公共预算结转结余。期末结转后，本科目应无余额。

一般公共预算收入在收到时按照实际缴入国库的数额入账。国库每日均向财政部门提交“预算收入日报表”，反映当日本级预算收入的数额及明细情况。收到款项时，根据当日预算收入日报表所列一般公共预算本级收入数，借记“资金结存”科目，贷记“一般公共预算收入”科目。资金结存是预算结余类科目，核算政府财政纳入预算管理的资金流入、流出。

【例5-1】某政府财政收到国库报送的预算收入日报表，列示纳入本级一般公共预算管理的企业所得税收入为500 000元。

借：资金结存	500 000	
贷：一般公共预算收入——税收收入		500 000

【例5-2】某政府财政收到国库报送的预算收入日报表，列示纳入本级一般公共预算管理的罚没收入为180 000元。

借：资金结存	180 000	
贷：一般公共预算收入——非税收入		180 000

（二）政府性基金预算收入的核算

政府性基金预算收入是指政府财政筹集的纳入本级政府性基金预算管理的收入。政府性基金预算是对依照法律、行政法规的规定在一定期限内向特定对象征收、收取或者以其他方式筹集的资金，专项用于特定公共事业发展的收支预算。政府设立基金项目，目的是保证特定项目的财政资金来源。政府性基金预算收入要求专项核算，按规定用途使用，是一种限定性的财务资源。政府性基金预算收入主要是纳入本级政府性基金预算管理的非税收入，包括铁路建设基金收入、民航发展基金收入、旅游发展基金收入、彩票公益金收入、国有土地收益基金收入等几十项内容。

政府财政预算会计设置“政府性基金预算收入”科目，核算政府财政筹集的纳入本级政府性基金预算管理的非税收入。本科目应根据《政府收支分类科目》中“政府性基金预算收入”科目进行明细核算。本科目平时贷方余额反映本级政府性基金预算收入的累计数。年终转账时，应将本科目贷方余额转入政府性基金预算结转结余。期末结转后，本科目应无余额。

政府性基金预算收入在收到时按照实际缴入国库的数额入账。收到款项时，根据当日预算收入日报表所列政府性基金预算本级收入数，借记“资金结存”科目，贷记“政府性基金预算收入”科目。

【例5-3】某政府财政收到国库报送的预算收入日报表，列示纳入本级政府性基金预算管理的民航发展基金收入为1 200 000元。

借：资金结存	1 200 000

贷：政府性基金预算收入——民航发展基金　1 200 000

【例5-4】某政府财政收到国库报送的预算收入日报表，列示纳入本级政府性基金预算管理的国有土地收益基金收入为8 200 000元。

借：资金结存　8 200 000

贷：政府性基金预算收入——国有土地收益基金　8 200 000

（三）国有资本经营预算收入的核算

国有资本经营预算收入是指政府财政筹集的纳入本级国有资本经营预算管理的收入。国有资本经营预算是政府以所有者身份依法取得国有资本收益，并对所得收益进行分配而发生的各项收支预算。国有资本经营预算收入主要是纳入本级国有资本经营预算管理的非税收入，内容如下：（1）利润收入，是指国有企业、国有独资公司依法上缴的税后净利润形成的收入；（2）股利、股息收入，是指国有控股、参股企业国有股权分配的股利、股息收入；（3）产权转让收入，是指转让或出售国有资产股权形成的收入；（4）清算收入，是指通过国有独资企业或国有控股、参股企业清算取得的清算净收入；（5）其他国有资本经营预算收入，是指除以上内容之外的其他事项取得的国有资本经营预算收入。

政府财政预算会计设置"国有资本经营预算收入"科目，核算政府财政筹集的纳入本级国有资本经营预算管理的非税收入。本科目应根据《政府收支分类科目》中"国有资本经营预算收入"科目进行明细核算。本科目平时贷方余额反映本级国有资本经营预算收入的累计数。年终转账时，应将本科目贷方余额转入国有资本经营预算结转结余。期末结转后，本科目应无余额。

国有资本经营预算收入在收到时按照实际缴入国库的数额入账。收到款项时，根据当日预算收入日报表所列国有资本经营预算本级收入数，借记"资金结存"科目，贷记"国有资本经营预算收入"科目。

【例5-5】某政府财政收到国库报送的预算收入日报表，列示纳入本级国有资本经营预算管理的国有企业上缴利润为3 610 000元。

借：资金结存　3 610 000

贷：国有资本经营预算收入——利润收入　3 610 000

三、转移性预算收入

转移性预算收入是指在各级政府财政之间进行资金调拨以及在本级政府财政不同类型资金之间调剂所形成的预算收入。与本级预算收入不同，转移性收入并非由政府财政直接从社会筹集，而是来源于上级政府财政的补助、下级政府财政的上解、地区间政府财政的援助，以及本级政府财政不同类型资金的调剂。财政总会计核算的转移性收入包括补助预算收入、上解预算收入、地区间援助预算收入、调入预算资金和动用预算稳定调节基金。

（一）补助预算收入的核算

补助预算收入是指本级政府财政收到的上级政府财政按照财政体制规定或专项需要补助给本级政府财政的款项，包括税收返还、一般性转移支付和专项转移支付等。

政府财政预算会计设置"补助预算收入"科目，核算上级政府财政按照财政体制规定或专项需要补助给本级政府财政的款项。本科目下应设置"一般公共预算补助收入""政府性基金预算补助收入""国有资本经营预算补助收入""上级调拨"明细科目，可根据

《政府收支分类科目》的规定进行明细核算。本科目平时贷方余额反映本级政府财政收到上级政府财政调拨资金的累计数。年终转账时，应将本科目下各明细科目余额分别结转至相应的预算结余类科目。期末结转后，本科目应无余额。

补助预算收入应当按照财政体制的规定和预算管理需要，按实际发生的金额入账。主要账务处理如下：（1）年度执行中，收到上级政府财政调拨的资金时，按照实际收到的金额，借记"资金结存"科目，贷记"补助预算收入"科目。（2）根据预算管理需要，本级政府财政向上级政府财政归还资金时，按照实际转出的金额，借记"补助预算收入"科目，贷记"资金结存"科目。年终与上级政府财政结算时，应当按照尚未收到的补助款金额确认补助预算收入。

【例5-6】某市政府财政收到国库报送的预算收入日报表，列示上级省政府财政拨来预算补助款1 500 000元。其中，一般公共预算转移支付收入500 000元，政府性基金转移支付收入1 000 000元。

借：资金结存　　1 500 000
　贷：补助预算收入——一般公共预算补助收入　　500 000
　　　　　　　　——政府性基金预算补助收入　　1 000 000

【例5-7】某市政府财政根据预算管理需要，向上级省政府财政归还一般公共预算补助资金800 000元。

借：补助预算收入——一般公共预算补助收入　　800 000
　贷：资金结存　　800 000

（二）上解预算收入的核算

上解预算收入是指本级政府财政收到的所属下级政府财政按照财政体制规定上交的款项，包括体制上解款和专项上解款。

政府财政预算会计设置"上解预算收入"科目，核算按照财政体制规定或专项需要由下级政府财政上交给本级政府财政的款项。本科目下应按照不同资金性质设置"一般公共预算上解收入""政府性基金预算上解收入""国有资本经营预算上解收入"明细科目，并按照上解地区进行明细核算。本科目平时贷方余额反映上解收入的累计数。年终转账时，本科目贷方余额应根据不同资金性质分别转入相应的结转结余科目。期末结转后，本科目应无余额。

上解预算收入应当根据财政体制的规定，按照实际发生的金额入账。年度执行中，收到下级政府财政上解的资金时，按照实际收到的金额，借记"资金结存"科目，贷记"上解预算收入"科目。年终与下级政府财政结算时，应当按照尚未收到的上解款金额确认上解预算收入。

【例5-8】某市政府财政收到国库报送的预算收入日报表，列示收到下级区政府财政专项上解款500 000元。

借：资金结存　　500 000
　贷：上解预算收入——一般公共预算上解收入（××区财政）　　500 000

（三）地区间援助预算收入的核算

地区间援助预算收入是指受援方政府财政收到援助方政府财政转来的可统筹使用的各类援助、捐赠等资金收入。受援方政府财政的地区间援助预算收入，与援助方政府财政的地区间援助预算支出相对应。

政府财政预算会计设置“地区间援助预算收入”科目，核算受援方政府财政收到援助方政府财政转来的可统筹使用的各类款项。本科目应根据管理需要，按照援助地区等进行明细核算。本科目平时贷方余额反映地区间援助收入的累计数。年终转账时，应将本科目贷方余额转入一般公共预算结转结余。期末结转后，本科目应无余额。

地区间援助预算收入应当按照实际收到的金额入账。收到援助方政府财政转来的资金时，借记“资金结存”科目，贷记“地区间援助预算收入”科目。

【例5-9】某政府财政收到国库报送的预算收入日报表，列示援助方政府财政转来款项6 700 000元，对本级政府财政予以经济援助。

借：资金结存　6 700 000

　贷：地区间援助预算收入——××政府财政　6 700 000

（四）调入预算资金的核算

调入预算资金是指政府财政为平衡某类预算收支，从其他类型预算资金及其他渠道调入的资金。财政预算资金包括一般公共预算资金、政府性基金预算资金、国有资本经营预算资金，如果某类预算资金收支失衡，可以从其他类型预算资金调入，也可以从其他渠道调入。例如，如果一般公共预算收支失衡，可以从政府性基金预算、国有资本经营预算调出资金，弥补一般公共预算资金的不足。调入预算资金属于预算资金内部的调拨，仅需要在预算会计中进行核算，不在财务会计中进行核算。

政府财政预算会计设置“调入预算资金”科目，核算政府财政从其他类型预算资金及其他渠道调入的资金。本科目下应按照不同资金性质设置“一般公共预算调入资金”“政府性基金预算调入资金”明细科目。本科目平时贷方余额反映调入预算资金的累计数。年终转账时，应将本科目贷方余额按明细科目分别转入相应的结转结余科目。期末结转后，本科目无余额。

调入预算资金应当按照实际调拨的金额入账。主要账务处理如下：（1）从其他类型预算资金及其他渠道调入一般公共预算时，按照调入或实际收到的金额，借记“调出预算资金”等科目，贷记“调入预算资金——一般公共预算调入资金”科目。（2）从其他类型预算资金及其他渠道调入政府性基金预算时，按照调入或实际收到的资金金额，借记“资金结存”等科目，贷记“调入预算资金——政府性基金预算调入资金”科目。

【例5-10】某政府财政为了平衡一般公共预算，从政府性基金预算中的国有土地收益基金结余中调入4 200 000元。

借：调出预算资金——政府性基金预算调出资金　4 200 000

　贷：调入预算资金——一般公共预算调入资金　4 200 000

（五）动用预算稳定调节基金的核算

动用预算稳定调节基金是指政府财政为弥补一般公共预算收支缺口而动用的预算稳定调节基金。预算稳定调节基金是政府财政设置的用于弥补以后年度预算资金不足的储备资金，如果本年度预算收支失衡，可以调用预算稳定调节基金来弥补。在政府财政财务会计中，动用预算稳定调节基金在净资产类科目中核算。

政府财政预算会计设置“动用预算稳定调节基金”科目，核算政府财政为弥补本年度预算资金不足而动用的预算稳定调节基金。本科目无规定的明细科目。本科目平时贷方余额反映动用预算稳定调节基金的累计数。年终转账时，应将本科目贷方余额转入一般公共预算结转结余。期末结转后，本科目应无余额。

动用预算稳定调节基金应当按照实际动用的金额入账。动用预算稳定调节基金时，借记“预算稳定调节基金”科目，贷记“动用预算稳定调节基金”科目。

【例5-11】某政府财政为弥补本年度预算资金的不足，经批准动用预算稳定调节基金9 100 000元。

借：预算稳定调节基金	9 100 000	
贷：动用预算稳定调节基金		9 100 000

四、债务性预算收入

债务性预算收入是指政府财政根据法律法规等规定，通过举借债务的方式筹集资金所取得的预算收入。政府财政举借债务的方式包括发行债券、向外国政府和国际金融组织借款等。根据《预算法》的规定，中央政府、省级政府（包括自治区、直辖市）和省级以下（包括市、区县、乡镇）政府举借债务的形式与内容有所不同。中央政府可以通过发行国债、从外国政府和国际金融组织借款等方式筹集预算资金；省级政府可以通过发行地方政府债券筹集建设投资资金；省级以下政府不允许直接举借债务，但可以通过上级政府财政转贷的形式取得债务资金。财政总会计核算的债务性收入包括债务预算收入和债务转贷预算收入。在政府财政财务会计中，政府举借债务取得的资金确认为负债。

（一）债务预算收入的核算

债务预算收入是中央政府、省级政府财政根据法律法规等规定，通过发行债券、向外国政府和国际金融组织借款等方式筹集的纳入预算管理的资金收入。中央政府的债务预算收入通过发行国债、向外国政府借款、向国际金融组织借款等方式筹集，纳入中央财政一般公共预算管理。省级政府的债务预算收入只能通过发行地方债券的方式筹集，发行的地方政府一般债券纳入省级财政的一般公共预算管理，发行的地方政府专项债券纳入政府性基金预算管理。

政府财政预算会计设置“债务预算收入”科目，核算政府财政通过发行债券、向外国政府和国际金融组织借款等方式筹集的纳入预算管理的债务收入。本科目应设置“国债收入”“一般债务收入”和“专项债务收入”明细科目，并根据《政府收支分类科目》中“债务收入”科目进行明细核算。本科目平时贷方余额反映债务预算收入的累计数。年终转账时，应将本科目的贷方余额按资金性质分别转入一般公共预算结转结余和政府性基金预算结转结余。期末结转后，本科目应无余额。

债务预算收入应当按照实际发行额或借入的金额入账。政府财政收到政府债券发行收入时，按照实际收到的金额，借记“资金结存”科目，按照政府债券实际发行额，贷记“债务预算收入”科目，按照其差额，借记或贷记有关支出科目。

【例5-12】中央政府财政向社会公开发行202419期记账式附息国债，国债面值100亿元，票面年利率为3.14%，5年期，按年付息。该国债经招标发行，发行额与面值相同，发行费用为发行额的0.5%，发行收入99.5亿元已经缴入国库。

借：资金结存	9 950 000 000
一般公共预算支出	50 000 000

贷：债务预算收入——国债收入　10 000 000 000

（二）债务转贷预算收入的核算

债务转贷预算收入是政府财政收到上级政府财政转贷的债务预算收入，包括地方政府债券转贷收入和主权外债转贷收入。根据《预算法》的规定，省级以下（不包括省级）政府财政不得以发行地方债券等方式举借债务，只能通过省级或省级以上政府财政代理发行债券，以债务转贷的形式举借债务，包括一般债务转贷收入和专项债务转贷收入。一般债务转贷收入纳入一般公共预算管理，专项债务转贷收入纳入政府性基金预算管理。

政府财政预算会计设置“债务转贷预算收入”科目，核算政府财政收到上级政府财政转贷的债务收入。债务转贷预算收入是省级以下（不包括省级）政府财政设置的会计科目。本科目应设置“一般债务转贷收入”“专项债务转贷收入”明细科目，并根据《政府收支分类科目》中“债务转贷收入”科目进行明细核算。本科目平时贷方余额反映债务转贷预算收入的累计数。年终转账时，应将本科目的贷方余额按资金性质分别转入一般公共预算结转结余和政府性基金预算结转结余。期末结转后，本科目应无余额。

债务转贷预算收入应当按照实际收到的转贷金额或债务管理部门确认的金额入账。收到政府债券转贷收入时，按照实际收到的金额，借记“资金结存”科目，按照债务管理部门确认的金额，贷记“债务转贷预算收入”科目，按照其差额，借记或贷记有关支出科目。

【例5-13】某市政府财政收到上级省政府财政转来的地方政府一般债务转贷预算收入5亿元，款项已经存入本级政府国库。

借：资金结存　500 000 000

贷：债务转贷预算收入——一般债务转贷收入　500 000 000

五、其他财政资金收入

其他财政资金收入是指在财政总预算资金以外，由政府财政部门管理的其他财政性资金收入，包括财政专户管理资金收入、专用基金收入和待处理收入。

（一）财政专户管理资金收入的核算

财政专户管理资金收入是指政府财政纳入专户管理资金所取得的收入，主要是教育收费收入，包括考试费、学费、住宿费等。教育收费纳入专户管理，收到后应当按一定方式上缴财政专户，由财政部门管理。

政府财政预算会计设置“财政专户管理资金收入”科目，核算政府财政纳入财政专户管理的教育收费等资金收入。本科目应根据《政府收支分类科目》中收入分类科目进行明细核算。同时，根据管理需要，按预算单位等进行明细核算。本科目平时贷方余额反映财政专户管理资金收入的累计数。年终转账时，本科目贷方余额转入财政专户管理资金结余。期末结转后，本科目应无余额。

财政专户管理资金收入应当按照实际收到的金额入账。收到财政专户管理资金收入时，借记“资金结存”科目，贷记“财政专户管理资金收入”科目。

【例5-14】某政府财政设置的财政专户收到某高等学校缴来的本年度学生学费211 000元，款项已经缴入财政专户。

借：资金结存　211 000

贷：财政专户管理资金收入——行政事业收费收入 211 000

（二）专用基金收入的核算

专用基金收入是指政府财政按照法律法规和国务院、财政部规定设置的专用基金所取得的收入，主要是粮食风险基金收入。粮食风险基金纳入财政专户管理，由财政部门安排使用，专门用于粮农直接补贴、粮油储备费用补贴等。

政府财政预算会计设置“专用基金收入”科目，核算政府财政管理的各项专用基金所取得的收入。本科目应按照专用基金种类进行明细核算。本科目平时贷方余额反映取得专用基金收入的累计数。年终转账时，应将本科目贷方余额转入专用基金结余。期末结转后，本科目应无余额。

专用基金收入应当按照实际设置或收到的金额入账。通过预算支出安排取得专用基金收入并将资金转入财政专户的，借记“资金结存——专户资金结存”科目，贷记“专用基金收入”科目；同时，借记“一般公共预算支出”等科目，贷记“资金结存——库款资金结存”等科目。通过预算支出安排取得专用基金收入，资金仍留存国库的，借记“一般公共预算支出”等科目，贷记“专用基金收入”科目。

【例5-15】某政府财政通过预算支出安排粮食风险基金，从国库拨出款项6 000 000元存入设置在银行的粮食风险基金专户。

借：资金结存——专户资金结存 6 000 000

贷：专用基金收入——粮食风险基金收入 6 000 000

同时：

借：一般公共预算支出 6 000 000

贷：资金结存——库款资金结存 6 000 000

除上述预算收入类会计科目外，财政总会计还应当设置“待处理收入”科目，核算政府财政收回的结转结余资金。

第二节 预算支出的核算

预算支出是政府财政预算会计要素，反映政府财政一段时期支出的预算执行情况。本节介绍政府财政预算支出的确认与内容，讲解各预算支出类科目的账户设置、核算方法和账务处理程序。

一、预算支出的确认与内容

（一）预算支出的确认

财政总会计的预算支出是指政府财政在预算年度内依法发生并纳入预算管理的现金流出。预算支出与预算收入相对应，其确认同样需要同时具备两个条件：一是预算支出的资金应当是纳入财政预算管理的资金，没有纳入财政预算的现金流出不得确认为预算支出。二是预算支出应当是实际发生的现金流出，没有实际流出政府财政的预算资金不得确认为预算支出。例如，支付的应付及暂收款项、应付代管资金等，尽管发生了现金流出，但没有纳入政府财政的预算，表现为债务的减少，不能确认为预算支出。计提政府债务的应付利息，当期并未发生的现金流出，也不能确认为预算支出。

财政总会计核算的预算支出原则上以收付实现制基础确认，以是否实际支付现金为标志确认预算支出。凡在当期实际支付了纳入预算管理的现金支出，均应确认为当期的预算支出。预算支出一般在实际发生时予以确认，以实际发生的金额计量。

财政总会计应当加强预算支出管理，科学预测和调度资金，严格按照批准的年度预算办理支出，严格审核拨付申请，严格按照预算管理规定和实际拨付金额列报支出，不得办理无预算、超预算的支出，不得任意调整预算支出科目。对于各项支出的账务处理必须以审核无误的国库划款清算凭证、资金支付凭证和其他合法凭证为依据。

（二）预算支出的内容

按照预算支出的用途和资金性质划分，财政总会计核算的预算支出包括本级预算支出、转移性预算支出、债务性预算支出和其他财政资金支出。

（1）本级预算支出是指政府财政管理的由本级政府使用的纳入预算管理的各项支出，包括一般公共预算支出、政府性基金预算支出和国有资本经营预算支出。

（2）转移性预算支出是指在各级政府财政之间进行资金调拨和不同类型资金之间调剂所形成的支出，包括补助预算支出、上解预算支出、地区间援助预算支出、调出预算资金和安排预算稳定调节基金。

（3）债务性预算支出是指政府财政偿还本级政府承担的债务本金和向下级政府财政转贷形成的支出，包括债务还本预算支出和债务转贷预算支出。

（4）其他财政资金支出是指在政府财政预算资金以外，用财政部门管理的其他财政性资金安排的支出，包括财政专户管理资金支出、专用基金支出和待处理支出。

与财政财务会计的费用要素不同，预算支出在按其用途划分的基础上，增加了按预算资金的性质分类。在转移性预算支出中，预算支出增加了调出预算资金和安排预算稳定调节基金。政府偿还债务本金在财务会计中确认为负债减少，而在预算会计中确认为预算支出。

二、本级预算支出

本级预算支出是指政府财政管理的由本级政府使用的纳入预算管理的各项支出，是预算支出的重要组成部分，用于本级政府的社会发展与经济建设。财政总会计核算的本级预算支出包括一般公共预算支出、政府性基金预算支出和国有资本经营预算支出。

（一）一般公共预算支出的核算

一般公共预算支出是指政府财政管理的由本级政府使用的列入一般公共预算的支出。一般公共预算是用于保障和改善民生、推动经济社会发展、维护国家安全、维持国家机构正常运转等方面的支出。一般公共预算支出是通过财政拨款方式实现的，在国库集中收付制度下，一般公共预算支出的拨付需要通过国库单一账户体系集中支付。各级财政部门设立国库支付执行机构，负责财政资金的支拨与结算工作。

政府财政预算会计设置“一般公共预算支出”科目，核算政府财政管理的由本级政府使用的列入一般公共预算的支出。本科目应根据《政府收支分类科目》中支出功能分类科目和支出经济分类科目进行明细核算。同时，可根据预算管理需要，按照预算单位和项目等进行明细核算。本科目平时借方余额反映一般公共预算支出的累计数。年终转账时，应将本科目借方余额转入一般公共预算结转结余。期末结转后，本科目应无余额。

一般公共预算支出一般应当按照实际支付的金额入账。实际发生一般公共预算支出时，借记“一般公共预算支出”科目，贷记“资金结存”等科目。已支出事项发生退回时，借记“资金结存”等科目，贷记“一般公共预算支出”科目。

【例5-16】某政府财政开出一般公共预算拨款凭证，以国库集中支付方式拨付某公安行政部门本月人员经费6 800 000元。财政总会计已经收到国库支付执行机构报送的预算支出结算清单，款项已经支付到相关账户中。

借：一般公共预算支出——公共安全支出（机关工资福利支出） 6 800 000

　贷：资金结存 6 800 000

【例5-17】某政府财政开出一般公共预算拨款凭证，以国库集中支付方式拨付某高等学校本月公用经费1 600 000元。财政总会计已经收到国库支付执行机构报送的预算支出结算清单，款项已经支付到相关账户中。

借：一般公共预算支出——教育支出（对事业单位经常性补助） 1 600 000

　贷：资金结存 1 600 000

【例5-18】某政府财政开出一般公共预算拨款凭证，以国库集中支付方式为某科研部门采购研究仪器一套，实际支付款项800 000元。财政总会计已经收到国库支付执行机构报送的预算支出结算清单，款项已经支付给设备供应商。

借：一般公共预算支出——科学技术支出（对事业单位资本性补助） 800 000

　贷：资金结存 800 000

（二）政府性基金预算支出的核算

政府性基金预算支出是指政府财政管理的由本级政府使用的列入政府性基金预算的支出。政府性基金预算是用于特定公共事业发展的支出，应当根据基金项目收入情况和实际需要安排支出，做到以收定支。我国设置政府性基金包括铁路建设基金、民航发展基金、旅游发展基金、彩票公益金、国有土地收益基金等。

政府财政预算会计设置“政府性基金预算支出”科目，核算政府财政管理的由本级政府安排使用的列入政府性基金预算的支出。本科目应根据《政府收支分类科目》中支出功能分类科目和支出经济分类科目进行明细核算。同时，可根据预算管理需要，按照预算单位和项目等进行明细核算。本科目平时借方余额反映政府性基金预算支出的累计数。年终转账时，应将本科目借方余额转入政府性基金预算结转结余。期末结转后，本科目应无余额。

政府性基金预算支出一般应当按照实际支付的金额入账。实际发生政府性基金预算支出时，借记“政府性基金预算支出”科目，贷记“资金结存”等科目。

【例5-19】某政府财政开出政府性基金预算拨款凭证，拨付旅游管理部门旅游发展基金5 190 000元，扶持地方旅游事业发展。

借：政府性基金预算支出——旅游发展基金支出 5 190 000

　贷：资金结存 5 190 000

【例5-20】某政府财政开出政府性基金预算拨款凭证，拨付城市建设管理部门国有土地收益基金收入9 800 000元，支持其廉租房建设。

借：政府性基金预算支出——廉租住房支出 9 800 000

贷：资金结存 9 800 000

（三）国有资本经营预算支出的核算

国有资本经营预算支出是指政府财政管理的由本级政府使用的列入国有资本经营预算的支出。我国建立了国有资本经营预算制度，将国有资本经营预算纳入财政预算管理。财政部门可以通过国有资本经营、转让、清算等方式取得国有资本经营预算收入，并运用到国有企业的发展以及其他社会事务中。

政府财政预算会计设置“国有资本经营预算支出”科目，核算政府财政管理的由本级政府使用的列入国有资本经营预算的支出。本科目应根据《政府收支分类科目》中支出功能分类科目和支出经济分类科目进行明细核算。同时，可根据预算管理需要，按照预算单位和项目等进行明细核算。本科目平时借方余额反映国有资本经营预算支出的累计数。年终转账时，应将本科目借方余额转入国有资本经营预算结转结余。期末结转后，本科目应无余额。

国有资本经营预算支出一般应当按照实际支付的金额入账。实际发生国有资本经营预算支出时，借记“国有资本经营预算支出”科目，贷记“资金结存”等科目。

【例5-21】某政府财政根据国有资本经营预算安排，向某国有企业拨付国有资本经营预算资金3 800 000元，以扶持其发展。

借：国有资本经营预算支出——国有企业政策性补贴 3 800 000

贷：资金结存 3 800 000

三、转移性预算支出

转移性预算支出是指在各级政府财政之间进行资金调拨以及在本级政府财政不同类型资金之间调剂所形成的预算支出。与本级预算支出不同，转移性预算支出并非由本级政府直接使用，而是用于对下级政府财政的预算补助、对上级政府财政的预算上解、对其他地区政府财政的预算援助，以及本级政府财政不同类型资金的预算调剂。财政总会计核算的转移性支出包括补助预算支出、上解预算支出、地区间援助预算支出、调出预算资金和安排预算稳定调节基金。

（一）补助预算支出的核算

补助预算支出是指本级政府财政按财政体制规定或因专项需要补助给下级政府财政的款项，包括对下级的税收返还、一般性转移支付和专项转移支付等。

政府财政预算会计设置“补助预算支出”科目，核算本级政府财政按财政体制规定或因专项需要补助给下级政府财政的款项。本科目应按照不同资金性质设置“一般公共预算补助支出”“政府性基金预算补助支出”“国有资本经营预算补助支出”“调拨下级”明细科目。同时，可根据管理需要，按照补助地区和《政府收支分类科目》中支出功能分类科目进行明细核算。本科目平时借方余额反映补助预算支出的累计数。年终转账时，应将本科目下各明细科目余额按资金性质分别结转至相应的预算结余类科目。期末结转后，本科目应无余额。

补助预算支出应当根据财政体制的规定和预算管理需要，按实际发生的金额入账。年度执行中，调拨资金给下级政府财政，根据实际调拨的金额借记“补助预算支出”等科目，贷记“资金结存”科目。年终与下级政府财政结算时，应当按照应补助下级政府财政款项的金额确认补助预算支出。

【例5-22】某市政府财政根据财政体制规定，通过国库向所属区政府财政拨付税收返还款19 500 000元。

借：补助预算支出——一般公共预算补助支出（××区财政） 19 500 000

贷：资金结存 19 500 000

（二）上解预算支出的核算

上解预算支出是指按照财政体制规定由本级政府财政上交给上级政府财政的款项，包括体制上解款和专项上解款。

政府财政预算会计设置"上解预算支出"科目，核算本级政府财政按照财政体制规定或专项需要上交给上级政府财政的款项。本科目应按照不同资金性质设置"一般公共预算上解支出""政府性基金预算上解支出""国有资本经营预算上解支出"明细科目。本科目平时借方余额反映上解支出的累计数。年终转账时，应将本科目借方余额按资金性质分别转入相应的结转结余科目。期末结转后，本科目应无余额。

上解预算支出应当根据财政体制的规定，按实际发生的金额入账。发生上解预算支出时，借记"上解预算支出"科目，贷记"资金结存"科目。年终与上级政府财政结算时，应当按照应上交上级政府财政款项的金额确认上解预算支出。

【例5-23】某市政府财政根据财政体制规定，通过国库上解省政府财政一般公共预算款1 800 000元。

借：上解预算支出——一般公共预算上解支出 1 800 000

贷：资金结存 1 800 000

（三）地区间援助预算支出的核算

地区间援助预算支出是指援助方政府财政安排用于受援方政府财政统筹使用的各类援助、捐赠等资金支出。援助方政府财政的地区间援助预算支出，与受援方政府财政的地区间援助预算收入相对应。

政府财政预算会计设置"地区间援助预算支出"科目，核算援助方政府财政安排用于受援方政府财政统筹使用的各类支出。本科目应按照受援地区等进行相应明细核算。本科目平时借方余额反映地区间援助支出的累计数。年终转账时，应将本科目借方余额转入一般公共预算结转结余。期末结转后，本科目应无余额。

地区间援助预算支出应当按照实际支付的金额入账。发生地区间援助预算支出时，借记"地区间援助预算支出"科目，贷记"资金结存"科目。

【例5-24】某政府财政根据政府间的援助安排，向对口援助方政府财政支付援助资金7 500 000元。

借：地区间援助预算支出——××政府财政 7 500 000

贷：资金结存 7 500 000

（四）调出预算资金的核算

调出预算资金是指政府财政为平衡预算收支，从某类资金向其他类型预算调出的资金。调出预算资金与调入资金相对应，调入资金是某类预算资金的增加，调出预算资金是某类预算资金或其他资金的减少。

政府财政预算会计设置"调出预算资金"科目，核算政府财政在不同类型预算资金之间的调出、支出。本科目应设置“一般公共预算调出资金”“政府性基金预算调出资金”“国有资本经营预算调出资金”明细科目。本科目平时借方余额反映调出预算资金的累计数。年终转账时，应将本科目借方余额按资金性质分别转入相应的结转结余科目。期末结转后，本科目应无余额。

调出预算资金应当按照实际调出的金额入账，同时，确认调出资金。从某类资金向其他类型预算调出预算资金时，按照调出的金额，借记“调出预算资金”科目，贷记“调入预算资金”科目。

【例5-25】某政府财政为了平衡一般公共预算，从国有资本经营预算结余中调出预算资金1 500 000元，用于补充一般公共预算资金。

借：调出预算资金——国有资本经营预算调出资金　　1 500 000

　贷：调入预算资金——一般公共预算调入资金　　1 500 000

（五）安排预算稳定调节基金的核算

安排预算稳定调节基金是指政府财政按照有关规定安排的预算稳定调节基金。根据《预算法》的规定，各级政府财政一般公共预算可以设置预算稳定调节基金，用于弥补以后年度预算资金的不足。超收收入或一般公共预算结余补充预算稳定调节基金，是预算稳定调节基金的重要来源。

政府财政预算会计设置“安排预算稳定调节基金”科目，核算政府财政安排用于弥补以后年度预算资金不足的储备资金。本科目无规定的明细科目。本科目平时借方余额反映安排预算稳定调节基金的累计数。年终转账时，应将本科目借方余额转入一般公共预算结转结余。期末结转后，本科目应无余额。

安排预算稳定调节基金应当按照实际安排的金额入账。安排预算稳定调节基金时，借记“安排预算稳定调节基金”科目，贷记“预算稳定调节基金”科目。

【例5-26】某政府财政根据预算执行情况，决定使用超收的预算收入补充预算稳定调节基金1 200 000元。

借：安排预算稳定调节基金　　1 200 000

　贷：预算稳定调节基金　　1 200 000

四、债务性预算支出

债务性预算支出是指政府财政偿还本级政府承担的债务本金，以及向下级政府财政转贷形成的支出。财政总会计核算的债务性支出包括债务还本预算支出和债务转贷预算支出。在政府财政财务会计中，政府偿还债务本金确认为负债的减少。

（一）债务还本预算支出的核算

债务还本预算支出是指政府财政偿还本级政府承担的债务本金支出。债务还本预算支出只核算政府偿还债务本金的支出，支付债务利息的支出通过“一般公共预算本级支出”等科目核算。政府财政承担的债务，纳入本级政府财政的预算管理，包括中央政府财政发行的国债、向外国政府和国际金融组织的借款，省级政府财政发行的地方债券，以及省级以下（包括市、区县、乡镇）政府取得的转贷债务。政府财政承担的债务，应当按期偿还。

政府财政预算会计设置“债务还本预算支出”科目，核算政府财政偿还本级政府财政承担的纳入预算管理的债务本金支出。本科目应设置“国债还本支出”“一般债务还本支出”“专项债务还本支出”明细科目，并根据《政府收支分类科目》中“债务还本支出”科目进行明细核算。本科目平时借方余额反映本级政府财政债务还本预算支出的累计数。年终转账时，应将本科目借方余额按资金性质分别转入相应的结转结余科目。期末结转后，本科目应无余额。

债务还本预算支出应当按照实际偿还的金额入账。偿还本级政府财政承担的政府债券、主权外债等纳入预算管理的债务本金时，借记“债务还本预算支出”科目，贷记“资金结存”等科目。

【例5-27】某省政府财政发行的202412期5年期地方政府一般债券到期，通过国库拨付资金偿还债券本金12亿元。

借：债务还本预算支出——一般债务还本支出　　1 200 000 000

　贷：资金结存　　1 200 000 000

（二）债务转贷预算支出的核算

债务转贷预算支出是指本级政府财政向下级政府财政转贷形成的债务支出。省级以下（不含省级）政府财政不得以发行债券等方式举借债务，但可以通过省级政府财政发行债券，省级政府财政以转贷的形式向下级政府财政支付债务资金。

政府财政预算会计设置“债务转贷预算支出”科目，核算本级政府财政向下级政府财政转贷的债务支出。债务转贷预算支出是省级以上（包括省级）政府财政设置的会计科目。本科目应设置“一般债务转贷支出”“专项债务转贷支出”明细科目，并根据《政府收支分类科目》中“债务转贷支出”科目和转贷地区进行明细核算。本科目平时借方余额反映债务转贷支出的累计数。年终转账时，应将本科目的借方余额按资金性质分别转入一般公共预算结转结余和政府性基金预算结转结余。期末结转后，本科目应无余额。

债务转贷预算支出应当按照实际转贷的金额入账。本级政府财政向下级政府财政转贷地方政府债券资金时，借记“债务转贷预算支出”科目，贷记“资金结存”等科目。

【例5-28】某省政府财政发行地方政府一般债券筹集资金，现通过国库向所属某市政府财政转贷地方政府债券款6.5亿元。

借：债务转贷预算支出——一般债务转贷支出（××市政府财政）

650 000 000

　贷：资金结存　　650 000 000

五、其他财政资金支出

其他财政资金支出是指在政府财政预算资金以外，用财政部门管理的其他财政性资金安排的支出。这部分财政资金由各级政府财政部门使用，纳入财政专项或专户管理。财政总会计核算的其他财政资金支出包括财政专户管理资金支出和专用基金支出。

（一）财政专户管理资金支出的核算

财政专户管理资金支出是指政府财政用纳入财政专户管理的资金安排的支出。目前，纳入财政专户管理的资金主要是教育收费等。按照“收支两条线，财政专户管理”的要求，教育收费应当缴入财政专户统一管理，支用时通过财政专户核拨。

政府财政预算会计设置“财政专户管理资金支出”科目，核算政府财政用纳入财政专户管理的教育收费等资金安排的支出。本科目应根据《政府收支分类科目》中支出功能分类科目和支出经济分类科目进行明细核算。同时，可根据管理需要按照预算单位和项目等进行明细核算。本科目平时借方余额反映财政专户管理资金支出的累计数。年终转账时，应将本科目借方余额转入财政专户管理资金结余。期末结转后，本科目应无余额。

专用基金支出应当按照实际支付的金额入账。发生财政专户管理资金支出时，借记“财政专户管理资金支出”科目，贷记“资金结存”等科目。

【例5-29】某政府财政运用财政专户管理的资金，通过在商业银行开设的专户，向某学校核拨教育经费6 200 000元。

借：财政专户管理资金支出——教育支出　　6 200 000

　贷：资金结存　　6 200 000

（二）专用基金支出的核算

专用基金支出是指政府财政用专用基金收入安排的支出。目前，政府财政管理的专用基金主要是粮食风险基金。财政部门通常设置财政粮食风险基金专户，专门用于粮农直接补贴、粮油储备费用补贴等，维护粮食市场正常的流通秩序。

政府财政预算会计设置“专用基金支出”科目，核算政府财政用专用基金收入安排的支出。本科目应根据专用基金的种类设置明细科目。同时，根据预算管理需要按预算单位等进行明细核算。本科目平时借方余额反映专用基金支出的累计数。年终转账时，本科目借方余额转入专用基金结余。期末结转后，本科目应无余额。

【例5-30】某政府财政运用粮食风险基金，通过在银行开设的专户，向某粮食储备部门拨付粮油储备费用补贴款6 800 000元。

借：专用基金支出——粮食风险基金　　6 800 000

　贷：资金结存　　6 800 000

除上述预算支出类会计科目外，财政总会计还应当设置“待处理支出”科目，核算政府财政按照预拨经费管理有关规定预拨给预算单位尚未列为预算支出的款项。

第三节　预算结余的核算

预算结余是政府财政预算会计要素，反映政府财政一段时期支出的预算执行结果。本节介绍政府财政预算结余的确认与内容，讲解各预算结余类科目的账户设置、核算方法和账务处理程序。

一、预算结余的确认与内容

（一）预算结余的确认

财政总会计的预算结余是指预算年度内政府预算收入扣除预算支出后的余额，以及历年滚存的库款和专户资金余额。政府财政按《预算法》的要求编制年度预算，按照预算的要求组织预算收入、安排预算支出，力求实现年度预算的收入与支出的平衡。但预算收入与预算支出之间的平衡是相对的，年度预算收入与预算支出相抵后会存在一定的余额，形成政府财政的年度预算结余。

预算结余资金包括结转资金和结余资金。结转资金是指当年预算已执行但未完成，或者因故未执行，下一年度需要按照原用途继续使用的资金。结余资金是指当年预算工作目标已完成，或者因故终止，当年剩余的资金。

预算结余是本年实现的预算结余以及历年滚存的预算结余，通常在年末确认，是预算收入和预算支出的计量结果。

（二）预算结余的内容

按照预算结余的构成和性质划分，财政总会计核算的预算结余包括资金结存、预算资金结转结余、其他资金结余和财政性基金。

（1）资金结存是指政府财政纳入预算管理资金的流入、流出、调整和滚存的结果。

（2）预算资金结转结余是政府财政各项预算资金收入与预算资金支出相抵后形成的余额，包括一般公共预算结转结余、政府性基金预算结转结余和国有资本经营预算结转结余。

（3）其他资金结余是政府财政其他资金收入与支出相抵后形成的余额，包括财政专户管理资金结余和专用基金结余。

（4）财政性基金是政府财政设置的为保持预算的衔接和稳定、调剂预算收支差额而设置的储备性资金，包括预算稳定调节基金和预算周转金。

二、资金结存

（一）资金结存的内容

资金结存反映纳入政府财政预算管理资金的变动情况，包括预算资金的流入、流出和调整，反映财政预算结余滚存的结果。财政预算会计设置了预算收入、预算支出和预算结余三个会计要素，需要设置“资金结存”科目与纳入政府财政预算管理的资金相对应，以保持预算结余要素的内部平衡。纳入财政预算管理的现金流入时，会导致资金结存的增加；纳入财政预算管理的现金流出时，会导致资金结存的减少。

政府财政的预算结余分为资金结存和各项结转结余两种表现形式，资金结存反映预算资金变动情况及对应的资金形态，各项结转结余反映预算结余的形成过程及结果，二者保持平衡。年末，资金结存的金额应当是各项结转结余资金的合计。

政府财政总会计由财政财务会计和财政预算会计组成，二者适度分离并相互衔接。资金结存是预算会计中的资金形态，与财政财务会计的国库存款、其他财政存款等实体性资金相对应。

（二）资金结存的核算

政府财政预算会计设置“资金结存”科目，核算政府财政纳入预算管理的资金流入、流出、调整和滚存的情况。本科目应设置“库款资金结存”明细科目，核算政府财政以国库存款形态存在的资金；设置“专户资金结存”明细科目，核算政府财政以财政专户存款形态存在的资金。“资金结存——库款资金结存”和“资金结存——专户资金结存”明细科目期末应为借方余额，分别反映以国库存款、财政专户存款形态存在的资金结存数。此外，本科目还设置了“在途资金结存”“集中支付结余结存”“上下级调拨结存”“待发国债结存”“零余额账户结存”“已结报支出”“待处理结存”明细科目，核算处于不同形态的预算资金。“资金结存”科目的主要账务处理如下：

1. 收到预算收入

收到预算资金收入时，根据国库当日预算收入日报表所列预算收入数，借记“资金结存——库款资金结存”科目，贷记“一般公共预算收入”“政府性基金预算收入”“国有资本经营预算收入”“补助预算收入”“上解预算收入”“地区间援助预算收入”“债务预算收入”“债务转贷预算收入”等有关预算收入科目。收到财政性资金收入时，根据财政专户收入日报表所列收入数，借记“资金结存——专户资金结存”科目，贷记“财政专户管理资金收入”“专用基金收入财政专户”等其他财政性资金收入科目。

【例 5-31】某政府财政收到国库报送的预算收入日报表，列示纳入本级一般公共预算收入 600 000 元，政府性基金预算收入 200 000 元，补助预算收入 150 000 元。

借：资金结存——库款资金结存	950 000	
贷：一般公共预算收入		600 000
政府性基金预算收入		200 000
补助预算收入		150 000

【例 5-32】某政府财政教育收费财政专户收到某学校缴来的本年度学生学费 700 000 元。

借：资金结存——专户资金结存	700 000	
贷：财政专户管理资金收入		700 000

2. 发生预算支出

发生预算资金支出时，按照实际支付的金额，借记“一般公共预算支出”“政府性基金预算支出”“国有资本经营预算支出”“补助预算支出”“上解预算支出”“地区间援助预算支出”“债务还本预算支出”“债务转贷预算支出”等有关预算支出科目，贷记“资金结存——库款资金结存”科目。发生其他财政性资金支出时，按照实际支付的金额，借记“财政专户管理资金支出”“专用基金支出”等其他财政性资金支出科目，贷记“资金结存——专户资金结存”科目。

【例 5-33】某政府财政收到国库支付执行机构报送的预算支出结算清单，本日发生一般公共预算支出 500 000 元，上解预算支出 300 000 元，债务还本预算支出 100 000 元。

借：一般公共预算支出	500 000	
上解预算支出	300 000	
债务还本预算支出	100 000	
贷：资金结存——库款资金结存		900 000

【例 5-34】某政府财政粮食风险基金专户支付粮食补贴款支出 400 000 元。

借：专用基金支出	400 000	
贷：资金结存——专户资金结存		400 000

预算会计原则上以收付实现制基础确认，国家法律法规等另有规定的，依照其规定。根据《预算法》及国务院的有关规定，政府财政预算会计还存在一些权责发生制基础的事项，如年终与上下级政府财政结算时，应当按照应补助或应上解的金额确认补助预算收支和上解预算收支，需要通过“资金结存——上下级调拨结存”科目核算；省级以上政府财政的年末尚未支付需结转下一年度支付的应付国库集中支付结余，应列为当年支出，要通

过“资金结存——集中支付结余结存”科目核算。

三、预算资金结转结余

预算资金结转结余是纳入政府财政一般公共预算管理、政府性基金预算管理和国有资本经营预算管理的各项收入与支出相抵后形成的结转资金和结余资金。

（一）一般公共预算结转结余的核算

一般公共预算结转结余是指政府财政纳入一般公共预算管理的收入与支出相抵后形成的资金余额，反映一般公共预算收支的执行结果。纳入一般公共预算管理的收支包括本级一般公共预算收支、转移性一般公共预算收支和债务性一般公共预算收支。

政府财政预算会计设置“一般公共预算结转结余”科目，核算政府财政纳入一般公共预算管理的收支相抵形成的结转结余。本科目无规定的明细科目。主要账务处理如下：(1）年终转账时，将一般公共预算的有关收入科目的贷方余额转入本科目的贷方，将一般公共预算的有关支出科目的借方余额转入本科目的借方。(2）设置和补充预算周转金时，借记“一般公共预算结转结余”科目，贷记“预算周转金”科目。本科目年终贷方余额反映一般公共预算收支相抵后的滚存结转结余。

【例5-35】某政府财政年末结转前各收入、支出科目的余额见表5-1。年终，根据表中所列一般公共预算收入、一般公共预算支出科目的余额，以及各预算收入、预算支出明细科目中与一般公共预算资金有关的明细科目余额，进行一般公共预算结转结余的账务处理。

表5-1 **年末转账前收支类科目余额表** 单位：万元

支出类账户	借方余额	收入类账户	贷方余额
一般公共预算支出	42 500	一般公共预算收入	47 200
政府性基金预算支出	14 700	政府性基金预算收入	15 800
国有资本经营预算支出	4 080	国有资本经营预算收入	4 140
补助预算支出	3 000	补助预算收入	4 500
其中：一般公共预算补助支出	1 800	其中：一般公共预算补助收入	3 000
政府性基金预算补助支出	1 200	政府性基金预算补助收入	1 500
国有资本经营补助支出	0	国有资本经营补助收入	0
上解预算支出	7 500	上解预算收入	2 800
其中：一般公共预算上解支出	7 500	其中：一般公共预算上解收入	2 800
政府性基金预算上解支出	0	政府性基金预算上解收入	0
国有资本经营上解支出	0	国有资本经营上解收入	0
地区间援助预算支出	800	地区间援助预算收入	0
调出预算资金	1 000	调入预算资金	1 000
其中：一般公共预算调出资金	0	其中：一般公共预算调入资金	1 000

续表

支出类账户	借方余额	收入类账户	贷方余额
政府性基金预算调出资金	1 000	政府性基金预算调入资金	0
国有资本经营预算调出资金	0		
债务还本预算支出	1 700	债务预算收入	3 200
其中：国债还本支出	0	其中：国债收入	0
一般债务还本支出	1 000	一般债务收入	2 000
专项债务还本支出	700	专项债务收入	1 200
债务转贷预算支出	1 300	债务转贷预算收入	0
其中：一般债务转贷支出	900	其中：一般债务转贷收入	0
专项债务转贷支出	400	专项债务转贷收入	0
安排预算稳定调节基金	500	动用预算稳定调节基金	0
财政专户管理资金支出	1 760	财政专户管理资金收入	1 810
专用基金支出	1 160	专用基金收入	1 250
合计	80 000	合计	81 700

借：一般公共预算收入　472 000 000
　　补助预算收入——一般公共预算补助收入　30 000 000
　　上解预算收入——一般公共预算上解收入　28 000 000
　　调入预算资金——一般公共预算调入资金　10 000 000
　　债务预算收入——一般债务收入　20 000 000
　贷：一般公共预算支出　425 000 000
　　　补助预算支出——一般公共预算补助支出　18 000 000
　　　上解预算支出——一般公共预算上解支出　75 000 000
　　　地区间援助预算支出　8 000 000
　　　债务还本预算支出——一般债务还本支出　10 000 000
　　　债务转贷预算支出——一般债务转贷支出　9 000 000
　　　安排预算稳定调节基金　5 000 000
　　　一般公共预算结转结余　10 000 000

（二）政府性基金预算结转结余的核算

政府性基金预算结转结余是指政府财政纳入政府性基金预算管理的收入与支出相抵后形成的资金余额，反映政府性基金预算收支的执行结果。纳入政府性基金预算管理的收支包括本级基金预算收支、转移性基金预算收支和债务性基金预算收支。

政府财政预算会计设置“政府性基金预算结转结余”科目，核算政府财政纳入政府性基金预算管理的收支相抵形成的结转结余。本科目可根据管理需要，按照政府性基金的项目进行明细核算。年终转账时，将政府性基金预算的有关收入科目的贷方余额按照政府性基金项目分别转入本科目下相应明细科目的贷方，将政府性基金预算的有关支出科目的借方余额按照政府性基金项目分别转入本科目下相应明细科目的借方。本科目年终贷方余额反映政府性基金预算收支相抵后的滚存结转结余。

【例5-36】年终，根据表5-1所列政府性基金预算收入、政府性基金预算支出科目的余额，以及各预算收入、预算支出明细科目中与政府性基金预算资金有关的明细科目余额，进行政府性基金预算结转结余的账务处理。

借：政府性基金预算收入	158 000 000	
补助预算收入——政府性基金预算补助收入	15 000 000	
债务预算收入——专项债务收入	12 000 000	
贷：政府性基金预算支出		147 000 000
补助预算支出——政府性基金预算补助支出		12 000 000
调出预算资金——政府性基金预算调出资金		10 000 000
债务还本预算支出——专项债务还本支出		7 000 000
债务转贷预算支出——专项债务转贷支出		4 000 000
政府性基金预算结转结余		5 000 000

（三）国有资本经营预算结转结余的核算

国有资本经营预算结转结余是指政府财政纳入国有资本经营预算管理的收入与支出相抵后形成的资金余额，反映国有资本经营预算收支的执行结果。纳入国有资本经营预算管理收入的主要是国有资本经营预算本级收入，纳入国有资本经营预算管理的支出包括国有资本经营预算本级支出和国有资本经营预算调出资金。

政府财政预算会计设置“国有资本经营预算结转结余”科目，核算政府财政纳入国有资本经营预算管理的收支相抵形成的结转结余。本科目无规定的明细科目。年终转账时，将国有资本经营预算的有关收入科目的贷方余额转入本科目贷方，将国有资本经营预算的有关支出科目的借方余额转入本科目借方。本科目年终贷方余额反映国有资本经营预算收支相抵后的滚存结转结余。

【例5-37】年终，根据表5-1所列“国有资本经营预算收入”和“国有资本经营预算支出”科目的余额，以及各预算收入、预算支出明细科目中与国有资本经营资金有关的明细科目余额，进行国有资本经营预算结转结余的账务处理。

借：国有资本经营预算收入	41 400 000	
贷：国有资本经营预算支出		40 800 000
国有资本经营预算结转结余		600 000

四、其他资金结余

其他资金结余是政府财政管理的财政专户管理资金和专用基金的各项收入与支出相抵后形成的结余资金。其他资金结余只有结余资金，没有结转资金。

（一）财政专户管理资金结余的核算

财政专户管理资金结余是指政府财政纳入专户管理的收入与支出相抵后形成的资金余额，反映纳入财政专户管理的教育收费等资金收支的执行结果。

政府财政预算会计设置“财政专户管理资金结余”科目，核算政府财政纳入财政专户管理的教育收费等资金收支相抵后形成的结余。年终转账时，将“财政专户管理资金收入”科目的贷方余额转入本科目贷方，将“财政专户管理资金支出”科目的借方余额转入本科目借方。本科目期末贷方余额反映政府财政纳入财政专户管理的资金收支相抵后的滚存结余。

【例5-38】年终，根据表5-1所列“财政专户管理资金收入”和“财政专户管理资金支出”科目的余额，进行财政专户管理资金结余的账务处理。

借：财政专户管理资金收入　18 100 000

　贷：财政专户管理资金支出　176 00 000

　　财政专户管理资金结余　500 000

（二）专用基金结余的核算

专用基金结余是指政府财政管理的专用基金的收入与支出相抵后形成的资金余额，反映专用基金收支的执行结果。

政府财政预算会计设置“专用基金结余”科目，核算政府财政管理的专用基金收支相抵形成的结余。本科目应当根据专用基金的种类进行明细核算。年终转账时，将“专用基金收入”科目的贷方余额转入本科目贷方，将“专用基金支出”科目的借方余额转入本科目借方。本科目年终贷方余额反映政府财政管理的专用基金收支相抵后的滚存结余。

【例5-39】年终，根据表5-1所列“专用基金收入”“专用基金支出”科目的余额，进行专用基金结余的账务处理。

借：专用基金收入　12 500 000

　贷：专用基金支出　11 600 000

　　专用基金结余　900 000

五、财政性基金

政府财政为保持年度间预算的衔接和稳定、调剂年度内预算收支差额而设置的财政性基金，是结转结余的重要组成部分，包括预算稳定调节基金和预算周转金。

（一）预算稳定调节基金的核算

预算稳定调节基金是指政府财政为保持年度间预算的衔接和稳定，在一般公共预算中设置的储备性资金。预算稳定调节基金有两个来源渠道，一是用超预算收入的资金安排，二是从预算周转金中调入。预算稳定调节基金是具有储备性质的基金，用于弥补短收年份预算执行的收支缺口，视预算的平衡情况安排使用。

政府财政预算会计设置“预算稳定调节基金”科目，核算政府财政设置的用于弥补以后年度预算资金不足的储备资金。本科目没有规定的明细科目。主要账务处理如下：（1）使用超收收入或一般公共预算结余设置或补充预算稳定调节基金时，借记“安排预算稳定调节基金”科目，贷记“预算稳定调节基金”科目。（2）将预算周转金调入预算稳定调节基金时，借记“预算周转金”科目，贷记“预算稳定调节基金”科目。（3）动用预算稳定调节基金时，借记“预算稳定调节基金”科目，贷记“动用预算稳定调节基金”科目。本科目期末贷方余额反映预算稳定调节基金的累计规模。其中，“安排预算稳定调节基金”是预算支出类科目，“动用预算稳定调节基金”是预算收入类科目。

【例5-40】某政府财政根据预算执行情况，决定使用超收收入补充预算稳定调节基金

7 500 000元。

借：安排预算稳定调节基金 7 500 000

贷：预算稳定调节基金 7 500 000

（二）预算周转金的核算

预算周转金是指政府财政为调剂预算年度内季节性收支差额，保证及时用款而设置的周转资金。预算周转金应根据《预算法》的要求设置，不得随意减少。预算周转金来源于一般公共预算结转结余，其数额要与年度预算收支的数额相适应，保持一个相对稳定的额度。预算周转金只能用于平衡预算，一般不用于安排其他财政支出。

政府财政预算会计设置“预算周转金”科目，核算政府财政设置的用于调剂预算年度内季节性收支差额周转使用的资金。本科目没有规定的明细科目。主要账务处理如下：（1）设置和补充预算周转金时，借记“一般公共预算结转结余”科目，贷记“预算周转金”科目。（2）将预算周转金调入预算稳定调节基金时，借记“预算周转金”科目，贷记“预算稳定调节基金”科目。本科目期末贷方余额反映预算周转金的累计规模。

【例5-41】某政府财政根据预算管理的规定，通过一般公共预算结转结余补充预算周转金2 600 000元。

借：一般公共预算结转结余 2 600 000

贷：预算周转金 2 600 000

第四节　主要业务或事项的平行记账

前面分别学习了政府财政财务会计和预算会计的科目设置、核算方法和账务处理程序，本节介绍政府财政总会计的平行记账方法，讲解政府财政主要经济业务或事项的综合账务处理。

一、平行记账方法

（一）平行记账方法的含义

政府财政总会计由财务会计和预算会计构成，两者既适度分离又相互衔接。为此，财政总会计采用了平行记账的会计核算模式，对于某些经济业务和事项，同时进行财务会计和预算会计记录，以全面、清晰反映政府财政的财务信息和预算执行信息。

平行记账方法是指在一个会计信息系统中，设置预算会计和财务会计两套科目体系，对于发生的经济业务或事项，同时进行财务会计和预算会计两项核算。在平行记账方法下，对于纳入预算管理的现金收支业务，在采用财务会计核算的同时应当进行预算会计核算；对于其他业务，仅需进行财务会计核算或预算会计核算。

（二）平行记账方法的规则

运用平行记账方法，要明确哪些经济业务或事项需要进行平行记账，如何进行平行记账。政府财政财务会计以运营资金运动为核算对象，设置资产、负债、净资产、收入和费用五个会计要素；政府财政预算会计以预算资金运动为对象，设置预算收入、预算支出和预算结余三个会计要素。平行记账方法的规则是，凡涉及政府财政财务会计要素变动的经济业务或事项，应当进行财务会计核算；凡涉及政府财政预算会计要素变动的经济业务或事项，应当进行预算会计核算；凡涉及政府财政财务会计和预算会计要素同时变动的经济业务或事项，既要进行财务会计核算，也要进行预算会计核算。

应用平行记账方法，关键是判断是否应当进行预算会计核算。政府财政对于纳入预算管理的现金收支业务，应当进行预算会计核算。预算会计核算的业务或事项，需要同时满足两个基本条件：（1）发生现金收支。预算会计以收付实现为基础，以实际收付现金为标志确认预算收入、预算支出，反映预算资金的流入或流出情况。（2）纳入财政预算管理。预算会计的对象是纳入财政预算的资金，不记录未纳入财政预算管理资金的流动。

（三）平行记账的步骤

财政总会计的平行记账分为三种情况：一是对于纳入预算管理的财政资金收支业务，既涉及财务会计要素之间的变动，又涉及预算会计要素之间的变动，应当同时进行财务会计核算和预算会计核算；二是对于预算资金内部调拨等业务，只涉及预算会计要素之间的变动，仅需要在预算会计中进行核算；三是对于上述情况以外的其他业务，只涉及财务会计要素之间的变动，仅需要在财务会计中进行核算。

对于政府财政发生的经济业务或事项，可以按照下列步骤进行账务处理：第一，进行财务会计核算，财务会计的核算内容较为广泛，绝大多数的业务或事项需要财务会计核算。第二，对于已经进行财务会计核算的经济业务或事项，判断其是否需要同时进行预算会计核算。第三，对于未进行财务会计核算的经济业务或事项，判断其是否需要进行预算会计核算。此类业务或事项极少，主要是预算资金内部调拨等业务。

二、收入与预算收入业务事项

收入是财务会计要素，按照权责发生制原则确认；预算收入是预算会计要素，按照收付实现制原则确认。收入与预算收入有较多的联系，也存在一定的差异，纳入预算管理的现金收入需要平行记账。

（一）税收收入

税收收入是政府财政以征税的方式取得的财政收入。财务会计设置“税收收入”科目对其进行核算，预算会计设置“一般公共预算收入”科目对其进行核算。税收收入应当在款项收缴入库时，财务会计和预算会计同时予以确认，进行平行记账。

【例5-42】某政府财政收到国库报送的收入日报表，列示当日收到纳入一般公共预算管理的个人所得税1 800 000元。

财务会计			预算会计		
借：国库存款	1 800 000		借：资金结存	1 800 000	
贷：税收收入		1 800 000	贷：一般公共预算收入		1 800 000

（二）非税收入

非税收入是各级政府及其所属单位依法收取的政府性基金收入、专项收入、行政事业性收费收入、罚没收入、国有资本经营收入等。财务会计设置“非税收入”科目对其进行核算，预算会计设置“一般公共预算收入”“政府性基金预算收入”“国有资本经营预算收入”等科目对其进行核算。一般情况下，非税收入在收到款项时按照实际收到的金额入账，财务会计和预算会计应当同时予以确认，进行平行记账。特定情况下，非税收入可以按照应当收缴的金额入账，只进行财务会计核算。

【例5-43】某政府财政收到国库报送的收入日报表，列示当日收到纳入政府性基金预算管理的国有土地收益基金收入为6 500 000元。

财务会计		预算会计	
借：国库存款	6 500 000	借：资金结存	6 500 000
贷：非税收入	6 500 000	贷：政府性基金预算收入	6 500 000

【例5-44】某单位作为证券监督管理机构，具有依法对证券市场违法违规行为进行处罚的权力，开具电子非税收入缴款票据，对某上市公司的违法违规行为罚款，根据其向政府财政提供的数据，已经开具缴款票据、尚未缴入本级国库的罚款金额为100 000元。

财务会计		预算会计
借：应收非税收入	100 000	不记录
贷：非税收入	100 000	

（三）转移性收入

转移性收入是在各级政府财政之间进行资金调拨以及在本级政府财政不同类型资金之间调剂所形成的收入。财务会计设置“补助收入”“上解收入”“地区间援助收入”等科目对其进行核算，预算会计设置“补助预算收入”“上解预算收入”“地区间援助预算收入”“调入预算资金”“动用预算稳定调节基金”等科目对其进行核算。实际收到补助收入、上解收入、地区间援助收入时，应当同时进行财务会计和预算会计核算。年终与上下级政府财政结算时，尚未收到的转移性资金应当按照预算管理的要求进行核算。调入预算资金等事项只需要进行预算会计核算，不进行财务会计核算。

【例5-45】某市政府财政收到国库报送的预算收入日报表，列示当日收到上级省政府财政拨来的预算补助款2 500 000元。

财务会计		预算会计	
借：国库存款	2 500 000	借：资金结存	2 500 000
贷：补助收入	2 500 000	贷：补助预算收入	2 500 000

【例5-46】某政府财政为弥补本年度预算资金的不足，经批准动用预算稳定调节基金7 000 000元。

财务会计		预算会计	
借：预算稳定调节基金	7 000 000	借：预算稳定调节基金	7 000 000
贷：本期盈余	7 000 000	贷：动用预算稳定调节基金	7 000 000

（四）其他财政资金收入

其他财政资金收入是政府财政部门管理的其他财政性资金所取得的收入。财务会计和预算会计均设置“财政专户管理资金收入”和“专用基金收入”两个会计科目对其进行核算，二者保持一致，应当同时进行财务会计和预算会计核算。

【例5-47】某政府财政专户收到款项985 000元，为某高等学校缴来的本年度学生学费。

财务会计		预算会计	
借：其他财政存款	985 000	借：资金结存	985 000
贷：财政专户管理资金收入	985 000	贷：财政专户管理资金收入	985 000

三、费用与预算支出业务事项

费用是财务会计要素，按照权责发生制原则确认；预算支出是预算会计要素，按照收付实现制原则确认。费用与预算支出有较多的联系，也存在一定的差异，纳入预算管理的现金支出需要平行记账。

（一）财政拨款费用

财政拨款是政府财政根据预算安排拨付给相关部门或单位使用的财政性资金。财务会计设置“政府机关商品和服务拨款费用”“政府机关工资福利拨款费用”“对事业单位补助拨款费用”“资本性拨款费用”等多个科目对其进行核算。预算会计设置“一般公共预算支出”“政府性基金预算支出”“国有资本经营预算支出”等科目对其进行核算。实际拨付财政资金时，应当同时进行财务会计和预算会计核算。按应付款项的金额确认财政拨款费用时，只进行财务会计核算。

【例5-48】某政府财政开出一般公共预算拨款凭证，以国库集中支付方式拨付某行政单位款项5 600 000元，用于支付购买商品和服务的费用。

财务会计		预算会计	
借：政府机关商品和服务拨款费用	5 600 000	借：一般公共预算支出	5 600 000
贷：国库存款	5 600 000	贷：资金结存	5 600 000

【例5-49】某政府财政开出政府性基金预算拨款凭证，以国库集中支付方式拨付某事业单位款项2 800 000元，用于支付单位职工的工资福利费用。

财务会计		预算会计	
借：对事业单位补助拨款费用	2 800 000	借：政府性基金预算支出	2 800 000
贷：国库存款	2 800 000	贷：资金结存	2 800 000

【例5-50】某政府财政开出国有资本经营预算拨款凭证，以国库集中支付方式拨付某城市建设管理单位款项7 500 000元，用于市政基础设施建设。

财务会计		预算会计	
借：资本性拨款费用	7 500 000	借：国有资本经营预算支出	7 500 000
贷：国库存款	7 500 000	贷：资金结存	7 500 000

（二）财务费用

财务费用是政府财政为筹集资金等而发生的债务利息费用、债务发行兑付费用和外币汇兑损益。财务会计设置“财务费用”“应付利息”等科目对其进行核算。预算会计设置

“一般公共预算支出”“政府性基金预算支出”等科目对其进行核算。计提本期应付未付利息时，只进行财务会计核算。实际支付债务利息、发行兑付费用时，应当同时进行财务会计和预算会计核算。

【例5-51】某政府财政发行地方政府一般债券，根据债务管理部门提供的情况，计提本期应计利息160 000元。

财务会计			预算会计
借：财务费用	160 000		不记录
贷：应付利息		160 000	

【例5-52】某政府财政发行地方政府一般债券到期支付利息，用一般公共预算资金支付债券的应计利息160 000元。

财务会计			预算会计		
借：应付利息	160 000		借：一般公共预算支出	160 000	
贷：国库存款		160 000	贷：资金结存		160 000

（三）转移性费用

转移性费用是在各级政府财政之间进行资金调拨以及在本级政府财政不同类型资金之间调剂所发生的费用。财务会计设置“补助费用”“上解费用”“地区间援助费用”等科目对其进行核算。预算会计设置“补助预算支出”“上解预算支出”“地区间援助预算支出”“调出预算资金”“安排预算稳定调节基金”等科目对其进行核算。实际支付补助费用、上解费用、地区间援助费用时，应当同时进行财务会计和预算会计核算。年终与上下级政府财政结算时，尚未支付的转移性资金应当按照预算管理的要求进行核算。调出预算资金等事项只需要进行预算会计核算，不进行财务会计的核算。

【例5-53】某市政府财政根据财政体制规定，通过国库向所属区政府财政拨付税收返还款9 800 000元。

财务会计			预算会计		
借：补助费用	9 800 000		借：补助预算支出	9 800 000	
贷：国库存款		9 800 000	贷：资金结存		9 800 000

【例5-54】某政府财政根据预算执行情况，决定使用超收的预算收入补充预算稳定调节基金3 500 000元。

财务会计			预算会计		
借：本期盈余	3 500 000		借：安排预算稳定调节基金	3 500 000	
贷：预算稳定调节基金		3 500 000	贷：预算稳定调节基金		3 500 000

（四）其他财政资金支出

其他财政资金支出是用财政部门管理的其他财政性资金安排的支出。财务会计和预算会计均设置“财政专户管理资金支出”和“专用基金支出”两个会计科目对其进行核算，二者保持一致，应当同时进行财务会计和预算会计核算。

【例5-55】某政府财政运用粮食风险基金，通过在银行开设的专户向某粮食储备部门拨付粮食储备补贴款7 800 000元。

财务会计			预算会计		
借：专用基金支出	7 800 000		借：专用基金支出	7 800 000	
贷：其他财政存款		7 800 000	贷：资金结存		7 800 000

四、资产业务事项

资产是财务会计要素，预算会计没有直接与资产相对应的会计要素。如果资产业务涉及纳入预算管理的现金收支，需要平行记账。

（一）财政存款

财政存款是政府财政部门代表政府管理的、存放在国库或商业银行的财政资金。财务会计设置“国库存款”“其他财政存款”等科目对其进行核算，预算会计设置“资金结存”科目对其进行核算。对于纳入预算管理的财政存款变动，应当同时进行财务会计和预算会计核算。对于未纳入预算管理的财政存款变动，不进行预算会计核算。

【例5-56】某政府财政收到国库报送的预算收入日报表，列示纳入本级国有资本经营预算管理的利润收入700 000元。

财务会计			预算会计		
借：国库存款	700 000		借：资金结存	700 000	
贷：非税收收入		700 000	贷：国有资本经营预算收入		700 000

【例5-57】某政府财政根据预算安排和资金使用计划，通过国库向某事业单位预拨下年度专项经费400 000元，此款项应当在下年度转为一般公共预算支出。

财务会计			预算会计
借：预拨经费	400 000		不记录
贷：国库存款		400 000	

（二）应收及暂付款

应收及暂付款项是政府财政业务活动中形成的债权。财务会计设置“应收非税收入”“应收股利”“借出款项”“其他应收款”等科目对其进行核算，预算会计没有直接与其对应的会计科目。应收及暂付款应当进行财务会计核算，实际收到或支付款项时，如果涉及纳入预算管理资金的现金收支，应当同时进行预算会计核算。

【例5-58】某政府财政收到国库报送的收入日报表，列示当日收到纳入一般公共预算管理的非税收入500 000元。根据非税收入的管理部门的报告，已开具缴款票据、尚未缴入本级国库的非税收入金额为300 000元。

财务会计			预算会计		
借：国库存款	500 000		借：资金结存	500 000	
应收非税收入	300 000		贷：一般公共预算收入		500 000
贷：非税收入		800 000			

【例5-59】某政府财政根据借款管理的有关规定，临时借给所属预算单位900 000元。此款项需要预算单位归还，借出时不确认预算支出。

财务会计		预算会计
借：借出款项	900 000	不记录
贷：国库存款	900 000	

（三）股权投资

股权投资是政府持有的各类权益性投资。财务会计设置“股权投资”“应收股利”“投资收益”科目对股权投资的价值和收益进行核算，预算会计没有直接与其对应的会计科目。政府财政以支付现金方式取得股权投资时，应当同时进行财务会计和预算会计核算；被投资主体宣告实现净利润、发放现金股利或利润时，只进行财务会计核算；实际收到现金股利或利润时，应当同时进行财务会计和预算会计核算。

【例5-60】某政府财政运用一般公共预算资金进行一项股权投资，采用权益法核算。

（1）以国库存款支付投资款项10 000 000元，取得等额的股东权益。

财务会计		预算会计	
借：股权投资——投资成本	10 000 000	借：一般公共预算支出	10 000 000
贷：国库存款	10 000 000	贷：资金结存	10 000 000

（2）年末，被投资主体宣告盈利，政府财政应享有的份额为700 000元。

财务会计		预算会计
借：股权投资——损益调整	700 000	不记录
贷：投资收益	700 000	

（3）被投资主体宣告发放现金股利，应上缴本级政府财政的部分为300 000元。

财务会计		预算会计
借：应收股利	300 000	不记录
贷：股权投资——损益调整	300 000	

（4）政府财政收到被投资主体发放的现金股利300 000元。

财务会计		预算会计	
借：国库存款	300 000	借：资金结存	300 000
贷：应收股利	300 000	贷：一般公共预算收入	300 000

五、负债业务事项

负债是财务会计要素，预算会计没有直接与负债相对应的会计要素。如果负债业务涉及纳入预算管理的现金收支，需要平行记账。

（一）应付及暂收款

应付及暂收款是指政府财政在业务活动中形成的债务。财务会计设置“应付国库集中支付结余”“其他应付款”“应付代管资金”等科目对其进行核算，预算会计没有直接与其对应的会计科目。应付及暂收款应当进行财务会计核算，实际收到或支付款项时，如果涉及纳入预算管理资金的现金收支，应当同时记预算会计。

【例5-61】年末，某政府财政所属行政单位的一般公共预算指标中，当年未使用的、需结转下一年度支付的商品和服务支出预算指标为750 000元，应当按照预算管理的规定在当年列支。

财务会计		预算会计	
借：政府机关商品和服务拨款费用	750 000	借：一般公共预算支出	750 000
贷：应付国库集中支付结余	750 000	贷：资金结存	750 000

【例5-62】某政府财政代为管理某预算单位资金，款项360 000元已经存入财政代管专户。此款项的使用权属于被代管单位，不纳入财政预算管理。

财务会计		预算会计
借：其他财政存款	360 000	不记录
贷：应付代管资金	360 000	

（二）政府债券

政府债券是指政府财政以政府名义发行短期债券和长期债券。财务会计设置“应付短期政府债券”“应付长期政府债券”“应付利息”等科目对其进行核算，预算会计设置“债务预算收入”“债务还本预算支出”等科目对其进行核算。政府发行债券和偿付债券本金和利息时，应当同时进行财务会计和预算会计核算。计提债券的应计利息，只进行财务会计核算。

【例5-63】某政府财政发行地方政府一般债券筹措资金，债券发行额为3亿元，期限3年，为记账式附息债券，票面年利率为3.00%，按年支付利息，到期一次还本。

（1）地方政府债券经招标发行，发行收入与发行额相同，发行费用另行支付，实际收到款项360 000 000元已经缴入国库。

财务会计		预算会计	
借：国库存款	360 000 000	借：资金结存	360 000 000
贷：应付长期政府债券	360 000 000	贷：债务预算收入	360 000 000

（2）在债券发行期间，应当按期计提应计利息，每月利息为900 000元。

财务会计		预算会计
借：财务费用	900 000	不记录
贷：应付利息	900 000	

（3）支付债券当年利息10 800 000元。

财务会计		预算会计	
借：应付利息	10 800 000	借：一般公共预算支出	10 800 000
贷：国库存款	10 800 000	贷：资金结存	10 800 000

（4）债券到期，通过国库存款偿还本金360 000 000元。

财务会计		预算会计	
借：应付长期政府债券	360 000 000	借：债务还本预算支出	360 000 000
贷：国库存款	360 000 000	贷：资金结存	360 000 000

六、净资产与预算结余业务事项

净资产是财务会计要素，反映资产与负债相抵后的净值，主要是各类盈余和财政性基金。预算结余是预算会计要素，反映预算收入与预算支出相抵后的余额，主要是各类结转结余和财政性基金。盈余与预算结余没有明确的对应关系，二者的内容与确认基础不同。财政性基金是财务会计和预算会计的共同内容，应当进行平行记账。

（一）本期盈余与预算结余

盈余是政府财政收入与费用相抵后的余额及历年滚存的余额，财务会计设置“本期盈余”“累计盈余”“以前年度盈余调整”等科目对其核算。预算结余是预算年度内政府预算收入扣除预算支出后的余额及历年滚存的余额，预算会计设置“一般公共预算结转结余”“政府性基金预算结转结余”“国有资本经营预算结转结余”“财政专户管理资金结余”“专用基金结余”等科目对其核算。本期盈余和预算结余的结转时间与结转思路不同，应当分别进行账务处理。

【例5-64】某政府财政期末“税收收入”科目的贷方余额为18 000 000元，将其转入本期盈余。

财务会计		预算会计
借：税收收入	18 000 000	不记录
贷：本期盈余	18 000 000	

【例5-65】某政府财政期末“一般公共预算支出”科目的借方余额为21 000 000元，将其转入一般公共预算结转结余。

财务会计	预算会计	
不记录	借：一般公共预算结转结余	21 000 000
	贷：一般公共预算支出	21 000 000

（二）财政性基金

财政性基金是指政府财政设置的用于弥补以后年度预算资金的不足、调剂预算收支差额的储备金。财务会计和预算会计均设置“预算稳定调节基金”和“预算周转金”两个会计科目对其进行核算，二者的内容一致。补充预算稳定调节基金和预算周转金时，应当同时进行财务会计和预算会计核算。

【例5-66】某政府财政根据预算执行情况，决定补充预算稳定调节基金6 000 000元。

财务会计		预算会计	
借：本期盈余	6 000 000	借：安排预算稳定调节基金	6 000 000
贷：预算稳定调节基金	6 000 000	贷：预算稳定调节基金	6 000 0000

【例5-67】某政府财政为弥补本年度预算资金的不足，经批准动用预算稳定调节基金2 000 000元。

财务会计		预算会计	
借：预算稳定调节基金	2 000 000	借：预算稳定调节基金	2 000 000
贷：本期盈余	2 000 000	贷：动用预算稳定调节基金	2 000 000

【例5-68】某政府财政根据预算管理的规定，决定补充预算周转金3 500 000元。

财务会计		预算会计	
借：本期盈余	3 500 000	借：一般公共预算结转结余	3 500 000
贷：预算周转金	3 500 000	贷：预算周转金	3 500 000

第五节 财政总会计报表与报告

财政总会计应当编制财务会计报表和预算会计报表，撰写综合财务报告和政府决算报告。本节介绍财务会计报表和预算会计报表的内容，讲解各项会计报表的结构与编制方法，介绍政府综合财务报告和政府决算报告的内容及编制要求。

一、政府财政财务会计报表

（一）财务会计报表的含义与内容

财政总会计报表的财务会计报表是政府财政以财务会计核算生成的数据为基础编制的，以表格为主要形式概括反映政府财政在特定时点的财务状况和一定期间的运行情况的书面文件。财务会计报表是编制政府综合财务报告的重要基础。财政总会计应当按照政府会计准则制度的要求，提供真实、完整的财务会计报表，切实做到账表一致。财政总会计要严格按照会计制度统一规定的种类、格式、内容、计算方法和编制口径填制财务会计报表，以保证全国统一汇总和分析。

财务会计报表包括资产负债表、收入费用表、现金流量表、本年预算结余与本期盈余调节表等会计报表和报表附注。收入费用表应当按月度和年度编制，资产负债表、现金流量表、本年预算结余与本期盈余调节表和附注应当至少按年度编制。

（二）资产负债表的编制

资产负债表是反映政府财政在某一特定日期财务状况的报表。资产负债表是财政总会计报表的重要组成部分，可以提供期末政府控制的资产、承担的债务和拥有的净资产情况等会计信息。资产负债表的表首标题、编报项目、编报栏目的具体内容如下：

1.表首标题

资产负债表的表首标题包括报表名称、编号（总会财01表）、编制单位、编表时间和金额单位等内容。资产负债表反映政府财政在某一时点的财务状况，属于静态报表，需要注明是某年某月某日的报表。按编报时间的不同，资产负债表分为月报资产负债表和年报资产负债表，财政总会计应当至少按照年编制资产负债表。

2.编报项目

资产负债表按照资产、负债和净资产分类、分项列示，按资产等于负债加净资产平衡。资产项目按流动资产、非流动资产排列；负债项目按流动负债、非流动负债排列；净资产项目按各结转结余、基金排列。

3.编报栏目

资产负债表包括“年初余额”和“期末余额”两栏数字。

（1）“年初余额”栏反映各项资产、负债和净资产的年初余额，应当根据上年末资产负债表“期末余额”栏内数字填列。

（2）“期末余额”栏反映各项资产、负债和净资产的月末或年末余额，应当根据核对无误的财政财务会计账簿数据，按照各相关会计科目的期末余额填列。

财政总会计资产负债表的格式见表5-2。

表5-2 **资产负债表** 总会财01表

编制单位： 年 月 日 单位：元

资产	年初余额	期末余额	负债和净资产	年初余额	期末余额
流动资产：			流动负债：		
国库存款			应付短期政府债券		
其他财政存款			应付国库集中支付结余		
国库现金管理资产			与上级往来		
有价证券			其他应付款		
应收非税收入			应付代管资金		
应收股利			应付利息		
借出款项			一年内到期的非流动负债		
与下级往来			流动负债合计		
预拨经费			非流动负债：		
在途款			应付长期政府债券		
其他应收款			借入款项		
应收利息			应付地方政府债券转贷款		

续表

资产	年初余额	期末余额	负债和净资产	年初余额	期末余额
一年内到期的非流动资产			应付主权外债转贷款		
流动资产合计			其他负债		
非流动资产：			非流动负债合计		
应收地方政府债券转贷款			负债合计		
应收主权外债转贷款			净资产：		
股权投资			累计盈余		
非流动资产合计			预算稳定调节基金		
			预算周转金		
			权益法调整		
			净资产合计		
资产总计			负债和净资产总计		

（三）收入费用表的编制

收入费用表是反映政府财政在一定会计期间运行情况的报表。收入费用表是政府财政会计报表的重要组成部分，可以提供一定时期政府财政的收入总额及构成情况、费用总额及构成情况，以及收入与费用相抵的盈余情况，反映政府财政的运行情况及结果。收入费用表的表首标题、编报项目、编报栏目的具体内容如下：

1.表首标题

收入费用表的表首标题包括报表名称、编号（总会财02表）、编制单位、编报期间和金额单位等内容。收入费用表反映政府财政在某一时期的运营情况，属于动态报表，需要注明报表所属的期间。收入费用表应当按月度和年度编制，分为月报收入费用表和年报收入费用表。

2.编报项目

收入费用表的编报项目包括本期收入、本期费用和本期盈余，按照本期收入减本期费用等于本期盈余的层次排列。“收入”项目反映本期收入情况，按收入的来源排列；“费用”项目反映本期费用情况，按费用的内容排列；“本期盈余”项目反映本期收入扣除本期费用后的差额。

3.编报栏目

按照资金性质的不同，收入费用表设置“预算管理资金”、“财政专户管理资金”和“专用基金”三个栏目，月报收入费用表与年报收入费用表设置的栏目数字有所不同。

（1）月报收入费用表由“本月数”和“本年累计数”两栏组成。“本月数”栏反映各项目的本月实际发生数，应当根据各收入、费用科目的本期发生额填列。“本年累计数”栏反映各项目自年初至报告期期末的累计实际发生数，应当根据本月数和上月报表的本年累计数合计后填列。

（2）年报收入费用表由“本年数”和“上年数”两栏组成。“本年数”栏反映本年度各项目的实际发生额，应当根据本年度收入、费用数据填列。“上年数”栏应当根据上年年度收入费用表中“本年数”栏内所列数字填列。

财政总会计的收入费用表（月报）的格式见表5-3。

表5-3 **收入费用表** 总会财02表

编制单位： 年 月 单位：元

项 目	预算管理资金		财政专户管理资金		专用基金	
	本月数	本年累计数	本月数	本年累计数	本月数	本年累计数
收入合计						
税收收入			—	—	—	—
非税收入			—	—	—	—
投资收益			—	—	—	—
补助收入			—	—	—	—
上解收入			—	—	—	—
地区间援助收入			—	—	—	—
其他收入			—	—	—	—
财政专户管理资金收入	—	—			—	—
专用基金收入	—	—	—	—		
费用合计						
政府机关商品和服务拨款费用			—	—	—	—
政府机关工资福利拨款费用			—	—	—	—
对事业单位补助拨款费用			—	—	—	—
对企业补助拨款费用			—	—	—	—
对个人和家庭补助拨款费用			—	—	—	—
对社会保障基金补助拨款费用			—	—	—	—
资本性拨款费用			—	—	—	—
其他拨款费用			—	—	—	—
财务费用			—	—	—	—
补助费用			—	—	—	—
上解费用			—	—	—	—
地区间援助费用			—	—	—	—
其他费用			—	—	—	—
财政专户管理资金支出	—	—			—	—
专用基金支出	—	—	—	—		
本期盈余（本年收入与费用的差额）						

注：表中有“—”的部分不必填列。

（四）现金流量表的编制

现金流量表是反映政府财政在一定会计期间现金流入和流出情况的报表。现金是指政府财政的国库存款、其他财政存款及国库现金管理资产中的商业银行定期存款。现金流量表是政府财政会计报表的组成部分，可以提供一定时期政府财政各项活动的现金流入、现金流出情况，以及实现的现金流量净额。现金流量表的表首标题、编报项目、编报栏目的具体内容如下：

1.表首标题

现金流量表的表首标题包括报表名称、编号（总会财03表）、编制单位、编报年度和金额单位等内容。现金流量表应当至少按年度编制。

2.编报项目

现金流量表的编报项目包括日常活动产生的现金流量、投资活动产生的现金流量、筹资活动产生的现金流量、汇率变动对现金的影响额和现金净增加额。

3.编报栏目

现金流量表由“本年金额”和“上年金额”两栏组成。

（1）“本年金额”栏反映各项目的本年实际发生数，应当根据相应会计科目及其所属明细科目的记录分析、计算填列。

（2）“上年金额”栏反映各项目的上年实际发生数，应当根据上年现金流量表中“本年金额”栏内所列数字填列。

财政总会计的现金流量表的格式见表5-4。

表5-4　　**现金流量表**　　总会财03表

编制单位：　　年　月　　单位：元

项　目	本年金额	上年金额
一、日常活动产生的现金流量		
组织税收收入收到的现金		
组织非税收入收到的现金		
组织财政专户管理资金收入收到的现金		
组织专用基金收入收到的现金		
上下级政府财政资金往来收到的现金		
收回暂付性款项相关的现金		
其他日常活动所收到的现金		
现金流入小计		
政府机关商品和服务拨款所支付的现金		
政府机关工资福利拨款所支付的现金		
对事业单位补助拨款所支付的现金		
对企业补助拨款所支付的现金		

续表

项 目	本年金额	上年金额
对个人和家庭补助拨款所支付的现金		
对社会保障基金补助拨款所支付的现金		
财政专户管理资金支出所支付的现金		
专用基金支出所支付的现金		
上下级政府财政资金往来所支付的现金		
资本性拨款所支付的现金		
暂付性款项所支付的现金		
其他日常活动所支付的现金		
现金流出小计		
日常活动产生的现金流量净额		
二、投资活动产生的现金流量		
收回股权投资所收到的现金		
取得股权投资收益收到的现金		
收到其他与投资活动有关的现金		
现金流入小计		
取得股权投资所支出的现金		
支付其他与投资活动有关的现金		
现金流出小计		
投资活动产生的现金流量净额		
三、筹资活动产生的现金流量		
发行政府债券收到的现金		
借入款项收到的现金		
取得政府债券转贷款收到的现金		
取得主权外债转贷款收到的现金		
收回转贷款本金收到的现金		
收到下级上缴转贷款利息相关的现金		
其他筹资活动收到的现金		
现金流入小计		
转贷地方政府债券所支付的现金		
转贷主权外债所支付的现金		

续表

项　目	本年金额	上年金额
支付债务本金相关的现金		
支付债务利息相关的现金		
其他筹资活动支付的现金		
现金流出小计		
筹资活动产生的现金流量净额		
四、汇率变动对现金的影响额		
五、现金净增加额		

（五）本年预算结余与本期盈余调节表的编制

本年预算结余与本期盈余调节表是反映政府财政在某一会计年度内预算结余与本期盈余差异调整情况的报表。本年预算结余与本期盈余调节表是政府财政会计报表的组成部分，可以提供本年预算结余与本期盈余差异产生的原因及调整平衡的情况。本年预算结余与本期盈余调节表的表首标题、编报项目、编报栏目的具体内容如下：

1.表首标题

本年预算结余与本期盈余调节表的表首标题包括报表名称、编号（总会财04表）、编制单位、编报年度和金额单位等内容。本年预算结余与本期盈余调节表应当至少按年度编制。

2.编报项目

本年预算结余与本期盈余调节表的编报项目包括本年预算结余、日常活动产生的差异、投资活动产生的差异、筹资活动产生的差异、其他差异事项、当期汇兑损益净额和本期盈余。经过差异调整后的本期盈余，应当与收入费用表中的本期盈余合计数一致。

3.编报栏目

本年预算结余与本期盈余调节表由“金额”一栏数字组成。当期预算结余根据本年预算收入与预算支出的差额填列，各差异项目根据会计账簿中各相关科目的发生额分析填列，本期盈余根据本年预算结余、各差异项目和汇兑损益净额的金额汇总填列。

财政总会计的本年预算结余与本期盈余调节表的格式见表5-5。

表5-5　**本年预算结余与本期盈余调节表**　总会财04表

编制单位：　年　单位：元

项　目	金额
本年预算结余（本年预算收入与支出差额）：	
日常活动产生的差异：	
加：1.当期确认为收入但没有确认为预算收入	
当期应收未缴库非税收入	
减：2.当期确认为预算收入但没有确认为收入	

续表

项 目	金额
当期收到上期应收未缴库非税收入	
3.当期确认为预算支出收回但没有确认为费用收回	
（1）当期收到退回以前年度已列支资金	
（2）当期将以前年度国库集中支付结余收回预算	
投资活动产生的差异：	
加：1.当期确认为收入但没有确认为预算收入	
（1）当期投资收益或损失	
（2）当期无偿划入股权投资	
2.当期确认为预算支出但没有确认为费用	
（1）当期股权投资增支	
（2）当期股权投资减支	
减：3.当期确认为预算收入但没有确认为收入	
（1）当期收到利润收入和股利股息收入	
（2）当期收到清算、处置股权投资的收入	
4.当期确认为费用但没有确认为预算支出	
当期无偿划出股权投资费用	
筹资活动产生的差异：	
加：1.当期确认为预算支出但没有确认为费用	
（1）当期转贷款支出	
（2）当期债务还本支出	
（3）拨付上年计提债务利息	
减：2.当期确认为预算收入但没有确认为收入	
（1）当期债务收入	
（2）当期转贷款收入	
3.当期确认为费用但没有确认为预算支出	
当期计提未拨付债务利息	
其他差异事项	
当期汇兑损益净额	
本期盈余（本年收入与费用的差额）	

（六）报表附注的编制

财务会计的报表附注是指对在财务会计报表中列示项目的文字描述或明细资料，以及对未能在财务会计报表中列示项目的说明。报表附注应当至少按年度编制。

根据《财政总会计制度》，财务会计的报表附注应当至少披露下列内容：（1）遵循《财政总会计制度》的声明；（2）本级政府财政财务状况的说明；（3）会计报表中列示的重要项目的进一步说明，包括其主要构成、增减变动情况等；（4）政府财政承担担保责任负债情况的说明；（5）有助于理解和分析会计报表的其他需要说明的事项。

二、政府财政预算会计报表

（一）预算会计报表的含义与内容

财政总会计报表的预算会计报表是政府财政以预算会计核算生成的数据为基础编制的，以表格形式概括反映政府年度预算执行情况和结果的书面文件。政府财政的预算会计报表是编制政府决算报告的重要基础。财政总会计应当按照政府会计准则的要求和财政总会计制度的统一规定编制预算会计报表，做到数字真实、计算准确、内容完整、编报及时。

预算会计报表包括预算收入支出表、一般公共预算执行情况表、政府性基金预算执行情况表、国有资本经营预算执行情况表、财政专户管理资金收支情况表、专用基金收支情况表等会计报表和附注。预算收入支出表应当按月度和年度编制，一般公共预算执行情况表、政府性基金预算执行情况表、国有资本经营预算执行情况表应当按旬、月度和年度编制，财政专户管理资金收支情况表、专用基金收支情况表应当按月度和年度编制。

（二）预算收入支出表的编制

预算收入支出表是反映政府财政在某一会计期间各类财政资金收支余情况的报表。预算收入支出表是预算会计的主要报表，可以提供预算资金从年初结转结余、本期收支到年末结转结余的变动过程和结果。预算收入支出表的表首标题、编报项目、编报栏目的具体内容如下：

1.表首标题

预算收入支出表的表首标题包括报表名称、编号（总会预01表）、编制单位、编表时期和金额单位等内容。预算收入支出表应当按月度和年度编制，分为月报预算收入支出表和年报预算收入支出表。

2.编报项目

预算收入支出表的编报项目包括年初结转结余、收入合计、支出合计和年末结转结余，按“年初结转结余+收入合计-支出合计-结余转出=年末结转结余”平衡。

3.编报栏目

按照资金性质的不同，预算收入支出表设置“一般公共预算”、“政府性基金预算”、“国有资本经营预算”、“财政专户管理资金”和“专用基金”五个栏目，月报预算收入支出表与年报预算收入支出表设置的栏目数字有所不同。

（1）月报的预算收入支出表由“本月数”和“本年累计数”两栏组成。其中，“本月数”栏反映各项目的本月实际发生数。“本年累计数”栏反映各项目自年初起至报告期末止的累计实际发生数。

（2）年报的预算收入支出表由“上年数”和“本年数”两栏组成。“上年数”栏反映上年度各项目的实际发生数，“本年数”栏反映本年度各项目的实际发生数。

财政总会计的预算收入支出表的格式见表5-6。

表5-6 **预算收入支出表** 总会预01表

编制单位： 年 月 单位：元

项 目	一般公共预算		政府性基金预算		国有资本经营预算		财政专户管理资金		专用基金	
	本月数	本年累计数	本月数	本年累计数	本月数	本年累计数	本月数	本年累计数	本月数	本年累计数
年初结转结余										
收入合计										
本级收入										
其中：来自预算安排的收入	—	—	—	—	—	—	—	—		
补助预算收入							—	—	—	—
上解预算收入							—	—	—	—
地区间援助预算收入			—	—	—	—	—	—	—	—
债务预算收入					—	—	—	—	—	—
债务转贷预算收入					—	—	—	—	—	—
动用预算稳定调节基金			—	—	—	—	—	—	—	—
调入预算资金					—	—	—	—	—	—
支出合计										
本级支出										
其中：权责发生制列支							—	—	—	—
预算安排专用基金的支出			—	—	—	—	—	—	—	—
补助预算支出							—	—	—	—
上解预算支出							—	—	—	—
地区间援助预算支出			—	—	—	—	—	—	—	—
债务还本预算支出					—	—	—	—	—	—
债务转贷预算支出					—	—	—	—	—	—
安排预算稳定调节基金			—	—	—	—	—	—	—	—
调出预算资金							—	—	—	—
结余转出			—	—	—	—	—	—	—	—
其中：增设预算周转金			—	—	—	—	—	—	—	—
年末结转结余										

注：表中有“—”的部分不必填列。

（三）预算执行情况表的编制

预算执行情况表是反映政府财政在某一会计期间各类纳入财政预算管理的资金收支执行结果的报表，包括一般公共预算执行情况表、政府性基金预算执行情况表、国有资本经营预算执行情况表。预算执行情况表应当按旬、月度和年度编制。

（1）一般公共预算执行情况表（总会预02-1表）是反映政府财政在某一会计期间一般公共预算收支执行结果的报表，按照《政府收支分类科目》中一般公共预算收支科目列示。

（2）政府性基金预算执行情况表（总会预02-2表）是反映政府财政在某一会计期间政府性基金预算收支执行结果的报表，按照《政府收支分类科目》中政府性基金预算收支科目列示。

（3）国有资本经营预算执行情况表（总会预02-3表）是反映政府财政在某一会计期间国有资本经营预算收支执行结果的报表，按照《政府收支分类科目》中国有资本经营预算收支科目列示。

其中，一般公共预算执行情况表的格式见表5-7。

表5-7　**一般公共预算执行情况表**　总会预02-1表

编制单位：　年　月　单位：元

项目	本月（旬）数	本年（月）累计数
一般公共预算收入		
101 税收收入		
10101 增值税		
1010101 国内增值税		
⋮		
一般公共预算支出		
201 一般公共服务支出		
20101 人大事务		
2010101 行政运行		
⋮		

（四）其他财政资金收支情况表的编制

其他财政资金收支情况表是反映政府财政在某一会计期间其他财政资金收支执行结果的报表，包括财政专户管理资金收支情况表和专用基金收支情况表。其他财政资金收支情况表应当按月度和年度编制。

（1）财政专户管理资金收支情况表（总会预03表）是反映政府财政在某一会计期间纳入财政专户管理的资金收支情况的报表，按照相关政府收支分类科目列示。

（2）专用基金收支情况表（总会预04表）是反映政府财政在某一会计期间专用基金收支情况的报表，按照专用基金类型分别列示。

其中，财政专户管理资金收支情况表的格式见表5-8。

表5-8 财政专户管理资金收支情况表 总会预03表

编制单位： 年 月 单位：元

项目	本月（旬）数	本年（月）累计数
财政专户管理资金收入		
财政专户管理资金支出		

（五）报表附注的编制

预算会计的报表附注是指对在预算会计报表中列示项目的文字描述或明细资料，以及对未能在预算会计报表中列示项目的说明。报表附注应当至少按年度编制。

根据《财政总会计制度》，预算会计的报表附注应当至少披露下列内容：（1）遵循《财政总会计制度》的声明；（2）本级政府财政预算执行情况的说明；（3）会计报表中列示的重要项目的进一步说明，包括其主要构成、增减变动情况等；（4）有助于理解和分析会计报表的其他需要说明的事项。

三、政府综合财务报告

（一）政府财务报告制度

政府财务报告是以权责发生制为基础，以政府财务信息为主要内容，以财务报表为主要形式，全面系统地反映政府财务状况、运行情况和受托责任履行情况的综合性报告。通过编制权责发生制政府综合财务报告，可以完整地反映各级政府资产负债和成本费用等财务状况和运行情况，为强化政府资产管理、降低行政成本、提升运行效率、防范财政风险，促进财政可持续发展等提供信息支持。编制权责发生制下的政府财务报告，是党中央、国务院的决策部署，国务院批转财政部《权责发生制政府综合财务报告制度改革方案》（国发〔2014〕63号），明确了权责发生制政府综合财务报告制度改革的总体目标、主要内容和实施步骤。

按编制主体和内容的不同，政府财务报告分为政府综合财务报告和政府部门财务报告。（1）综合财务报告由各级政府财政部门编制，反映政府整体财务状况、运行情况和财政中长期可持续性，包括本级政府综合财务报告和行政区政府综合财务报告。（2）部门财务报告由政府部门、单位编制，反映本部门、单位财务状况、运行情况，包括单位财务报告和部门合并财务报告。各级政府、各部门应当按照财务管理关系，按规定内容和时限采取自下而上方式逐级报送财务报告。

政府财务报告制度是一种规范政府财务信息披露的制度，对政府财务报告编制提出要求，指导政府财务报告的编报。为进一步推进权责发生制政府综合财务报告制度改革，2023年10月财政部修订印发了《政府财务报告编制办法》（财库〔2023〕21号）、《政府部门财务报告编制操作指南》（财库〔2023〕22号）和《政府综合财务报告编制操作指南》

（财库〔2023〕23号）等三项制度。

小链接5-1

《政府财务报告编制办法》（财库〔2023〕21号）明确了政府财务报告编制的总体要求、主要内容、编制方法、质量审核、监督管理、报送程序，共9章45条内容。

具体内容请见链接：https://www.gov.cn/zhengce/zhengceku/202311/content_6914932.htm。

（二）政府综合财务报告的内容

政府综合财务报告由政府财政部门编制，包括本级政府综合财务报告和行政区政府综合财务报告，分别反映本级政府整体和行政区政府整体财务状况、运行情况和财政中长期可持续性等，可作为考核地方政府绩效、开展地方政府信用评级、评估预警地方政府债务风险、编制全国和地方资产负债表以及制定财政中长期规划和其他相关规划的重要依据。政府综合财务报告应当包括财政财务报表、财政经济分析和财政财务管理情况等。

1. 财政财务报表

政府财务报表包括综合会计报表和报表附注。综合会计报表由资产负债表和收入费用表组成。其中，资产负债表重点反映政府整体年末财务状况，收入费用表重点反映政府整体年度运行情况，报表附注重点对会计报表作进一步解释说明。

2. 财政经济分析

政府财政经济分析以财务报表为依据，结合国民经济形势，对政府财务状况、运行情况，以及财政中长期可持续性等内容进行分析。

3. 财政财务管理情况

政府财政财务管理情况，主要反映政府财政财务管理的政策要求、主要措施和取得成效等。

（三）政府综合财务报告的编报

编制政府综合财务报告，首先应当编制综合会计报表。综合会计报表属于合并会计报表，是在汇总本级政府各部门财务报表、财政总会计报表、土地储备资金财务报表、物资储备资金会计报表等被合并主体报表基础上，采用抵销、调整等方法合并编制形成的。政府综合会计报表的编制采用汇总工作表法，编制步骤如下：第一，将被合并主体会计报表中的年末资产、年末负债、年末净资产、本年收入、本年费用项目数据按照对应的报表项目分项填入汇总工作表。第二，为避免政府综合会计报表项目金额重复列示，应将属于政府内部各主体之间的经济业务事项进行抵销，包括政府部门之间、政府财政与部门之间、财政内部之间发生的债权债务、收入费用等。第三，经过抵销和调整后，根据汇总工作表各项目对应的原始数据栏、抵销分录栏、调整分录栏中的数据，分别计算出经过抵销调整后的金额。第四，试算平衡后，将汇总工作表中经过抵销调整后的合计栏数据对应填入政府综合会计报表中，完成政府综合财务报表的编制。第五，依据编制完成的综合会计报表，编写报表附注，撰写财政经济分析和财政财务管理情况说明。

各级政府财政部门应当按规定内容和时限，将政府综合财务报告报送上级政府财政部门，并按照审计相关规定接受审计机关审计。经审计的政府综合财务报告，适时报本级人民代表大会常务委员会备案。各级政府财政部门应当按照会计档案管理相关规定对政府综合财务报告数据资料进行归类整理、建档建库，并对电子数据进行备份保存。

四、政府决算报告

（一）政府决算报告的含义

政府决算是年度财政预算收支执行结果的反映。全国财政决算由中央财政决算和地方财政决算组成，包括收入和支出两方面。各级政府财政应当按年度编制以收付实现制为基础的政府决算报告。

政府决算报告是指由政府财政部门编制的，综合反映政府会计主体年度预算收支执行结果的报告。政府决算报告使用者包括各级人民代表大会及其常务委员会、各级政府及其有关部门、政府会计主体自身、社会公众和其他利益相关者。政府编制决算报告的目的，是向决算报告使用者提供与政府预算执行情况有关的信息，综合反映政府会计主体预算收支的年度执行结果，有助于决算报告使用者进行监督和管理，并为编制后续年度预算提供参考和依据。

（二）政府决算报告的内容

政府决算报告包括决算报表和其他应当在决算报告中反映的相关信息和资料，通常由决算报表和决算说明与分析组成。

1.政府决算报表

政府决算报表是以表格形式反映的政府年度预算执行情况的信息，包括一般公共预算收入决算表、政府性基金预算收入决算表、国有资本经营预算收入决算表，以及一般公共预算支出决算表、政府性基金预算支出决算表、国有资本经营预算支出决算表、债务收支决算表等。决算报表应当与预算相对应，按预算数、调整预算数、决算数分别列出。各项预算收支项目应当按照《政府收支分类科目》的要求，按其功能分类编列到项，按其经济性质分类编列到款。

2.政府决算说明与分析

决算编制说明是以文字形式对决算报表数据所作的说明和解释，包括一般公共预算收支决算情况说明、政府性基金收支决算情况说明、国有资本经营收支决算情况说明、债务收支决算情况说明等。决算分析报告是总结年度财政预算管理工作所取得的成绩，进行预算绩效评价，分析预算执行过程中存在的问题，提出下一年度财政预算管理工作的计划。

（三）政府决算报告的编报

各级政府财政部门应当根据本级预算、预算会计核算数据等相关资料编制本级决算草案。决算草案是指各级政府编制的未经法定程序审查和批准的预算收支和结余的年度执行结果。决算各项数据应当以经核实的各级政府、各部门、各单位会计数据为准。各级政府财政部门在每一预算年度终了时，应当清理核实全年预算收入、支出数据和往来款项，做好决算数据对账工作。

决算报表中的决算数，应当以预算会计核算生成的数据为基础，并按决算报表要求进行适当调整。上级政府财政应当根据本级政府决算报表和所属下级政府决算报表，编制汇总决算报表，反映一级政府财政的总体情况。在编制汇总决算报表时，绝大多数的报表项目可以直接将本级财政决算报表的数字与所属下级财政决算报表的数字相加，填列到汇总决算报表的相应项目中。但上下级财政之间发生的收入和支出，以及发生的债权、债务关系，应当予以冲销，不填列在汇总决算报表中，以避免重复列报。

各级政府财政负责组织决算草案编审工作，制定决算草案编审办法，设计本行政区域政府财政总决算统一表格，指导、布置下级政府财政决算草案编审工作，审核、汇总所属财政部门总决算草案，向上级政府财政部门报送本辖区汇总的财政总决算草案，编制决算说明和决算分析报告，向上级政府财政汇报决算编审工作情况。各级政府财政应将汇总编制的本级决算草案及时报本级政府审定，并提请人民代表大会审查和批准。经本级人民代表大会常务委员会批准的政府决算报告，应当在批准后二十日内由本级政府财政部门向社会公开。

思考题

1. 什么是财政总会计的预算收入？如何进行确认？
2. 财政总会计的预算收入包括哪些种类？
3. 什么是本级预算收入？其包括哪些会计科目？
4. 什么是转移性预算收入？其包括哪些会计科目？
5. 什么是债务性预算收入？其包括哪些会计科目？
6. 什么是财政总会计的预算支出？如何进行确认？
7. 财政总会计的预算支出包括哪些种类？
8. 什么是本级预算支出？其包括哪些会计科目？
9. 什么是转移性预算支出？其包括哪些会计科目？
10. 什么是债务还本预算支出？如何进行账务处理？
11. 什么是预算结余？其包括哪些内容？
12. 什么是资金结存？如何进行账务处理？
13. 预算资金结转结余包括哪些内容？如何进行账务处理？
14. 什么是预算稳定调节基金和预算周转金？
15. 什么是平行记账方法？其记账规则是什么？
16. 财政总会计平行记账的步骤是什么？
17. 政府财政财务会计报表包括哪些内容？
18. 政府财政预算会计报表包括哪些内容？
19. 什么是政府财务报告和政府财务报告制度？
20. 什么是政府综合财务报告？其内容有哪些？
21. 什么是政府决算报告？其内容有哪些？

即测即评

第六章

政府单位会计（上）

学习目标

本章为政府单位会计的上半部分，介绍我国政府单位会计的基本内容，讲解政府单位财务会计的实务。通过本章学习，建立政府单位会计的概念框架，理解政府单位会计的基本理论，掌握政府单位财务会计的核算方法，熟悉政府单位财务会计的核算过程。通过本章的学习，应掌握和了解以下内容：

1.了解政府单位会计的含义与范围，熟悉政府单位会计准则与会计制度；

2.理解政府单位会计的组成体系与核算模式，明确会计确认、计量、记录与报告方法；

3.熟练掌握政府单位财务会计的收入、费用的核算方法；

4.掌握政府单位财务会计的资产、负债和净资产的会计核算方法。

第一节　政府单位会计概述

党的二十大报告把“国家治理体系和治理能力现代化深入推进”作为未来五年我国发展的主要目标，加快推进政府会计改革是提升国家治理体系和治理能力现代化的重要基础。按照政府会计主体的层次划分，我国的政府会计包括政府财政总会计和政府单位会计，政府单位会计是政府会计的重要组成部分。本节介绍政府单位会计的概念、内容和组成体系，阐述政府单位会计的基本理论、基本方法和核算模式，为后续会计实务的学习奠定基础。

一、政府单位会计的含义与范围

（一）政府单位会计的含义

政府单位会计也称为行政事业单位会计，是反映和监督各级政府单位财务状况、运行情况和预算执行情况及结果的专业会计。政府单位会计应当为单位的财务管理与预算管理服务，向会计信息使用者提供与单位财务状况、运行情况和预算执行情况有关的会计信息，反映单位受托责任的履行情况，为会计信息使用者进行经济管理、监督和决策提供支撑。

政府单位会计的主体是政府单位，包括行政单位和事业单位。各级政府单位应当加强单位的财务管理，建立健全财务管理制度，加强资产负债管理，合理配置和有效利用资产，防范财务风险。各级政府单位应当加强单位的预算管理，科学、合理编制预算，严格执行预算。政府单位提供的会计信息，对于加强单位的财务管理、预算管理有着重要的意义。

政府单位会计的对象是单位的运营资金运动。单位的运营资金既是单位的预算资金，也是单位的业务活动资金，包括财政拨款资金和其他资金。财政拨款资金是政府单位从同级财政部门取得的各类财政拨款，包括基本支出拨款和项目支出拨款，是政府单位的一项重要的资金来源。其他资金是政府单位依法取得的除财政拨款资金以外的各项资金，包括非同级财政拨款收入、上级补助收入、附属单位上缴收入、事业收入、经营收入、其他收入等形成的资金。根据预算法的规定，政府单位的资金应当全部纳入单位的预算管理，进行相应的会计核算。

按照预算管理权限，政府单位分一级预算单位、二级预算单位和基层预算单位三个级次。向同级财政部门申报预算的政府单位，为一级预算单位；向上一级预算单位申报预算并有下级预算单位的政府单位，为二级预算单位；向上一级预算单位申报预算，且没有下级预算单位的政府单位，为基层预算单位。一级预算单位有下级预算单位的，为主管预算单位。政府单位预算是财政预算的重要组成部分，隶属于不同级次的财政总预算。如果政府单位隶属于中央政府，由中央财政拨付经费，则该单位为中央政府预算单位；如果政府单位隶属于地方政府，由各级地方财政拨付经费，则该单位为地方政府预算单位，具体包括省级预算单位、市级预算单位、县（区）预算单位等。

按照政府单位的财政管理层次，政府单位分为中央财政预算单位和各级地方财政预算单位。中央财政预算单位纳入中央财政预算管理，包括党中央各部门、全国人大机构、中央人民政府机构、政协全国委员会、国家监察委员会、最高人民法院、最高人民检察院机构、各民主党派和工商联中央机关、国务院所属事业单位等。地方财政预算单位纳入地方财政预算管理，是国家机关、政党组织的地方分支机构以及地方政府设立的事业单位，包括省（自治区、直辖市）、市（设区的市、自治州）、县（自治县、不设区的市、市辖区）和乡（镇）四个层次。

（二）政府单位会计的范围

按照政府单位会计主体的类型划分，政府单位会计包括行政单位会计和事业单位会计，事业单位会计又可以进一步划分为普通事业单位会计和行业事业单位会计。行政单位会计和事业单位会计同属政府单位会计，执行相同的政府会计制度。但是，行政单位的职责是履行行政职责，事业单位的任务是开展公益性专业服务，两者的会计核算也存在一定的差异。行业事业单位会计具有明显的行业特征，其核算方法有特别的规定。

1.行政单位会计

行政单位会计是反映和监督各级各类国家机关、政党组织的财务状况、运行情况和预算执行情况及结果的专业会计。行政单位会计的主体是行政单位，以财政拨款资金为主要核算对象，为单位的财务管理和预算管理服务。

行政单位是行使国家权力、管理国家事务的各级政府机构，其主要职能是进行国家行政管理、组织经济建设和文化建设、维护社会公共秩序。行政单位依法设立，工作人员一般列入国家行政编制，运行经费由国家财政供给。作为行政单位会计的主体，行政单位有着特定的范围，是各级各类国家机关、政党组织的统称。

（1）国家机关，是指依宪法和有关组织法的规定设置的，行使国家行政职权，负责对国家各项行政事务进行组织、管理、监督和指挥的机关。我国的国家机关主要包括：各级人民代表大会及其常务委员会机关、各级人民政府及其所属工作机构、中国人民政治协商会议各级委员会机关、各级监察机关、各级审判机关、各级检察机关等。

（2）政党组织，包括中国共产党各级机关、各民主党派和工商联的各级机关。其中，中国共产党为执政党，由党的中央组织、地方组织和基层组织组成。民主党派是指除执政党中国共产党以外的参政党的统称，包括中国国民党革命委员会、中国民主同盟、中国民主建国会、中国民主促进会、中国农工民主党、中国致公党、九三学社、台湾民主自治同盟。工商联是中华全国工商业联合会的简称，是面向工商界、以非公有制企业和非公有制经济人士为主体的人民团体和商会组织。

2.事业单位会计

事业单位会计是反映和监督事业单位的财务状况、事业成果和预算执行情况及结果的专业会计。事业单位会计的主体是事业单位，以单位财政拨款资金和其他资金为会计核算对象，反映单位预算资金和业务活动资金的运动情况。

事业单位是国家为了社会公益目的，由国家机关举办或者其他组织利用国有资产举办的，从事教育、科技、文化、卫生等活动的社会服务组织。事业单位有两个属性，一是具有国有性质，二是具有社会公益性质。首先，事业单位具有国有性质，事业单位必须是国家出资设立的或者由社会其他组织利用国有资产举办的。社会其他组织和个人利用非国有资产举办的公益性组织不属于事业单位。其次，事业单位具有社会公益性质，以社会公益活动为目的。事业单位是提供各种社会服务的公益性组织，不以营利为目的，注重社会效益，满足人们对物质文化生活的需要。

事业单位实行登记管理制度。根据《事业单位登记管理暂行条例》的规定，事业单位经县级以上各级人民政府及有关主管部门批准成立后，应当依照规定登记或者备案。事业单位的活动领域较为广泛，主要集中在教育、科研、文化、卫生、体育、新闻出版、广播电视、社会福利、救助减灾、统计调查、技术推广与实验、公用设施管理、物资仓储、监测、勘探与勘察、测绘、检验检测与鉴定、法律服务、资源管理事务、质量技术监督事务、经济监督事务、知识产权事务、公证与认证、信息与咨询、人才交流、就业服务、机关后勤服务等。按社会功能的不同，事业单位可以划分为行政支持类、社会公益类、经营开发服务类三种类型。

（1）行政支持类事业单位，也称为参照公务员法管理的事业单位（简称参公单位），是指具有依据法律、法规授权的公共事务管理职能，从事具体行政执法、监督检查的事业单位。行政支持类事业单位是为政府行政行为执行提供必要支持和保障的单位，此类事业单位只允许政府举办，经费来源完全靠政府财政拨款，其管理体制和运行机制可适当参照国家机关，主要包括政策研究机构、数据统计机构、经济监督机构等。

（2）社会公益类事业单位，是指为实现社会公共利益和国家长远利益举办的、面向社会提供公益产品和公共服务的事业单位。根据职责任务、服务对象和资源配置方式等情况，将从事公益服务的事业单位细分为两类：承担义务教育、基础性科研、公共文化、公共卫生及基层的基本医疗服务等基本公益服务，不能或不宜由市场配置资源的，划入公益一类；承担高等教育、非营利医疗等公益服务，可部分由市场配置资源的，划入公益二类。

（3）经营开发服务类事业单位，是指从事生产经营、技术开发和中介服务等活动的事业单位，可以通过市场配置资源。如技术开发应用型科研机构、出版发行机构、工程勘察设计机构、培训中心后勤服务机构等。这类事业单位需要逐步向企业过渡。

根据党的十九届三中全会通过的《中共中央关于深化党和国家机构改革的决定》，我国将全面推进承担行政职能的事业单位改革，理顺政事关系，实现政事分开，不再设立承担行政职能的事业单位。加大从事经营活动事业单位改革力度，推进事企分开。事业单位将主要包括政府服务类事业单位和社会服务类事业单位。

3.行业事业单位会计

行业事业单位会计是事业单位会计的一个分支，也是政府单位会计的组成部分。事业单位分布在不同的领域，有些事业单位的行业特征显著，对会计核算有特殊的要求。按照事业单位从事的专业业务是否具有特殊性，事业单位分为普通事业单位和行业事业单位。

普通事业单位是不具有行业特点的事业单位，其专业业务活动的公益性较强，不能或不宜由市场配置资源，以财政拨款为主要收入来源，主要包括行政支持类事业单位、公益一类事业单位和其他没有行业特征的事业单位。行业事业单位是具有行业特点的事业单位，有着不同于普通事业单位的业务活动，需要通过市场配置资源，主要通过专业业务活动获取收入，主要包括医院、基层医疗卫生机构、高等学校、中小学校、科学事业单位、彩票机构、地勘单位、测绘单位、林业（苗圃）等事业单位。

行业事业单位会计与行政单位会计、普通事业单位会计执行统一的政府单位会计制度，按照会计制度的规定进行通用或共性业务的会计处理，以提高政府会计信息的可比性。对于行业事业单位的特殊业务，行业事业单位会计应当在遵循会计核算基本原则的基础上，按照主管部门颁布的补充规定的要求进行会计处理。

二、政府会计准则与会计制度

（一）政府会计准则

我国的政府会计标准体系由政府会计准则和政府会计制度组成。其中政府会计准则包括基本准则、具体准则及应用指南。政府单位应当根据政府会计准则规定的原则和会计制度的要求，对其发生的各项经济业务或事项进行会计核算。

基本准则是对政府会计行为进行的原则性规范，建立政府会计体系的概念框架，明确政府会计信息的总体要求，内容包括政府会计目标、会计信息质量要求、会计要素的定义及确认计量原则与列报要求等。

具体准则及应用指南规范政府发生的具体经济业务或事项的会计处理，指引政府会计的实务操作。财政部已经颁布存货、投资、固定资产、无形资产、公共基础设施、政府储备物资、会计调整、负债、财务报表编制和列报、政府和社会资本合作项目合同、文物资源等11项具体准则，以及固定资产、政府和社会资本合作项目合同、文物资源等3项应用指南。

（二）政府会计制度

政府会计制度主要规范政府会计科目及其使用说明、报表格式及其编制说明等，便于会计人员进行日常核算。2017年11月，财政部印发《政府会计制度——行政事业单位会计科目和报表》（财会〔2017〕25号，以下简称《政府会计制度》）。我国的政府会计处于改革之中，《政府会计制度》的出台是政府会计改革的重要环节，是建立统一、科学、规范的政府会计标准体系的重要内容，对于规范政府单位会计核算，提高政府会计信息质量具有重要意义。

《政府会计制度》适用于各级各类行政单位和事业单位，自2019年1月1日起施行。各级各类国家机关、政党组织、事业单位执行《政府会计制度》，会计制度尚未规范的有关行业事业单位的特殊经济业务或事项的会计处理，由财政部另行规定。纳入企业财务管理体系执行企业会计准则或小企业会计准则的事业单位，不执行《政府会计制度》。

为了规范行业事业单位特殊经济业务或事项的会计核算，结合行业事业单位实际情况，财政部颁布了高等学校、中小学校、医院、基层医疗卫生机构、科学事业单位、国有林场和苗圃、彩票机构等行业事业单位执行政府会计制度的补充规定。

为了进一步健全和完善政府会计准则制度，确保政府会计准则制度有效实施，财政部定期制定并发布政府会计准则制度解释。政府会计准则制度解释是对政府会计准则制度相关内容作进一步的解释说明，补充和完善政府会计准则制度中的相关规定，解决政府会计准则制度实施中的问题。

小链接6-1

《政府会计制度》是操作层面的会计规范，由正文和附录组成。正文包括五部分内容：总说明、会计科目名称和编号、会计科目使用说明、报表格式、报表编制说明。附录为主要业务或事项账务处理的举例。

具体内容请见链接：http://kjs.mof.gov.cn/zt/zfkjzz/zfkjzz/。

三、政府单位会计体系与核算方法

（一）政府单位会计的组成体系

政府会计既要为预算管理服务，也要为单位的经济与财务管理服务。为此，《政府会计准则——基本准则》构建了包括预算会计和财务会计的“双功能”的政府会计体系，在完善预算会计功能的基础上，增强了政府财务会计功能。《政府会计制度》规定，政府单位会计核算应当具备财务会计与预算会计双重功能，实现财务会计与预算会计适度分离并相互衔接，全面、清晰地反映单位财务信息和预算执行信息。因此，政府单位会计体系由政府单位财务会计和政府单位预算会计构成。

1.政府单位财务会计

政府单位财务会计是以权责发生制为基础，对政府单位发生的各项经济业务或事项进行核算，反映和监督政府单位的财务状况、运行情况、运行成本和现金流量等信息。政府单位财务会计编制部门财务报告，提供有助于财务报告使用者作出决策或进行监督和管理的信息。

2.政府单位预算会计

政府单位预算会计是以收付实现制为基础，对政府单位预算执行过程中发生的收入和支出进行核算，反映和监督预算收支执行情况。政府单位预算会计编制部门决算报告，向决算报告使用者提供与政府预算执行情况有关的信息，综合反映政府预算收支的年度执行结果。

政府单位财务会计与预算会计适度分离并相互衔接。二者在功能上适度分离，分别实现政府会计的预算管理和财务管理功能、决算报告和财务报告功能，全面反映政府会计主体的预算执行信息和财务信息。二者在内容上相互衔接，在同一会计信息系统中，预算会计要素和相关财务会计要素相互协调，决算报告和财务报告相互补充，共同反映政府会计主体的预算执行信息和财务信息。

随着政府会计改革的不断深入，政府会计体系将进一步完善。政府单位还应当建立政府单位成本会计和政府单位管理会计，提供有关成本信息和预测决算信息。

（二）政府单位会计的确认基础

政府单位财务会计与预算会计对会计信息有不同的核算要求，应当采用不同的确认基础。根据《政府会计制度》的规定，政府单位会计采用了权责发生制与收付实现制“双基础”的会计核算模式。

1.政府单位财务会计的确认基础

政府单位财务会计实行权责发生制。权责发生制基础有利于完整地反映政府会计单位的财务状况和运行情况，进行业绩考核与评价。权责发生制是指以取得收取款项的权利或支付款项的义务为标志来确定本期收入和费用的会计核算基础。凡是当期已经实现的收入和已经发生的或应当负担的费用，不论款项是否收付，都应当作为当期的收入和费用；凡是不属于当期的收入和费用，即使款项已在当期收付，也不应当作为当期的收入和费用。

2.政府单位预算会计的确认基础

政府单位预算会计实行收付实现制。预算会计的基础确认应当与预算管理编制的口径保持一致，准确反映政府单位的预算执行情况与结果。收付实现制是指以现金的实际收付为标志来确定本期收入和支出的会计核算基础，凡在当期实际收到的现金收入和支出，均应作为当期的收入和支出；凡是不属于当期的现金收入和支出，均不应当作为当期的收入和支出。

（三）政府单位会计的平行记账

政府单位会计分为财务会计与预算会计两个子系统，应当进行平行记账。对于单位所发生的业务或事项，如果仅影响财务会计要素的变动，只需要在财务会计中进行核算；如果仅影响预算会计要素的变动，只需要在预算会计中进行核算。如果单位所发生的业务或事项，既涉及财务会计要素又涉及预算会计，则需要同时进行财务会计和预算会计核算。根据《政府会计制度》的规定，政府单位会计实行“平行记账”的会计核算模式。

平行记账是指政府单位对于发生的经济业务和事项，在一个会计信息系统中，同时进行财务会计和预算会计两项核算，以全面、清晰地反映单位财务信息和预算执行信息。

（四）政府单位会计的报告

政府单位财务会计与预算会计有着不同的报告目标，应当编制不同的财务报告。财务会计为单位的财务管理服务，提供与单位的财务状况、运行情况等有关的信息，应当编制财务报表，提供年度部门财务报告。预算会计为单位的预算管理服务，提供与单位预算执行情况有关的信息，应当编制决算报表，提供年度部门决算报告。根据《政府会计制度》的规定，政府单位会计实行部门财务报告与部门决算报告“双报告”的会计核算模式。

1.部门财务报告

政府单位应当编制年度部门财务报告。部门财务报告是政府单位依据财务会计核算生成的数据编制的，反映政府部门某一特定日期的财务状况和某一会计期间的运行情况和现金流量等信息的文件。部门财务报告由部门财务报表和部门财务分析组成。

2.部门决算报告

政府单位应当编制年度部门决算报告。部门决算报告是政府单位依据预算会计核算生成的数据编制的，综合反映政府部门年度预算收支执行结果的文件。部门决算报告由部门决算报表和部门决算说明与分析组成。

四、政府单位会计要素与会计科目

（一）政府单位会计要素

政府单位财务会计与预算会计具有不同的核算内容，应当分别设置会计要素。根据《政府会计制度》的规定，政府单位会计实行“5+3=8要素”的会计核算模式。

1.政府单位财务会计要素

政府单位财务会计服务于单位的经济与财务管理，以单位的业务活动资金为会计对象，反映单位的财务状况和运行情况。政府单位财务会计设置资产、负债、净资产、收入和费用五个会计要素。其中，资产、负债和净资产要素反映单位某一时点的财务状况，收入和费用反映单位一定时期的运行情况。

2.政府单位预算会计要素

政府单位预算会计服务于单位预算管理，以单位的预算资金为会计对象，反映单位的预算执行情况及结果。政府单位预算会计设置预算收入、预算支出和预算结余三个会计要素。预算收入是单位在预算年度内依法取得的并纳入预算管理的现金流入，预算支出是单位在预算年度内依法发生并纳入预算管理的现金流出，预算结余是单位预算年度内预算收入扣除预算支出后的资金余额，以及历年滚存的资金余额。

（二）政府单位会计科目

根据《政府会计制度》及后续的应用指南，政府单位会计共设置106个一级会计科目，分别财务会计与预算会计设置会计科目。其中，财务会计设置了80个一级科目，预算会计设置了26个一级科目。政府单位应当按照会计制度的规定设置和使用会计科目。在不影响会计处理和编制报表的前提下，单位可以根据实际情况自行增设或减少某些会计科目。

1.政府单位财务会计科目

政府单位财务会计的80个一级科目中，资产类科目37个，负债类科目16个，净资产类科目8个，收入类科目11个，费用类科目8个。政府单位财务会计的科目区分行政单位和事业单位，行政单位会计可以使用其中的56个科目，事业单位会计可以使用其中的79个科目，行业事业单位会计需要根据专业业务的特点适当增设会计科目。

政府单位财务会计科目见表6-1。

表6-1　**政府单位财务会计科目表**

序号	科目编号	科目名称	备注	序号	科目编号	科目名称	备注
		（一）资产类				（二）负债类	
1	1001	库存现金	行政/事业	38	2001	短期借款	事业
2	1002	银行存款	行政/事业	39	2101	应交增值税	行政/事业
3	1011	零余额账户用款额度	行政/事业	40	2102	其他应交税费	行政/事业
4	1021	其他货币资金	行政/事业	41	2103	应缴财政款	行政/事业
5	1101	短期投资	事业	42	2201	应付职工薪酬	行政/事业
6	1201	财政应返还额度	行政/事业	43	2301	应付票据	事业
7	1211	应收票据	事业	44	2302	应付账款	行政/事业
8	1212	应收账款	行政/事业	45	2303	应付政府补贴款	行政
9	1214	预付账款	行政/事业	46	2304	应付利息	事业
10	1215	应收股利	事业	47	2305	预收账款	事业
11	1216	应收利息	事业	48	2307	其他应付款	行政/事业
12	1218	其他应收款	行政/事业	49	2401	预提费用	行政/事业
13	1219	坏账准备	事业	50	2501	长期借款	事业
14	1301	在途物品	行政/事业	51	2502	长期应付款	行政/事业
15	1302	库存物品	行政/事业	52	2601	预计负债	行政/事业
16	1303	加工物品	行政/事业	53	2901	受托代理负债	行政/事业
17	1401	待摊费用	行政/事业			（三）净资产类	
18	1501	长期股权投资	事业	54	3001	累计盈余	行政/事业
19	1502	长期债券投资	事业	55	3101	专用基金	事业
20	1601	固定资产	行政/事业	56	3201	权益法调整	事业
21	1602	固定资产累计折旧	行政/事业	57	3301	本期盈余	行政/事业
22	1611	工程物资	行政/事业	58	3302	本年盈余分配	行政/事业
23	1613	在建工程	行政/事业	59	3401	无偿调拨净资产	行政/事业
24	1701	无形资产	行政/事业	60	3501	以前年度盈余调整	行政/事业
25	1702	无形资产累计摊销	行政/事业	61	3601	PPP 项目净资产	行政/事业
26	1703	研发支出	行政/事业			（四）收入类	
27	1801	公共基础设施	行政/事业	62	4001	财政拨款收入	行政/事业

续表

序号	科目编号	科目名称	备注	序号	科目编号	科目名称	备注
28	1802	公共基础设施累计折旧（摊销）	行政/事业	63	4101	事业收入	事业
29	1811	政府储备物资	行政/事业	64	4201	上级补助收入	事业
30	1821	文物资源	行政/事业	65	4301	附属单位上缴收入	事业
31	1831	保障性住房	行政/事业	66	4401	经营收入	事业
32	1832	保障性住房累计折旧	行政/事业	67	4601	非同级财政拨款收入	行政/事业
33	1841	PPP 项目资产	行政/事业	68	4602	投资收益	事业
34	1842	PPP 项目资产累计折旧（摊销）	行政/事业	69	4603	捐赠收入	行政/事业
35	1891	受托代理资产	行政/事业	70	4604	利息收入	行政/事业
36	1901	长期待摊费用	行政/事业	71	4605	租金收入	行政/事业
37	1902	待处理财产损溢	行政/事业	72	4609	其他收入	行政/事业
				（五）费用类			
				73	5001	业务活动费用	行政/事业
				74	5101	单位管理费用	事业
				75	5201	经营费用	事业
				76	5301	资产处置费用	行政/事业
				77	5401	上缴上级费用	事业
				78	5501	对附属单位补助费用	事业
				79	5801	所得税费用	事业
				80	5901	其他费用	行政/事业

2.政府单位预算会计科目

政府单位预算会计设置了26个一级科目。其中，预算收入类科目9个，预算支出类科目8个，预算结余类科目9个。行政单位会计可以使用其中的11个科目，事业单位会计可以使用其中的25个科目。

政府单位预算会计科目见表6-2。

表6-2 **政府单位预算会计科目表**

序号	科目编号	科目名称	备注	序号	科目编号	科目名称	备注
（一）预算收入类				14	7501	对附属单位补助支出	事业
1	6001	财政拨款预算收入	行政/事业	15	7601	投资支出	事业
2	6101	事业预算收入	事业	16	7701	债务还本支出	事业
3	6201	上级补助预算收入	事业	17	7901	其他支出	行政/事业

续表

序号	科目编号	科目名称	备注	序号	科目编号	科目名称	备注
4	6301	附属单位上缴预算收入	事业	（三）预算结余类			
5	6401	经营预算收入	事业	18	8001	资金结存	行政/事业
6	6501	债务预算收入	事业	19	8101	财政拨款结转	行政/事业
7	6601	非同级财政拨款预算收入	行政/事业	20	8102	财政拨款结余	行政/事业
8	6602	投资预算收益	事业	21	8201	非财政拨款结转	行政/事业
9	6609	其他预算收入	行政/事业	22	8202	非财政拨款结余	行政/事业
（二）预算支出类				23	8301	专用结余	事业
10	7101	行政支出	行政	24	8401	经营结余	事业
11	7201	事业支出	事业	25	8501	其他结余	行政/事业
12	7301	经营支出	事业	26	8701	非财政拨款结余分配	事业
13	7401	上缴上级支出	事业				

第二节　收入的核算

收入是财务会计的要素，反映政府单位的运行过程与成果。本节介绍政府单位收入的确认、内容与确认方法，讲解各收入类科目的核算内容、账户设置和账务处理。

一、收入的确认与内容

（一）收入的确认

收入是政府单位在一定时期取得的，会导致净资产增加的、含有服务潜力或者经济利益的经济资源的流入。政府单位确认一项收入，要求与收入相关的含有服务潜力或者经济利益的经济资源很可能流入政府会计主体，含有服务潜力或者经济利益的经济资源流入会导致政府会计主体资产增加或者负债减少，流入金额能够可靠地计量。

政府单位的收入以权责发生制基础确认，凡是当期已经实现的收入，不论款项是否收到，都应当作为当期的收入。

（二）收入的内容

财务会计为政府单位的经济与财务管理服务，应当完整反映所实现的各项收入，为绩效考核与评价奠定基础。按照收入的来源和取得方式划分，收入分为财政拨款收入、业务活动收入、补助与上缴收入和其他活动收入。

（1）财政拨款收入是政府单位从同级政府财政取得的各项经费拨款，是行政单位的主要经费来源，是事业单位的一项重要资金来源。

（2）业务活动收入是事业单位开展业务活动，向社会提供商品、服务等而取得的各项收入，包括事业收入和经营收入。行政单位依法履职，不开展专业业务活动和经营活动，不设置业务活动类收入科目。

（3）转移性收入是政府单位从非同级财政部门、其他政府单位取得的收入，包括非同级财政拨款收入、上级补助收入和附属单位上缴收入。上级补助收入和附属单位上缴收入是事业单位设置的会计科目，行政单位不设置此类会计科目。

（4）其他活动收入是政府单位取得的除上述各类收入以外的各项收入，包括捐赠收入、利息收入、租金收入、投资收益、其他收入。其中，投资收益是事业单位设置的会计科目，其他几个科目是行政单位与事业单位的共用科目。

二、财政拨款收入

（一）财政拨款收入的内容

财政拨款收入是政府单位从同级政府财政部门取得的经费拨款。根据财政预算管理体系及单位的隶属关系，政府单位的财政拨款由同级政府财政部门安排拨付。政府单位应当按照批准的年度部门预算和月度用款计划，向同级财政部门申请经费拨款。在国库集中收付制度下，政府单位的预算经费由同级财政通过国库单一账户体系统一拨付，主要采用国库集中支付方式，特定情况下采用实拨资金方式。政府单位从同级政府财政部门取得的各类经费拨款，包括一般公共预算财政拨款、政府性基金预算财政拨款等。政府单位会计的财政拨款收入与财政总会计的财政拨款费用相对应，二者保持一致。

（二）财政拨款收入的核算

政府单位设置“财政拨款收入”科目，核算单位从同级政府财政部门取得的各类财政拨款。同级政府财政部门预拨的下期预算款和没有纳入预算的暂付款项，以及采用实拨资金方式通过本单位转拨给下属单位的财政拨款，通过“其他应付款”科目核算，不通过本科目核算。本科目可按照一般公共预算财政拨款、政府性基金预算财政拨款等拨款种类进行明细核算。期末，应当将本科目本期发生额转入本期盈余，期末结转后本科目应无余额。预算管理一体化下的财政拨款，主要有国库集中支付和实拨资金两种方式。财政拨款收入的主要账务处理如下：

1. 国库集中支付方式

为全面贯彻落实《国务院关于进一步深化预算管理制度改革的意见》，深入推进预算管理一体化建设，有力支撑健全现代预算制度，财政拨款采用国库集中支付方式。国库集中支付是以国库单一账户体系为基础，以一体化系统和银行间实时清算系统为依托。支付款项时，由单位通过一体化系统提出申请，经校验审核后，资金通过国库单一账户体系支付给最终收款人，生成国库集中支付凭证。

国库集中支付方式下，财政拨款收入在财政部门完成款项的实际支付时确认。根据收到的“国库集中支付凭证”及相关原始凭证，按照凭证上的国库集中实际支付入账金额，借记“库存物品”“固定资产”“业务活动费用”“单位管理费用”“应付职工薪酬”等科目，贷记“财政拨款收入”科目。

【例6-1】某单位收到国库支付执行机构委托代理银行转来的“国库集中支付凭证”及原始凭证，单位的一笔培训费用60 000元款项已经完成支付，资金性质为一般公共预算资金。

借：业务活动费用　60 000

　贷：财政拨款收入——一般公共预算财政拨款　60 000

【例6-2】某单位收到国库支付执行机构委托代理银行转来的“国库集中支付凭证”及原始凭证，单位购买的一台设备80 000元款项已经完成支付，资金性质为政府性基金预算资金，设备已经通过验收。

借：固定资产——设备　80 000

　贷：财政拨款收入——政府性基金财政拨款　80 000

2.财政实拨资金方式

国库集中支付是财政拨款的主要支付方式。特定情况下，政府财政可以按规定向单位的实有资金账户划转财政资金，由单位完成支付，主要包括确需划转的工会经费、住房改革支出、代扣代缴的税款，以及暂不能通过国库账户委托收款的社会保险缴费、职业年金缴费、水费、电费、取暖费等。

实拨资金方式下，向实有资金账户划转资金时，应当根据收到的国库集中支付凭证及实有资金账户入账凭证，按照凭证入账金额，借记“银行存款”科目，贷记“财政拨款收入”科目。

【例6-3】某单位收到国库支付执行机构委托代理银行转来的“国库集中支付凭证”和开户银行转来的“到账通知书”，同级财政部门拨入的水电费150 000元已经转入单位的银行账户，资金性质为一般公共预算资金。

借：银行存款　150 000

　贷：财政拨款收入——一般公共预算资金　150 000

除上述两种方式外，对于未实行财政预算管理一体化的预算单位，依然采用财政授权支付方式拨付财政资金。财政授权支付方式下，财政拨款收入在用款额度下达到代理银行账户时确认。根据收到的“财政授权支付额度到账通知书”，按照通知书中的授权支付额度，借记“零余额账户用款额度”科目，贷记“财政拨款收入”科目。

【例6-4】某单位收到代理银行转来的“财政授权支付额度到账通知书”，本月单位财政授权支付额度170 000元已经下达到代理银行，资金性质为一般公共预算资金。

借：零余额账户用款额度　170 000

　贷：财政拨款收入——一般公共预算财政拨款　170 000

三、业务活动收入

业务活动收入是事业单位开展业务活动实现的各项收入，包括事业收入和经营收入。行政单位没有业务活动收入。

（一）事业收入的核算

事业收入是事业单位开展专业业务活动及辅助活动所取得的收入。事业收入是事业单位的业务收入，包括提供服务取得的收入和销售商品取得的收入。专业业务活动是事业单位的主要业务事项，是事业单位为了实现其宗旨所开展的业务活动。每个事业单位的专业业务活动可能有所不同，如学校的专业业务活动是教育活动，研究机构的专业业务活动是科研活动，卫生事业单位的专业业务活动是医疗服务活动等。辅助活动是与专业活动相关的，为专业业务提供支持的活动。事业单位的业务活动具有公益属性，在国家政策支持下可以通过事业收费运转的事业单位，提供的公益性服务不以营利为目的，但需要按成本补偿的原则制定价格，收取商品价款或服务费用。事业收入不同于各种补助类收入，事业收入是一种有偿收入，以提供各项商品或服务为前提，是事业单位在业务活动中通过收费等方式取得的。

事业单位设置“事业收入”科目，核算事业单位开展专业业务活动及其辅助活动实现的收入，不包括从同级政府财政部门取得的各类财政拨款。本科目应当按照事业收入的类别、来源等进行明细核算。对于因开展科研及其辅助活动从非同级政府财政部门取得的经费拨款，应当在本科目下单设“非同级财政拨款”明细科目进行核算。期末，应当将本科目本期发生额转入本期盈余，期末结转后本科目应无余额。事业收入涉及增值税业务的，通过“应交增值税”科目核算。如果缴纳增值税，事业收入为扣除增值税后的收入。

事业单位应当按照合同完成进度确认事业收入，或者在履行完合同后确认事业收入。其主要账务处理如下：

1.采用收取现款方式的事业收入

采用收取现款的管理方式下，在收讫价款时确认事业收入。按照实际收到的金额，借记“银行存款”“库存现金”等科目，贷记“事业收入”科目。

【例6-5】某事业单位为博物馆，其专业业务活动为文化艺术品展览，当日展览取得门票收入6 520元，款项已经存入银行。

借：银行存款	6 520	
贷：事业收入——展览门票收入		6 520

2.采用预收款方式的事业收入

采用预收款的管理方式下，应当按照合同完成进度确认已经实现的事业收入。(1) 实际收到预收款项时，按照收到的款项金额，借记“银行存款”等科目，贷记“预收账款”科目。(2) 以合同完成进度确认事业收入时，按照基于合同完成进度计算的金额，借记“预收账款”科目，贷记“事业收入”科目。

【例6-6】某事业单位为培训中心，与某企业签订培训合同，为某企业举办两期业务培训班，每期培训20天，培训收费总计为32 000元。

(1) 签订合同时，收到某企业预付的培训费20 000元，款项已经存入单位的银行账户。

借：银行存款	20 000	
贷：预收账款		20 000

(2) 完成第一期培训后，确认已经实现的事业收入16 000元。

借：预收账款	16 000	
贷：事业收入——培训收入		16 000

(3) 完成第二期培训后，收到某企业转账支付的款项12 000元，同时确认第二期培训实现的事业收入16 000元。

借：预收账款	4 000	
银行存款	12 000	
贷：事业收入——培训收入		16 000

3. 采用应收款方式的事业收入

采用应收款的管理方式下，应当按照合同完成进度确认已经实现的事业收入。(1) 根据合同完成进度计算本期应收的款项，借记“应收账款”科目，贷记“事业收入”科目。(2) 实际收到款项时，借记“银行存款”等科目，贷记“应收账款”科目。

【例6-7】某事业单位为科研机构，为某企业提供科技服务。按照合同约定，服务价款56 000元，在履行合同后三个月支付。

(1) 事业单位履行合同，完成科技服务。

借：应收账款　56 000

　贷：事业收入——科技服务　56 000

(2) 收到转账支付的科技服务款项56 000元。

借：银行存款　56 000

　贷：应收账款　56 000

4.采用财政专户返还方式管理的事业收入

如果事业单位的收入纳入了财政专户管理，事业收入需要按“收支两条线”的方式管理。在这种管理方式下，事业单位取得的各项事业性收费不能立即安排支出，需要上缴财政部门设立的财政资金专户，支出由财政部门按资金收支计划从财政专户中拨付。事业单位经过审批取得从财政专户核拨的款项时，方可确认事业收入。(1) 实现应上缴财政专户的事业收入时，按照实际收到或应收的金额，借记“银行存款”“应收账款”等科目，贷记“应缴财政款”科目。(2) 向财政专户上缴款项时，按照实际上缴的款项金额，借记“应缴财政款”科目，贷记“银行存款”等科目。(3) 收到从财政专户返还的事业收入时，按照实际收到的返还金额，借记“银行存款”等科目，贷记“事业收入”科目。

【例6-8】某事业单位为学校，向学生收取的学费纳入财政专户管理，按规定需要全额上缴财政专户。

(1) 收取本学期学生学费48 000元，款项已经存入单位的银行账户。

借：银行存款　48 000

　贷：应缴财政款　48 000

(2) 按规定将上述款项缴入财政专户。

借：应缴财政款　48 000

　贷：银行存款　48 000

(3) 按照单位的月度用款计划，收到从财政专户返还的事业收入12 000元。

借：银行存款　12 000

　贷：事业收入——学费　12 000

需要注意的是，上述经济业务或事项没有考虑增值税业务。如果事业单位的事业收入需要缴纳增值税，确认的事业收入应当是不含税收入，价款中包含的增值税销项税额通过“应交增值税”科目核算。

(二) 经营收入的核算

经营收入是事业单位在专业业务活动及辅助活动之外开展非独立核算经营活动取得的收入。经营收入的确认应同时具备两个条件：一是经营收入是事业单位在专业业务活动及辅助活动之外取得的收入；二是经营收入是事业单位非独立核算单位取得的收入。经营收入是一种有偿收入，以提供各项服务或商品为前提，是事业单位在经营活动中通过收费等方式取得的。事业单位的主要业务活动是专业业务活动，在专业业务活动及辅助活动以外开展的各项业务活动即为经营活动。事业单位开展经营活动的目的，是通过经营活动获取一定的收入，弥补事业经费的不足。事业单位的经营收入主要是经营活动中实现的商品销售收入、提供服务收入、租赁收入等。

事业单位设置“经营收入”科目，核算事业单位在专业业务活动及其辅助活动之外开展非独立核算经营活动取得的收入。本科目应当按照经营活动类别、项目和收入来源等进行明细核算。期末，应当将本科目本期发生额转入本期盈余，期末结转后本科目应无余额。经营收入涉及增值税业务的，通过“应交增值税”科目核算。如果缴纳增值税，经营收入为扣除增值税后的收入。

经营收入应当在提供服务或发出存货，同时收讫价款或者取得索取价款的凭据时，按照实际收到或应收的金额予以确认。实现经营收入时，按照确定的收入金额，借记“银行存款”“应收账款”“应收票据”等科目，贷记“经营收入”科目。

【例6-9】某事业单位为环境保护单位，其经营业务为向社会公众提供家庭装修污染检测服务。本日检测服务收费3 200元，存入单位的银行账户，该项服务不需要缴纳增值税。

借：银行存款	3 200	
贷：经营收入——检测服务		3 200

【例6-10】某事业单位为医疗卫生服务单位，其经营业务为对外销售一项康复用品。本日销售商品价值226 000元（含税），款项尚未收到。该事业单位为增值税一般纳税人，增值税销项税额为26 000元。

借：应收账款	226 000	
贷：经营收入——康复用品		200 000
应交增值税		26 000

四、转移性收入

转移性收入是单位从非同级财政部门、其他政府单位取得的收入，包括非同级财政拨款收入、上级补助收入和附属单位上缴收入。转移性收入是政府的内部收入，在编制会计报表时需要与转移性费用抵销。

（一）非同级财政拨款收入的核算

非同级财政部门拨款是政府单位从非同级财政部门取得的各类经费拨款，包括从上级政府财政部门取得的经费拨款、从下级政府财政部门取得的经费拨款，以及从同级政府其他部门取得的横向转拨财政款。政府单位的经费拨款主要是按照隶属关系从同级财政部门取得的，但也存在从非同级财政部门取得经费拨款的情况。非同级财政拨款通常通过银行转账，以实拨资金的方式拨付。

政府单位设置“非同级财政拨款收入”科目，核算单位从非同级政府财政部门取得的经费拨款。事业单位因开展科研及其辅助活动从非同级政府财政部门取得的经费拨款计入事业收入，不通过非同级财政拨款收入核算。本科目应当按照本级横向转拨财政款和非本级财政拨款进行明细核算，并按照收入来源进行明细核算。期末，应当将本科目本期发生额转入本期盈余，期末结转后本科目应无余额。

非同级财政拨款收入在单位实际收到从非同级政府财政部门拨来的款项时确认。确认非同级财政拨款收入时，按照应收或实际收到的金额，借记“其他应收款”“银行存款”等科目，贷记“非同级财政拨款收入”科目。

【例6-11】某单位为市财政所属预算单位，因承担省政府交办的事项，收到省财政部门拨来的项目经费。单位收到开户银行转来的“到账通知书”，省级财政拨来的78 000元款项已经到账。

借：银行存款　78 000

　贷：非同级财政拨款收入——非本级财政拨款　78 000

（二）上级补助收入的核算

上级补助收入是事业单位收到主管部门或上级单位拨入的非财政补助资金。根据事业单位的管理体制，每个事业单位均有主管部门或上级单位，主管部门或上级单位可以利用自身的收入或集中的收入，对所属事业单位给予补助，以调剂事业单位的资金余缺。不同于财政补助收入，上级补助收入并非来源于同级财政部门，也不是同级财政部门安排的财政预算资金。上级补助收入并不是事业单位的常规性收入，主管部门或上级单位一般根据自身的资金情况和事业单位的需要进行拨付。

事业单位设置“上级补助收入”科目，核算事业单位从主管部门和上级单位取得的非财政拨款收入。本科目应当按照发放补助单位、补助项目等进行明细核算。期末，应当将本科目本期发生额转入本期盈余，期末结转后本科目应无余额。

上级补助收入在应当收到补助款或实际收到补助款时确认。（1）按照应收上级补助款的金额确认上级补助收入时，借记“其他应收款”等科目，贷记“上级补助收入”科目。（2）按照实际收到上级补助款的金额确认上级补助收入时，借记“银行存款”等科目，贷记“上级补助收入”科目。

【例6-12】某事业单位的主管部门用其所集中的款项，对附属单位的经费进行调剂。按照补助方案计算，本期事业单位应收上级补助款的金额为120 000元。

借：其他应收款——应收上级补助款　120 000

　贷：上级补助收入——主管部门　120 000

【例6-13】某事业单位收到上级单位拨来的补助款180 000元，款项已经到账。此款项资助事业单位所开展的一项课题研究。

借：银行存款　180 000

　贷：上级补助收入——上级单位——课题研究　180 000

（三）附属单位上缴收入的核算

附属单位上缴收入是指事业单位附属的独立核算单位按规定标准或比例缴纳的各项收入。有些事业单位下设一些独立核算的附属单位，这些单位按规定应当上缴本级单位一定的收入，形成事业单位的附属单位上缴收入。所谓附属单位是指事业单位内部设立的，实行独立核算的下级单位，与上级单位存在一定的体制关系。

事业单位设置“附属单位上缴收入”科目，核算事业单位取得的附属独立核算单位按照有关规定上缴的收入。本科目应当按照附属单位、缴款项目等进行明细核算。期末，应当将本科目本期发生额转入本期盈余，期末结转后本科目应无余额。

附属单位上缴收入在应当收到上缴款或实际收到上缴款时确认。确认附属单位上缴收入时，按照应收或收到的金额，借记“其他应收款”“银行存款”等科目，贷记“附属单位上缴收入”科目。

【例6-14】某事业单位下属的招待所为独立核算的附属单位。按照单位与招待所签订的收入分配办法的规定，本月招待所应交纳收入分成款150 000元。

（1）确认附属单位上缴收入时：

借：其他应收款——招待所 150 000

贷：附属单位上缴收入——招待所收入上缴 150 000

（2）实际收到招待所上缴款时：

借：银行存款 150 000

贷：其他应收款——招待所 150 000

五、其他各项收入

其他各项收入是政府单位开展上述活动以外的活动取得的收入，主要包括捐赠收入、利息收入、租金收入、投资收益和其他收入。行政单位不允许对外投资，不设置投资收益科目。

（一）捐赠收入的核算

政府单位设置“捐赠收入”科目，核算单位接受其他单位或者个人捐赠取得的收入。本科目应当按照捐赠资产的用途和捐赠单位等进行明细核算。期末，应当将本科目本期发生额转入本期盈余，期末结转后本科目应无余额。

捐赠收入应当在实际收到捐赠资产时确认，主要账务处理如下：（1）接受捐赠的货币资金，按照实际收到的金额，借记“银行存款”“库存现金”等科目，贷记“捐赠收入”科目。（2）接受捐赠的实物资产，按照确定的成本，借记“库存物品”“固定资产”等科目，按照发生的相关税费、运输费等，贷记“银行存款”等科目，按照其差额，贷记“捐赠收入”科目。捐赠实物资产的成本一般按照相关凭据、同类资产市场价格或评估价值确定，如果收到的捐赠资产无法可靠计量，按照其名义金额人民币1元入账。

【例6-15】某单位接受社会组织的捐赠，包括捐赠款和材料用品。收到捐赠款28 000元，已经存入单位的银行账户。收到捐赠的材料用品已经验收入库，根据所附凭据其价值为35 000元。捐赠过程中，单位没有承担相关税费。

借：银行存款 28 000

库存物品 35 000

贷：捐赠收入 63 000

（二）利息收入的核算

政府单位设置“利息收入”科目，核算单位取得的银行存款利息收入。本科目没有要求设置明细科目。期末，应当将本科目本期发生额转入本期盈余，期末结转后本科目应无余额。

利息收入应当在取得时确认。取得银行存款利息时，按照实际收到的金额，借记“银行存款”科目，贷记“利息收入”科目。

【例6-16】某单位收到开户银行转来的入账通知单，本月银行存款利息为720元。

借：银行存款　720

　贷：利息收入　720

（三）租金收入的核算

政府单位设置“租金收入”科目，核算单位经批准利用国有资产出租取得并按照规定纳入本单位预算管理的租金收入。本科目应当按照出租国有资产类别和收入来源等进行明细核算。期末，应当将本科目本期发生额转入本期盈余，期末结转后本科目应无余额。租金收入涉及增值税业务的，通过“应交增值税”科目核算。如果资产出租应当缴纳增值税等，租金收入为扣除增值税后的收入。

根据行政、事业单位国有资产管理办法的规定，单位拟将占有、使用的国有资产对外出租、出借的，必须事先上报同级财政部门审核批准，未经批准不得对外出租、出借。同级财政部门应当加强对国有资产对外出租、出借事项严格控制，从严审批。如果按规定取得的租金收入应当上缴国库，应当通过“应缴财政款”科目核算，不确认为租金收入。

国有资产出租收入应当在租赁期内各个期间，按照直线法予以确认。直线法是指将已经收到或应当收到的租金平均分配到各个期间。租金收入的主要账务处理如下：（1）采用预收租金方式的，预收租金时，按照收到的金额，借记“银行存款”等科目，贷记“预收账款”科目；分期确认租金收入时，按照各期租金的金额，借记“预收账款”科目，贷记“租金收入”科目。（2）采用后付租金方式的，每期确认租金收入时，按照各期租金的金额，借记“应收账款”科目，贷记“租金收入”科目；收到租金时，按照实际收到的金额，借记“银行存款”等科目，贷记“应收账款”科目。（3）采用分期收取租金方式的，每期收取租金时，按照租金的金额，借记“银行存款”等科目，贷记“租金收入”科目。

【例6-17】某单位经财政部门的批准，将一闲置的房屋对外出租。根据房屋租赁协议，租金为12 000元，于年初一次交纳。

（1）年初预收全年租金12 000元时：

借：银行存款　12 000

　贷：预收账款　12 000

（2）按照直线法计算月租金为1 000元，按照5%的征收率计算应交增值税50元。

借：预收账款　1 000

　贷：租金收入——房屋租赁　950

　　　应交增值税——简易计税　50

（四）投资收益的核算

事业单位设置“投资收益”科目，核算事业单位股权投资和债券投资所实现的收益或发生的损失。本科目应当按照投资的种类等进行明细核算。期末，应当将本科目本期发生额转入本期盈余，期末结转后本科目应无余额。投资收益涉及增值税业务的，通过“应交增值税”科目核算。

投资收益应当在其实现时确认，其主要账务处理如下：

1.短期投资的投资收益

收到短期投资持有期间的利息，按照实际收到的金额，借记“银行存款”科目，贷记“投资收益”科目。出售或到期收回短期债券本息，按照实际收到的金额，借记“银行存款”科目，按照出售或收回短期投资的成本，贷记“短期投资”科目，按照其差额，贷记或借记“投资收益”科目。

【例6-18】某事业单位到期收回所购入的1805期短期国债本息，收到款项共计81 200元，该国债的账面投资成本为80 000元。

借：银行存款 81 200

贷：短期投资 80 000

投资收益——1805期短期国债收益 1 200

2.长期债券投资的投资收益

长期债券投资持有期间，应当按期以票面金额与票面利率计算确认利息收入。(1) 持有的分期付息、一次还本的长期债券投资，按期确认利息收入时，按照计算确定的应收未收利息，借记“应收利息”科目，贷记“投资收益”科目。(2) 持有的到期一次还本付息的债券投资，按期确认利息收入时，按照计算确定的应收未收利息，借记“长期债券投资——应计利息”科目，贷记“投资收益”科目。(3) 出售长期债券投资或到期收回长期债券投资本息，按照实际收到的金额，借记“银行存款”等科目，按照债券初始投资成本和已计未收利息金额，贷记“长期债券投资——成本”“长期债券投资——应计利息”科目（到期一次还本付息债券）或“长期债券投资”“应收利息”科目（分期付息债券），按照其差额，贷记或借记“投资收益”科目。

【例6-19】某事业单位持有1802期长期国债，票面金额300 000元，票面年利率5%，2年期，到期一次还本付息。经计算，确认本月应计利息1 250元。

借：长期债券投资——应计利息 1 250

贷：投资收益——1802期长期国债收益 1 250

3.长期股权投资的投资收益

长期股权投资的核算方法包括权益法和成本法。(1) 采用权益法核算的长期股权投资持有期间，按照应享有或应分担的被投资单位实现的净损益的份额，借记或贷记“长期股权投资——损益调整”科目，贷记或借记“投资收益”科目。(2) 采用成本法核算的长期股权投资持有期间，被投资单位宣告分派现金股利或利润时，按照宣告分派的现金股利或利润中属于单位应享有的份额，借记“应收股利”科目，贷记“投资收益”科目。

【例6-20】某事业单位的一项长期股权投资采用权益法核算。年末，根据被投资单位的当期净利润及投资所占有的份额计算，应确认长期股权投资收益190 000元。

借：长期股权投资——损益调整 190 000

贷：投资收益——长期股权投资 190 000

（五）其他收入的核算

政府单位设置“其他收入”科目，核算单位取得的除财政拨款收入、非同级财政拨款收入、事业收入、经营收入、上级补助收入、附属单位上缴收入、捐赠收入、利息收入、租金收入、投资收益以外的各项收入，包括现金盘盈收入、按照规定纳入单位预算管理的科技成果转化收入、行政单位收回已核销的其他应收款、无法偿付的应付及预收款项、置换换出资产评估增值等。本科目应当按照其他收入的类别、来源等进行明细核算。期末，应当将本科目本期发生额转入本期盈余，期末结转后本科目应无余额。其他收入涉及增值税业务的，通过“应交增值税”科目核算。

其他收入应当在其实现时确认。确认现金盘盈收入、科技成果转化收入、收回已核销的其他应收款（行政单位）、无法偿付的应付及预收款项、置换换出资产评估增值等其他收入时，按照确认的金额，分别借记“待处理财产损溢”“银行存款”“应付账款”“预收账款”“其他应付款”等科目，贷记“其他收入”科目。

【例6-21】某单位的一项应付账款因故无法偿付，金额为2 000元，报经批准后进行核销。

借：应付账款　2 000

　贷：其他收入——无法偿付的应付款项　2 000

第三节　费用的核算

费用是财务会计的要素，反映政府单位运行过程中的各项耗费。本节介绍政府单位费用的确认、内容与确认方法，讲解各费用类科目的核算内容、账户设置和账务处理。

一、费用的确认与内容

（一）费用的确认

费用是政府单位在一定时期发生的，会导致净资产减少的、含有服务潜力或者经济利益的经济资源的流出。政府单位确认一项费用，要求与费用相关的含有服务潜力或者经济利益的经济资源很可能流出政府会计主体，含有服务潜力或者经济利益的经济资源流出会导致政府会计主体资产减少或者负债增加，流出金额能够可靠地计量。

政府单位的费用以权责发生制基础确认，凡是当期已经发生的或应当负担的费用，不论款项是否支付，都应当作为当期的费用。

（二）费用的内容

财务会计为政府单位的经济与财务管理服务，应当准确反映发生的各项费用，区分业务活动费用、单位管理费用和其他费用，为成本核算与绩效评价奠定基础。政府单位费用的内容包括业务活动费用、单位管理费用、经营费用、资产处置费用、上缴上级费用、对附属单位补助费用、所得税费用和其他费用。其中，单位管理费用、经营费用、上缴上级费用、对附属单位补助费用和所得税费用是事业单位设置的会计科目，其他各会计科目是行政单位、事业单位的共用科目。

按照费用的经济性质和具体用途的不同，业务活动费用的内容分为以下种类：

1.工资福利费用

工资福利费用是政府单位为履职或开展业务活动的人员计提的各类劳动报酬，以及应当为上述人员缴纳的各项社会保险费等。具体包括：基本工资、津贴补贴、奖金、伙食补助费、绩效工资、机关事业单位养老保险缴费、职业年金缴费、职工基本医疗保险缴费、公务员医疗补助缴费、其他社会保障缴费、住房公积金、医疗费、其他工资福利支出等。事业单位按照规定从收入中提取专用基金，也计入业务活动费用。

2.商品和服务费用

商品和服务费用是政府单位为履职或开展业务活动领用库存物品和购买服务发生的费用。款项包括：办公费、印刷费、咨询费、手续费、水费、电费、邮电费、取暖费、物业管理费、差旅费、因公出国（境）费用、维修（护）费、租赁费、会议费、培训费、公务接待费、专用材料费、被装购置费、专用燃料费、劳务费、委托业务费、工会经费、福利费、公务用车运行维护费、其他交通费用、税金及附加费用、其他商品和服务支出等。

3. 折旧与摊销费用

折旧与摊销费用是政府单位为履职或开展业务活动所使用的固定资产、无形资产等计提折旧、摊销发生的费用。具体包括：固定资产折旧、无形资产摊销、公共基础设施折旧（摊销）、保障性住房折旧等。

4. 补助费用

补助费用是政府单位按规定对个人、家庭和企业的补助发生的费用。具体包括：离休费、退休费、退职（役）费、抚恤金、生活补助、救济费、医疗费补助、助学金、奖励金、个人农业生产补贴、其他对个人和家庭的补助等对个人和家庭的补助费用，以及资本金流入、政府投资基金股权投资、费用补贴、利息补贴、其他对企业补助等对企业补助费用。

5. 专用基金费用

专用基金是事业单位按照规定提取或设置的具有专门用途的净资产，主要包括职工福利基金、科技成果转换基金等。专用基金费用是事业单位按规定计提专用基金而发生的费用。

二、业务活动费用

（一）业务活动费用的内容

业务活动费用是政府单位为实现其职能目标，依法履职或开展专业业务活动及其辅助活动所发生的各项费用。政府单位包括行政单位和事业单位，有不同的职能与目标。（1）行政单位是行使国家权力、管理国家事务的各级政府机构，其主要职能是进行国家行政管理、组织经济建设和文化建设、维护社会公共秩序。行政单位依法履行行政管理职能发生的各项费用，确认为业务活动费用。（2）事业单位是各级政府利用国有资产举办的为社会提供公益服务的社会组织，其主要职能是开展专业业务活动及其辅助活动。专业业务活动是事业单位的主要业务事项，是事业单位为了实现其宗旨所开展的业务活动，如学校的教育活动、研究机构的科研活动、医院的医疗服务活动等。辅助活动是与专业活动相关的，为专业业务提供支持的活动。事业单位开展专业业务活动及其辅助活动所发生的各项费用，确认为业务活动费用。根据业务活动的具体内容设置成本项目，即可进行业务成本核算。

业务活动费用是一项直接费用，通常发生在单位的业务部门，是在依法履职或开展专业业务活动及其辅助活动过程中所发生的各项费用。业务活动费用的内容主要包括工资福利费用、商品和服务费用、折旧与摊销费用等。

（二）业务活动费用的核算

政府单位设置“业务活动费用”科目，核算单位为实现其职能目标，依法履职或开展专业业务活动及其辅助活动所发生的各项费用。本科目应当按照项目、服务或者业务类别、支付对象等进行明细核算。为了满足成本核算需要，本科目下还可按照成本项目设置明细科目，归集能够直接计入业务活动或采用一定方法计算后计入业务活动的费用。期末，应当将本科目本期发生额转入本期盈余，期末结转后本科目应无余额。

业务活动费用在其发生或应当负担时确认，主要账务处理如下：

1. 工资福利费用

在职职工、长期聘用人员的工资福利费用在计提时确认。为履职或开展业务活动的在职职工和长期聘用人员计提的职工薪酬，按照计算确定的金额，借记“业务活动费用”科目，贷记“应付职工薪酬”科目。

【例6-22】某单位计提本月业务人员的职工薪酬。根据工资发放表，本月应付给在职职工的职工薪酬共计1 200 000元。

借：业务活动费用——工资福利费用　1 200 000

　贷：应付职工薪酬　1 200 000

发放在职职工的职工薪酬事项，将在“应付职工薪酬”科目中讲解。

2. 商品和服务费用

商品和服务费用是单位支付各项服务费、各项税费、领用材料等所发生的费用。商品和服务费用在其发生或应当负担时确认。

（1）为履职或开展业务活动发生的服务费用，按照合同约定的付款时间进行相应的账务处理。

如果费用发生与支付价款同时，应当按照实际支付金额，借记“业务活动费用”科目，贷记“财政拨款收入”“银行存款”等科目。

【例6-23】某单位为开展业务活动发生差旅费7 600元，通过国库集中支付方式予以支付。

借：业务活动费用——商品和服务费用——差旅费　7 600

　贷：财政拨款收入　7 600

【例6-24】某单位业务活动用车的维修费用36 000元，通过单位的银行账户予以支付。

借：业务活动费用——商品和服务费用——公务用车运行维护费　36 000

　贷：银行存款　36 000

如果费用发生在先，支付价款后，应当按照合同确认的费用金额，借记“业务活动费用”科目，贷记“应付账款”等科目。如果此项费用需要分期预提，则按照计算出来的金额借记“业务活动费用”科目，贷记“预提费用”科目。

【例6-25】某单位租用某宾馆综合厅举办业务工作会议，发生会议费42 000元，款项尚未支付。

借：业务活动费用——商品和服务费用——会议费　42 000

　贷：应付账款——某宾馆　42 000

【例6-26】某单位业务用房通过租赁取得。根据租赁协议，年租金36 000元应当在年末一次性支付。根据租赁协议及计算单，按月预提每月租金3 000元。

借：业务活动费用——商品和服务费用——租赁费　3 000

　贷：预提费用——房租费　3 000

如果支付价款在先，费用发生在后，在服务完成后，按照实际发生费用的金额，借记“业务活动费用”科目，按照预付款项的金额贷记“预付账款”等科目。如果此项费用需要分期摊销，则按照计算出来的金额借记“业务活动费用”科目，贷记“待摊费用”“长期待摊费用”科目。

【例6-27】某单位的专用设备定期维修，需要按合同预先支付款项。

（1）通过银行账户支付50 000元。

借：预付账款 50 000

贷：银行存款 50 000

（2）维修完成后，实际结算费用为60 000元，通过银行账户支付差额款10 000元。

借：业务活动费用——商品和服务费用——维修（护）费 60 000

贷：预付账款 50 000

银行存款 10 000

【例6-28】某单位为开展业务活动租赁专用设备一台，年租赁费用24 000元，于取得租赁设备时一次性全额支付。

（1）取得租赁设备时，通过国库集中支付方式支付全年租金24 000元。

借：待摊费用——待摊租赁费 24 000

贷：财政拨款收入 24 000

（2）按月平均摊销租赁费2 000元。

借：业务活动费用——商品和服务费用——租赁费 2 000

贷：待摊费用——待摊租赁费 2 000

（2）为履职或开展业务活动发生的城市维护建设税、教育费附加、地方教育附加、车船税、房产税、城镇土地使用税等，按照计算确定应交纳的金额，借记“业务活动费用”科目，贷记“其他应交税费”等科目。发生的外部人员劳务费，按照计算确定的金额，借记“业务活动费用”科目，按照代扣代缴个人所得税的金额，贷记“其他应交税费——应交个人所得税”科目。应当缴纳的增值税、企业所得税等不记入“业务活动费用”科目。

【例6-29】某单位的房屋经过批准对外出租，按规定本月应缴纳房产税5 200元。

借：业务活动费用——商品和服务费用——税金及附加费用 5 200

贷：其他应交税费——应交房产税 5 200

【例6-30】某单位通过单位的银行账户，支付为开展业务活动临时聘用的外部人员劳务费15 000元，按规定代扣个人所得税2 400元。

借：业务活动费用——商品和服务费用——劳务费 17 400

贷：银行存款 15 000

其他应交税费——应交个人所得税 2 400

（3）为履职或开展业务活动商品购置与消耗费用，按照领用库存物品的账面余额，借记“业务活动费用”科目，贷记“库存物品”等科目。

【例6-31】某单位为开展业务活动从仓库领用材料一批，采用个别确认法计算出其价值为2 000元。

借：业务活动费用——商品和服务费用——专用材料费 2 000

贷：库存物品 2 000

3. 折旧与摊销费用

为履职或开展业务活动所使用的固定资产、无形资产、公共基础设施、保障性住房、

PPP项目资产等计提折旧、摊销，借记“业务活动费用”科目，贷记“固定资产累计折旧”“无形资产累计摊销”“公共基础设施累计折旧”“PPP项目资产累计折旧（摊销）”等科目。具体业务，将在后续的内容中举例讲解。

【例6-32】某单位计提本月业务活动使用的固定资产折旧共计21 000元。

借：业务活动费用——固定资产折旧费用　21 000

　贷：固定资产累计折旧　21 000

折旧与摊销的计提方法，将在资产类科目中详细讲解。

三、单位管理费用

（一）单位管理费用的内容

单位管理费用是事业单位本级行政及后勤管理部门开展管理活动发生的各项费用。为加强费用管理，进行成本核算与绩效评价，事业单位的费用应当区分业务活动费用与单位管理费用。事业单位为开展专业业务活动及其辅助活动所发生的各项费用确认为业务活动费用，管理活动发生的各项费用确认为单位管理费用。行政单位的费用不需要区分为业务活动费用和单位管理费用，依法履行行政职能发生的各项费用，全额确认为业务活动费用。

事业单位的单位管理费用是一项间接费用，通常发生在行政管理部门和后勤管理部门，是为单位开展的专业业务活动及其辅助活动服务而发生的费用。单位管理费用的内容包括单位行政及后勤管理部门发生的人员经费、公用经费、资产折旧与摊销等费用，以及由单位统一负担的离退休人员经费、工会经费、诉讼费、中介费等。

（二）单位管理费用的核算

事业单位设置“单位管理费用”科目，核算事业单位本级行政及后勤管理部门开展管理活动发生的各项费用。本科目应当按照项目、费用类别、支付对象等进行明细核算。为了满足成本核算需要，本科目下还可按照成本项目设置明细科目，归集能够直接计入单位管理活动或采用一定方法计算后计入单位管理活动的费用。期末，应当将本科目本期发生额转入本期盈余，期末结转后本科目应无余额。

单位管理费用在其发生或应当负担时确认，其账务处理环节与业务活动费用的类似，只是存在核算内容方面的差异。发生各项单位管理费用时，按照实际发生的金额，借记“单位管理费用”科目，贷记“应付职工薪酬”“财政拨款收入”“银行存款”“应付账款”“其他应付款”“其他应交税费”“待摊费用”“预提费用”“库存物品”“固定资产累计折旧”“无形资产累计摊销”等科目。

【例6-33】某事业单位行政管理部门购买零星办公用品一批，通过国库集中支付方式支付款项680元，办公用品已经分发给办公室相关人员使用。

借：单位管理费用——办公费　680

　贷：财政拨款收入　680

【例6-34】某事业单位的后勤管理部门通过银行转账支付一笔设备维修费2 800元。

借：单位管理费用——维修（护）费　2 800

　贷：银行存款　2 800

【例6-35】某事业单位的后勤管理部门的办公用房通过租赁方式取得，根据房屋租赁协议，年租金36 000元应当在年末一次性支付。

（1）按月预提房屋租金3 000元。

借：单位管理费用——租赁费 3 000

贷：预提费用——预提租金 3 000

（2）年末转账支付全年房屋租金36 000元。

借：预提费用——预提租金 36 000

贷：银行存款 36 000

【例6-36】某事业单位的行政管理部门开出“材料出库单”，领用打印耗材一批，采用加权平均法计算出其价值为4 600元。

借：单位管理费用——办公费 4 600

贷：库存物品——打印耗材 4 600

四、经营费用

（一）经营费用的内容

经营费用是事业单位在专业业务活动及其辅助活动之外开展非独立核算经营活动发生的各项费用。事业单位的业务活动主要是专业业务活动，有些事业单位在专业业务活动之外还开展经营活动，以获取一定的收益，弥补事业经费的不足。事业单位开展非独立核算经营活动发生的各项费用确认为经营费用，如果为经营活动设立附属单位而单独核算，发生的费用不确认为经营费用。

事业单位应当合理划分业务活动费用和经营费用的界限，并加强对经营活动的成本核算。经营费用的内容，主要包括为经营活动人员计提的薪酬，开展经营活动领用或发出库存物品，为经营活动所使用固定资产、无形资产计提的折旧、摊销，开展经营活动发生的税费，以及发生的与经营活动相关的其他各项费用。

（二）经营费用的核算

事业单位设置“经营费用”科目，核算事业单位在专业业务活动及其辅助活动之外开展非独立核算经营活动发生的各项费用。本科目应当按照经营活动类别、项目、支付对象等进行明细核算。为了满足成本核算需要，本科目下还可按照成本项目设置明细科目，归集能够直接计入单位经营活动或采用一定方法计算后计入单位经营活动的费用。期末，应当将本科目本期发生额转入本期盈余，期末结转后本科目应无余额。经营费用涉及增值税业务的，通过“应交增值税”科目核算。

经营费用在其发生时确认。发生各项经营费用时，按照实际发生的金额，借记“经营费用”科目，贷记“应付职工薪酬”“银行存款”“应付账款”“其他应付款”“库存物品”“其他应交税费”“待摊费用”“预提费用”“固定资产累计折旧”“无形资产累计摊销”等科目。

【例6-37】某事业单位为环境保护单位，其经营业务为向社会公众提供家庭装修污染检测服务。本日通过银行转账支付检测车辆油品费450元，并从仓库领用检测材料价值2 600元。

借：经营费用——检测服务 3 050

贷：银行存款 450

库存物品 2 600

【例6-38】某事业单位为医疗卫生服务单位，其经营业务为生产、销售一项康复用品。月末，计提经营用设备折旧6 500元。

借：经营费用——康复用品　　6 500

　贷：固定资产累计折旧　　6 500

五、转移性费用

转移性费用是事业单位与上级单位、附属单位之间发生的费用，包括上缴上级费用和对附属单位补助费用。

（一）上缴上级费用的核算

事业单位设置“上缴上级费用”科目，核算事业单位按照财政部门和主管部门的规定上缴上级单位款项发生的费用。本科目应当按照收缴款项单位、缴款项目等进行明细核算。期末，应当将本科目本期发生额转入本期盈余，期末结转后本科目应无余额。

上缴上级费用在应当上缴上级款项时确认。单位发生上缴上级支出的，按照实际上缴的金额或者按照规定计算出应当上缴上级单位的金额，借记“上缴上级费用”科目，贷记“银行存款”“其他应付款”等科目。

【例6-39】某事业单位作为独立核算的附属单位，本年应上缴上级单位款项250 000元。

（1）计算应上缴款项时：

借：上缴上级费用　　250 000

　贷：其他应付款　　250 000

（2）实际上缴款项时：

借：其他应付款　　250 000

　贷：银行存款　　250 000

（二）对附属单位补助费用的核算

事业单位设置“对附属单位补助费用”科目，核算事业单位用财政拨款收入之外的收入对附属单位补助发生的费用。本科目应当按照接受补助单位、补助项目等进行明细核算。期末，应当将本科目本期发生额转入本期盈余，期末结转后本科目应无余额。

对附属单位补助费用在应当负担补助款时确认。单位发生对附属单位补助支出的，按照实际补助的金额或者按照规定计算出应当对附属单位补助的金额，借记“对附属单位补助费用”科目，贷记“银行存款”“其他应付款”等科目。

【例6-40】某事业单位作为上级单位，对附属单位的日常公用经费进行补助，转账支付补助款85 000元。

借：对附属单位补助费用　　85 000

　贷：银行存款　　85 000

六、其他各项费用

其他各项费用包括资产处置费用、所得税费用和其他费用。其中，所得税费用是事业单位设置的会计科目，其他各科目为行政单位、事业单位的共用科目。

（一）资产处置费用的核算

政府单位设置“资产处置费用”科目，核算单位经批准处置资产时发生的费用，包括转销的被处置资产价值，以及在处置过程中发生的相关费用或者处置收入小于相关费用形成的净支出。资产处置的形式包括资产的无偿调拨、出售、出让、转让、置换、对外捐赠、报废、毁损以及货币性资产损失核销等。单位在资产清查中查明的资产盘亏、毁损以及资产报废等，应当先通过“待处理财产损溢”科目进行核算，再将处理资产价值和处理净支出记入本科目。本科目应当按照处置资产的类别、资产处置的形式等进行明细核算。期末，应当将本科目本期发生额转入本期盈余，期末结转后本科目应无余额。资产处置涉及的增值税，通过“应交增值税”科目核算。

资产处置费用在报经批准处置资产时确认，主要账务处理如下：

1.不通过“待处理财产损溢”科目核算的资产处置

以出售、出让、转让、置换、对外捐赠等方式处置资产，不通过“待处理财产损溢”科目核算，直接将处置资产的账面价值计入资产处置费用。账面价值是指资产的账面余额减去累计折旧、摊销后的净值。（1）按照规定报经批准处置资产时，按照处置资产的账面价值，借记“资产处置费用”科目，按照累计折旧与摊销的账面余额借记“固定资产累计折旧”“无形资产累计摊销”等科目，按照处置资产的账面余额，贷记“库存物品”“固定资产”“无形资产”等科目。（2）处置资产过程中仅发生相关费用的，按照实际发生金额，借记“资产处置费用”科目，贷记“银行存款”“库存现金”等科目。（3）处置资产过程中既发生相关费用又取得收入的，处置收入小于相关费用形成的净支出记入“资产处置费用”科目，处置收入大于相关费用形成的净收入记入“应缴财政款”科目。

【例6-41】某单位报同级财政部门审批同意，将一台不需用的办公设备对外出售。

（1）该设备的账面余额为38 000元，已计提折旧15 200元，将其账面价值22 800元予以转销。

借：资产处置费用——办公设备出售	22 800	
固定资产累计折旧	15 200	
贷：固定资产——办公设备		38 000

（2）出售该设备取得价款26 000元，款项已经收到并存入银行，同时为出售该设备支付相关税费1 200元，以银行存款支付。

借：银行存款	24 800	
贷：应缴财政款		24 800

2.通过“待处理财产损溢”科目核算的资产处置

单位账款核对中发现的无法查明原因的现金短缺，以及资产清查过程中盘亏或者毁损、报废的存货、固定资产、无形资产，应当在报批时通过“待处理财产损溢”科目核算，报经批准核销时再记入“资产处置费用”科目。

【例6-42】某单位年末进行固定资产清查，拟报废打印机设备一台。其账面余额为6 000元，已计提固定资产折旧4 800元。

（1）将打印机的账面价值1 200元转入待处置资产，同时报同级财政部门审批。

借：待处理财产损溢——待处理财产价值	1 200	
固定资产累计折旧	4 800	
贷：固定资产——打印设备		6 000

（2）根据财政部门的批复，该打印机予以报废。在处理过程中，无变价收入和清理费

用发生。

借：资产处置费用——资产报废　1 200

　贷：待处理财产损溢——待处理财产价值　1 200

（二）所得税费用的核算

事业单位设置“所得税费用”科目，核算有企业所得税缴纳义务的事业单位按规定缴纳企业所得税所形成的费用。本科目无规定的明细科目。期末，应当将本科目本期发生额转入本期盈余，期末结转后本科目应无余额。

所得税费用在承担纳税义务时确认。（1）发生企业所得税纳税义务的，按照税法规定计算的应交税费数额，借记“所得税费用”科目，贷记“其他应交税费——单位应交所得税”科目。（2）实际缴纳时，按照缴纳金额，借记“其他应交税费——单位应交所得税”科目，贷记“银行存款”科目。

【例6-43】某事业单位的经营业务应当缴纳所得税。按照税法规定计算，本月应交所得税13 500元。

借：所得税费用　13 500

　贷：其他应交税费——单位应交所得税　13 500

（三）其他费用的核算

政府单位设置“其他费用”科目，核算单位发生的除业务活动费用、单位管理费用、经营费用、资产处置费用、上缴上级费用、附属单位补助费用、所得税费用以外的各项费用，包括利息费用、坏账损失、罚没支出、现金资产捐赠支出以及相关税费、运输费等。本科目应当按照其他费用的类别等进行明细核算。期末，应当将本科目本期发生额转入本期盈余，期末结转后本科目应无余额。

其他费用在其发生时确认。发生各项其他费用时，按照计算确定的金额或者实际发生的金额，借记“其他费用”科目，贷记“银行存款”“应付利息”“坏账准备”等科目。

【例6-44】某单位开展“精准扶贫”工作，通过银行转账向对口扶贫单位捐赠现款60 000元。

借：其他费用——捐赠　60 000

　贷：银行存款　60 000

第四节　资产的核算

资产是财务会计的要素，反映政府单位控制的经济资源。本节介绍政府单位资产的确认与内容，阐述资产的会计核算要求，讲解各资产类科目的核算内容、账户设置和账务处理。

一、资产的确认与内容

（一）资产的确认

资产是指政府单位过去的经济业务或者事项形成的，由政府单位控制的，预期能够产生服务潜力或者带来经济利益流入的经济资源。资产作为一项经济资源，是政府单位开展履职或专业业务活动的物质基础，预期会为政府单位带来经济利益或者服务潜力。政府单位将一项经济资源确认为资产，应当符合资产的定义，确信经济利益或者服务潜力能够流入政府单位，经济资源的成本或者价值能够可靠地计量。

（二）资产的内容

财务会计为经济与财务管理服务，应当充分反映单位的财务状况，完整记录各项资产，建立健全资产管理制度。政府单位的资产按照流动性，可以分为流动资产、非流动资产和受托代理资产。

1.流动资产

流动资产是指预计在1年内（含1年）耗用或者变现的资产，包括库存现金、银行存款、零余额账户用款额度、其他货币资金、短期投资、财政应返还额度、应收票据、应收账款、预付账款、应收股利、应收利息、其他应收款、在途物品、库存物品、加工物品、待摊费用等。

2.非流动资产

非流动资产是指流动资产以外的资产，包括长期股权投资、长期债券投资、固定资产、工程物资、在建工程、无形资产、研发支出、公共基础设施、政府储备物资、文物资源、保障性住房、PPP项目资产、长期待摊费用等。

3.受托代理资产

受托代理资产是指政府单位接受委托方的委托代为管理的各项资产。与流动资产、非流动资产不同，受托代理资产并非政府单位自身使用的资产。

二、货币资金

货币资金是政府单位存在于货币形态的各项资产，主要包括库存现金、银行存款、零余额账户用款额度和其他货币资金。

（一）库存现金的核算

库存现金是指存放于单位财会部门、由出纳人员保管的现金。单位保存一定数额的现金，是为了满足日常零星收支的需要。单位应当加强现金的管理与控制，严格按照国家有关现金管理的规定收支现金，尽可能减少现金的使用。

政府单位设置“库存现金”科目，核算库存现金的收付及结存情况。本科目期末借方余额，反映单位实际持有的库存现金。单位应当设置“库存现金日记账”，由出纳人员根据收付款凭证，按照业务发生顺序逐笔登记。每日终了，应当计算当日的现金收入合计数、现金支出合计数和结余数，并将结余数与实际库存数相核对，做到账款相符。单位有外币现金的，应当分别按照人民币、外币种类设置“库存现金日记账”进行明细核算。

库存现金的账务处理，主要包括提取现金、借出现金、现金收支和现金盘查等环节。

【例6-45】某单位按规定从单位的银行账户中提取现金800元。

借：库存现金　　800

　贷：银行存款　　800

【例6-46】某单位业务部门购买零星办公用品，支付现金360元。

借：业务活动费用　　360

　贷：库存现金　　360

（二）银行存款的核算

银行存款是指单位存入银行和其他金融机构的各种存款。政府单位应当严格按照国家有关支付结算办法的规定办理银行存款收支业务，并按照会计制度规定核算银行存款的各项收支业务。

政府单位设置“银行存款”科目，核算银行存款的收付及结存情况。本科目期末借方余额，反映单位实际存放在银行或其他金融机构的款项。政府单位应当按开户银行或其他金融机构、存款种类及币种等，分别设置“银行存款日记账”，由出纳人员根据收付款凭证，按照业务的发生顺序逐笔登记，每日终了应结出余额。“银行存款日记账”应定期与“银行对账单”核对，至少每月核对一次。月度终了，单位银行存款账面余额与银行对账单余额之间如有差额，必须逐笔查明原因并进行处理，按月编制“银行存款余额调节表”，调节相符。单位有外币存款的，应当分别按照人民币、各种外币设置“银行存款日记账”进行明细核算。

银行存款的账务处理，主要包括款项存入、款项支付和外币收付等环节。

【例6-47】某单位支付业务费用3 500元，通过单位的银行账户转账支付。

借：业务活动费用	3 500	
贷：银行存款		3 500

【例6-48】某事业单位提供专业业务服务，收取款项6 900元，款项已经存入单位的银行账户。

借：银行存款	6 900	
贷：事业收入		6 900

（三）零余额账户用款额度的核算

零余额账户用款额度是未实行预算管理一体化、采用财政授权支付时使用的会计科目。财政授权支付下，单位经财政部门审批，在国库集中支付代理银行开设单位的零余额账户，用于财政授权支付的结算。预算管理一体化下，财政拨款通过国库集中支付，不再使用零余额账户用款额度科目。

政府单位设置“零余额账户用款额度”科目，核算未实行财政预算管理一体化的单位根据财政部门批复的用款计划收到和支用的零余额账户用款额度。“零余额账户用款额度”科目期末借方余额，反映单位尚未支用的零余额账户用款额度。年终注销处理后，本科目年末应无余额。实行预算管理一体化后，财政部门不再向单位零余额账户下达用款额度，根据《政府会计准则制度解释第5号》（财会〔2022〕25号）的规定，单位不再使用“零余额账户用款额度”科目。

零余额账户用款额度的主要账务处理如下：

1.收到额度

在财政授权支付方式下，收到代理银行盖章的“授权支付到账通知书”时，根据通知书所列数额，借记“零余额账户用款额度”科目，贷记“财政拨款收入”科目。

【例6-49】某单位收到代理银行转来的“授权支付到账通知书”，本月用于基本支出的财政授权支付用款额度120 000元已经下达到代理银行。

借：零余额账户用款额度	120 000	
贷：财政拨款收入		120 000

2.使用额度

提取现金或按规定支用额度，按照支付的金额，借记“库存现金”“业务活动费用”“库存物品”“固定资产”等科目，贷记“零余额账户用款额度”科目。

【例6-50】某单位开出授权支付凭证，通知代理银行向单位的车辆定点保养单位支付公务用车运行维护费5 200元。

借：业务活动费用　　5 200

　贷：零余额账户用款额度　　5 200

除上述货币资金类科目，政府单位还设置了“其他货币资金”科目，核算单位的外埠存款、银行本票存款、银行汇票存款、信用卡存款等各种其他货币资金。

三、应收及预付款项

应收及预付款项是政府单位的债权类资产，主要包括财政应返还额度、应收票据、应收账款、预付账款、应收股利、应收利息和其他应收款。其中，应收票据、应收股利和应收利息是事业单位设置的会计科目，其他各科目是行政单位、事业单位的共用科目。

（一）财政应返还额度的核算

财政应返还额度是指政府单位年终注销的、需要在次年恢复的年度未实现支付的用款指标。实行国库集中支付制度后，单位的经费由财政部门通过国库单一账户统一拨付。如果单位当年的财政拨款指标没有用完，年度终了，需要对年度未实现的用款额度进行注销，形成财政应返还额度，以待在次年得以恢复。政府单位的财政应返还额度与政府财政的应付国库支付结余相对应，按照《国务院关于进一步深化预算管理制度改革的意见》规定，市县级财政国库集中支付结余不再按权责发生制列支，年末注销用款指标而形成的财政应返还额度只适用于省级以上（包括省级）的政府财政的所属单位。政府单位发生的跨年财政资金退回时，如果预算指标可以在本年使用，也应当通过财政应返还额度科目核算。政府单位设置“财政应返还额度”科目，核算实行国库集中支付的单位应收财政返还的资金额度。本科目期末借方余额，反映单位应收财政返还的资金额度。

财政应返还额度的主要账务处理如下：

1.国库集中支付预算指标

国库集中支付下，财政应返还额度是本年度预算指标数大于当年实际支付数的差额。（1）年末注销时，单位根据本年度国库集中支付预算指标数大于当年实际支付数的差额，借记“财政应返还额度”科目，贷记“财政拨款收入”科目。（2）使用以前年度的国库集中支付预算指标支付款项时，借记“业务活动费用”“单位管理费用”等科目，贷记“财政应返还额度”科目。

【例6-51】某省级财政所属预算单位本年度国库集中支付预算指标为3 800 000元，当年财政已经实际完成支付3 720 000元，需要注销未实现支付的国库集中支付预算指标为80 000元。

借：财政应返还额度　　80 000

　贷：财政拨款收入　　80 000

【例6-52】某单位上年底注销的国库集中支付预算指标全额恢复。根据国库支付执行机构委托代理银行转来的“国库集中支付凭证”及原始凭证，财政部门使用恢复的上年度的用款指标，为单位支付了一笔业务费用80 000元。

借：业务活动费用　80 000

　贷：财政应返还额度　80 000

2. 跨年财政资金退回

发生跨年财政资金退回时，如果预算指标可以在本年使用，预算单位应当根据收到的财政资金退回通知书及相关原始凭证，按照通知书上的退回金额，借记“财政应返还额度”科目，贷记“以前年度盈余调整”“库存物品”“固定资产”等科目。

【例6-53】某单位上年度购入一台设备因质量问题退货，收到财政资金退回通知书及相关原始凭证，款项120 000元已经退回国库账户，预算指标可以本年使用，继续用于购置相关设备。

借：财政应返还额度　120 000

　贷：固定资产　120 000

（二）应收账款的核算

政府单位设置“应收账款”科目，核算事业单位提供服务、销售产品等应收取的款项，以及单位因出租资产、出售物资等应收取的款项。本科目应当按照购货、接受劳务单位（或个人）进行明细核算。本科目期末借方余额，反映政府单位尚未收回的应收账款。

应收账款的主要账务处理如下：

1.应收账款收回后需上缴财政

按照财政预算管理的要求，有些事业单位出租资产、出售物资发生的应收款项，并非属于单位的收入，在款项收回时应当上缴财政部门。（1）单位出租资产、出售物资发生的应收款项时，按照应收未收金额，借记“应收账款”科目，贷记“应缴财政款”科目。（2）收回应收账款时，按照实际收到的金额，借记“银行存款”等科目，贷记“应收账款”科目。

【例6-54】某单位经批准将一幢闲置的房产对外出租，收到的租金收入应当上缴财政。根据租赁合同，本月应收A单位租金7 200元，款项尚未收到。

借：应收账款——A单位　7 200

　贷：应缴财政款　7 200

【例6-55】某单位收到了上述应收的租金款7 200元，存入单位的银行账户。

借：银行存款　7 200

　贷：应收账款——A单位　7 200

对于收回后应当上缴财政的应收账款产生的坏账，采用直接核销法核算。单位应当于每年年末，对收回后应当上缴财政的应收账款进行全面检查。对于账龄超过规定年限、确认无法收回的应收账款，按照规定报经批准后予以核销。按照核销金额，借记“应缴财政款”科目，贷记“应收账款”科目。

【例6-56】年末，某单位对收回后应当上缴财政的应收账款进行检查，B单位应收账款余额为5 600元，已经逾期3年，确信其无法收回，按照规定报经批准后予以核销。

借：应缴财政款　5 600

　贷：应收账款——B单位　5 600

2.应收账款收回后不需上缴财政

有些事业单位提供服务、销售产品等应收取的款项，属于单位的收入，在款项收回时不需要上缴财政。（1）单位发生应收账款时，按照应收未收金额，借记“应收账款”科目，贷记“事业收入”“经营收入”等科目。涉及增值税业务的，按照应交增值税的金额贷记“应交增值税”科目。（2）收回应收账款时，按照实际收到的金额，借记“银行存款”等科目，贷记“应收账款”科目。

【例6-57】某事业单位为C单位提供专业业务服务，根据合同完成进度计算本期应收的款项7 020元，该业务不需要缴纳增值税。

借：应收账款——C单位	7 020	
贷：事业收入		7 020

【例6-58】某事业单位收到上述应收的款项7 020元，存入银行账户。

借：银行存款	7 020	
贷：应收账款——C单位		7 020

3. 坏账的核销

事业单位对可能发生的坏账损失，采用备抵法核算。单位应当于每年年末，对收回后不需上缴财政的应收账款进行全面检查，分析其可收回性，对预计可能产生的坏账损失计提坏账准备、确认坏账损失。对于收回后应当上缴财政的应收账款产生的坏账，不计提坏账准备，确认坏账时直接核销。

事业单位设置“坏账准备”科目，核算单位对收回后不需上缴财政的应收账款和其他应收款提取的坏账准备。本科目应当分别应收账款和其他应收款进行明细核算。本科目期末贷方余额，反映事业单位提取的坏账准备金额。事业单位可以采用应收款项余额百分比法、账龄分析法、个别认定法等方法计提坏账准备，较为常用的是余额百分比法。余额百分比法是按照期末应收账款余额的一定百分比估计坏账损失的方法，计算公式如下：

应计提的坏账准备=期末应收账款余额×坏账准备计提百分比

坏账准备计提百分比由单位根据以往的资料或经验自行确定。坏账准备计提方法一经确定，不得随意变更。计算出当期应计提的坏账准备后，还应当根据“坏账准备”科目期末余额计算本期实际需要补提或冲减的坏账准备的金额，计算公式如下：

$$\text{当期应补提或冲减的坏账准备}=\text{应计提的坏账准备金额}-\begin{matrix}\text{“坏账准备”科目期末贷方余额}\\\text{（或 + “坏账准备”科目期末借方余额）}\end{matrix}$$

如果计算结果为正数，则需要补提坏账准备；如果计算结果为负数，则需要冲减坏账准备。（1）补提坏账准备时，按照计算的金额，借记“其他费用”科目，贷记“坏账准备”科目；（2）冲减坏账准备时，按照计算的金额，借记“坏账准备”科目，贷记“其他费用”科目；（3）对于账龄超过规定年限、确认无法收回的应收账款，按照规定报经批准后予以核销。按照核销金额，借记“坏账准备”科目，贷记“应收账款”科目。核销的应收账款应当在备查簿中保留登记。

【例6-59】年末，某事业单位对收回后不需上缴财政的应收账款进行全面检查，采用余额百分比法计提坏账准备。收回后不需上缴财政的应收账款期末借方余额250 000元，坏账准备的计提比例为3%。坏账准备期末贷方余额6 000元。

当期应当补提坏账准备=250 000×3%−6 000=1 500（元）

借：其他费用　　1 500

　贷：坏账准备　　1 500

【例6-60】某事业单位对收回后不需上缴财政的应收账款进行检查，D单位所欠款项3 600元已经逾期3年，确信其无法收回，按照规定报经批准后予以核销。

借：坏账准备　　3 600

　贷：应收账款——D单位　　3 600

（三）预付账款的核算

政府单位设置“预付账款”科目，核算单位按照购货、服务合同或协议规定预付给供应单位（或个人）的款项，以及按照合同规定向承包工程的施工企业预付的备料款和工程款。本科目应当按照供应单位（或个人）及具体项目进行明细核算。对于基本建设项目发生的预付账款，还应当在本科目所属基建项目明细科目下设置“预付备料款”“预付工程款”“其他预付款”等明细科目，进行明细核算。本科目期末借方余额，反映单位实际预付但尚未结算的款项。

预付账款的主要账务处理如下：

1.预付款项

根据购货、服务合同或协议规定预付款项时，按照预付金额，借记“预付账款”科目，贷记“财政拨款收入”“银行存款”等科目。

【例6-61】某单位与A供应商签订合同，预购价值12 000元的材料一批。签订购货合同时，通过国库集中支付方式预付定金4 000元。

借：预付账款——A供应商　　4 000

　贷：财政拨款收入　　4 000

2.收到物资或劳务

收到所购资产或服务时，按照购入资产或服务的成本，借记“库存物品”“固定资产”“无形资产”“在建工程”“业务活动费用”等相关科目，按照相关预付账款的账面余额，贷记“预付账款”科目。

【例6-62】某单位收到A供应商交付的材料，材料已经验收入库。同时，通过国库集中支付方式补付材料款8 000元。

借：库存物品　　12 000

　贷：预付账款——A供应商　　4 000

　　　财政拨款收入　　8 000

3.无法收到所购货物、服务

单位应当于每年年末，对预付账款进行全面检查。如果有确凿证据表明预付账款不再符合预付款项性质，或者因供应单位破产、撤销等原因可能无法收到所购货物、服务的，应当先将其转入其他应收款，再按照规定进行处理。

（四）其他应收款的核算

政府单位设置“其他应收款”科目，核算单位除财政应返还额度、应收票据、应收账款、预付账款、应收股利、应收利息以外的其他各项应收及暂付款项，如职工预借的差旅费、已经偿还银行尚未报销的本单位公务卡欠款、拨付给内部有关部门的备用金、应向职工收取的各种垫付款项、支付的可以收回的定金或押金、应收的上级补助和附属单位上缴款项等。本科目应当按照其他应收款的类别以及债务单位（或个人）进行明细核算。本科目期末借方余额，反映单位尚未收回的其他应收款。

其他应收款的主要账务处理如下：

1.款项的发生与收回

发生其他各种应收及暂付款项时，按照实际发生金额，借记“其他应收款”科目，贷记“财政拨款收入”“银行存款”等科目。收回其他各种应收及暂付款项时，按照收回的金额，借记“库存现金”“银行存款”等科目，贷记“其他应收款”科目。

【例6-63】某单位工作人员张某公务外出预借了差旅费6 000元。现张某报销差旅费，根据审核后的差旅费票据，报销金额为5 500元，报销差额500元以现金退回。

借：业务活动费用 5 500

库存现金 500

贷：其他应收款——张某 6 000

2.备用金的发放与报销

财务部门核定并发放备用金时，按照实际发放金额，借记“其他应收款”科目，贷记“库存现金”等科目。根据报销金额用现金补足备用金定额时，借记“业务活动费用”“单位管理费用”等科目，贷记“库存现金”等科目，报销数和拨补数都不再通过本科目核算。

【例6-64】某单位内部实行备用金制度，向业务部门核定并发放备用金8 000元。

借：其他应收款——某业务部门 8 000

贷：库存现金 8 000

3.公务卡欠款的偿还

为减少现金支付结算，提高支付透明度，加强财政监督，方便预算单位用款，政府单位的公务支出实施公务卡结算制度。公务卡是指政府单位工作人员持有的、主要用于日常公务支出和财务报销业务的信用卡。此制度实行后，政府单位工作人员外出公务消费可以不再预借现金，而是持公务卡先行刷卡支付，并取得发票及刷卡凭证，出差回来后向单位财务申请报销，单位财务审核无误后将报销款项直接划入该工作人员公务卡账户中。如果工作人员因故延迟报销，需要偿还尚未报销的本单位公务卡欠款时，按照偿还的款项，借记“其他应收款”科目，贷记“财政拨款收入”“银行存款”等科目；持卡人报销时，按照报销金额，借记“业务活动费用”“单位管理费用”等科目，贷记“其他应收款”科目。

【例6-65】某单位工作人员持公务卡刷卡支付差旅费7 200元，由于该工作人员在外地尚未归来，不能按期凭票据报销，单位通过国库集中支付方式先予偿付。

借：其他应收款——某工作人员 7 200

贷：财政拨款收入 7 200

4.坏账的核销

政府单位应当于每年年末，对其他应收款进行全面检查。对于可能发生的坏账，行政单位和事业单位采用不同的核销方法。（1）行政单位采用直接核销法，对于超过规定年限、确认无法收回的其他应收款，应当按照有关规定报经批准后予以核销。经批准核销其他应收款时，按照核销金额，借记“资产处置费用”科目，贷记“其他应收款”科目。（2）事业单位采用备抵法，计提坏账准备的方法与应收账款的类似。对于账龄超过规定年限、确认无法收回的其他应收款，按照规定报经批准后予以核销。按照核销金额，借记“坏账准备”科目，贷记“其他应收款”科目。核销的其他应收款应当在备查簿中保留登记。

【例6-66】某单位对其他应收款进行检查，某职工因离职所欠款项4 200元确认无法收回。

（1）若为行政单位，应当按照有关规定报经批准后予以核销，计入资产处置费用。

借：资产处置费用　4 200

　贷：其他应收款——某职工　4 200

（2）若为事业单位，应当按照有关规定报经批准后予以核销，冲减坏账准备。

借：坏账准备　4 200

　贷：其他应收款——某职工　4 200

除上述应收及预付款项科目，事业单位还设置了“应收票据”“应收股利”“应收利息”等科目。“应收票据”科目核算事业单位因开展经营活动销售产品、提供有偿服务等而收到的商业汇票，包括银行承兑汇票和商业承兑汇票。“应收股利”“应收利息”科目将在对外投资业务中讲解。

四、存货

存货是指政府单位在开展业务活动及其他活动中为耗用或出售而储存的资产，如材料、产品、包装物和低值易耗品等，以及未达到固定资产标准的用具、装具、动植物等。存货类会计科目包括在途物品、库存物品和加工物品。

（一）在途物品的核算

政府单位设置“在途物品”科目，核算单位采购材料等物资时货款已付或已开出商业汇票但尚未验收入库的在途物品的采购成本。本科目可按照供应单位和物品种类进行明细核算。本科目期末借方余额，反映单位在途物品的采购成本。

在途物品的主要账务处理如下：

1.购入材料物品

单位购入材料等物品，按照确定的物品采购成本的金额，借记“在途物品”科目，按照实际支付的金额，贷记“财政拨款收入”“银行存款”等科目。若涉及增值税业务，增值税进项税通过“应交增值税”科目核算。

【例6-67】某单位购入甲材料一批，通过国库集中支付方式支付价款5 800元，材料尚未交付。

借：在途物品——甲材料　5 800

　贷：财政拨款收入　5 800

2.材料验收入库

所购材料等物品到达验收入库，按照确定的库存物品成本金额，借记“库存物品”科目，按照物品采购成本金额，贷记“在途物品”科目，按照使得入库物品达到目前场所和状态所发生的其他支出，贷记“银行存款”等科目。

【例6-68】某单位购入的甲材料由供应商送达，已经验收入库。

借：库存物品——甲材料　5 800

　贷：在途物品——甲材料　5 800

（二）库存物品的核算

政府单位设置“库存物品”科目，核算单位在开展业务活动及其他活动中为耗用或出售而储存的各种存货。单位随买随用的零星办公用品、控制的政府储备物资、为在建工程购买和使用的材料物资、受托存储保管的物资和受托转赠的物资不通过本科目核算。本科目应当按照库存物品的种类、规格、保管地点等进行明细核算。本科目期末借方余额，反映单位库存物品的实际成本。

库存物品的主要账务处理如下：

1.库存物品的取得

政府单位库存物品的取得包括外购、加工、捐赠、无偿调入、置换换入等方式。取得的库存物品，应当按照其取得时的成本入账。购入的库存物品，其成本包括购买价款、相关税费、运输费、装卸费、保险费以及使得存货达到目前场所和状态所发生的归属于存货成本的其他支出。外购的库存物品验收入库，按照确定的成本，借记“库存物品”科目，贷记“财政拨款收入”“银行存款”“应付账款”“在途物品”等科目。涉及增值税业务的，支付价款中所包含的增值税进项税通过“应交增值税”科目核算。

【例6-69】某单位购入甲材料一批，通过国库集中支付方式支付价款4 000元，运费60元。

借：库存物品——甲材料	4 060	
贷：财政拨款收入		4 060

【例6-70】某单位以政府集中采购的方式购入乙材料一批，价值总计27 850元，款项以国库集中支付方式的方式支付，材料已经由供应商交付单位并经验收入库。

借：库存物品——乙材料	27 850	
贷：财政拨款收入		27 850

【例6-71】某单位购入丙材料一批，购买价款共计12 000元，材料已经验收入库。单位以银行存款支付价款8 000元，其余款项将在下月支付。

借：库存物品——丙材料	12 000	
贷：银行存款		8 000
应付账款		4 000

2.库存物品的发出

政府单位库存物品的发出包括业务活动等领用、对外出售、对外捐赠、无偿调出和置换换出等形式。单位应当根据实际情况采用先进先出法、加权平均法或者个别计价法确定发出存货的实际成本。计价方法一经确定，不得随意变更。单位开展业务活动等领用库存物品、按照规定自主出售发出库存物品、加工发出库存物品，按照领用、出售等发出物品的实际成本，借记“业务活动费用”“单位管理费用”“经营费用”“加工物品”等科目，贷记“库存物品”科目。

【例6-72】某单位开出“材料出库单”，开展业务活动领用甲材料一批，采用加权平均法计算出其价值为4 000元。

借：业务活动费用	4 000	
贷：库存物品——甲材料		4 000

3. 库存物品的清查盘点

政府单位应当定期对库存物品进行清查盘点，每年至少盘点一次。对于发生的库存物品盘盈、盘亏或者报废、毁损，应当先记入“待处理财产损溢”科目，按照规定报经批准后及时进行后续账务处理。

盘盈的库存物品，其成本按照有关凭据注明的金额确定；没有相关凭据，但按照规定经过资产评估的，其成本按照评估价值确定；没有相关凭据，也未经过评估的，其成本按照重置成本确定。如无法采用上述方法确定盘盈的库存物品成本的，按照名义金额入账。盘盈的库存物品，按照确定的入账成本，借记“库存物品”科目，贷记“待处理财产损溢”科目。盘亏或者毁损、报废的库存物品，按照待处理库存物品的账面余额，借记“待处理财产损溢”科目，贷记“库存物品”科目。

【例6-73】某单位年末进行存货的清查盘点，发现丙材料盘盈5件，按同类材料的成本计算其价值为852元。

借：库存物品——丙材料　852

　贷：待处理财产损溢——丙材料　852

【例6-74】某单位年末进行存货的清查盘点，发现丁材料盘亏15千克，账面价值为2 810元。将盘亏丁材料转入待处理财产损溢。

借：待处理财产损溢——丁材料　2 810

　贷：库存物品——丁材料　2 810

【例6-75】某单位上述待核销丁材料经财政部门同意，现予以核销。

借：资产处置费用　2 810

　贷：待处理财产损溢——丁材料　2 810

如果政府单位存在物品加工业务，还应当设置“加工物品”科目，核算单位自制或委托外单位加工的各种物品的实际成本。

五、固定资产

（一）固定资产的内容

固定资产是政府单位为满足自身开展业务活动或其他活动需要而控制的，使用年限超过1年（不含1年）、单位价值在规定标准以上，并在使用过程中基本保持原有物质形态的资产。政府单位的固定资产，一般情况下必须同时具备以下两个条件：（1）使用时间在1年以上（不含1年）；（2）单位价值在规定限额以上。《行政单位财务规则》《事业单位财务规则》对固定资产的价值限额标准进行了规范，要求价值在1 000元以上。单位价值虽未达到规定标准，但是使用年限超过1年（不含1年）的大批同类物资，应当确认为固定资产。

确认固定资产时，应当考虑以下情况：（1）固定资产的各组成部分具有不同使用年限或者以不同方式为单位实现服务潜力或提供经济利益，适用不同折旧率或折旧方法且可以分别确定各自原价的，应当分别将各组成部分确认为单项固定资产。（2）应用软件构成相关硬件不可缺少的组成部分的，应当将该软件的价值包括在所属的硬件价值中，一并确认为固定资产；不构成相关硬件不可缺少的组成部分的，应当将该软件确认为无形资产。（3）购建房屋及构筑物时，不能分清购建成本中的房屋及构筑物部分与土地使用权部分的，应当全部确认为固定资产；能够分清购建成本中的房屋及构筑物部分与土地使用权部分的，应当将其中的房屋及构筑物部分确认为固定资产，将其中的土地使用权部分确认为无形资产。经批准在境外购买具有所有权的土地，确认为固定资产。

政府单位设置“固定资产”科目，核算单位固定资产的原价。本科目应当按照固定资产类别和项目进行明细核算。固定资产一般分为房屋和构筑物、设备、陈列品、图书和档案、家具和用具、特种动植物六类。单位应当根据固定资产定义，结合本单位的具体情况，制定适合于本单位的固定资产目录、具体分类方法，作为进行固定资产核算的依据。单位应当设置“固定资产登记簿”和“固定资产信息卡片”，按照固定资产类别、项目和使用部门等进行明细核算。本科目期末借方余额，反映单位固定资产的原值。

固定资产的账务处理，主要包括取得固定资产、计提固定资产折旧、处置固定资产、清查盘点固定资产等环节。

（二）固定资产取得的核算

固定资产在取得时进行初始确认。固定资产的取得方式，包括购入、自行建造、换入、融资租赁租入、接受捐赠、无偿调入等。通常情况下，购入、换入、接受捐赠、无偿调入不需安装的固定资产，在固定资产验收合格时确认；购入、换入、接受捐赠、无偿调入需要安装的固定资产，在固定资产安装完成交付使用时确认；自行建造、改建、扩建的固定资产，在建造完成交付使用时确认。固定资产在取得时，应当按照成本进行初始计量。

1.固定资产的购入

购入的固定资产，其成本包括购买价款、相关税费以及固定资产交付使用前所发生的可归属于该项资产的运输费、装卸费、安装费和专业人员服务费等。以一笔款项购入多项没有单独标价的固定资产，应当按照各项固定资产同类或类似资产市场价格的比例对总成本进行分配，分别确定各项固定资产的成本。

购入固定资产的核算分以下三种情况：

（1）购入不需安装的固定资产验收合格时，按照确定的固定资产成本，借记“固定资产”科目，贷记“财政拨款收入”“应付账款”“银行存款”等科目。

（2）购入需要安装的固定资产，通过“在建工程”科目核算。安装完工交付使用时，借记“固定资产”科目，贷记“在建工程”科目。

（3）购入固定资产扣留质量保证金的，应当在取得固定资产时，按照确定的固定资产成本，借记“固定资产”科目，按照实际支付或应付的金额，贷记“财政拨款收入”“应付账款”“银行存款”等科目，按照扣留的质量保证金数额，贷记“其他应付款”（扣留期在1年以内）或“长期应付款”（扣留期超过1年）科目。质保期满支付质量保证金时，借记“其他应付款”“长期应付款”科目，贷记“财政拨款收入”“银行存款”等科目。

【例6-76】某单位购入一批计算机设备，价值20 000元，运输费500元，该设备不需要安装，款项通过银行转账支付，设备已经通过验收。

借：固定资产——设备——计算机　　20 500

　贷：银行存款　　20 500

【例6-77】某单位以政府集中采购方式购入一批网络设备，价值320 000元，款项以国库集中支付方式支付，设备已经通过验收。

借：固定资产——设备——网络设备　320 000

　贷：财政拨款收入　320 000

【例6-78】某单位购入两台通信设备，其中一台路由器价值8 000元，一台集线器价值2 000元，两台设备运输费共计500元。设备由单位专业人员自行安装，无相关费用。款项通过国库集中支付方式支付，设备已经通过验收。

运费分摊率=500÷（2 000+8 000）×100%=5%

路由器入账成本=8 000×（1+5%）=8 400（元）

集线器入账成本=2 000×（1+5%）=2 100（元）

借：固定资产——设备——路由器　8 400

　　　　　　　　　——集线器　2 100

　贷：财政拨款收入　10 500

【例6-79】某单位购入的一台需要安装的专业检测设备已经完工并交付使用，设备价款51 000元，安装费用6 200元。

借：固定资产——设备——检测设备　57 200

　贷：在建工程——设备投资——检测设备安装工程　57 200

【例6-80】某单位购入一幢办公楼，价值1 500 000元。根据购买合同的约定，单位扣留20%的价款作为质量保证金，扣留时间为18个月。

（1）在办公楼交付使用时，单位通过银行转账向房地产开发商支付购房款1 200 000元，其余300 000元作为扣留的质量保证金，房地产开发商为单位开具了全款发票。

借：固定资产——房屋和构筑物——办公楼　1 500 000

　贷：银行存款　1 200 000

　　　长期应付款——质量保证金　300 000

（2）办公楼质量保证期满后，单位通过银行账户向房地产开发商支付300 000元扣留的质量保证金。

借：长期应付款——质量保证金　300 000

　贷：银行存款　300 000

2.固定资产的建造

自行建造的固定资产，其成本包括该项资产在交付使用前所发生的全部必要支出。（1）在原有固定资产基础上进行改建、扩建、修缮后的固定资产，其成本按照原固定资产账面价值加上改建、扩建、修缮发生的支出，再扣除固定资产被替换部分的账面价值后的金额确定。（2）为建造固定资产借入的专门借款的利息，属于建设期间发生的，计入在建工程成本，不属于建设期间发生的，计入当期费用。（3）已交付使用但尚未办理竣工决算手续的固定资产，应当按照估计价值入账，待办理竣工决算后再按实际成本调整原来的暂估价值。

自行建造的固定资产交付使用时，按照在建工程成本，借记“固定资产”科目，贷记“在建工程”科目。

【例6-81】某单位自行建造的一台安防设备完工，经验收后交付使用，其建造成本为37 500元。

借：固定资产——设备——安防设备　37 500

　贷：在建工程——设备投资——安防设备建造工程　37 500

3.固定资产的融资租入

以融资租赁租入方式取得的固定资产，其成本按照租赁协议或者合同确定的租赁价款、相关税费以及固定资产交付使用前所发生的可归属于该项资产的运输费、途中保险费、安装调试费等确定。

（1）融资租入的固定资产，按照确定的成本，借记“固定资产”科目或“在建工程”科目，按照租赁协议或者合同确定的租赁付款额，贷记“长期应付款”科目，按照支付的运输费、途中保险费、安装调试费等金额，贷记“财政拨款收入”“银行存款”等科目。

（2）定期支付租金时，按照实际支付金额，借记“长期应付款”科目，贷记“财政拨款收入”“银行存款”等科目。

单位采用跨年度分期付款的方式购入固定资产，其账务处理与融资租入固定资产的类似。

【例6-82】某单位与某设备供应商签订协议，以融资租赁方式租入一套专业通信设备，租赁协议确定的租赁价款100 000元。设备租期5年，租金按年支付，每年20 000元，期满设备归单位使用。设备不需要安装、调试。

（1）供应商将租赁设备交付单位，设备已经通过验收。

借：固定资产——设备——通信设备　　100 000

　贷：长期应付款——某供应商　　100 000

（2）单位通过银行账户支付第1年租金20 000元。

借：长期应付款——某供应商　　20 000

　贷：银行存款　　20 000

以后每年支付租金的会计分录相同。

4.固定资产的捐赠

单位接受捐赠的固定资产应当按照以下顺序确定其成本。（1）按照有关凭据注明的金额加上相关税费、运输费等确定；（2）没有相关凭据可供取得，但按规定经过资产评估的，其成本按照评估价值加上相关税费、运输费等确定；（3）没有相关凭据可供取得、也未经资产评估的，其成本比照同类或类似资产的市场价格加上相关税费、运输费等确定；（4）没有相关凭据且未经资产评估、同类或类似资产的市场价格也无法可靠取得的，按照名义金额入账，相关税费、运输费等计入当期费用。如受赠的系旧的固定资产，在确定其初始入账成本时应当考虑该项资产的新旧程度。

接受捐赠的固定资产，按照确定的固定资产成本，借记“固定资产”科目或“在建工程”科目，按照发生的相关税费、运输费等，贷记“财政拨款收入”“银行存款”等科目，按照其差额，贷记“捐赠收入”科目。接受捐赠的固定资产按照名义金额入账的，按照名义金额，借记“固定资产”科目，贷记“捐赠收入”科目；按照发生的相关税费、运输费等，借记“其他费用”科目，贷记“财政拨款收入”“银行存款”等科目。

【例6-83】某单位接受捐赠一批图书，所附发票表明其价值为30 000元。同时，收到捐赠的陈列品一项，没有证明其价值的相关凭据，同类或类似物品的市场价格也无法可靠取得。捐赠过程中，单位没有承担相关税费、运输费等支出。

借：固定资产——图书和档案　　30 000

　贷：捐赠收入　　30 000

同时：

借：固定资产——陈列品　1

　　贷：捐赠收入　1

（三）固定资产折旧的核算

为真实反映固定资产的价值与单位的运行费用，政府单位应当建立固定资产折旧制度。折旧是指在固定资产的预计使用年限内，按照确定的方法对应计的折旧额进行系统分摊。并非所有的固定资产均计提折旧，固定资产折旧的范围主要包括房屋和构筑物、设备、家具和用具等。陈列品、特种动植物、图书和档案、单独计价入账的土地、以名义金额计量的固定资产不提折旧。

1. 固定资产折旧的方法

政府单位一般应当采用年限平均法或者工作量法计提固定资产折旧。固定资产应计的折旧额为其成本，计提固定资产折旧时不考虑预计净残值。单位应当在遵循《政府会计准则第3号——固定资产》应用指南所规定的固定资产折旧年限的基础上，具体确定各类固定资产的具体折旧年限，并报财政部门审核批准。固定资产的折旧年限一经确定，不得随意变更。因改建、扩建等原因而延长固定资产使用年限的，应当重新确定固定资产的折旧年限。年限平均法下固定资产折旧额的计算公式如下：

固定资产年折旧额=固定资产原值÷预计使用年限

固定资产月折旧额=固定资产年折旧额÷12

如果对固定资产分类计提折旧，则需要计算固定资产折旧率。固定资产折旧率是固定资产年折旧额与固定资产原值的比率，计算公式如下：

固定资产年折旧率=固定资产年折旧额÷固定资产原值×100%

固定资产月折旧额=固定资产原值×固定资产年折旧率÷12

2. 固定资产折旧计提时点

固定资产应当按月计提折旧，当月增加的固定资产，当月开始计提折旧；当月减少的固定资产，当月不再计提折旧。固定资产提足折旧后，无论能否继续使用，均不再计提折旧；提前报废的固定资产，也不再补提折旧。已提足折旧的固定资产，可以继续使用的，应当继续使用，规范实物管理。

3. 固定资产折旧的账务处理

政府单位设置“固定资产累计折旧”科目，核算单位计提的固定资产累计折旧。本科目应当按照所对应固定资产的明细分类进行明细核算。本科目期末贷方余额，反映单位计提的固定资产折旧累计数。

按月计提固定资产折旧时，按照应计提折旧金额，借记“业务活动费用”“单位管理费用”“经营费用”“加工物品”“在建工程”等科目，贷记“固定资产累计折旧”科目。

【例6-84】某单位计提本月固定资产折旧，根据“固定资产折旧计算表”，本月应计提业务活动使用的固定资产折旧共计38 650元。

借：业务活动费用　38 650

　　贷：固定资产累计折旧　38 650

固定资产的会计核算，还包括无偿调入固定资产、置换固定资产、与固定资产有关的后续支出、处置固定资产、清查盘点固定资产等经济业务或事项。政府单位如果发生上述经济业务或事项，应当按照会计制度的要求进行账务处理。

六、其他各项资产

政府单位财务会计设置的资产类会计科目较多。在介绍了主要资产项目的核算内容和账务处理方法后，简要介绍其他各项资产的核算方法，主要内容包括无形资产、在建工程、短期投资、长期股权投资、长期债券投资、文物资源、公共基础设施、政府储备物资、保障性住房、受托代理资产等。其中，短期投资、长期股权投资和长期债券投资是事业单位设置的会计科目，其他各科目是行政单位、事业单位的共用科目。

（一）无形资产

无形资产是指政府单位控制的没有实物形态的可辨认非货币性资产，如专利权、商标权、著作权、土地使用权、非专利技术等。无形资产的可辨认性标准，是满足下列两个条件之一：（1）能够从政府会计主体中分离或者划分出来，并能单独或者与相关合同、资产或负债一起，用于出售、转移、授予许可、租赁或者交换。（2）源自合同性权利或其他法定权利，无论这些权利是否可以从政府会计主体或其他权利和义务中转移或者分离。

政府单位设置“无形资产”科目，核算单位无形资产的原值。非大批量购入、单价小于1 000元的无形资产，可以于购买的当期将其成本直接计入当期费用。本科目应当按照无形资产的类别、项目等进行明细核算。本科目期末借方余额，反映单位无形资产的成本。政府单位设置“无形资产累计摊销”科目，核算单位对使用年限有限的无形资产计提的累计摊销。政府单位设置“研发支出”科目，核算单位自行研究开发项目研究阶段和开发阶段发生的各项支出。

无形资产的账务处理，主要包括无形资产的取得、无形资产的摊销、无形资产的处置等环节。（1）无形资产在取得时应当按照成本进行初始计量，取得方式包括外购、委托开发、自行研究开发、接受捐赠、无偿调入、置换等。（2）政府单位应当按月对使用年限有限的无形资产进行摊销，并根据用途计入当期费用或者相关资产成本。（3）政府单位应当按规定报经批准处置无形资产，应当将无形资产账面价值转销计入当期费用，并将处置收入大于相关处置税费后的差额按规定计入当期收入或者做应缴款项处理，将处置收入小于相关处置税费后的差额计入当期费用。

【例6-85】某单位购入一项专利权，通过国库集中支付方式支付购买价款120 000元，已经完成专利权属变更的登记。

借：无形资产——专利权	120 000	
贷：财政拨款收入		120 000

（二）在建工程

在建工程是指已经发生必要支出，但尚未达到交付使用状态的建设工程。政府单位的在建工程包括建筑安装工程和设备安装工程。建筑安装工程是指为新建、改建或扩建房屋建筑物和附属构筑物设施而进行的工程项目。设备安装工程是指为保证设备的正常运转而进行的设备装配、调试工程项目。根据会计制度的规定，单位对基本建设投资应当按照会计制度的规定统一进行会计核算，不再单独建账，纳入在建工程项目按项目统一核算。

政府单位设置“在建工程”科目，核算单位在建的建设项目工程的实际成本。本科目应当设置“建筑安装工程投资”“设备投资”“待摊投资”“其他投资”“待核销基建支出”

“基建转出投资”等明细科目，并按照具体项目进行明细核算。本科目期末借方余额，反映单位尚未完工的建设项目工程发生的实际成本。政府单位设置“工程物资”科目，核算单位为在建工程准备的各种物资的成本，包括工程用材料、设备等。

在建工程的账务处理，主要包括以下内容：（1）建筑安装工程投资，核算单位发生的构成建设项目实际支出的建筑工程和安装工程的实际成本，不包括被安装设备本身的价值以及按照合同规定支付给施工单位的预付备料款和预付工程款。（2）设备投资，核算单位发生的构成建设项目实际支出的各种设备的实际成本。（3）待摊投资，核算单位发生的构成建设项目实际支出的、按照规定应当分摊计入有关工程成本和设备成本的各项间接费用和税费支出。（4）其他投资，核算单位发生的构成建设项目实际支出的房屋购置支出，基本畜禽、林木等购置、饲养、培育支出，办公生活用家具、器具购置支出，软件研发和不能计入设备投资的软件购置等支出，以及单位为进行可行性研究而购置的固定资产、取得土地使用权支付的土地出让金。（5）待核销基建支出，核算建设项目发生的江河清障、航道清淤、飞播造林、补助群众造林、水土保持、城市绿化、取消项目的可行性研究费以及项目整体报废等不能形成资产部分的基建投资支出。（6）基建转出投资，核算为建设项目配套而建成的、产权不归属本单位的专用设施的实际成本。

【例6-86】某单位与某建筑公司签订协议，由其承包为单位的办公楼进行修缮。

（1）办公楼的账面余额为3 100 000元，已经计提折旧1 240 000元，将办公楼的账面价值1 860 000元转入在建工程。

借：在建工程——建筑安装工程投资——办公楼修缮工程　　1 860 000
　　固定资产累计折旧　　1 240 000
　贷：固定资产——房屋和构筑物——办公楼　　3 100 000

（2）根据建筑安装工程价款结算账单，工程价款650 000元以国库集中支付方式的方式拨付施工企业。

借：在建工程——建筑安装工程投资——办公楼修缮工程　　650 000
　贷：财政拨款收入——项目支出　　650 000

（3）办公楼修缮工程完成并通过工程验收，工程实际成本为2 510 000元。

借：固定资产——房屋和构筑物——办公楼　　2 510 000
　贷：在建工程——办公楼修缮工程　　2 510 000

（三）对外投资

对外投资是指事业单位按规定以货币资金、实物资产、无形资产等方式形成的债权或股权投资。按照有关规定，行政单位不允许从事对外投资业务。事业单位对外投资，一方面可以拓展事业单位的业务范围，提高资金的使用效益，在更大范围内发挥事业单位的作用，另一方面可以取得一定的投资收益，弥补事业单位资金的不足，更好地开展公益性服务。投资分为短期投资和长期投资，长期投资分为长期债权投资和长期股权投资。

1.短期投资

事业单位设置“短期投资”科目，核算事业单位按照规定取得的，持有时间不超过1年（含1年）的投资。本科目应当按照投资的种类等进行明细核算。本科目期末借方余额，反映事业单位持有短期投资的成本。

短期投资的账务处理，主要包括取得短期投资、收到短期投资持有期间的利息、出售短期投资或到期收回短期投资本息等环节。(1) 短期投资在取得时，应当按照实际成本作为初始投资成本，实际成本包括购买价款和相关税费。实际支付价款中包含的已到付息期但尚未领取的利息，应当于收到时冲减短期投资成本。(2) 短期投资持有期间的利息，应当于实际收到时确认为投资收益。(3) 按规定出售或到期收回短期投资，应当将收到的价款扣除短期投资账面余额和相关税费后的差额计入投资损益。

2.长期债券投资

事业单位设置"长期债券投资"科目，核算事业单位按照规定取得的，持有时间超过1年（不含1年）的债券投资。本科目应当设置"成本"和"应计利息"明细科目，并按照债券投资的种类进行明细核算。本科目期末借方余额，反映事业单位持有的长期债券投资的价值。事业单位设置"应收利息"科目，核算事业单位长期债券投资应当收取的利息。

长期债券投资的账务处理，主要包括取得长期债券投资、确认长期债券投资持有期间的利息收入、到期收回长期债券投资、对外出售长期债券投资等环节。(1) 长期债券投资在取得时，应当按照实际成本作为初始投资成本。实际支付价款中包含的已到付息期但尚未领取的债券利息，应当单独确认为应收利息，不计入长期债券投资初始投资成本。(2) 长期债券投资持有期间，应当按期以票面金额与票面利率计算确认利息收入。(3) 按规定出售或到期收回长期债券投资，应当将实际收到的价款扣除长期债券投资账面余额和相关税费后的差额计入投资损益。

3. 长期股权投资

事业单位设置"长期股权投资"科目，核算事业单位按照规定取得的，持有时间超过1年（不含1年）的股权性质的投资。本科目应当按照被投资单位和长期股权投资取得方式等进行明细核算。长期股权投资采用权益法核算的，还应当按照"成本""损益调整""其他权益变动"设置明细科目，进行明细核算。本科目期末借方余额，反映事业单位持有的长期股权投资的价值。事业单位设置"应收股利"科目，核算事业单位持有长期股权投资应当收取的现金股利或应当分得的利润。

长期股权投资的账务处理，主要包括取得长期股权投资、长期股权投资持有期间的处理（权益法或成本法）、处置长期股权投资等环节。(1) 长期股权投资在取得时，应当按照其实际成本作为初始投资成本。(2) 长期股权投资持有期间，通常应当采用权益法进行核算。权益法是指投资最初以投资成本计量，以后根据政府会计主体在被投资单位所享有的所有者权益份额的变动对投资的账面余额进行调整的方法。(3) 政府会计主体无权决定被投资单位的财务和经营政策或无权参与被投资单位的财务和经营政策决策的，应当采用成本法进行核算。成本法是指投资按照投资成本计量的方法。(4) 政府会计主体按规定报经批准处置长期股权投资，应当冲减长期股权投资的账面余额，并按规定将处置价款扣除相关税费后的余额作应缴款项处理，或者按规定将处置价款扣除相关税费后的余额与长期股权投资账面余额的差额计入当期投资损益。采用权益法核算的长期股权投资的处置，还应当将原计入净资产的相应部分转入当期投资损益。

【例6-87】某事业单位根据业务发展的需要，以货币资金对H企业进行长期股权投资，取得该企业40%的股权，采用权益法核算。

(1) 通过银行转账支付股权投资款1 000 000元。

借：长期股权投资——H企业（成本）　1 000 000

　贷：银行存款　1 000 000

（2）根据H企业的财务报告，H企业本年实现净利润200 000元，单位应享有的份额为80 000元。

借：长期股权投资——H企业（损益调整）　80 000

　贷：投资收益——H企业（长期股权投资）　80 000

（3）H企业宣告分配利润，单位应享有的份额为50 000元。

借：应收股利——H企业　50 000

　贷：长期股权投资——H企业（损益调整）　50 000

（四）公共服务资产

公共服务资产是政府单位为满足社会公共需求而控制的各项资产，主要包括政府储备物资、公共基础设施、文物资源、保障性住房、PPP项目资产等。公共服务资产是政府单位的非自用资产，并非用于为满足自身开展业务活动或其他活动的需要。

1. 政府储备物资

政府储备物资是政府单位为满足实施国家安全与发展战略、进行抗灾救灾、应对公共突发事件等特定公共需求而控制的有形资产。政府储备物资在应对可能发生的特定事件或情形时动用，其购入、存储保管、更新（轮换）、动用等由政府及相关部门发布的专门管理制度规范。

政府单位设置“政府储备物资”科目，核算单位控制的政府储备物资的成本。对政府储备物资不负有行政管理职责但接受委托具体负责执行其存储保管等工作的单位，其受托代储的政府储备物资应当通过“受托代理资产”科目核算，不通过本科目核算。本科目应当按照政府储备物资的种类、品种、存放地点等进行明细核算。单位根据需要，可在本科目下设置“在库”“发出”等明细科目进行明细核算。本科目期末借方余额，反映政府储备物资的成本。

政府储备物资的账务处理，主要包括取得政府储备物资、发出政府储备物资、清查盘点政府储备物资等环节。（1）政府储备物资取得时，应当按照其成本入账。取得方式包括购入、委托加工、接受捐赠、无偿调入等。（2）政府会计主体应当根据实际情况采用先进先出法、加权平均法或者个别计价法确定政府储备物资发出的成本。因动用而发出无须收回的政府储备物资的，政府会计主体应当在发出物资时将其账面余额予以转销，计入当期费用。因动用而发出需要收回或者预期可能收回的政府储备物资的，政府会计主体应当在按规定的质量验收标准收回物资时，将未收回物资的账面余额予以转销，计入当期费用。（3）单位应当定期对政府储备物资进行清查盘点，每年至少盘点一次。对于发生的政府储备物资盘盈、盘亏或者报废、毁损，应按照规定报经批准后及时进行账务处理。

【例6-88】某单位为抢险救援物资类应急物资的管理单位。

（1）以国库集中支付方式购入抢险救援物资一批，价款共计180 000元。抢险救援物资已经交付，并验收入库。

借：政府储备物资——抢险救援物资　180 000

　贷：财政拨款收入——项目支出　180 000

（2）根据应急物资储备预案，发出无须收回的抢险救援物资一批，采用先进先出法确定其成本为65 000元。

借：业务活动费用 65 000

贷：政府储备物资——抢险救援物资 65 000

2.公共基础设施

公共基础设施是政府单位为满足社会公共需求而控制的并直接负责维护管理、供社会公众使用的工程性公共基础设施资产。公共基础设施是一个有形资产系统或网络的组成部分，具有特定用途，一般不可移动。公共基础设施主要包括市政基础设施（如城市道路、桥梁、隧道、公交场站、路灯、广场、公园绿地、室外公共健身器材，以及环卫、排水、供水、供电、供气、供热、污水处理、垃圾处理系统等）、交通基础设施（如公路、航道、港口等）、水利基础设施（如大坝、堤防、水闸、泵站、渠道等）和其他公共基础设施。

政府单位设置“公共基础设施”科目，核算单位控制的公共基础设施的原值。本科目应当按照公共基础设施的类别、项目等进行明细核算。单位应当根据行业主管部门对公共基础设施的分类规定，制定适合于本单位管理的公共基础设施目录、分类方法，作为进行公共基础设施核算的依据。本科目期末借方余额，反映公共基础设施的原值。政府单位设置“公共基础设施累计折旧（摊销）”科目，核算单位计提的公共基础设施累计折旧和累计摊销。

公共基础设施的账务处理，主要包括取得公共基础设施、计提公共基础设施折旧和摊销、处置公共基础设施、清查盘点公共基础设施等环节。（1）公共基础设施在取得时，应当按照其成本入账。取得方式包括自行建造、接受捐赠、无偿调入、外购等。（2）政府单位应当对公共基础设施计提折旧，对确认为公共基础设施的单独计价入账的土地使用权计提摊销。公共基础设施应计提的折旧、摊销总额为其成本，计提公共基础设施折旧时不考虑预计净残值。（3）按规定报经批准无偿调出、对外捐赠公共基础设施时，应当将公共基础设施的账面价值予以转销，无偿调出、对外捐赠中发生的归属于调出方、捐出方的相关费用应当计入当期费用。（4）单位应当定期对公共基础设施进行清查盘点，对于发生的公共基础设施盘盈、盘亏、毁损或报废，应当按照规定报经批准后及时进行后续账务处理。

【例6-89】某单位与市政建设部门办理移交手续，一处公共广场由该单位负责维护管理，其原账面价值为30 000 000元。

借：公共基础设施——市政基础设施——公共广场 30 000 000

贷：无偿调拨净资产 30 000 000

3.文物资源

根据《政府会计准则第11号——文物资源》，文物资源是指按照《中华人民共和国文物保护法》等有关法律、行政法规规定，被认定为文物的有形资产，以及考古发掘品、尚未被认定为文物的古籍和按照文物征集尚未入藏的征集物。

政府单位设置“文物资源”科目，核算由政府会计主体承担管理收藏职责的文物资源。本科目应当按照文物资源的类型、计量属性等进行明细核算。单位为满足自身开展业务活动或其他活动需要而控制的陈列品，应当通过“固定资产”科目核算，不通过本科目核算。本科目期末借方余额，反映文物资源的成本。

文物资源的账务处理，主要包括取得文物资源、处置文物资源、清查盘点文物资源等环节。（1）政府会计主体应当按照成本对文物资源进行初始计量；对于成本无法可靠取得的文物资源，应当按照名义金额计量。(2) 按照规定报经批准对外捐赠、无偿调出文物资源时，应当将文物资源的账面价值予以转销，发生的相关费用计入当期费用。文物资源不计提折旧。(3) 单位应当定期对文物资源进行清查盘点，每年至少盘点一次。对于发生的文物资源盘盈、盘亏、毁损或报废等，应当按照规定报经批准后及时进行后续账务处理。

【例6-90】某单位为城市建设展览馆，接受捐赠的文物资源产一件，有关凭据注明的金额为5 000元。

借：文物资源　　5 000

　贷：捐赠收入　　5 000

4.保障性住房

保障性住房是政府单位为满足社会公共需求而控制的用于为中低收入住房困难家庭所提供的限定标准、限定价格或租金的住房，一般由廉租住房、经济适用住房、政策性租赁住房、定向安置房等构成。

政府单位设置"保障性住房"科目，核算单位为满足社会公共需求而控制的保障性住房的原值。本科目应当按照保障性住房的类别、项目等进行明细核算。本科目期末借方余额，反映保障性住房的原值。政府单位设置"保障性住房累计折旧"科目，核算单位计提的保障性住房的累计折旧。

保障性住房的账务处理，主要包括取得保障性住房、出租保障性住房、计提保障性住房折旧、处置保障性住房等环节。(1) 保障性住房在取得时，应当按其成本入账。取得方式包括外购、自行建造、无偿调入、接受捐赠、融资租赁等。(2) 按照规定出租保障性住房，收取的出租收入应当上缴同级财政。(3) 单位应当参照固定资产折旧的相关规定，按月对保障性住房计提折旧。(4) 报经批准处置保障性住房时，应当将保障性住房的账面价值予以转销。

【例6-91】某单位为保障性住房管理单位，外购的保障性住房一幢，款项8 000 000元以国库集中支付方式的方式支付给房地产开发商。

借：保障性住房　　8 000 000

　贷：财政拨款收入　　8 000 000

(五) PPP项目资产的核算

政府和社会资本合作简称为PPP，包括建设-运营-移交（BOT）、转让-运营-移交（TOT）、改建-运营-移交（ROT）等运作方式。在公共服务领域推广运用PPP模式，引入社会力量参与公共服务供给，提升供给质量和效率，是党中央作出的一项重大决策部署。根据《政府会计准则第10号——政府和社会资本合作项目合同》及应用指南的规定，作为政府授权或指定的PPP项目实施机构，政府单位应当依据PPP项目合同确认PPP项目资产和PPP项目净资产。

政府单位应当设置"PPP项目资产"科目，核算按照规定确认的PPP项目资产，并按照资产类别、项目等进行明细核算。政府方应当设置"PPP项目资产累计折旧（摊销）"科目，核算按照规定计提的PPP项目资产累计折旧（摊销），并按照资产类别、项目等进行明细核算。

PPP项目资产的账务处理，主要包括PPP项目资产取得、PPP项目运营期间、PPP项目合同终止等环节。(1) PPP项目资产取得时，应当按照其成本入账。取得方式包括社会资本方投资建造、社会资本方从第三方购买、使用社会资本方现有资产、使用政府方现有资产、对政府方原有资产进行改建、扩建等。(2) PPP项目资产在项目运营期间，对于为增加PPP项目资产的使用效能或延长其使用年限而发生的大修、改建、扩建等后续支出，政府方应当在资产验收合格交付使用时确认PPP项目资产。在PPP项目运营期间，政府方应当按月对该PPP项目资产计提折旧（摊销）。(3) PPP项目合同终止时，PPP项目资产按规定移交至政府方的，政府方应当根据PPP项目资产的性质和用途，将其重分类为公共基础设施等资产。

【例6-92】某事业单位作为PPP项目的实施机构（政府方），与M民营企业（社会资本方）签订PPP项目合同，采用建设-运营-移交（BOT）方式建设市政道路基础设施，项目合同符合PPP项目资产的确认条件。M民营企业建造公路发生的成本为8 0000 000元，公路验收合格并交付使用。

借：PPP项目资产——市政基础设施	8 0000 000	
贷：PPP项目净资产		8 0000 000

（六）受托代理资产

受托代理资产是政府单位接受委托方的委托，代为管理的各项资产。政府单位为履行其职能，会接受其他单位或个人的委托，代为管理一些资产。不同于其他类型的资产，政府单位并不拥有受托代理资产的处置权，只能按照委托方的要求或者意愿代为保存和处理资产。受托代理资产包括转赠的资产、受托储存管理的资产和取得的罚没物资。转赠的资产是单位接受委托，收到的需要按委托人的意愿转赠给指定的受赠人的现款、物资等。受托储存管理的资产是单位接受委托，代为储存、保管的政府储备物资等。罚没物资是单位对违反法律法规的行为和事实进行的处罚而没收的财产。

政府单位设置"受托代理资产"科目，核算单位接受委托方委托管理的各项资产，包括受托指定转赠的物资、受托存储保管的物资等的成本。单位管理的罚没物资也应当通过本科目核算。单位收到的受托代理资产为现金和银行存款的，不通过本科目核算，应当通过"库存现金""银行存款"科目进行核算。本科目应当按照资产的种类和委托人进行明细核算；属于转赠资产的，还应当按照受赠人进行明细核算。本科目期末借方余额，反映单位受托代理实物资产的成本。

受托代理资产的账务处理，主要包括以下内容：(1) 受托转赠物资。接受委托人委托需要转赠给受赠人的物资，其成本按照有关凭据注明的金额确定；将受托转赠物资交付受赠人时，将受托转赠物资的账面余额予以转销。(2) 受托存储保管物资。接受委托人委托存储保管的物资，其成本按照有关凭据注明的金额确定；根据委托人要求交付或发出受托存储保管的物资时，将受托存储保管物资的账面余额予以转销。(3) 罚没物资。取得罚没物资时，其成本按照有关凭据注明的金额确定，罚没物资成本无法可靠确定的，单位应当设置备查簿进行登记；按照规定处置或移交罚没物资时，将罚没物资的账面余额予以转销，处置时取得的款项上缴同级财政。

【例6-93】某单位接受委托，将一批价值50 000元的教学设备和现款20 000元转赠西部地区某学校，用于帮助其改善教学条件。

(1) 收到教学设备和现款时：

借：受托代理资产——教学设备	50 000	

借：银行存款——受托代理存款　20 000

　贷：受托代理负债　70 000

（2）转赠教学设备和现款时：

借：受托代理负债　70 000

　贷：受托代理资产——教学设备　50 000

　　银行存款——受托代理存款　20 000

政府单位还设置了“待摊费用”“长期待摊费用”“待处理财产损溢”等资产类科目，这些科目不再单独讲解。

第五节　负债的核算

负债是财务会计的要素，反映政府单位承担的现时义务。本节介绍政府单位负债的确认与内容，阐述负债的会计核算要求，讲解各主要负债类科目的核算内容、账户设置和账务处理。

一、负债的确认与内容

（一）负债的确认

负债是指政府单位过去的经济业务或者事项形成的，预期会导致经济资源流出政府会计主体的现时义务。现时义务是指政府会计主体在现行条件下已承担的义务。未来发生的经济业务或者事项形成的义务不属于现时义务，不应当确认为负债。政府单位将一项现时义务确认为负债，应当符合负债的定义，确信履行该义务很可能导致含有服务潜力或者经济利益的经济资源流出政府会计主体，该义务的金额能够可靠地计量。

（二）负债的内容

财务会计为经济与财务管理服务，应当充分反映单位的财务状况，完整记录各项负债，加强风险控制与管理。政府单位的负债按照流动性，分为流动负债、非流动负债和受托代理负债。

1. 流动负债

流动负债是指预计在1年内（含1年）偿还的负债，包括短期借款、应交增值税、其他应交税费、应缴财政款、应付职工薪酬、应付票据、应付账款、应付政府补贴款、应付利息、预收账款、其他应付款、预提费用等。

2. 非流动负债

非流动负债是指流动负债以外的负债，包括长期借款、长期应付款、预计负债等。

3. 受托代理负债

受托代理负债是政府单位接受委托取得受托代理资产时形成的负债。

二、借入款项

事业单位为满足业务发展的资金需要，经批准可以向银行或其他金融机构取得借款，以弥补事业经费的不足。事业单位应当建立健全财务风险控制机制，规范和加强借入款项的管理。借入款项包括短期借款和长期借款，均为事业单位设置的会计科目，行政单位不得违反规定举借债务。

（一）短期借款的核算

事业单位设置“短期借款”科目，核算事业单位经批准向银行或其他金融机构等借入的期限在1年内（含1年）的各种借款。本科目应当按照债权人和借款种类进行明细核算。本科目期末贷方余额，反映事业单位尚未偿还的短期借款本金。

短期借款的账务处理，包括借入和归还款项两个环节。（1）借入各种短期借款时，按照实际借入的金额，借记“银行存款”科目，贷记“短期借款”科目。（2）归还短期借款时，借记“短期借款”科目，贷记“银行存款”科目。支付的短期借款利息通过“其他费用”科目核算。

【例6-94】某事业单位报经批准，从中国银行××支行借入600 000元，借款期限4个月，年利率4%。

借：银行存款　　600 000
　贷：短期借款——中国银行××支行　　600 000

【例6-95】某事业单位到期归还上述短期借款，并支付借款利息8 000元。

借：短期借款——中国银行××支行　　600 000
　　其他费用　　8 000
　贷：银行存款　　608 000

（二）长期借款的核算

事业单位设置“长期借款”科目，核算事业单位经批准向银行或其他金融机构等借入的期限超过1年（不含1年）的各种借款本息。本科目应当设置“本金”和“应计利息”明细科目，并按照贷款单位和贷款种类进行明细核算。对于建设项目借款，还应按照具体项目进行明细核算。本科目期末贷方余额，反映事业单位尚未偿还的长期借款本息金额。为反映应支付的借款利息，事业单位设置“应付利息”科目，核算事业单位按照合同约定应支付的借款利息，包括短期借款、分期付息到期还本的长期借款等应支付的利息。

长期借款的主要账务处理如下：

1. 借入长期借款

借入各项长期借款时，按照实际借入的金额，借记“银行存款”科目，贷记“长期借款——本金”科目。

2. 计提非专门借款的应付利息

单位应当按期计提按照合同约定应支付的借款利息。应付利息的核算，应当区分其借款是专门借款还是非专门借款。专门借款是指单位为建造固定资产、公共基础设施等而借入的款项，非专门借款是除此之外的其他借款。非专门借款的应付利息计入当期费用，根据不同的利息的支付方式采用不同的核算方法。（1）对于分期付息、到期还本的非专门借款的利息，按照计算确定的应支付的利息金额，借记“其他费用”科目，贷记“应付利息”科目。（2）对于到期一次还本付息的非专门借款的利息，按照计算确定的应支付的利息金额，借记“其他费用”科目，贷记“长期借款——应计利息”科目。

3. 计提专门借款的应付利息

为建造固定资产、公共基础设施等应支付的专门借款利息，按期计提利息时，分别以下情况处理：（1）属于建设期间发生的，按期计提利息费用时，按照计算确定的金额，借记“在建工程”科目，贷记“应付利息”科目。（2）属于工程项目完工交付使用后发生的利息，计入当期费用，按照计算确定的应支付的利息金额，借记“其他费用”科目，贷记“应付利息”科目。

4. 支付借款利息，归还借款本金

实际支付应付利息时，按照支付的金额，借记“应付利息”或“长期借款——应计利息”科目，贷记“银行存款”等科目。到期归还长期借款本金、利息时，借记“长期借款——本金”科目，贷记“银行存款”科目。

【例6-96】某事业单位为弥补事业发展资金的不足，经批准银行借入款项2 000 000元。借款期限24个月，年利率6%，到期一次还本付息。

（1）取得长期借款时：

借：银行存款	2 000 000	
贷：长期借款——本金		2 000 000

（2）按月计提应付利息时：

月应付利息=2 000 000×6%÷12=10 000（元）

借：其他费用	10 000	
贷：长期借款——应计利息		10 000

应付利息按月计提，24个月计提应付利息240 000元。

（3）借款到期偿还本金，支付利息。

借：长期借款——本金	2 000 000	
——应计利息	240 000	
贷：银行存款		2 240 000

三、应付及预收款项

应付及预收款项是政府单位在与其他单位及个人之间由于购买商品、接受劳务，或其他结算关系形成的待结算债务款项，主要包括应付账款、应付票据、预收账款、应付职工薪酬、应付政府补贴款、其他应付款、长期应付款等。其中，应付政府补贴款是行政单位设置的会计科目，应付票据、预收账款是事业单位设置的会计科目，其他各会计科目是行政、事业单位共用科目。

（一）应付账款的核算

政府单位设置“应付账款”科目，核算单位因购买物资、接受服务、开展工程建设等而应付的偿还期限在1年以内（含1年）的款项。本科目应当按照债权人进行明细核算。对于建设项目，还应设置“应付器材款”“应付工程款”等明细科目，并按照具体项目进行明细核算。本科目期末贷方余额，反映单位尚未支付的应付账款金额。事业单位因购买材料、物资等而开出、承兑的商业汇票，通过“应付票据”科目核算。

应付账款的主要账务处理如下：

1. 发生应付账款

收到所购材料、物资、设备或服务以及确认完成工程进度但尚未付款时，根据发票及账单等有关凭证，按照应付未付款项的金额，借记“库存物品”“固定资产”“在建工程”

等科目，贷记“应付账款”科目。应付款项包含的增值税进项税，通过“应交增值税”科目核算。

【例6-97】某单位向某供应商购买材料一批，应当支付价款4 000元。材料已经入库，款项尚未支付。

借：库存物品——材料　　4 000

　贷：应付账款——某供应商　　4 000

2.偿付账款

偿付应付账款时，按照实际支付的金额，借记“应付账款”科目，贷记“财政拨款收入”“银行存款”等科目。无法偿付或债权人豁免偿还的应付账款，应当按照规定报经批准后进行账务处理。经批准核销时，借记“应付账款”科目，贷记“其他收入”科目。

【例6-98】某单位通过国库集中支付方式支付上述购买材料所欠款项4 000元。

借：应付账款——某供应商　　4 000

　贷：财政拨款收入　　4 000

（二）预收账款的核算

事业单位设置“预收账款”科目，核算事业单位预先收取但尚未结算的款项。本科目应当按照债权人进行明细核算。本科目期末贷方余额，反映事业单位预收但尚未结算的款项金额。

预收账款的主要账务处理如下：

1.预收款项

从付款方预收款项时，按照实际预收的金额，借记“银行存款”等科目，贷记“预收账款”科目。

【例6-99】某事业单位按合同规定，预先向某单位收取专业业务服务款项30 000元，款项已经存入单位的银行账户。

借：银行存款　　30 000

　贷：预收账款——某单位　　30 000

2.确认收入

根据合同完成进度确认有关收入时，按照预收账款账面余额，借记“预收账款”科目，按照应确认的收入金额，贷记“事业收入”“经营收入”等科目，按照付款方补付或退回付款方的金额，借记或贷记“银行存款”等科目。预收款项包含的增值税销项税，通过“应交增值税”科目核算。

【例6-100】某事业单位按合同规定，向上述单位提供了相关服务，应确认事业收入36 000元，差额6 000元已经通过银行转账补付。

借：预收账款——某单位　　30 000

　　银行存款　　6 000

　贷：事业收入　　36 000

（三）应付职工薪酬的核算

政府单位设置“应付职工薪酬”科目，核算单位按照有关规定应付给职工（含长期聘用人员）及为职工支付的各种薪酬，包括基本工资、国家统一规定的津贴补贴、规范津贴补贴（绩效工资）、改革性补贴、社会保险费、住房公积金等。本科目应当根据国家有关规定按照“基本工资”（含离退休费）、“国家统一规定的津贴补贴”、“规范性津贴补贴（绩效工资）”、“改革性补贴”、“社会保险费”、“住房公积金”和“其他个人收入”等进行明细核算。其中，“社会保险费”“住房公积金”明细科目核算内容包括单位从职工工资中代扣代缴的社会保险费、住房公积金，以及单位为职工计算缴纳的社会保险费、住房公积金。本科目期末贷方余额，反映单位应付未付的职工薪酬。

应付职工薪酬的主要账务处理如下：

1.计提应付职工薪酬

计提从事专业及其辅助活动人员的职工薪酬（含单位为职工计算缴纳的社会保险费、住房公积金），借记“业务活动费用”“单位管理费用”等科目，贷记“应付职工薪酬”科目。计提应由在建工程、加工物品、自行研发无形资产负担的职工薪酬，计入相应的资产成本中。

2.代扣款项

单位承担代扣代缴义务。实际支付给职工的薪酬，应当扣除应由职工个人承担、由单位代缴的社会保险费、住房公积金和个人所得税，以及单位为职工垫付的水电费、房租等其他费用。(1) 按照代扣社会保险费、住房公积金的金额，借记“应付职工薪酬——基本工资”科目，贷记“应付职工薪酬——社会保险费、住房公积金”科目。(2) 按照税法规定代扣职工个人所得税时，借记“应付职工薪酬——基本工资”科目，贷记“其他应交税费——应交个人所得税”科目。

3.发放职工薪酬

应当发放给职工的薪酬金额，是本期应付职工薪酬中基本工资、各项津贴补贴、其他个人收入等的合计金额，不包括单位为职工计算缴纳的社会保险费、住房公积金，并扣除应由职工个人承担、由单位代扣代缴的款项。向职工支付工资、津贴补贴、其他个人收入等薪酬时，按照实际支付的金额，借记“应付职工薪酬”科目及其明细科目，贷记“财政拨款收入”“银行存款”等科目。

4.缴纳个人所得税、社会保险费和住房公积金

按照税法规定代缴职工个人所得税时，按照实际代缴的金额，借记“其他应交税费——应交个人所得税”，贷记“财政拨款收入”“银行存款”等科目。按照国家有关规定缴纳职工社会保险费和住房公积金时，按照实际支付的金额，借记“应付职工薪酬——社会保险费、住房公积金”科目，贷记“财政拨款收入”“银行存款”等科目。

【例6-101】某单位计算并发放本月业务人员的职工薪酬。

(1) 月末，计算本月应付业务人员的职工薪酬，基本工资1 680 000元，各项津贴补贴（包括国家统一规定的津贴补贴、规范性津贴补贴、改革性补贴）980 000元，其他个人收入120 000元。单位承担的社会保险费588 000元，单位承担的住房公积金266 000元。

借：业务活动费用	3 634 000	
贷：应付职工薪酬——基本工资		1 680 000
——各项津贴补贴		980 000
——其他个人收入		120 000
——社会保险费（单位承担部分）		588 000
——住房公积金（单位承担部分）		266 000

（2）代扣款项。按规定应由职工个人承担的社会保险费为116 000元，住房公积金为266 000元，按照税法规定职工应缴纳个人所得税215 000元。

借：应付职工薪酬——基本工资　　597 000

　贷：应付职工薪酬——社会保险费（职工承担部分）　　116 000

　　　　　　　　　——住房公积金（职工承担部分）　　266 000

　　　其他应交税费——应交个人所得税　　215 000

（3）工资发放日，向职工支付本月工资、津贴补贴和其他个人收入。扣除应由职工个人承担的社会保险费、住房公积金和个人所得税后，本月实际支付业务人员的基本工资、津贴补贴、其他个人收入共计2 183 000元，款项已经通过国库集中支付方式转入职工个人工资卡账户。

借：应付职工薪酬——基本工资　　1 083 000

　　　　　　　　——各项津贴补贴　　980 000

　　　　　　　　——其他个人收入　　120 000

　贷：财政拨款收入　　2 183 000

（4）通过单位的银行账户，缴纳职工个人所得税215 000元，缴纳由单位和职工承担的社会保险费704 000元，缴纳由单位和职工承担的住房公积金532 000元。

借：其他应交税费——应交个人所得税　　215 000

　　应付职工薪酬——社会保险费（单位承担部分）　　588 000

　　　　　　　　——社会保险费（职工承担部分）　　116 000

　　　　　　　　——住房公积金（单位承担部分）　　266 000

　　　　　　　　——住房公积金（职工承担部分）　　266 000

　贷：银行存款　　1 451 000

（四）应付政府补贴款的核算

行政单位设置“应付政府补贴款”科目，核算负责发放政府补贴的行政单位按照规定应当支付给政府补贴接受者的各种政府补贴款。本科目应当按照应支付的政府补贴种类进行明细核算。单位还应当根据需要按照补贴接受者进行明细核算，或者建立备查簿对补贴接受者予以登记。本科目期末贷方余额，反映行政单位应付未付的政府补贴金额。事业单位不设置本科目。

应付政府补贴款的账务处理，主要包括发生应付政府补贴款和支付应付政府补贴款两个环节。（1）发生应付政府补贴时，按照规定计算确定的应付政府补贴金额，借记“业务活动费用”科目，贷记“应付政府补贴款”科目。（2）支付应付政府补贴款时，按照支付金额，借记“应付政府补贴款”科目，贷记“银行存款”等科目。

【例6-102】某行政单位负责向公益养老院发放政府补贴，某新设立的养老院共有75张床位，按规定每张床位政府给予一次性补助1 000元。

（1）计算确定应付的政府补贴款为75 000元。

借：业务活动费用　　75 000

　贷：应付政府补贴款——养老院床位补贴款　　75 000

（2）通过国库集中支付方式，向某养老院支付补贴款75 000元。

借：应付政府补贴款——养老院床位补贴款　　75 000

贷：财政拨款收入　75 000

（五）其他应付款的核算

政府单位设置“其他应付款”科目，核算其他各项偿还期限在1年内（含1年）的应付及暂收款项，如收取的押金、存入保证金、已经报销但尚未偿还银行的本单位公务卡欠款等。同级政府财政部门预拨的下期预算款和没有纳入预算的暂付款项，以及采用实拨资金方式通过本单位转拨给下属单位的财政拨款，也通过本科目核算。本科目应当按照其他应付款的类别以及债权人等进行明细核算。本科目期末贷方余额，反映单位尚未支付的其他应付款金额。

其他应付款的账务处理，主要包括发生其他应付款和支付、归还或转销其他应付款两个环节。（1）发生其他应付及暂收款项时，借记“银行存款”等科目，贷记“其他应付款”科目。（2）支付（或退回）其他应付及暂收款项时，借记“其他应付款”科目，贷记“银行存款”等科目。将暂收款项转为收入时，借记“其他应付款”科目，贷记“事业收入”“财政拨款收入”等科目。

【例6-103】某单位代职工订阅杂志、报纸，预收款项1 850元，款项存入银行。

借：银行存款　1 850

　贷：其他应付款——书报费　1 850

【例6-104】某单位向某企业退回原向其收取的业务保证金35 000元。

借：其他应付款——业务保证金　35 000

　贷：银行存款　35 000

（六）长期应付款的核算

政府单位设置“长期应付款”科目，核算单位发生的偿还期限超过1年（不含1年）的应付款项，如以融资租赁方式取得固定资产应付的租赁费、购入固定资产扣留质量保证金等。本科目应当按照长期应付款的类别以及债权人进行明细核算。本科目期末贷方余额，反映单位尚未支付的长期应付款金额。

长期应付款的账务处理，主要包括发生长期应付款和支付长期应付款两个环节。（1）发生长期应付款时，借记“固定资产”“在建工程”等科目，贷记“长期应付款”科目。（2）支付长期应付款时，按照实际支付的金额，借记“长期应付款”科目，贷记“财政拨款收入”“银行存款”等科目。无法偿付或债权人豁免偿还的长期应付款，照规定报经批准核销时，借记“长期应付款”科目，贷记“其他收入”科目。

【例6-105】某单位根据业务发展的需要，以分期付款方式购入检测设备一台，根据购买合同，检测设备价款为72 000元，设备款分2年支付。

（1）收到检测设备，该设备不需要安装，已通过验收。依据购买合同，以国库集中支付方式支付检测设备的第一笔款项36 000元。

借：固定资产——检测设备　72 000

　贷：财政拨款收入　36 000

　　　长期应付款——检测设备款　36 000

（2）第二年，以国库集中支付方式支付检测设备的第二笔款项36 000元。

借：长期应付款——检测设备款　36 000

　贷：财政拨款收入　36 000

四、应缴（交）款项

应缴（交）款项是政府单位取得的按规定应上缴财政的款项，以及承担纳税义务应上交税务机关的税款，包括应缴财政款、应交增值税和其他应交税费。

（一）应缴财政款的核算

政府单位设置“应缴财政款”科目，核算单位取得或应收的按照规定应当上缴财政的款项，包括应缴国库的款项和应缴财政专户的款项。本科目应当按照应缴财政款项的类别进行明细核算。本科目期末贷方余额，反映单位应当上缴财政但尚未缴纳的款项。年终清缴后，本科目一般应无余额。

应缴财政款的主要账务处理如下：

1. 应缴国库款

应缴国库款是指单位在业务活动中按规定取得的应缴入国库的预算款项（应缴税费除外）。应缴国库款的内容主要包括纳入预算管理的政府性基金、行政事业性收费、没收财物变价款、无主财物变价款、赃款和赃物变价款、处置资产取得的应上缴财政的处置净收入，以及按照预算管理规定应上缴预算的其他款项。（1）单位取得或应收按照规定应缴国库的款项时，借记“银行存款”“应收账款”等科目，贷记“应缴财政款——应缴国库款”科目。单位处置资产取得应上缴国库的处置净收入时，借记“待处理财产损溢”等科目，贷记“应缴财政款——应缴国库款”科目。（2）单位上缴国库的款项时，按照实际上缴的金额，借记“应缴财政款——应缴国库款”科目，贷记“银行存款”科目。

【例6-106】某行政单位履行职能，对某单位的违反法律法规的行为进行处罚，决定对其罚款120 000元。

（1）罚没款项已经由缴款人缴入单位的银行账户。

借：银行存款	120 000	
贷：应缴财政款——应缴国库款		120 000

（2）将罚没的款项上缴国库。

借：应缴财政款——应缴国库款	120 000	
贷：银行存款		120 000

2. 应缴财政专户款

应缴财政专户款是指事业单位按规定收取的应上缴财政专户的各种款项。事业单位代行政府职能，依国家法律、法规而收取、提取和安排使用的各项资金，按规定应纳入财政专户管理。事业单位取得的纳入财政专户管理的资金，由财政部门建立的财政专户统一管理，实行“收支两条线”管理方式。收到各项收费时，必须上缴财政专户统一管理；使用这笔资金时，要向财政部门申请，经过审批后通过财政专户返还。事业单位的各项收费否纳入财政专户管理，需要依据同级财政的规定，目前纳入财政专户管理的收费主要是教育收费。

事业单位应按规定收取、上缴与返还纳入财政专户管理的资金。（1）事业单位取得或应收按照规定应缴财政专户的款项时，借记“银行存款”“应收账款”等科目，贷记“应缴财政款——应缴财政专户款”科目。（2）单位上缴财政专户款项时，按照实际上缴的金额，借记“应缴财政款——应缴财政专户款”科目，贷记“银行存款”科目。（3）收到从财政专户返还的事业收入时，按照实际收到的返还金额，借记“银行存款”等科目，贷记“事业收入”科目。

【例6-107】某事业单位的一项服务性收费纳入财政专户管理。

（1）实现应上缴财政专户的事业收入，款项6 700元已经收到并存入单位的银行账户。

借：银行存款　6 700

　贷：应缴财政款——应缴财政专户款　6 700

（2）按规定将上述款项缴入财政专户。

借：应缴财政款——应缴财政专户款　6 700

　贷：银行存款　6 700

（3）收到从财政专户返还的事业收入5 000元，款项已经下达到单位的银行账户。

借：银行存款　5 000

　贷：事业收入　5 000

如果应缴财政的款项不通过单位的账户汇集过渡，而是由缴款人直接缴入国库或财政专户，单位可以设置“应缴财政款备查登记簿”进行备查登记，不进行账务处理。

（二）应交增值税的核算

政府单位设置“应交增值税”科目，核算单位按照税法规定计算应缴纳的增值税。属于增值税一般纳税人的单位，应当在本科目下设置“应交税金”“未交税金”“预交税金”“待抵扣进项税额”“待认证进项税额”“待转销项税额”“简易计税”“转让金融商品应交增值税”“代扣代交增值税”等明细科目。其中，“应交税金”明细账内应当设置“进项税额”“已交税金”“转出未交增值税”“减免税款”“销项税额”“进项税额转出”“转出多交增值税”等专栏。属于增值税小规模纳税人的单位只需在本科目下设置“转让金融商品应交增值税”“代扣代交增值税”明细科目。本科目期末贷方余额，反映单位应交未交的增值税；期末如为借方余额，反映单位尚未抵扣或多交的增值税。

政府单位作为一类社会组织，应当按税法的规定履行纳税义务。但是，政府单位承担管理职能，为社会提供公益性服务，享受较多的免税、减税等优惠政策。如果单位的业务或事项不需要缴纳增值税，不属于增值税应税项目，则不需要通过“应交增值税”科目核算。一般来说，单位销售材料、提供应税服务、处置不动产等，应当缴纳增值税。

应交增值税的主要账务处理如下：

1. 单位取得资产或接受劳务

单位购买资产或服务缴纳的增值税进项税额，有增值税纳税义务的，应分别增值税一般纳税人和小规模纳税人两种情况核算。（1）对于增值税一般纳税人，单位购买用于增值税应税项目的资产或服务等时，如果采购等业务进项税额允许抵扣，按照应计入相关成本费用或资产的金额，借记“业务活动费用”“库存物品”“固定资产”等科目，按照当月已认证的可抵扣增值税额，借记“应交增值税——应交税金——进项税额”科目，按照当月未认证的可抵扣增值税额，借记“应交增值税——待认证进项税额”科目，按照应付或实际支付的金额，贷记“应付账款”“应付票据”“银行存款”“财政拨款收入”等科目。（2）对于增值税小规模纳税人，购买资产或服务等时不能抵扣增值税，发生的增值税计入资产成本或相关成本费用。

【例6-108】某事业单位购入经营用材料一批用于生产加工，材料不含税价格共计

25 000元，增值税进项税额3 250元，货款共计28 250元，通过银行转账支付。

（1）如属于增值税一般纳税人。

借：库存物品——经营材料 25 000

应交增值税——应交税金——进项税额 3 250

贷：银行存款 28 250

（2）如属于增值税小规模纳税人。

借：库存物品——经营材料 28 250

贷：银行存款 28 250

2.单位销售资产或提供服务

单位销售货物或提供服务，有增值税纳税义务的，应当按照现行增值税制度规定计算的销项税额。（1）对于增值税一般纳税人，单位销售货物或提供服务，应当按照应收或已收的金额，借记“应收账款”“应收票据”“银行存款”等科目，按照确认的收入金额，贷记“经营收入”“事业收入”等科目，按照现行增值税制度规定计算的销项税额（或采用简易计税方法计算的应纳增值税额），贷记“应交增值税——应交税金——销项税额”科目。（2）对于增值税小规模纳税人，销售货物或提供服务的销增值税项税额通过“应交增值税——简易计税”科目核算。

【例6-109】某事业单位属于增值税一般纳税人，经营业务销售商品不含税价格共计36 000元，增值税销项税额4 680元，货款共计40 680元，款项尚未收到。

借：应收账款 40 680

贷：经营收入 36 000

应交增值税——应交税金——销项税额 4 680

3.缴纳增值税

单位应当按月缴纳增值税。单位缴纳当月应交的增值税，借记“应交增值税——已交税金”科目，贷记“银行存款”等科目。单位缴纳以前期间未交的增值税，借记“应交增值税——未交税金”科目，贷记“银行存款”等科目。

【例6-110】某事业单位属于增值税一般纳税人，本月应缴纳增值税1 870元，通过银行转账支付。

借：应交增值税——已交税金 1 870

贷：银行存款 1 870

（三）其他应交税费的核算

政府单位设置“其他应交税费”科目，核算单位按照税法等规定计算应缴纳的除增值税以外的各种税费，包括城市维护建设税、教育费附加、地方教育附加、车船税、房产税、城镇土地使用税和企业所得税等。单位代扣代缴的个人所得税，也通过本科目核算。单位应缴纳的印花税不需要预提应交税费，不通过本科目核算，直接计入当期费用。本科目期末贷方余额，反映单位应交未交的除增值税以外的税费金额；期末如为借方余额，反映单位多缴纳的除增值税以外的税费金额。

其他应交税费的账务处理，主要包括发生缴纳税费义务和缴纳税费两个环节。（1）发生其他应交税费义务时，按照税法规定计算的应缴税费金额，借记“业务活动费用”“单位管理费用”“经营费用”“所得税费用”等科目，贷记“其他应交税费”科目。（2）单位实际缴纳其他应交税费时，借记“其他应交税费”科目，贷记“财政拨款收入”“银行存款”等科目。

【例6-111】某单位的一幢对外出租房产按规定应当缴纳房产税。

（1）按照税法规定计算应缴房产税1 250元。

借：业务活动费用　　1 250

　贷：其他应交税费——应缴房产税　　1 250

（2）通过银行转账实际缴纳上述房产税。

借：其他应交税费——应缴房产税　　1 250

　贷：银行存款　　1 250

五、其他各项负债

在介绍了主要负债项目的核算内容和账务处理方法后，简要介绍其他各项负债的核算方法，主要是预计负债和受托代理负债。

（一）预计负债的核算

政府单位设置“预计负债”科目，核算单位对因或有事项所产生的现时义务而确认的负债，如对未决诉讼等确认的负债。本科目应当按照预计负债的项目进行明细核算。本科目期末贷方余额，反映单位已确认但尚未支付的预计负债金额。

预计负债的主要账务处理如下：（1）确认预计负债时，按照预计的金额，借记“业务活动费用”“经营费用”“其他费用”等科目，贷记“预计负债”科目。（2）实际偿付预计负债时，按照偿付的金额，借记“预计负债”科目，贷记“银行存款”“财政拨款收入”等科目。（3）根据确凿证据需要对已确认的预计负债账面余额进行调整的，按照调整增加的金额，借记有关科目，贷记“预计负债”科目；按照调整减少的金额，借记“预计负债”科目，贷记有关科目。

【例6-112】某单位存在未决诉讼事项，案件正在审理中，存在败诉的可能性。

（1）经过估计，诉讼败诉将赔付原告方8 000元。

借：单位管理费用　　8 000

　贷：预计负债——未决诉讼　　8 000

（2）诉讼结束，法院判决实际赔付的金额为8 500元，以银行存款支付。

借：预计负债——未决诉讼　　8 000

　　单位管理费用　　500

　贷：银行存款　　8 500

（二）受托代理负债的核算

政府单位设置“受托代理负债”科目，核算单位接受委托取得受托代理资产时形成的负债。本科目期末贷方余额，反映单位尚未交付或发出受托代理资产形成的受托代理负债金额。

受托代理负债的账务处理，与受托代理资产的类似。接受委托人委托需要转赠给受赠人的物资、收到委托存储保管的物资和取得罚没物资时，在确认受托代理资产的同时，按照确定的成本确认受托代理负债。将受托转赠物资交付受赠人、交付或发出受托存储保管的物资和移交罚没物资时，冲减受托代理负债。

政府单位还设置了“应付票据”“预提费用”“应付利息”等负债类科目，这些科目不再单独讲解。

第六节　净资产的核算

净资产是财务会计的要素，反映政府单位的资产净值。本节介绍政府单位净资产的确认与内容，阐述净资产的会计核算要求，讲解各主要净资产科目的核算内容、账户设置和账务处理。

一、净资产的确认与内容

（一）净资产的确认

净资产是指政府单位资产扣除负债后的净额。净资产是政府单位某一时点的资产净值，净资产的确认依赖于资产、负债两个会计要素的确认，净资产金额取决于资产和负债的计量结果。当含有经济利益或服务潜力的经济资源流入政府单位，使得单位的资产增加或负债减少，从而导致当期净资产的增加。反之，当含有经济利益或服务潜力的经济资源流出政府单位，使得单位的资产减少或负债增加，从而导致当期净资产的减少。基本关系式如下：

净资产=资产-负债

（二）净资产的内容

财务会计为经济与财务管理服务，应当充分反映单位的净资产状况。政府单位的净资产主要来源于收入与费用相抵所形成的累计盈余、无偿调拨非现金资产产生的净资产变动额、PPP项目形成的净资产，以及事业单位按规定提取或设置的专用基金、计入净资产的长期股权投资（权益法核算）的权益变动金额。为反映净资产形成过程及结果，政府单位设置了三类净资产类会计科目。

（1）盈余类净资产，反映政府单位盈余的本期形成、分配、调整情况和历年滚存的累计，包括“本期盈余”“本年盈余分配”“以前年度盈余调整”“累计盈余”四个会计科目。

（2）资产权益类净资产，反映政府单位资产调拨、政府与社会资本合作、股权投资对净资产的影响，包括“无偿调拨净资产”“PPP项目净资产”“权益法调整”三个会计科目。其中，“权益法调整”是事业单位设置的会计科目。

（3）基金类净资产，反映事业单位按照规定提取或设置的具有专门用途的基金，设置“专用基金”一个会计科目。行政单位不设置此会计科目。

在净资产类会计科目中，“本期盈余”“本年盈余分配”“无偿调拨净资产”“以前年度盈余调整”科目反映净资产的变动过程，只有期末余额，年末应当没有余额。“累计盈余”“PPP项目净资产”“权益法调整”“专用基金”反映净资产的变动过程和结果，存在期末余额和年末余额。

二、本期盈余

（一）本期盈余的内容

本期盈余是政府单位一定时期各项收入、费用相抵后的余额。政府单位在依法履职、开展专业业务活动和其他活动中会取得一定的收入并发生一定的费用，二者之间的差额即为本期盈余。为及时反映单位的收入、费用及盈余情况，编制月度收入费用表，政府单位通常按月进行本期盈余的账务处理。基本关系式如下：

本期盈余=本期收入-本期费用

（二）本期盈余的核算

政府单位设置“本期盈余”科目，核算单位本期各项收入、费用相抵后的余额。期末结转后，本科目如为贷方余额，反映单位自年初至当期期末累计实现的盈余；如为借方余额，反映单位自年初至当期期末累计发生的亏损。年末将本年实现的盈余转至盈余分配后，本科目应无余额。

本期盈余的主要账务处理如下：

1.期末处理

期末，应当将本期实现的各项收入、发生的各项费用转到本期盈余。(1) 将各收入类科目的本期发生额转入本期盈余，借记各收入类科目，贷记“本期盈余”科目；(2) 将各费用类科目本期发生额转入本期盈余，借记“本期盈余”科目，贷记各费用类科目。本期“本期盈余”科目贷方发生额与借方发生额的差额即为本期实现的盈余。“本期盈余”科目期末如为贷方余额，为累计实现的盈余；如为借方余额，为累计发生的亏损。

【例6-113】某事业单位20×1年12月转账前“本期盈余”科目贷方余额1 550 000元，为1—11月累计实现的盈余，各收入、费用类账户本月发生额与本年累计发生额见表6-3，进行本月收入、费用结转的账务处理。

表6-3　**收入费用类科目的本期发生额**　单位：元

序号	费用类科目	本月数	本年累计	序号	收入类科目	本月数	本年累计
1	业务活动费用	899 000	9 556 000	1	财政拨款收入	840 000	9 560 000
2	单位管理费用	463 000	5 438 000	2	事业收入	515 000	5 480 000
3	经营费用	13 000	159 000	3	上级补助收入	158 000	1 615 000
4	资产处置费用	56 000	483 000	4	附属单位上缴收入	25 000	295 000
5	上缴上级费用	79 000	972 000	5	经营收入	21 000	243 000
6	对附属单位补助费用	83 000	795 000	6	非同级财政拨款收入	58 000	715 000
7	所得税费用	2 000	25 000	7	投资收益	72 000	840 000
8	其他费用	5 000	72 000	8	捐赠收入	30 000	85 000
				9	利息收入	6 500	72 000
				10	租金收入	12 500	150 000
				11	其他收入	12 000	145 000
	合计	1 600 000	17 500 000		合计	1 750 000	19 200 000

（1）结转本月各项收入。

借：财政拨款收入 840 000
事业收入 515 000
上级补助收入 158 000
附属单位上缴收入 25 000
经营收入 21 000
非同级财政拨款收入 58 000
投资收益 72 000
捐赠收入 30 000
利息收入 6 500
租金收入 12 500
其他收入 12 000
贷：本期盈余 1 750 000

（2）结转本月各项费用。

借：本期盈余 1 600 000
贷：业务活动费用 899 000
单位管理费用 463 000
经营费用 13 000
资产处置费用 56 000
上缴上级费用 79 000
对附属单位补助费用 83 000
所得税费用 2 000
其他费用 5 000

本期“本期盈余”科目贷方发生额与借方发生额的差额150 000元即为本月实现的盈余，再加上月初贷方余额1 550 000元，可计算出本年累计实现的盈余为1 700 000元。

2.年末处理

年末，完成上述结转后，应当将“本期盈余”科目余额转入“本年盈余分配”科目，借记或贷记“本期盈余”科目，贷记或借记“本年盈余分配”科目。

【例6-114】某事业单位20×1年末，将“本期盈余”科目贷方余额1 700 000元转到“本年盈余分配”科目。

借：本期盈余 1 700 000
贷：本年盈余分配 1 700 000

年末，经过上述处理，“本期盈余”科目应无余额，“本年盈余分配”科目贷方余额为1 700 000元。

三、本年盈余分配

（一）本年盈余分配的内容

本年盈余分配是对本年实现的盈余进行分配的过程。政府单位实现的盈余留归本单位使用，不对外进行分配，只在净资产内部进行分配。年末，应当将本年可分配的盈余全额转入盈余分配。事业单位可以按照财务制度的规定，从可分配盈余中提取专用基金，如职工福利基金、科技成果转换基金等。提取专用基金后，再将未分配的盈余转入累计盈余，用于单位的业务活动，或弥补以后各期可能发生的亏损。

（二）本年盈余分配的核算

政府单位设置“本年盈余分配”科目，核算单位本年度盈余分配的情况和结果。年末将未分配盈余转至累计盈余后，本科目应无余额。

本年盈余分配的主要账务处理如下：（1）年末，将“本期盈余”科目余额转入本科目，借记或贷记“本期盈余”科目，贷记或借记“本年盈余分配”科目。（2）年末，根据有关规定从本年度非财政拨款结余或经营结余中提取专用基金的，按照预算会计计算的提取金额，借记“本年盈余分配”科目，贷记“专用基金”科目。（3）年末，按照规定完成上述处理后，将“本年盈余分配”科目余额转入累计盈余，借记或贷记“本年盈余分配”科目，贷记或借记“累计盈余”科目。

【例6-115】某事业单位20×1年末，“本年盈余分配”科目贷方余额为1 700 000元。

（1）按照财务制度规定的比例和预算会计中非财政拨款结余的金额计算，提取专用基金280 000元。

借：本年盈余分配	280 000	
贷：专用基金——职工福利基金		280 000

（2）年末，将提取专用基金后的可分配盈余1 420 000元转到“累计盈余”科目。

借：本年盈余分配	1 420 000	
贷：累计盈余		1 420 000

年末，经过上述处理，“本年盈余分配”科目应无余额。“累计盈余”科目贷方发生额为1 420 000元。

四、无偿调拨净资产

（一）无偿调拨净资产的内容

无偿调拨净资产是政府单位因无偿调入或调出非现金资产所引起的净资产增加或减少的金额。政府单位无偿调入或调出资产应当严格履行审批手续，未经批准不得处置。无偿调入资产是指单位以不支付对价的方式从其他单位取得资产，无偿调出资产是指单位以不收取对价的方式将资产移交其他单位。无偿调入或调出现金资产，如库存现金、银行存款等，通过“捐赠收入”“其他费用”等科目核算，不直接调整净资产的金额。无偿调入或调出非现金资产，如库存物品、固定资产、无形资产、长期股权投资等，应当按照调拨资产的账面价值调整净资产的金额。无偿调入非现金资产，按照调入资产的账面余额或账面价值调增净资产；无偿调出非现金资产，按照调出资产的账面余额或账面价值调减净资产。

（二）无偿调拨净资产的核算

政府单位设置“无偿调拨净资产”科目，核算单位无偿调入或调出非现金资产所引起的净资产变动金额。年末将无偿调拨净资产的变动额转至累计盈余后，本科目应无余额。

无偿调拨净资产的主要账务处理如下：（1）按照规定取得无偿调入的非现金资产时，按照确定的成本，借记相关资产科目，按照调入过程中发生的归属于调入方的相关费用，贷记“财政拨款收入”“银行存款”等科目，按照其差额，贷记“无偿调拨净资产”科目。（2）按照规定经批准无偿调出非现金资产时，按照调出资产的账面余额或账面价值，借记“无偿调拨净资产”科目，按照累计折旧与摊销的金额，借记“固定资产累计折旧”“无形资产累计摊销”等科目，按照调出资产的账面余额，贷记相关资产科目。调出过程中发生的归属于调出方的相关费用，记入“资产处置费用”科目。（3）年末，将“无偿调拨净资产”科目余额转入累计盈余，借记或贷记“无偿调拨净资产”科目，贷记或借记“累计盈余”科目。

【例6-116】某事业单位报经批准无偿调出一台专用设备，该设备的账面余额为30 000元，已计提的折旧10 000元，调出过程中发生的相关费用由调入方承担。

（1）转销调出设备的账面价值为20 000元。

借：无偿调拨净资产	20 000	
固定资产累计折旧	10 000	
贷：固定资产		30 000

（2）年末，将“无偿调拨净资产”科目的余额20 000元转到“累计盈余”科目。

借：累计盈余	20 000	
贷：无偿调拨净资产		20 000

年末，经过上述处理，“无偿调拨净资产”科目应无余额。“累计盈余”科目借方发生额为20 000元。

五、累计盈余

（一）累计盈余的内容

累计盈余是政府单位历年积累的各项盈余，包括未分配的本年盈余和无偿调入调出非现金资产产生的净资产变动金额。基本关系式如下：

$$\text{期末累计盈余} = \text{期初累计盈余} + \text{从“本年盈余分配”科目转入的金额} + \text{从“无偿调拨净资产”科目转入的金额}$$

政府单位的累计盈余通常留归本单位使用，或者按规定上缴、调拨。按照预算会计的划分，累计盈余包含财政拨款结转结余资金和非财政拨款结转资金。根据预算管理制度的规定，有些财政拨款结转结余资金需要上缴同级财政部门，有些非财政拨款结转资金需要缴回拨款单位。政府单位之间财政拨款结转资金可以调剂，向其他单位调出财政拨款结转资金，或者从其他单位调入财政拨款结转资金。

（二）累计盈余的核算

政府单位设置“累计盈余”科目，核算单位历年实现的盈余扣除盈余分配后滚存的金额，以及因无偿调入调出资产产生的净资产变动额。按照规定上缴、缴回、单位间调剂结转结余资金产生的净资产变动额，以及对以前年度盈余的调整金额，也通过本科目核算。本科目年末余额，反映单位未分配盈余（或未弥补亏损）以及无偿调拨净资产变动的累计数。

累计盈余的主要账务处理如下：

1. 累计盈余的转入

累计盈余主要来源于本年盈余分配和无偿调拨净资产。（1）年末，将“本年盈余分配”科目的余额转入累计盈余，借记或贷记“本年盈余分配”科目，贷记或借记“累计盈余”科目。（2）年末，将“无偿调拨净资产”科目的余额转入累计盈余，借记或贷记“无偿调拨净资产”科目，贷记或借记“累计盈余”科目。

2. 累计盈余的处理

按照规定处理结转结余资金时，按照实际上缴、缴回、调出金额，借记“累计盈余”科目，贷记“财政应返还额度”“银行存款”等科目。

【例6-117】某事业单位“累计盈余”科目期初贷方余额600 000元。经过【例6-115】、【例6-116】的账务处理，“累计盈余”科目的贷方余额为2 000 000元。按照预算管理的规定，通过单位的银行账户上缴财政拨款结转结余800 000元。

借：累计盈余	800 000	
贷：银行存款		800 000

经过上述处理，“累计盈余”科目贷方余额为1 200 000元。

六、以前年度盈余调整

（一）以前年度盈余调整的内容

以前年度盈余调整是政府单位本年度发生的涉及以前年度盈余的调整事项。当政府单位进行会计差错更正、会计政策变更、会计估计变更时，如果涉及以前年度的盈余，需要通过“以前年度盈余调整”科目核算。

政府单位发生的以前年度盈余调整事项，主要是会计差错更正。会计差错是指政府单位在会计核算时出现的错误，通常包括计算或记录错误、应用会计政策错误、疏忽或曲解事实产生的错误、财务舞弊等。本期发现的与前期相关的会计差错，应当区分重大会计差错和非重大会计差错，采用不同的处理方法。重大会计差错是指差错的性质比较严重，或者差错的金额比较大。本期发现的与前期相关的重大会计差错，如影响收入、费用，应当将其对收入、费用的影响或者累积影响调整发现当期期初的相关净资产项目，需要通过“以前年度盈余调整”科目核算。非重大会计差错是指差错的性质不严重，并且差错的金额比较小。本期发现的与前期相关的非重大会计差错，视同本期发现的与本期相关的会计差错，只需要将其影响数调整相关项目的本期数，无需通过“以前年度盈余调整”科目核算。

（二）以前年度盈余调整的核算

政府单位设置“以前年度盈余调整”科目，核算单位本年度发生的调整以前年度盈余的事项，包括本年度发生的重要前期差错更正涉及调整以前年度盈余的事项。将以前年度盈余的调整金额转至累计盈余后，本科目应无余额。

以前年度盈余调整的主要账务处理如下：（1）调整增加以前年度收入时，按照调整增加的金额，借记有关科目，贷记“以前年度盈余调整”科目；调整减少的，作相反会计分录。（2）调整增加以前年度费用时，按照调整增加的金额，借记“以前年度盈余调整”科目，贷记有关科目；调整减少的，作相反会计分录。（3）盘盈的各种非流动资产，报经批准后处理时，借记“待处理财产损溢”科目，贷记“以前年度盈余调整”科目。（4）经上述调整后，应将本科目的余额转入累计盈余，借记或贷记“累计盈余”科目，贷记或借记“以前年度盈余调整”科目。

【例6-118】某事业单位因计算错误，上一年度多支付了物业管理费50 000元。

（1）收回多交的款项，存入单位的银行账户。

借：银行存款 50 000

贷：以前年度盈余调整 50 000

（2）将以前年度盈余的调整金额转至累计盈余。

借：以前年度盈余调整 50 000

贷：累计盈余 50 000

七、其他各项净资产

其他各项净资产包括专用基金、PPP项目净资产和权益法调整。其中，专用基金和权益法调整是事业单位设置的会计科目。

（一）专用基金的核算

事业单位设置“专用基金”科目，核算事业单位按照规定提取或设置的具有专门用途的净资产，主要包括职工福利基金、科技成果转换基金等。本科目应当按照专用基金的类别进行明细核算。本科目期末贷方余额，反映事业单位累计提取或设置的尚未使用的专用基金。

专用基金的主要账务处理如下：

1.提取或设置专用基金

按照有关规定，事业单位提取或设置专用基金有三种方式：

（1）从本年度非财政拨款结余或经营结余中提取专用基金的，按照预算会计计算的提取金额，借记“本年盈余分配”科目，贷记“专用基金”科目。

（2）从收入中提取专用基金的，按照预算会计计算提取的金额，借记“业务活动费用”等科目，贷记“专用基金”科目。

（3）根据有关规定设置的其他专用基金，按照实际收到的基金金额，借记“银行存款”等科目，贷记“专用基金”科目。

2.使用专用基金

使用不同来源的专用基金，其账务处理方法有所不同。

（1）为将专用基金纳入预算管理，根据《政府会计准则制度解释第5号》（财会〔2022〕25号）的规定，使用从本年度非财政拨款结余或经营结余中提取专用基金的，借记“业务活动费用——使用专用基金”等费用科目，贷记“银行存款”等科目；期末，将有关费用中使用专用基金的本期发生额转入专用基金，借记“专用基金”科目，贷记“业务活动费用——使用专用基金”等科目。

（2）使用从收入中提取的专用基金时，借记“专用基金”科目，贷记“银行存款”等科目。如果运用专用基金购置固定资产、无形资产，还应当同时增加累计盈余。

【例6-119】某事业单位按规定从收入中提取职工福利基金，用于改善单位职工的福利待遇。

（1）按规定的标准计算，从收入中提取职工福利基金120 000元。

借：业务活动费用 120 000

贷：专用基金——职工福利基金 120 000

（2）用职工福利基金支付职工福利开支65 000元，款项以银行存款支付。

借：专用基金——职工福利基金 65 000

  贷：银行存款 65 000

（二）PPP项目净资产的核算

政府单位应当设置“PPP项目净资产”科目，核算按照规定所确认的PPP项目净资产。本科目的期末贷方余额，反映PPP项目净资产的账面余额。

政府单位在确认PPP项目资产时，应当同时确认一项PPP项目净资产，PPP项目净资产的初始入账金额与PPP项目资产的初始入账金额相等。但是，政府单位使用其现有资产形成PPP项目资产的，在初始确认PPP项目资产时，应当同时终止确认现有资产，不确认PPP项目净资产。

（1）取得PPP项目资产时，按照确定的成本，借记“PPP项目资产”科目，贷记“PPP项目净资产”科目。

（2）在PPP项目运营期间按月计提PPP项目资产折旧（摊销）时，应当按照计提的PPP项目资产折旧（摊销）金额，借记“PPP项目净资产”“业务活动费用”等科目，贷记“PPP项目资产累计折旧（摊销）”科目。

（3）PPP项目合同终止时，政府方应当将尚未冲减完的PPP项目净资产账面余额转入累计盈余，即按PPP项目净资产的账面余额，借记“PPP项目净资产”科目，贷记“累计盈余”科目。

（三）权益法调整的核算

事业单位设置“权益法调整”科目，核算事业单位持有的长期股权投资采用权益法核算时，按照被投资单位除净损益和利润分配以外的所有者权益变动份额调整长期股权投资账面余额而计入净资产的金额。本科目应当按照被投资单位进行明细核算。本科目期末余额，反映事业单位在被投资单位除净损益和利润分配以外的所有者权益变动中累积享有（或分担）的份额。

长期股权投资采用权益法核算时，政府单位享有被投资单位净损益和利润分配的所有者权益变动份额记入“投资收益”科目，享有被投资单位除净损益和利润分配以外的所有者权益变动份额记入“权益法调整”科目。年末进行账务处理时，按照应享有（或应分担）的份额，借记或贷记“长期股权投资——其他权益变动”科目，贷记或借记“权益法调整”科目。

思考题

1. 什么是政府单位会计？政府单位会计的范围是什么？
2. 我国的政府会计应当遵循哪些准则制度？
3. 政府单位会计的组成体系由哪些内容构成？
4. 政府单位财务会计和预算会计的关系是什么？
5. 政府单位财务会计设置了哪些会计要素？
6. 政府单位财务会计的确认基础是什么？
7. 政府单位预算会计设置了哪些会计要素？
8. 政府单位预算会计的确认基础是什么？

9. 什么是政府单位的收入？收入包括哪些种类？

10. 什么是财政拨款收入？其包括哪些内容？

11. 事业收入与经营收入有何区别？

12. 什么是政府单位的费用？费用包括哪些种类？

13. 行政单位与事业单位的业务活动费用有何不同？

14. 什么是单位管理费用？其包括哪些内容？

15. 什么是政府单位的资产？资产包括哪些类别？

16. 什么是财政应返还额度，如何进行核算？

17. 事业单位如何计提应收账款的坏账准备？

18. 政府单位计提固定资产折旧的时点是如何规定的？

19. 什么是政府单位的负债？负债包括哪些类别？

20. 什么是应缴财政款？其包括哪些内容？

21. 政府单位设置了哪些净资产类会计科目？

22. 什么是本期盈余？如何进行账务处理？

23. 什么是无偿调拨净资产？如何进行账务处理？

即测即评

第七章 政府单位会计（下）

学习目标

本章为政府单位会计的下半部分，重点讲解政府单位预算会计的账务处理，学习政府单位会计综合业务的平行记账方法，介绍政府单位会计报表与报告的内容和编制要求。通过本章学习，掌握政府单位预算会计的核算方法，学会应用平行记账方法，熟悉政府单位会计报表的结构与编制方法，了解部门财务报告和部门决算报告的内容。通过本章的学习，应掌握和了解以下内容：

1.熟练掌握政府单位会计预算收入、预算支出内容与会计核算方法；

2.了解政府单位会计预算结余的内容，熟悉结转结余的账务处理流程；

3.深入理解平行记账的原理和规则，学会运用平行记账方法处理政府单位的综合业务；

4.熟悉政府单位会计报表的内容，明确政府部门财务报告和决算报告的编制要求。

第一节　预算收入的核算

预算收入是预算会计的要素，反映政府单位收入的预算执行情况。本节介绍预算收入的确认、内容与预算管理要求，讲解各项预算收入的核算内容、账户设置和账务处理。

一、预算收入的确认与内容

（一）预算收入的确认

预算收入是政府单位在预算年度内依法取得的并纳入预算管理的现金流入。预算收入的确认需要同时具备两个条件：一是预算收入的资金应当是纳入单位预算管理的资金，没有纳入单位预算的现金流入不得确认为预算收入。单位取得的应缴款项、应付款项和暂存款项等，尽管取得了现金流入，但没有纳入单位的预算，应当确认为负债。二是预算收入应当是实际取得的现金流入，没有实际流入单位的预算资金不得确认为预算收入。

预算收入应当与预算管理的要求保持一致，原则上按照收付实现制原则确认。收付实现制是以现金是否实际收到为标志来确认本期预算收入，当期实际收到的现金流入方可确认为预算收入。

（二）预算收入的内容

预算会计应当为部门预算管理服务，充分反映各项预算收入的执行情况，为预算监督与预算编制奠定基础。按照预算收入的来源和取得方式划分，预算收入分为财政拨款预算收入、业务活动预算收入、补助与上缴预算收入、债务预算收入和其他活动预算收入。

（1）财政拨款预算收入是政府单位从同级政府财政部门取得的经费拨款而形成的预算收入，是行政单位、事业单位的一项重要的预算收入。

（2）业务活动预算收入是事业单位开展业务活动，向社会提供商品、服务等而取得的各项预算收入，包括事业预算收入和经营预算收入。行政单位依法履职，不开展专业业务活动和经营活动，不设置业务活动预算收入类会计科目。

（3）转移性预算收入是事业单位从非同级财政部门、主管部门和上级单位取得的补助预算收入，以及附属独立核算单位上缴的预算收入，包括非同级财政拨款预算收入、上级补助预算收入和附属单位上缴收预算入。上级补助预算收入和附属单位上缴预算收入是事业单位设置的会计科目，行政单位不设置此类会计科目。

（4）债务预算收入是事业单位按照规定从银行和其他金融机构等借入资金所取得的预算收入。行政单位不得从银行和其他金融机构借款，无债务预算收入。

（5）其他活动预算收入是政府单位取得的除上述预算收入以外各项的预算收入，主要包括投资预算收益和其他预算收入。其中，投资预算收益是事业单位设置的会计科目，其他预算收入是行政单位与事业单位的共用科目。

与财务会计的收入相比，各项预算收入科目增加“预算”两字以示区分。预算会计增设了“债务预算收入”科目，与财务会计中收入的口径有所不同。根据预算管理的需要，预算会计将捐赠收入、利息收入、租金收入等事项并入了“其他预算收入”科目。需要注意的是，各项预算收入以收付实现制为确认基础，财务会计中的收入以权责发生制为基础，二者的数额或许不同。

（三）预算收入的预算管理

政府单位应当将各项收入全部纳入单位预算，加强收入的预算管理。财政部门对政府单位实行收支统一管理，定额、定项拨款，超支不补，结转和结余按规定使用的预算管理办法。政府单位应当加强预算收入的分类管理，按照部门预算管理的要求设置各预算收入科目的明细科目。政府单位预算收入的分类管理要求，主要包括以下几个方面：

1.预算收入的功能分类

政府单位的各项预算收入，均需要按照《政府收支分类科目》的规定进行功能分类。政府收支分类科目是政府收支活动的分类体系，是政府单位预算编制、执行、决算的基础。支出的功能分类是根据政府职能对支出进行的分类，反映政府单位业务活动的不同功能和实现的政策目标。政府单位的各预算收入类科目，均需要按照政府收支分类的要求设置明细科目。

政府单位应当根据各项预算收入对应的功能目标，确定其功能分类科目。功能分类设置类、款、项三级预算科目，政府单位的功能类别主要包括：一般公共服务支出、外交支出、国防支出、公共安全支出、教育支出、科学技术支出、文化体育与传媒支出、社会保障和就业支出、卫生健康支出、节能环保支出、城乡社区支出、农林水支出、交通运输支出、资源勘探信息等支出、商业服务业等支出、金融支出、自然资源海洋气象等支出、住房保障支出、粮油物资储备支出、灾害防治及应急管理支出、债务还本支出、债务付息支出、其他支出等。每个类别下设具体的款项。

2.基本支出拨款与项目支出拨款

政府单位的同级财政拨款预算收入需要区分基本支出拨款与项目支出拨款。其中，基本支出拨款需要区分人员经费拨款和日常公用经费拨款，项目经费拨款需要明确具体拨款项目。

（1）基本支出拨款是政府单位用于维持正常运行和完成日常工作任务所需要的经费拨款。基本支出拨款又可进一步划分为人员经费拨款和日常公用经费拨款。人员经费拨款是指用于政府单位人员方面开支的经费拨款，日常公用经费拨款是指用于政府单位日常公务活动开支的经费拨款。基本支出拨款由财政部门根据相应的标准核定，实行财政定额拨款。

（2）项目支出拨款是政府单位在基本经费拨款以外完成特定任务所需要的经费拨款，包括专项业务费、专项会议费、专项修缮费、专项设备购置费等。项目支出拨款要求按项目的不同分类管理、分项核算，保证专款专用。项目支出拨款由财政部门根据具体情况的不同分项核定，实行财政定项拨款。

3.专项资金收入与非专项资金收入

政府单位的同级财政拨款预算收入以外的各项收入，包括非同级财政拨款预算收入、事业预算收入、上级补助预算收入、附属单位上缴预算收入、债务预算收入、其他预算收入等，需要区分专项资金收入与非专项资金收入。

（1）专项资金收入是政府单位取得的用于完成特定任务的款项。与项目支出拨款不同，专项资金来源于非同级财政、上级主管单位、附属单位，以及单位的专业业务活动、其他业务活动，要求用于规定的项目。

（2）非专项资金收入是政府单位取得的用于维持正常运行和完成日常工作任务的款项。非专项资金的使用不指定项目，用于单位的日常运行。

二、财政拨款预算收入

（一）财政拨款预算收入的内容

财政拨款预算收入是政府单位从同级政府财政部门取得的经费拨款形成的预算收入。政府单位应当按照批准的预算和月度用款计划，从同级政府财政部门取得预算经费拨款，包括一般公共预算财政拨款、政府性基金预算财政拨款等。财政拨款预算收入应当按照政府收支分类的要求进行功能分类，并区分基本支出拨款与项目支出拨款。

（二）财政拨款预算收入的核算

政府单位设置“财政拨款预算收入”科目，核算单位从同级政府财政部门取得的各类财政拨款。本科目应当按照部门预算管理和政府收支分类的要求设置明细科目。（1）设置

“基本支出”和“项目支出”两个明细科目，并按照《政府收支分类科目》中“支出功能分类科目”的项级科目进行明细核算，或设置功能分类辅助账；（2）在“基本支出”明细科目下按照“人员经费”和“日常公用经费”进行明细核算，在“项目支出”明细科目下按照具体项目进行明细核算；（3）有一般公共预算财政拨款、政府性基金预算财政拨款等两种或两种以上财政拨款的单位，还应当按照财政拨款的种类进行明细核算。年末，应当将本科目本年发生额转入财政拨款结转，年末结转后，本科目应无余额。

与财务会计中的财政拨款收入类似，预算管理一体化下的财政拨款，主要有国库集中支付和财政实拨资金两种方式，其主要账务处理如下：

1. 国库集中支付方式

国库集中支付方式下，财政拨款预算收入在财政部门完成款项的实际支付时确认，同时确认所形成的各项预算支出。单位根据收到的“国库集中支付凭证”及相关原始凭证，按照凭证上的实际支付金额，借记“行政支出”（行政单位）、“事业支出”（事业单位）等科目，贷记“财政拨款预算收入”科目。

【例7-1】某行政单位收到国库支付执行机构委托代理银行转来的“国库集中支付凭证”及原始凭证，单位的一笔会议费用72 000元已经完成支付，所用经费为财政资金基本支出拨款。

借：行政支出——财政拨款支出——基本支出 72 000

贷：财政拨款预算收入——基本支出——日常公用经费 72 000

为讲解清晰、简单，上述会计分录只列出了两个级次的明细科目。在会计实务中，上述业务事项应当按照会计制度的要求设置完整的明细科目，进行功能分类、经济分类的辅助核算。对应的支出科目需要根据单位的类别确定，行政单位履职发生的支出使用“行政支出”科目，事业单位专业业务活动的支出使用“事业支出”科目。

【例7-2】某事业单位收到国库支付执行机构委托代理银行转来的“国库集中支付凭证”及原始凭证，单位通过国库集中支付方式为A项目购买的专用设备260 000元已经完成支付，所用经费为财政资金项目支出拨款。

借：事业支出——财政拨款支出——项目支出 260 000

贷：财政拨款预算收入——项目支出——A项目 260 000

需要注意的是，对于纳入单位预算管理的现金支出，政府单位财务会计与预算会计需要平行记账，但确认的内容有所不同。平行记账方法将在本章后续的内容中介绍。

2. 财政实拨资金方式

财政实拨资金下，财政拨款预算收入在款项到达单位的银行账户时确认。单位收到财政拨入的款项时，按照实际收到的金额，借记“资金结存——货币资金”科目，贷记“财政拨款预算收入”科目。“资金结存”是预算结余类会计科目，核算单位纳入部门预算管理的资金的流入、流出、调整和滚存等情况，反映预算资金的形态，将在预算结余类科目的讲解时详细介绍。

【例7-3】某单位收到国库支付执行机构委托代理银行转来的“国库集中支付凭证”和开户银行转来的“到账通知书”，同级财政部门拨入的B项目经费12 000元已经转入单位的银行账户。

借：资金结存——货币资金 12 000

贷：财政拨款预算收入——项目支出——B项目 12 000

对于未实行财政预算管理一体化、依然采用财政授权支付方式的预算单位，财政拨款预算收入在用款额度下达到代理银行账户时确认。

【例7-4】某单位收到代理银行转来的“财政授权支付额度到账通知书”，本月单位财政授权支付额度250 000元已经下达到代理银行，所拨经费为基本支出中的人员经费拨款。

借：资金结存——零余额账户用款额度 250 000

贷：财政拨款预算收入——基本支出——人员经费 250 000

3.用款额度的注销

年末，应当注销未实现支付的用款额度。根据财政部批准的本年度预算指标数大于当年实际支付数的差额中允许结转使用的金额，借记“资金结存——财政应返还额度”科目，贷记“财政拨款预算收入”科目。

【例7-5】某单位本年度财政直接支付预算指标为265 000元，当年财政已经实际完成支付的数额为250 000元。年末，需要注销的用款额度为15 000元。

借：资金结存——财政应返还额度 15 000

贷：财政拨款预算收入 15 000

三、业务活动预算收入

业务活动预算收入是事业单位开展业务活动取得的预算收入，包括事业预算收入和经营预算收入。行政单位没有业务活动预算收入。

（一）事业预算收入的核算

事业预算收入是事业单位开展专业业务活动及辅助活动所取得的预算收入。事业预算收入以收付实现制为基础，在实际收到款项时确认，按照实际收到的金额计量。事业单位应当加强事业预算收入的预算管理，按照专业业务的类别分项核算，进行支出的功能分类，区分专项资金收入和非专项资金收入。

事业单位设置“事业预算收入”科目，核算事业单位开展专业业务活动及其辅助活动取得的现金流入。事业单位因开展科研及其辅助活动从非同级政府财政部门取得的经费拨款，也通过本科目核算。本科目的明细科目设置的要求如下：（1）按照事业预算收入类别、项目、来源进行明细核算；（2）按照《政府收支分类科目》中“支出功能分类科目”项级科目等进行明细核算，或设置功能分类辅助账；（3）事业预算收入中如有专项资金收入，还应按照具体项目进行明细核算。年末，应当将本科目本年发生额转入非财政拨款结转、其他结余，年末结转后，本科目应无余额。

事业预算收入的主要账务处理如下：

1.未采用财政专户返还方式管理的事业预算收入

如果事业单位开展专业业务活动及辅助活动所取得的预算收入没有纳入财政专户管理，事业预算收入在实际收到款项时，按照实际收到的金额确认。（1）收取现款的管理方式下，事业预算收入在收讫价款时确认；（2）预收款的管理方式下，事业预算收入在收到预收的款项时确认；（3）应收款管理方式下，事业预算收入在收回账款时确认。按照实际收到的金额确认事业预算收入时，借记“资金结存——货币资金”科目，贷记“事业预算收入”科目。事业单位销售应税产品或提供应税服务时，确认的事业预算收入应当是包含增值税销项税的金额。

【例7-6】某事业单位为展览馆，其专业业务活动为历史文物展览。当日展览取得门票收入9 500元，款项已经存入银行。

借：资金结存——货币资金 9 500

贷：事业预算收入——展览门票收入 9 500

【例7-7】某事业单位为培训中心，与某单位签订培训合同，为单位员工进行业务培训，培训费用总计40 000元。

（1）签订合同时，收到某单位预付30%的培训费12 000元，款项已经存入单位的银行账户。

借：资金结存——货币资金 12 000

贷：事业预算收入——培训收入 12 000

（2）完成培训后，收到某单位支付的培训费28 000元，款项已经存入单位的银行账户。

借：资金结存——货币资金 28 000

贷：事业预算收入——培训收入 28 000

【例7-8】某事业单位为科研机构，为某企业提供科技服务，服务价款72 000元。合同约定的科技服务已经完成，款项将在两个月后支付。

（1）事业单位履行合同，完成科技服务。

没有收到款项，不进行预算会计记录。但需要进行财务会计核算，详见财务会计中的相关举例。

（2）收到转账支付的科技服务款项72 000元

借：资金结存——货币资金 72 000

贷：事业预算收入——科技服务收入 72 000

2.采用财政专户返还方式管理的事业预算收入

财政专户返还管理方式下，事业单位取得的各项事业性收费需要上缴财政资金专户，使用时由财政专户返还。收取、上缴事业收费不需要预算会计核算，只在财务会计中记录。采用财政专户返还方式管理的事业预算收入，在收到从财政专户返还的款项时确认。收到从财政专户返还的事业预算收入时，按照实际收到的返还金额，借记“资金结存——货币资金”科目，贷记“事业预算收入”科目。

【例7-9】某事业单位的一项事业性收费纳入财政专户管理，收到财政专户返还的事业性收费52 000元，款项已经到账。

借：资金结存——货币资金 52 000

贷：事业预算收入——财政专户返还的事业性收费 52 000

（二）经营预算收入的核算

经营预算收入是事业单位在专业业务活动及辅助活动之外开展非独立核算经营活动取得的预算收入。事业单位应当将全部经营收入纳入预算管理，按照经营活动类别、项目组织核算。经营预算收入是非专项资金收入，但应当按照收支分类的要求进行支出的功能分类。

事业单位设置“经营预算收入”科目，核算事业单位在专业业务活动及其辅助活动之外开展非独立核算经营活动取得的现金流入。本科目的明细科目设置的要求如下：(1) 按照经营活动类别、项目进行明细核算；(2) 按照《政府收支分类科目》中“支出功能分类科目”的项级科目等进行明细核算，或设置功能分类辅助账。年末，应当将本科目本年发生额转入经营结余，年末结转后，本科目应无余额。

经营预算收入在实际收到款项时，按照实际收到的金额确认。收到经营预算收入时，按照实际收到的金额，借记“资金结存——货币资金”科目，贷记“经营预算收入”科目。如果事业单位销售应税产品或提供应税服务时，确认的经营预算收入应当是包含增值税销项税的金额。

【例7-10】某事业单位为环境保护单位，其经营业务为向社会公众提供家庭装修污染检测服务。按照服务合同的约定，服务费用共计8 480元（含税），应交增值税480元。

（1）服务完成后，实际收到款项5 000元，其余款项为应收账款。

借：资金结存——货币资金　5 000

　贷：经营预算收入——检测服务　5 000

（2）收到其余款项3 480元。

借：资金结存——货币资金　3 480

　贷：经营预算收入——检测服务　3 480

四、转移性预算收入

转移性预算收入是单位从非同级财政部门、其他政府单位取得的预算收入，包括非同级财政拨款预算收入、上级补助预算收入和附属单位上缴预算收入。行政单位没有补助与上缴预算收入。

（一）非同级财政拨款预算收入的核算

非同级财政拨款预算收入是政府单位从上级政府财政部门、下级政府财政部门取得的财政拨款，以及通过本级横向转拨取得的财政拨款而形成的预算收入。非同级财政拨款预算收入应当按照拨款的类别、来源管理，按照政府收支分类的要求进行功能分类，区分专项资金收入和非专项资金收入。

政府单位设置“非同级财政拨款预算收入”科目，核算单位从非同级政府财政部门取得的财政拨款，包括本级横向转拨财政款和非本级财政拨款。本科目应当按照非同级财政拨款预算收入的类别、来源、《政府收支分类科目》中“支出功能分类科目”的项级科目等进行明细核算。非同级财政拨款预算收入中如有专项资金收入，还应按照具体项目进行明细核算。年末，应当将本科目本年发生额转入非财政拨款结转、其他结余，年末结转后，本科目应无余额。

非同级财政拨款预算收入在实际收到拨来的款项时，按照实际收到的拨款金额确认。取得非同级财政拨款预算收入时，按照实际收到的金额，借记“资金结存——货币资金”科目，贷记“非同级财政拨款预算收入”科目。

【例7-11】某单位为市财政所属预算单位，收到开户银行转来的“到账通知书”，中央财政拨来的科研经费补助款80 000元已经到账，用于国家重点科研C项目的支出。

借：资金结存——货币资金　80 000

　贷：非同级财政拨款预算收入——中央财政拨款（C项目专项资金）　80 000

（二）上级补助预算收入的核算

上级补助预算收入是事业单位从主管部门、上级单位取得的预算收入，包括主管部门补助预算收入和上级单位补助预算收入。上级补助预算收入属于非财政补助收入，应当按照发放补助单位、补助项目分类管理，按照政府收支分类的要求进行功能分类，并区分专项资金收入与非专项资金收入。

事业单位设置“上级补助预算收入”科目，核算事业单位从主管部门和上级单位取得的非财政补助现金流入。本科目的明细科目设置的要求如下：（1）按照发放补助单位、补助项目进行明细核算；（2）按照《政府收支分类科目》中“支出功能分类科目”的项级科目等进行明细核算；（3）上级补助预算收入中如有专项资金收入，还应按照具体项目进行明细核算。年末，应当将本科目本年发生额转入非财政拨款结转、其他结余，年末结转后，本科目应无余额。

上级补助预算收入在实际收到补助的款项时，按照实际收到的补助金额确认。收到上级补助预算收入时，按照实际收到的金额，借记“资金结存——货币资金”科目，贷记“上级补助预算收入”科目。

【例7-12】某事业单位收到主管单位拨来的补助款75 000元，款项已经到账。此款项为专项资金，要求用于单位的内部控制制度建设项目。

借：资金结存——货币资金　　75 000

　贷：上级补助预算收入——主管部门——内控项目专项资金　　75 000

（三）附属单位上缴预算收入的核算

附属单位上缴预算收入是指事业单位的附属单位上缴的预算收入。附属单位上缴预算收入应当按照附属单位、缴款项目分类管理，按照政府收支分类的要求进行功能分类，并区分专项资金收入与非专项资金收入。

事业单位设置“附属单位上缴预算收入”科目，核算事业单位取得附属独立核算单位根据有关规定上缴的现金流入。本科目的明细科目设置的要求如下：（1）按照附属单位、缴款项目进行明细核算；（2）按照《政府收支分类科目》中“支出功能分类科目”的项级科目等进行明细核算；（3）附属单位上缴预算收入中如有专项资金收入，还应按照具体项目进行明细核算。年末，应当将本科目本年发生额转入非财政拨款结转、其他结余，年末结转后，本科目应无余额。

附属单位上缴预算收入在实际收到上缴的款项时，按照实际收到的上缴金额确认。收到附属单位缴来款项时，按照实际收到的金额，借记“资金结存——货币资金”科目，贷记“附属单位上缴预算收入”科目。

【例7-13】某事业单位的所属培训中心为独立核算的单位，按规定本年应上缴分成收入180 000元，实际收到上缴款160 000元。

借：资金结存——货币资金　　160 000

　贷：附属单位上缴预算收入——培训中心　　160 000

五、债务预算收入

（一）债务预算收入的内容

债务预算收入事业单位经批准从银行或其他金融机构取得借款所形成的预算收入。行政单位不得违反规定举借债务，无债务预算收入。债务预算收入是纳入部门预算管理的资金，未纳入部门预算管理的应付款项、应缴款项等不确认为债务预算收入。债务预算收入是事业单位承担的债务，由事业单位负责偿还，不以财政资金作为偿还来源。债务预算收入只包括债务的本金，不包括应当偿付的借款利息。需要注意的是，财务会计将从银行或其他金融机构取得借款确认为负债，包括短期借款和长期借款，不确认为债务预算收入。

事业单位应当加强负债的预算管理，按照贷款单位、贷款种类分类管理，按照政府收支分类的要求进行功能分类，区分专项资金债务预算收入与非专项资金债务预算收入。

（二）债务预算收入的核算

事业单位设置“债务预算收入”科目，核算事业单位按照规定从银行和其他金融机构等借入的、纳入部门预算管理的、不以财政资金作为偿还来源的债务本金。本科目的明细科目设置的要求如下：（1）按照贷款单位、贷款种类进行明细核算；（2）按照《政府收支分类科目》中“支出功能分类科目”的项级科目等进行明细核算；（3）债务预算收入中如有专项资金收入，还应按照具体项目进行明细核算。年末，应当将本科目本年发生额转入非财政拨款结转、其他结余，年末结转后，本科目应无余额。

债务预算收入在借入款项时，按照实际借入的金额确认。借入各项短期或长期借款时，按照实际借入的金额，借记“资金结存——货币资金”科目，贷记“债务预算收入”科目。

【例7-14】某事业单位报经批准，从工商银行××支行借入400 000元，借款期限18个月，年利率6%，到期一次还本付息。

借：资金结存——货币资金　　400 000

　　贷：债务预算收入——工商银行××支行　　400 000

六、其他各项预算收入

其他各项预算收入是除上述活动外的其他活动取得的预算收入，包括投资预算收益和其他预算收入。其中，投资预算收益是事业单位设置的会计科目，其他预算收入科目为行政单位与事业单位的共用科目。

（一）投资预算收益的核算

投资预算收益是事业单位取得对外投资收益而形成的预算收入，包括短期投资收益、长期债券投资收益和长期股权投资收益，如债券利息收入、股权现金股利收入、出售或收回债券投资所取得差价的收益等。投资预算收益应当纳入部门预算管理，按照政府收支分类的要求进行功能分类。

事业单位设置“投资预算收益”科目，核算事业单位取得的按照规定纳入部门预算管理的属于投资收益性质的现金流入。本科目应当按照《政府收支分类科目》中“支出功能分类科目”的项级科目等进行明细核算。年末，应当将本科目本年发生额转入其他结余，年末结转后，本科目应无余额。

投资预算收益应当在实际收到投资利息、股利等时，按照实际收到的金额确认。（1）收到债券投资的利息、长期股权投资的股利时，按照实际收到的金额，借记“资金结存——货币资金”科目，贷记“投资预算收益”科目。（2）出售或到期收回本年度取得的短期、长期债券，按照实际取得的价款或实际收到的本息金额，借记“资金结存——货币资金”科目，按照取得债券时“投资支出”科目的发生额，贷记“投资支出”科目，按照其差额，贷记或借记“投资预算收益”科目。(3) 出售、转让以非货币性资产取得的长期股权投资时，按照实际取得的价款扣减支付的相关费用和应缴财政款后的余额，借记“资金结存——货币资金”科目，贷记“投资预算收益”科目。

【例 7-15】某事业单位持有1803期长期国债，票面金额500 000元，票面年利率5%，5年期，按年支付利息。收到本年支付的利息25 000元。

借：资金结存——货币资金　　25 000

　贷：投资预算收益　　25 000

【例 7-16】某事业单位到期收回所购入的1806期短期国债本息，收到款项共计61 500元，该国债的账面投资成本为60 000元。

借：资金结存——货币资金　　61 500

　贷：投资支出　　60 000

　　　投资预算收益　　1 500

(二) 其他预算收入的核算

其他预算收入是政府单位取得的上述预算收入以外各项的预算收入，包括捐赠预算收入、利息预算收入、租金预算收入、现金盘盈收入等。其他预算收入应当按照收入的类别管理，按照政府收支分类的要求进行功能分类，区分专项资金收入和非专项资金收入。

政府单位设置“其他预算收入”科目，核算单位除上述预算收入之外的纳入部门预算管理的现金流入。本科目应当按照其他收入类别、《政府收支分类科目》中“支出功能分类科目”的项级科目等进行明细核算。其他预算收入中如有专项资金收入，还应按照具体项目进行明细核算。单位发生的捐赠预算收入、利息预算收入、租金预算收入金额较大或业务较多的，可单独设置会计科目。年末，应当将本科目本年发生额转入非财政拨款结转、其他结余，年末结转后，本科目应无余额。

其他预算收入在实际收到款项时，按照实际收到的金额确认。接受捐赠现金资产、收到银行存款利息、收到资产承租人支付的租金时，按照实际收到的金额，借记“资金结存——货币资金”科目，贷记“其他预算收入”科目。

【例 7-17】某单位接受社会组织的捐赠，收到捐赠款60 000元，存入单位的银行账户。

借：资金结存——货币资金　　60 000

　贷：其他预算收入——捐赠收入　　60 000

【例 7-18】某单位经批准，将一闲置的设备对外出租。根据租赁协议，年租金为24 000元，租金于设备交付时交纳，存入单位的银行账户。

借：资金结存——货币资金　　24 000

　贷：其他预算收入——租金收入　　24 000

第二节　预算支出的核算

预算支出是预算会计的要素，反映政府单位支出的预算执行情况。本节介绍预算支出的确认、内容与预算管理要求，讲解各项预算支出的核算内容、账户设置和账务处理。

一、预算支出的确认与内容

（一）预算支出的确认

预算支出是指政府单位在预算年度内依法发生并纳入预算管理的现金流出。预算支出与预算收入相对应，其确认需要同时具备两个条件：一是预算支出的资金应当纳入单位的预算，没有纳入单位预算的现金流出不得确认为预算支出。单位发生的上缴财政款、偿付往来款等，尽管发生了现金流出，但没有纳入单位的预算，表现为债务的减少，不得确认为预算支出。二是预算支出应当是实际发生的现金流出，没有实际流出单位的预算资金不得确认为预算支出。

预算支出应当与预算编制的基础保持一致，按照收付实现制原则确认。收付实现制是以现金是否实际支付为标志来确认本期预算支出，当期实际发生的现金流出方可确认为预算支出。

（二）预算支出的内容

预算会计应当为部门预算管理服务，充分反映各项预算支出的执行情况，为预算监督与预算的编制奠定基础。按照预算支出的性质划分，预算支出分为业务活动支出、补助与上缴支出、投资与偿债支出和其他支出。行政单位不设置补助与上缴支出、投资与偿债支出类科目。

（1）业务活动预算支出是政府单位在履职或业务活动中发生的预算支出，包括行政单位的行政支出，事业单位的事业支出和经营支出。

（2）转移性预算支出是事业单位因补助所属单位、上缴上级单位款项而发生的预算支出，包括对附属单位补助支出和上缴上级支出。

（3）投资与偿债预算支出是事业单位因对外投资、偿还债务本金而发生的预算支出，包括投资支出和债务还本支出。

（4）其他预算支出是政府单位发生的除上述支出外的各项支出。

为与财务会计中的费用类科目区分，各项预算支出科目均以“支出”为名称。预算会计增设了“投资支出”和“债务还本支出”两个科目，与财务会计费用的口径有所不同。需要注意的是，各项预算支出以收付实现制为确认基础，各项费用以权责发生制为基础，二者的数额或许不同。

（三）预算支出的预算管理

政府单位应当将各项支出全部纳入单位的预算管理，严格执行国家财政制度和财经纪律，建立健全支出的管理与控制制度，在保证业务活动需要的前提下，尽可能减少支出，以提高资金的使用效益。政府单位应当加强预算支出的分类管理，按照部门预算管理的要求设置各预算支出科目的明细科目。政府单位预算支出的分类管理要求，主要包括以下几个方面：

1.按资金的性质划分，预算支出分为财政拨款支出和非财政拨款支出

（1）财政拨款支出是政府单位使用财政部门拨入的款项安排的预算支出。财政部门拨入的款项，是财政部门根据预算安排通过国库拨入单位的纳入预算管理的资金，包括一般公共预算财政拨款、政府性基金预算财政拨款等。

（2）非财政拨款支出是政府单位使用除财政拨款以外的款项安排的预算支出。除财政拨款资金外，政府单位还可以取得事业预算收入、经营预算收入、债务预算收入、上级补助预算收入、附属单位上缴预算收入、非同级财政拨款预算收入、投资预算收益、其他预算收入等单位资金，使用这些资金安排的支出为非财政拨款支出。按资金的使用要求不同，非财政拨款支出分为非财政专项资金支出和其他资金支出。

2.按部门预算管理的要求划分，预算支出分为基本支出和项目支出

（1）基本支出是政府单位为了保障其正常运转、完成日常工作任务而发生的支出，包括人员经费支出和日常公用经费支出。

（2）项目支出是政府单位为了完成特定工作任务和事业发展目标，在基本支出之外所发生的支出。项目支出需要明确具体项目。

3.按政府预算收支分类的要求，预算支出需要进行功能分类与经济分类

（1）功能分类是按照单位的职能和支出所实现的功能目标对预算支出所作的分类。政府单位应当按照《政府收支分类科目》的规定，对各项预算支出进行功能分类。功能分类设置类、款、项三级预算科目，预算会计要求按项级科目进行明细核算，设置功能分类的辅助账。

（2）经济分类是按照支出的经济性质和具体用途对预算支出所作的分类。政府单位应当按照《政府收支分类科目》的规定，对各项预算支出进行经济分类。支出的经济分类分为“政府预算经济分类”和“部门预算经济分类”两套科目，设置类、款两级科目。预算会计要求按“部门预算支出经济分类科目”中的款级科目进行明细核算，设置经济分类的辅助账。

政府单位应当根据各项预算支出的经济性质和用途确定经济分类科目。部门预算经济分类的类别主要包括工资福利支出、商品和服务支出、对个人和家庭的补助、债务利息及费用支出、资本性支出、对企业补助、其他支出等，每个类别下设具体的款项。

二、业务活动预算支出

业务活动预算支出是政府单位在履职或业务活动中发生的预算支出，包括行政支出、事业支出和经营支出。其中，行政支出是行政单位设置的会计科目，事业支出和经营支出是事业单位设置的会计科目。

（一）行政支出的核算

行政支出是行政单位在履行其职责的过程中实际发生的预算支出，包括基本支出和项目支出。行政支出的资金性质主要是财政拨款资金，也包括非财政专项资金和其他资金。行政单位应当加强支出的预算管理，按照政府收支分类的要求进行功能分类和经济分类，按照支出的类别分项核算。

行政单位设置“行政支出”科目，核算行政单位履行其职责实际发生的各项现金流出。本科目的明细科目设置的要求如下：（1）按照资金性质分别“财政拨款支出”、“非财政专项资金支出”和“其他资金支出”进行明细核算；（2）按照部门预算管理的要求分别“基本支出”和“项目支出”等进行明细核算，并按照《政府收支分类科目》中“支出功能分类科目”的项级科目进行明细核算，或设置功能分类辅助账；（3）“基本支出”和“项目支出”明细科目下应当按照《政府收支分类科目》中“部门预算支出经济分类科

目”的款级科目进行明细核算，或设置经济分类辅助账，同时在“项目支出”明细科目下按照具体项目进行明细核算；（4）有一般公共预算财政拨款、政府性基金预算财政拨款等两种或两种以上财政拨款的行政单位，还应当在“财政拨款支出”明细科目下按照财政拨款的种类进行明细核算；年末，应当将本科目本年发生额转入财政拨款结转、非财政拨款结转和其他结余，年末结转后，本科目应无余额。

行政支出的会计核算还涉及“资金结存”科目。“资金结存”是预算结余类会计科目，与预算收入、预算支出相对应。在确认一项预算支出时，通常需要同时贷记“资金结存”科目。具体核算方法，将在讲解预算结余类科目时介绍。

行政支出的主要账务处理如下：

1. 工资福利支出

工资福利支出是行政单位用于人员方面的支出，是单位为在职职工和长期聘用人员支付的劳动报酬和各项社会保险费用等，包括基本工资、津贴补贴、奖金、基本养老保险缴费、职业年金缴费、基本医疗保险缴费、公务员医疗补助缴费、其他社会保障缴费、住房公积金、其他工资福利支出等。

工资福利支出在实际支付时，按照实际支付的金额确认。（1）计提应付职工薪酬、代扣应由职工个人承担的社会保险费、住房公积金和个人所得税等款项时，未发生资金流出，不进行预算会计核算。（2）实际发放职工薪酬时，按照实际支付的金额，借记“行政支出”科目，贷记“财政拨款预算收入”（国库集中支付）、“资金结存”（单位资金支付）科目。（3）按照规定代扣代缴个人所得税，以及代扣代缴或为职工缴纳职工社会保险费、住房公积金等时，按照实际缴纳的金额，借记“行政支出”科目，贷记“财政拨款预算收入”“资金结存”科目。

【例7-19】某行政单位向在职职工支付本月的薪酬，缴纳代扣代缴的个人所得税、职工社会保险费和住房公积金，所用资金为一般公共预算基本支出拨款。

（1）工资发放日，向职工个人支付本月工资、津贴补贴等薪酬195 000元，款项已经通过国库集中支付方式转入职工个人工资卡账户。

借：行政支出——财政拨款支出——基本支出　195 000

　贷：财政拨款收入——基本支出——人员经费　195 000

（2）通过单位的银行账户，缴纳代扣代缴的个人所得税、职工社会保险费、住房公积金等共计78 000元。

借：行政支出——财政拨款支出——基本支出　78 000

　贷：资金结存——货币资金　78 000

2. 商品的服务支出

商品服务支出是单位购买商品和服务发生的各项支出，包括办公费、印刷费、咨询费、手续费、水费、电费、邮电费、取暖费、物业管理费、差旅费、因公出国（境）费用、维修（护）费、租赁费、会议费、培训费、公务接待费、专用材料费、劳务费、委托业务费、福利费、工会经费、福利费、公务用车运行维护费、其他交通费用、税金及附加费用、其他商品和服务支出。商品服务支出是单位的公用经费支出，单位为购置固定资产、基本建设等支付的款项，不属于商品服务支出。

对于直接支付款项所形成的商品服务支出，应当在支付款项时按照实际支付价款的金额，借记“行政支出”科目，贷记“财政拨款预算收入”“资金结存”科目。

【例7-20】某行政单位收到国库支付执行机构委托代理银行转来的“国库集中支付凭证”及原始凭证，单位的业务培训费26 000元已经支付给培训机构，所用资金为一般公共预算基本支出拨款。

借：行政支出——财政拨款支出——基本支出 26 000

贷：财政拨款预算收入——基本支出——日常公用经费 26 000

【例7-21】某行政单位收到国库支付执行机构委托代理银行转来的“国库集中支付凭证”及原始凭证，单位的一笔差旅费2 850元已经完成支付，所用资金为一般公共预算基本支出拨款。

借：行政支出——财政拨款支出——基本支出 2 850

贷：财政拨款预算收入——基本支出——日常公用经费 2 850

【例7-22】某行政单位支付一项会议费9 200元，款项已经通过单位的银行账户支付，所用资金为单位的非财政专项资金。

借：行政支出——非财政专项资金支出——项目支出 9 200

贷：资金结存——货币资金 9 200

【例7-23】某行政单位收到国库支付执行机构委托代理银行转来的“国库集中支付凭证”及原始凭证，单位的设备维修费28 300元已经完成支付，所用资金为恢复的上年度项目资金用款额度。

借：行政支出——财政拨款支出——项目支出 28 300

贷：资金结存——财政应返还额度 28 300

【例7-24】某行政单位购买材料一批，价值总计5 800元，款项已经通过单位的银行账户支付，所用资金为单位的其他资金。

借：行政支出——其他资金支出——基本支出 5 800

贷：资金结存——货币资金 5 800

3.资本性支出

资本性支出一般是单位购买固定资产、无形资产、公共基础设施等及结算工程款项发生的预算支出。资本性支出在实际支付款项时，按照实际支付的金额确认。以预付款项方式形成的资本性支出，在预付款项时按照实际预付的金额确认。以应付款项方式形成的资本性支出，在偿付款项时按照实际偿付的金额确认。确认资本性支出时，按照实际支付的金额，借记“行政支出”科目，贷记“财政拨款预算收入”“资金结存”科目。

【例7-25】某行政单位以政府集中采购的方式购入专用设备一台，价值总计37 800元，款项已经通过国库集中支付方式支付，所用资金为一般公共预算项目支出拨款。

借：行政支出——财政拨款支出——项目支出 37 800

贷：财政拨款预算收入——项目支出 37 800

【例7-26】某行政单位以政府集中采购的方式购买计算机50台，款项共计250 000元。根据合同规定，收到计算机时通过银行账户支付款项200 000元，其余款项将在6个月后支付，所用资金为非财政专项资金。

借：行政支出——非财政专项资金——项目支出 200 000

贷：资金结存——货币资金 200 000

4.预付款项支出

预付款项支出是行政单位按照购货、服务合同的规定预付给供应单位（或个人）的款项而发生的预算支出。预付款项支出在实际支付预付款项时，按照实际预付的金额确认。发生预付账款时，按照实际支付的金额，借记“行政支出”科目，贷记“财政拨款预算收入”“资金结存”科目。

【例7-27】某行政单位预订某会议中心召开工作会议，根据合同规定预先支付款项，待会议结束后再按实际发生的费用结算。所用资金为非财政专项资金。

（1）按合同规定，通过单位的银行账户支付预付款20 000元。

借：行政支出——非财政专项资金——项目支出　20 000

　贷：资金结存——货币资金　20 000

（2）会议结束后，会议费用为26 000元，通过单位的银行账户支付差额款6 000元。

借：行政支出——非财政专项资金——项目支出　6 000

　贷：资金结存——货币资金　6 000

5.偿还应付款项支出

偿还应付款项支出是行政单位因偿还购买物资或服务、工程建设等而发生的应付账款和长期应付款而发生的预算支出。偿还应付款项支出应当在偿付款项时，按照实际偿付的金额确认。偿还应付账款、长期应付款时，按照实际支付的金额，借记“行政支出”科目，贷记“财政拨款预算收入”“资金结存”科目。

【例7-28】某行政单位收到国库支付执行机构委托代理银行转来的“国库集中支付凭证”及原始凭证，所欠某供应商工程款85 000元已经完成支付，所用资金为一般公共预算基本支出拨款。

借：行政支出——财政拨款支出——基本支出　85 000

　贷：财政拨款预算收入——基本支出——日常公用经费　85 000

（二）事业支出的核算

事业支出是事业单位开展专业业务活动及其辅助活动的过程中实际发生的预算支出，包括基本支出和项目支出。作为提供各种社会服务的公益性组织，事业单位在提供专业服务和辅助服务活动时，必然会发生一定的耗费，形成预算资金的流出。事业单位活动的领域不同，事业支出的内容也有所不同，如教育事业支出、科研事业支出、医疗事业支出、文化事业支出、展览事业支出、环境保护事业支出、福利事业支出等。按资金性质的不同，事业支出分为财政拨款资金支出、非财政专项资金支出和其他资金支出。事业单位应当将事业支出纳入单位预算管理，按照政府收支分类的要求进行功能分类和经济分类，按照支出的类别分项核算。

事业单位设置“事业支出”科目，核算事业单位开展专业业务活动及其辅助活动实际发生的各项现金流出。本科目的明细科目设置、年末余额等与行政单位“行政支出”科目的基本相同。但是，事业单位的专业业务活动有其特点，单位可以根据管理的需要增设会计科目。对于单位发生的教育、科研、医疗、行政管理、后勤保障等活动，可以设置相应的明细科目进行核算。如果有必要，也可以增设“教育支出”“科研支出”“医疗支出”“行政管理支出”“后勤保障支出”等一级会计科目进行核算。

事业支出的账务处理，包括支付单位职工个人的薪酬和外部人员的劳务费、支付日常公用费用、支付购买资产及工程款项、支付预付款项、缴纳相关税费等环节。实际支付属于事业支出的相关款项时，按照实际支付的金额，借记“事业支出”科目，贷记“财政拨款预算收入”“资金结存”科目。

“事业支出”科目的账务处理方法与行政单位的“行政支出”科目类似，只是业务活动的内容有所不同。“行政支出”科目的业务举例，同样适用于“事业支出”科目。以下结合事业单位的专业业务的特点，再举几个例子进行说明。

【例7-29】某事业单位为高等教育事业单位，专任教师参加教学研讨会，报销差旅费5 800元。财务部门审核后，通过学校的银行账户予以支付，所用资金为一般公共预算基本支出拨款。

借：事业支出——财政拨款支出——基本支出 5 800

贷：资金结存——货币资金 5 800

【例7-30】某事业单位为高等教育事业单位，以政府集中采购的方式购入实验教学用计算机30台，每台价值5 000元，款项共计150 000元。收到国库支付执行机构委托代理银行转来的“国库集中支付凭证”及原始凭证，款项已经由财政部门支付给设备供应商，所用资金为一般公共预算项目支出拨款。

借：事业支出——财政拨款支出——项目支出 150 000

贷：财政拨款预算收入——项目支出 150 000

【例7-31】某事业单位为科学研究事业单位，为某科研项目的研究购入一项专有技术，购买价款及相关税费共计98 000元，款项通过单位的银行账户转账支付，所用资金为非财政专项资金。

借：事业支出——非财政专项资金支出——项目支出 98 000

贷：资金结存——货币资金 98 000

【例7-32】某事业单位为科学研究事业单位，预订实验室专用材料一批，转账支付预付款6 500元，已经取得了发票，所用资金为非财政专项资金。

借：事业支出——非财政专项资金支出——项目支出 6 500

贷：资金结存——货币资金 6 500

【例7-33】某事业单位为医疗卫生事业单位，从单位的银行账户中支出9 200元，用于支付甲型流感的预防项目工作人员的特殊岗位津贴，所用资金为一般公共预算项目支出拨款。

借：事业支出——财政拨款支出——项目支出 9 200

贷：资金结存——货币资金 9 200

【例7-34】某事业单位为培训中心，提供食宿服务应当缴纳增值税。本月通过银行转账缴纳增值税12 700元，所用资金为非财政拨款其他资金。

借：事业支出——其他资金支出——基本支出 12 700

贷：资金结存——货币资金 12 700

（三）经营支出的核算

经营支出是事业单位在专业业务活动及其辅助活动之外开展非独立核算经营活动发生的预算支出。事业单位的业务活动主要是专业业务活动，但也可以开展一些非独立核算经营活动，以获取一定的收益，弥补事业经费的不足。

事业单位设置“经营支出”科目，核算事业单位在专业业务活动及其辅助活动之外开展非独立核算经营活动实际发生的各项现金流出。本科目应当按照经营活动类别、项目、《政府收支分类科目》中“支出功能分类科目”的项级科目和“部门预算支出经济分类科目”的款级科目等进行明细核算。对于预付款项，可通过在本科目下设置“待处理”明细科目进行明细核算，待确认具体支出项目后再转入本科目下相关明细科目。年末，应当将本科目本年发生额转入经营结余，年末结转后，本科目应无余额。

经营支出的账务处理，主要包括支付经营部门职工的薪酬和外部人员的劳务费、支付日常经营费用、支付购买经营性资产与工程的款项、支付经营活动相关税费等环节。经营支出在实际支付时，按照实际支付的金额确认。实际支付属于经营支出的相关款项时，按照实际支付的金额，借记“经营支出”科目，贷记“资金结存”科目。

【例7-35】某事业单位为文化事业单位，其非独立核算的经营业务为对外出租演出场地及相关设备。通过银行转账缴纳相关税费1 800元。

借：经营支出——出租业务　　1 800

　贷：资金结存——货币资金　　1 800

三、转移性预算支出

转移性预算支出是事业单位与附属单位、上级单位之间发生的预算支出，包括对附属单位补助支出和上缴上级支出。

（一）对附属单位补助支出的核算

对附属单位补助支出是事业单位向附属单位支付补助款所发生的预算支出。附属单位是事业单位设置的独立核算的下级单位，事业单位作为上级单位，可以使用财政拨款收入之外的资金对下属单位进行补助，支持所属单位事业的发展。

事业单位设置“对附属单位补助支出”科目，核算事业单位用财政拨款预算收入之外的收入对附属单位补助发生的现金流出。本科目应当按照接受补助单位、补助项目、《政府收支分类科目》中“支出功能分类科目”的项级科目和“部门预算支出经济分类科目”的款级科目等进行明细核算。年末，应当将本科目本年发生额转入其他结余，年末结转后，本科目应无余额。

对附属单位补助支出在实际支付补助款时确认。发生对附属单位补助支出的，按照实际支付的补助金额，借记“对附属单位补助支出”科目，贷记“资金结存”科目。

【例7-36】某事业单位作为上级单位，用集中的非财政拨款结转结余资金对附属单位进行补助，通过银行转账支付补助款35 000元。

借：对附属单位补助支出——某附属单位　　35 000

　贷：资金结存——货币资金　　35 000

（二）上缴上级支出的核算

上缴上级支出是事业单位因上缴上级单位款项而发生的预算支出。有上缴上级支出的事业单位是实行独立核算的附属单位，根据本单位与上级之间的体制安排，将所取得的收入按规定的标准或比例上缴上级单位。

事业单位设置“上缴上级支出”科目，核算事业单位按照财政部门和主管部门的规定上缴上级单位款项发生的现金流出。本科目应当按照收缴款项单位、缴款项目、《政府收支分类科目》中“支出功能分类科目”的项级科目和“部门预算支出经济分类科目”的款级科目等进行明细核算。年末，应当将本科目本年发生额转入其他结余，年末结转后，本科目应无余额。

上缴上级支出在实际支付上缴款时确认。按照规定将款项上缴上级单位的，按照实际上缴的金额，借记“上缴上级支出”科目，贷记“资金结存”科目。

【例7-37】某事业单位作为独立核算的附属单位，本年应上缴上级单位款项250 000元。现通过银行转账支付第一批上缴款125 000元。

借：上缴上级支出　　125 000

　贷：资金结存——货币资金　　125 000

四、投资与偿债预算支出

投资与偿债预算支出是事业单位因对外投资、偿还债务而发生的预算支出，包括投资支出和债务还本支出。

（一）投资支出的核算

投资支出是事业单位因支付对外投资款项而发生的预算支出。按照财务制度的规定，事业单位经批准可以用货币资金、实物资产、无形资产等对外投资，包括债券投资和股权投资，以获取一定的投资收益。货币资金形式的对外投资是单位的预算资金流出，应当确认为预算支出。存货、固定资产、无形资产等非货币形式的对外投资不涉及单位的预算资金，不需要进行预算会计核算，应当在财务会计中确认为长期股权投资。

事业单位设置“投资支出”科目，核算事业单位以货币资金对外投资发生的现金流出。本科目应当按照投资类型、投资对象、《政府收支分类科目》中“支出功能分类科目”的项级科目和“部门预算支出经济分类科目”的款级科目等进行明细核算。年末，应当将本科目本年发生额转入其他结余，年末结转后，本科目应无余额。

投资支出在实际支付投资款项时确认，按照实际支付的金额计量。投资支出的主要账务处理如下：

1.货币资金对外投资

以货币资金对外投资时，按照投资金额和所支付的相关税费金额的合计数，借记“投资支出”科目，贷记“资金结存”科目。

【例7-38】某事业单位购买2303期长期国债，票面金额500 000元，票面年利率5%，5年期，到期一次支付利息。款项通过银行转账支付，无相关税费支出。

借：投资支出——长期债券投资　　500 000

　贷：资金结存——货币资金　　500 000

2.出售、转让与收回投资

出售、对外转让或到期收回以货币资金取得的对外投资的，应当区分本年度的对外投资和以前年度的对外投资。（1）对于本年度的对外投资，按照实际收到的金额，借记“资金结存”科目，按照取得投资时的成本，贷记“投资支出”科目，按照其差额，贷记或借记“投资预算收益”科目；（2）对于以前年度的对外投资，按照实际收到的金额，借记“资金结存”科目，按照取得投资时的成本，贷记“其他结余”科目，按照其差额，贷记或借记“投资预算收益”科目。需要注意的是，有些事业单位的投资收益需要上缴同级财政，这种情况下不确认投资预算收益，应当通过“应缴财政款”科目核算。

【例 7-39】某事业单位 3 年前投资的 2302 期长期国债到期偿付本金和利息，收到债券本金 500 000 元，利息 90 000 元。

借：资金结存——货币资金	590 000	
贷：其他结余		500 000
投资预算收益		90 000

（二）债务还本支出的核算

债务还本支出是事业单位因支付偿还债务本金的款项而发生的预算支出。按照财务制度的规定，事业单位经批准可以从银行或其他金融机构取得借款，包括短期借款和长期借款，以弥补预算资金的不足。债务还本支出应当是纳入部门预算管理的资金流出，不包括上缴财政的款项、偿付应付的款项等。债务预算支出只包括偿还的债务本金，不包括支付的借款利息，支付的借款利息计入其他支出。需要注意的是，财务会计并不确认债务还本支出，偿还债务本金应当冲销相应的负债。

事业单位设置“债务还本支出”科目，核算事业单位偿还自身承担的纳入预算管理的从金融机构举借的债务本金的现金流出。本科目应当按照贷款单位、贷款种类、《政府收支分类科目》中“支出功能分类科目”的项级科目和“部门预算支出经济分类科目”的款级科目等进行明细核算。年末，应当将本科目本年发生额转入其他结余，年末结转后，本科目应无余额。

债务还本支出在实际支付偿债款项时确认。偿还各项短期或长期借款时，按照偿还的借款本金，借记“债务还本支出”科目，贷记“资金结存”科目。

【例 7-40】某事业单位到期偿还短期借款的本金 800 000 元，款项已经通过银行转账支付。

借：债务还本支出——短期借款	800 000	
贷：资金结存——货币资金		800 000

五、其他预算支出

（一）其他支出的内容

其他支出是政府单位实际发生的除上述各项预算支出以外的预算支出。如果某一支出事项不在上述任何一个支出科目的核算范围之内，则可以确认其为其他支出。其他支出的内容主要包括借款利息支出、对外捐赠现金支出、现金盘亏损失、接受捐赠（调入）和对外捐赠（调出）非现金资产发生的税费支出、资产置换过程中发生的相关税费支出、罚没支出等。

（二）其他支出的核算

政府单位设置“其他支出”科目，核算单位除行政支出、事业支出、经营支出、上缴上级支出、对附属单位补助支出、投资支出、债务还本支出以外的各项现金流出。本科目的明细科目设置的要求如下：（1）按照资金性质分别“财政拨款支出”、“非财政专项资金支出”和“其他资金支出”进行明细核算；（2）按照《政府收支分类科目》中“支出功能分类科目”的项级科目和“部门预算支出经济分类科目”的款级科目等进行明细核算；（3）其他支出中如有专项资金支出，还应按照具体项目进行明细核算；（4）有一般公共预算财政拨款、政府性基金预算财政拨款等两种或两种以上财政拨款的事业单位，还应当在“财政拨款支出”明细科目下按照财政拨款的种类进行明细核算。年末，应当将本科目本年发生额转入财政拨款结转、非财政拨款结转和其他结余，年末结转后，本科目应无余额。

其他支出在实际支付款项时确认。支付属于其他支出的款项时，按照实际支付金额，借记“其他支出”科目，贷记“资金结存”科目。

【例7-41】某事业单位从银行借入了一笔3年期的长期借款，按规定支付本期借款利息12 400元，所用资金为非财政拨款其他资金。

借：其他支出——其他资金支出　　12 400

　贷：资金结存——货币资金　　12 400

第三节　预算结余的核算

预算结余是预算会计的要素，反映政府单位的预算收支的执行结果。本节介绍预算结余的确认、内容和预算管理要求，讲解各项预算结余的核算内容、账户设置和账务处理。

一、预算结余的确认与内容

（一）预算结余的确认

预算结余是指政府单位预算年度内预算收入扣除预算支出后的资金余额，以及历年滚存的资金余额。政府单位应当按年度编制预算，按照预算的要求组织预算收入、安排预算支出，力求实现年度预算的收入与支出的平衡。但预算收入与预算支出之间的平衡是相对的，有些预算收入需要跨年度安排支出，年度预算收入与预算支出会存在一定的差额，形成单位的年度预算结余。

预算结余的确认依赖于预算收入和预算支出的确认，预算结余的金额取决预算收入和预算支出的计量结果。预算结余包括本年预算结余以及历年滚存的预算结余，本年预算结余是本年度预算收入扣除预算支出后的资金余额，历年滚存的预算结余是历年累计的预算结余与本年预算结余的合计。基本关系式如下：

本年预算结余=本年预算收入-本年预算支出

年末预算结余=年初预算结余+本年预算结余

（二）预算结余的内容

为加强预算结余资金的预算管理，合理组织预算会计核算，政府单位设置了“资金结存”“财政拨款结转”“财政拨款结余”“非财政拨款结转”“非财政拨款结余”“专用结余”“经营结余”“其他结余”“非财政拨款结余分配”9个会计科目，行政单位不使用“专用结余”“经营结余”“非财政拨款结余分配”3个会计科目。

政府单位的预算结余分为资金结存和各项结转结余两个部分，资金结存反映预算资金变动情况及对应的资金形态，各项结转结余反映预算结余的形成过程及结果，二者保持平衡。

与财务会计中的盈余不同，预算结余以付实现制为基础，反映政府单位的年度收支预算的执行结果。财务会计中的盈余以权责发生制为基础，反映政府单位的收入、费用的运行绩效。预算结余要求按年度结转，本年盈余通常按月结转、按年度分配。

（三）预算结余的预算管理

按照资金的后续使用要求的不同，预算结余资金分为结转资金和结余资金。结转资金是指当年预算已执行但未完成，或者因故未执行，下一年度需要按照原用途继续使用的资金。结余资金是指当年预算工作目标已完成，或者因故终止，当年剩余的资金。

按照资金性质和种类的不同，政府单位的预算资金分为财政拨款资金、非财政专项资金和其他资金。因此，预算结余资金应当划分为财政拨款结转结余、非财政拨款结转结余和其他资金结余三类。

1.财政拨款结转结余

财政拨款结转结余是政府单位财政拨款资金收入与其相关支出相抵后剩余的滚存资金。财政拨款结转结余包括财政拨款结转和财政拨款结余。

（1）财政拨款结转，是政府单位财政拨款收支所形成的结转资金。按照部门预算管理的要求，财政拨款结转分为基本支出结转和项目支出结转。

基本支出结转是政府单位财政基本支出拨款收入与其支出相抵后余额的累计，是下一年度需要继续用于维持政府单位正常运行和完成日常工作任务的财政拨款滚存资金。

项目支出结转是政府单位财政项目支出拨款收入与其支出相抵后余额的累计，是下一年度需要继续用于完成特定任务的财政拨款滚存资金。项目支出结转原则上不得调整用途，限定用于规定的项目支出。

（2）财政拨款结余，是政府单位财政拨款收支所形成的结余资金。按照部门预算管理的要求，政府单位预算年度基本支出拨款的收支相抵后的余额全部列入财政拨款结转，不会形成基本支出结余。所以，财政拨款结余即是项目支出结余。

项目支出结余是政府单位已经完成项目或因故终止项目剩余的滚存资金。项目支出结余资金应统筹用于编制以后年度部门预算，或按照同级财政部门的规定在单位内部、部门之间调剂使用。

2.非财政拨款结转结余

非财政拨款结转结余是政府单位非财政拨款专项资金收入与相关支出相抵后剩余的滚存资金。非财政拨款结转结余包括非财政拨款结转和非财政拨款结余。

（1）非财政拨款结转，是政府单位非财政拨款专项资金收入与其相关支出相抵后剩余滚存的、须按规定用途使用的结转资金。非财政拨款结转属于项目资金结转，应当区分年末已完成项目和尚未完成项目。

年末已完成项目的结转资金，按照项目拨款单位的要求进行管理，剩余的资金或缴回原拨款单位，或经批准留归本单位用于其他非项目用途。年末未完成项目的结转资金，结转下一年度继续用于该项目的支出，不经批准不得用于其他方面。

（2）非财政拨款结余，是政府单位非财政专项资金收支所形成的结余资金，以及由非财政拨款结余分配转入的其他结余资金。

已经完成的非财政拨款项目的剩余资金，如果规定全额或部分留归本单位使用，应当将其转入非财政拨款结余。经营结余、其他结余等其他结余资金按规定分配后，其余额也应当转入非财政拨款结余。

3.其他资金结余

其他资金结余是政府单位除财政拨款结转结余、非财政拨款结转结余以外的各项资金收入与相关支出相抵后剩余的资金。其他资金收支的差额留归单位使用，全部为结余资金，不形成结转资金。其他资金结余包括专用结余、经营结余和其他结余。其中，行政单位没有专用结余、经营结余，也不进行非财政拨款结余分配。

二、资金结存

（一）资金结存的内容

资金结存反映政府单位纳入部门预算管理资金的变动情况及其所对应的资金形态。政府单位财务会计与预算会计适度分离后，预算会计设置了预算收入、预算支出和预算结余三个会计要素，需要设置“资金结存”科目与纳入部门预算管理的资金相对应，以保持预算结余要素的内部平衡。纳入预算管理的现金流入单位时，会导致预算资金结存的增加；纳入预算管理的现金流出单位时，会导致预算资金结存的减少。

纳入部门预算管理的资金形态，主要包括货币资金、财政应返还额度和零余额账户用款额度。货币资金是以货币形态存在的资金，包括库存现金、银行存款、其他货币资金；财政应返还额度是单位可以使用的以前年度的财政拨款用款额度；零余额账户用款额度是以用款额度形态存在的资金。在国库集中支付下，预算收入与预算支出同时发生，不会产生资金结存。

政府单位的预算结余分为资金结存和各项结转结余两个部分，资金结存反映预算资金变动情况及对应的资金形态，各项结转结余反映预算结余的形成过程及结果，二者保持平衡。年末，资金结存的金额应当是各项结转结余资金的合计。

（二）资金结存的核算

政府单位设置“资金结存”科目，核算单位纳入部门预算管理的资金的流入、流出、调整和滚存等情况。本科目应当按照预算资金的形态设置“货币资金”、“财政应返还额度”和“零余额账户用款额度”三个明细科目进行明细核算。本科目年末借方余额，反映单位预算资金的累计滚存情况。

资金结存的主要账务处理如下：

1.取得日常预算收入

日常取得各项预算收入时，按照实际收到的金额，借记“资金结存——货币资金”科目，贷记“财政拨款预算收入”“事业预算收入”“经营预算收入”等科目。年末，注销未实现支付的国库集中支付用款额度时，借记“资金结存——财政应返还额度”科目，贷记“财政拨款预算收入”科目。

【例7-42】某单位收到代理银行转来的“国库集中支付凭证”和开户银行转来的“到账通知书”，同级财政部门拨来的款项已经转入单位的银行账户，所拨经费为财政基本支出拨款。

借：资金结存——货币资金	180 000	
贷：财政拨款预算收入——基本支出		180 000

【例7-43】某事业单位开展专业业务活动收取费用95 000元，款项已经收到并存入单位的银行账户。

借：资金结存——货币资金　9 500

　贷：事业预算收入　9 500

【例7-44】年末，某单位注销未实现支付的国库集中支付用款额度42 000元。

借：资金结存——财政应返还额度　42 000

　贷：财政拨款预算收入　42 000

2.发生日常预算支出

日常发生各项预算支出时，按照实际支付的金额，借记“行政支出”“事业支出”等科目，贷记“资金结存——货币资金、财政应返还额度”等科目。

【例7-45】某事业单位报销一笔课题咨询费13 500元，款项已经通过单位的银行账户支付，资金来源于非同级财政部门拨入的专项经费。

借：事业支出——非财政专项资金支出　13 500

　贷：资金结存——货币资金　13 500

【例7-46】某行政单位上一年度注销的国库集中支付用款额度已经恢复，使用上年度的额度支付某项费用18 000元。

借：行政支出——财政拨款支出　18 000

　贷：资金结存——财政应返还额度　18 000

三、财政拨款结转结余

财政拨款结转结余是同级财政拨款收支形成的结转结余资金，包括财政拨款结转和财政拨款结余。

（一）财政拨款结转的核算

财政拨款结转是政府单位同级财政拨款收支所形成的结转资金，是政府单位当年预算已执行但尚未完成，或因故未执行，下一年度需要按照原用途继续使用的财政拨款滚存资金。

政府单位设置“财政拨款结转”科目，核算单位取得的同级财政拨款结转资金的调整、结转和滚存情况。本科目应当按以下要求设置明细科目。（1）按照财政拨款结转资金的变动原因，设置三类明细科目。第一类：设置“本年收支结转”“累计结转”明细科目，核算单位本年度财政拨款收支相抵后的余额，以及滚存的财政拨款结转资金。第二类：设置“年初余额调整”明细科目，核算因发生会计差错更正、以前年度支出收回等原因，需要调整财政拨款结转的金额。第三类设置“归集调入”“归集调出”“归集上缴”“单位内部调剂”明细科目，核算因发生资金调拨、调剂等原因，需要调整财政拨款结转的金额。（2）按照部门预算管理的要求，设置“基本支出结转”“项目支出结转”两个明细科目，并在“基本支出结转”明细科目下按照“人员经费”“日常公用经费”进行明细核算，在“项目支出结转”明细科目下按照具体项目进行明细核算；同时，本科目还应按照《政府收支分类科目》中“支出功能分类科目”的相关科目进行明细核算，或设置功能分类辅助账。（3）有两种或两种以上财政拨款的，还应当在本科目下按照财政拨款的种类进行明细核算。本科目年末贷方余额，反映单位滚存的财政拨款结转资金数额。

财政拨款结转的主要账务处理如下：

1.本年收支结转

年末，应当将本年度取得的财政拨款预算收入和发生的财政拨款预算支出转入财政拨款结转中。财政拨款的结转包括基本支出结转和项目支出结转。（1）年末，将财政拨款预算收入本年发生额转入财政拨款结转，借记“财政拨款预算收入”科目，贷记“财政拨款结转——本年收支结转”及其明细科目；（2）将各项支出中财政拨款支出本年发生额转入财政拨款结转，借记“财政拨款结转——本年收支结转”及其明细科目，贷记“行政支出——财政拨款支出”“事业支出——财政拨款支出”“其他支出——财政拨款支出”等科目。

【例7-47】年末，某事业单位20×1年度预算收入、预算支出类科目的本年发生额见表7-1。根据表中的数据，进行本年财政拨款预算收入和支出的结转，包括基本支出结转和项目支出结转。

表7-1 **预算收入、支出类科目的本年发生额表**

20×1年12月 单位：元

序号	科目名称	金额	序号	科目名称	金额
1	行政支出		1	财政拨款预算收入	840 000
2	事业支出	1 252 000		（1）基本支出	715 000
	（1）财政拨款支出	783 000		（2）项目支出	125 000
	基本支出	668 000	2	事业预算收入	515 000
	项目支出	115 000		（1）专项资金收入	8 000
	（2）非财政专项资金支出	16 000		（2）非专项资金收入	507 000
	（3）其他资金支出	453 000	3	上级补助预算收入	152 000
3	经营支出	13 000		（1）专项资金收入	23 000
4	上缴上级支出	81 000		（2）非专项资金收入	129 000
5	对附属单位补助支出	126 000	4	附属单位上缴预算收入	25 000
6	投资支出			（1）专项资金收入	
7	债务还本支出			（2）非专项资金收入	25 000
8	其他支出	5 000	5	经营预算收入	21 000
	（1）财政拨款支出		6	债务预算收入	
	基本支出			（1）专项资金收入	
	项目支出			（2）非专项资金收入	
	（2）非财政专项资金支出	1 600	7	非同级财政拨款预算收入	
	（3）其他资金支出	3 400		（1）专项资金收入	
				（2）非专项资金收入	
			8	投资预算收益	
			9	其他预算收入	12 000
				（1）专项资金收入	3 600
				（2）非专项资金收入	8 400
	合计	1 477 000		合计	1 565 000

（1）基本支出结转。

借：财政拨款预算收入——基本支出 715 000

贷：财政拨款结转——本年收支结转——基本支出结转 715 000

同时：

借：财政拨款结转——本年收支结转——基本支出结转 668 000

贷：事业支出——财政拨款支出——基本支出 668 000

（2）项目支出结转。

借：财政拨款预算收入——项目支出 125 000

贷：财政拨款结转——本年收支结转——项目支出结转 125 000

同时：

借：财政拨款结转——本年收支结转——项目支出结转 115 000

贷：事业支出——财政拨款支出——项目支出 115 000

年末，经过上述处理，本年收支形成的财政拨款结转资金共计57 000元，其中基本支出结转47 000元，项目支出结转10 000元。

2.年初余额调整

会计差错更正、以前年度支出收回等事项，属于以前年度财政拨款结转资金的，借记或贷记“资金结存——财政应返还额度/货币资金”科目，贷记或借记“财政拨款结转——年初余额调整”科目及其明细科目。

【例7-48】某事业单位收回上一年度支付的预付款项16 000元，款项已经按原渠道返还到单位的银行账户，资金性质为财政拨款基本支出拨款。

借：资金结存——货币资金 16 000

贷：财政拨款结转——年初余额调整——基本支出结转 16 000

3.财政拨款结转的调拨与调剂

政府单位应当按照同级财政部门规定加强财政拨款结转资金的管理，进行财政拨款结转资金的归集调入、归集调出、归集上缴和内部调剂。（1）按照规定从其他单位调入财政拨款结转资金，借记“资金结存”科目及其明细科目，贷记“财政拨款结转——归集调入”科目；（2）按照规定向其他单位调出财政拨款结转资金的，借记“财政拨款结转——归集调出”科目，贷记“资金结存”科目及其明细科目；（3）按照规定上缴财政拨款结转资金或注销财政拨款结转资金额度的，借记“财政拨款结转——归集上缴”科目，贷记“资金结存”科目及其明细科目。

【例7-49】某事业单位按照同级财政部门的要求，上缴财政应返还额度中的财政拨款结转资金（基本支出结转）30 000元。

借：财政拨款结转——归集上缴——基本支出结转 30 000

贷：资金结存——财政应返还额度 30 000

4.冲销明细科目余额

年末，完成财政拨款结转的账务处理后，应当冲销有关明细科目余额，将除“累计结转”明细科目外的其他明细科目余额转到“累计结转”明细科目。除“累计结转”明细科目外，其他明细科目应无余额。

【例7-50】某事业单位在进行上述账务处理前，“财政拨款结转——累计结转”期初贷方余额为38 000元，其中，基本支出结转的余额为23 000元，项目支出结转的余额为15 000元，其他明细科目没有余额。年末，冲销各明细科目余额。

借：财政拨款结转——本年收支结转——基本支出结转　　47 000
　　　　　　　　——本年收支结转——项目支出结转　　10 000
　　　　　　　　——年初余额调整——基本支出结转　　16 000
　贷：财政拨款结转——归集上缴——基本支出结转　　30 000
　　　　　　　　　——累计结转——基本支出结转　　33 000
　　　　　　　　　——累计结转——项目支出结转　　10 000

年末，经过明细科目的冲销，加上期初余额后，"财政拨款结转——累计结转" 滚存的贷方余额为81 000元。其中，基本支出结转的余额为56 000元，项目支出结转的余额为25 000元。

（二）财政拨款结余的核算

财政拨款结余是政府单位同级财政拨款收支所形成的结余资金。财政拨款结余即是项目支出结余，是政府单位已经完成项目或因故终止项目剩余的滚存资金。年末，政府单位应当对财政拨款项目的执行情况进行分析，将符合财政拨款结余资金性质的数额从财政拨款结转转到财政拨款结余，形成当年的财政拨款结余资金。

政府单位设置"财政拨款结余"科目，核算单位取得的同级财政拨款项目支出结余资金的调整、结转和滚存情况。本科目应当按以下要求设置明细科目。（1）按照财政拨款结余资金的变动原因，设置三类明细科目。第一类：设置"结转转入""累计结余"明细科目，核算单位按照规定转入财政拨款结余的财政拨款结转资金，以及滚存的财政拨款结余资金。第二类：设置"年初余额调整"明细科目，核算因发生会计差错更正、以前年度支出收回等原因，需要调整财政拨款结余的金额。第三类设置"归集上缴""单位内部调剂"明细科目，核算因发生资金调拨、调剂等原因，需要调整财政拨款结余的金额。（2）本科目还应当按照具体项目、《政府收支分类科目》中"支出功能分类科目"的相关科目等进行明细核算，或设置功能分类辅助账。（3）有两种或两种以上财政拨款的，还应当在本科目下按照财政拨款的种类进行明细核算。本科目年末贷方余额，反映单位滚存的财政拨款结余资金数额。

财政拨款结余的主要账务处理如下：

1.结转转入

年末，对财政拨款结转各明细项目执行情况进行分析，按照有关规定将符合财政拨款结余性质的项目余额转入财政拨款结余，借记"财政拨款结转——累计结转"科目，贷记"财政拨款结余——结转转入"科目及其明细科目。

【例7-51】年末，某事业单位对财政拨款项目执行情况进行分析，本年度财政拨款项目中，A项目已经完成，项目当年剩余资金为2 000元；B项目因故终止，当年剩余资金为5 000元，即符合财政拨款结余资金性质的数额为7 000元，进行财政拨款结转资金的转出处理。

借：财政拨款结转——累计结转——项目支出结转　　7 000
　贷：财政拨款结余——结转转入　　7 000

2.年初余额调整

会计差错更正、以前年度支出收回等事项，属于以前年度财政拨款结余资金的，借记或贷记“资金结存——财政应返还额度/货币资金”科目，贷记或借记“财政拨款结余——年初余额调整”科目及其明细科目。

【例7-52】某事业单位对财政拨款项目检查时发现，上一年度发生的C项目支出3 000元，因会计差错遗漏支付，现通过银行转账予以支付。

借：财政拨款结余——年初余额调整　3 000

　贷：资金结存——货币资金　3 000

3.财政拨款结余的归集上缴和内部调剂

政府单位应当按照同级财政部门规定加强财政拨款结余资金的管理，进行财政拨款结余资金的归集上缴和内部调剂。（1）按照规定上缴财政拨款结余资金或注销财政拨款结余资金额度的，借记“财政拨款结余——归集上缴”科目，贷记“资金结存”科目及其明细科目；（2）经财政部门批准对财政拨款结余资金改变用途，调整用于本单位基本支出或其他未完成项目支出的，借记“财政拨款结余——单位内部调剂”科目，贷记“财政拨款结转——单位内部调剂”科目。

【例7-53】某事业单位按规定上缴财政拨款D项目结余资金1 000元，通过单位的银行账户支付。

借：财政拨款结余——归集上缴　1 000

　贷：资金结存——货币资金　1 000

4.冲销明细科目余额

年末，完成财政拨款结余的账务处理后，应当冲销有关明细科目余额，将除“累计结余”明细科目外的其他明细科目余额转到“累计结余”明细科目。除“累计结余”明细科目外，其他明细科目应无余额。

【例7-54】某事业单位在进行上述账务处理前，“财政拨款结余——累计结余”期初贷方余额为12 000元。年末，冲销各明细科目余额。

借：财政拨款结余——结转转入　7 000

　贷：财政拨款结余——年初余额调整　3 000

　　　　　　　　——归集上缴　1 000

　　　　　　　　——累计结余　3 000

年末，经过明细科目的冲销，加上期初余额后，“财政拨款结余——累计结余”的贷方余额为15 000元。“财政拨款结转——累计结转”的贷方余额为74 000元，其中，基本支出结转的余额为56 000元，项目支出结转的余额为18 000元。

四、非财政拨款结转结余

非财政拨款结转结余是政府单位同级财政拨款以外的各项收支形成的结转结余资金，包括非财政拨款结转和非财政拨款结余。

（一）非财政拨款结转的核算

非财政拨款结转是政府单位的非同级财政拨款专项资金收支所形成的结转资金。首先，非财政拨款结转是非同级财政拨款收支形成的结转资金，同级财政拨款收支形成的结转资金为财政拨款结转；其次，非财政拨款结转是专项资金收支所形成的结转资金，非专项资金收支形成非财政拨款结余，经营收支形成经营结余。政府单位应当按照非同级财政部门、主管部门或上级单位等拨款单位的要求管理专项资金。年末已完成项目，应当向原拨款单位报送项目资金使用情况，接受检查、验收，剩余的资金或缴回原拨款单位，或经批准留归本单位用于其他非项目用途。年末未完成项目的结转资金，结转下一年度继续用于该项目的支出，原则上不得用于其他方面。

政府单位设置“非财政拨款结转”科目，核算单位除财政拨款收支、经营收支以外各非同级财政拨款专项资金的调整、结转和滚存情况。本科目应当按以下要求设置明细科目。(1) 按照非财政拨款结转资金的变动原因，设置三类明细科目。第一类：设置“本年收支结转”“累计结转”明细科目，核算单位本年度非同级财政拨款专项收支相抵后的余额，以及滚存的非同级财政拨款专项结转资金。第二类：设置“年初余额调整”明细科目，核算因发生会计差错更正、以前年度支出收回等原因，需要调整非财政拨款结转的资金。第三类设置“缴回资金”明细科目，核算按照规定缴回原拨款单位的非财政拨款结转资金。(2) 本科目还应当按照具体项目、《政府收支分类科目》中“支出功能分类科目”的相关科目等进行明细核算，或设置功能分类辅助账。按规定从科研项目预算收入中计提项目间接费用或管理费，需要在本科目下设置相应的明细科目。本科目年末贷方余额，反映单位滚存的非同级财政拨款专项结转资金数额。

非财政拨款结转的主要账务处理如下：

1. 本年收支结转

年末，应当将本年度取得的各项非财政拨款专项资金收入、支出转入非财政拨款结转中。(1) 年末，将各预算收入本年发生额中的专项资金收入转入非财政拨款结转，借记“事业预算收入”“其他预算收入”等科目下各专项资金收入明细科目，贷记“非财政拨款结转——本年收支结转”科目；(2) 年末，将各预算支出本年发生额中的专项资金支出转入非财政拨款结转，借记“非财政拨款结转——本年收支结转”科目，贷记“行政支出”“事业支出”“其他支出”科目下各非财政拨款专项资金支出明细科目。

【例7-55】年末，某事业单位进行本年非财政拨款专项资金收支结转的账务处理。根据表7-1中的数据，专项资金收入分布在事业预算收入、上级补助预算收入和其他预算收入三项预算收入中，专项资金支出分布在事业支出、其他支出二项预算支出中。

(1) 非财政拨款专项资金收入。

借：事业预算收入——专项资金收入	8 000	
上级补助预算收入——专项资金收入	23 000	
其他预算收入——专项资金收入	3 600	
贷：非财政拨款结转——本年收支结转		34 600

(2) 非财政拨款专项资金支出。

借：非财政拨款结转——本年收支结转	17 600	
贷：事业支出——非财政专项资金支出		16 000
其他支出——非财政专项资金支出		1 600

年末，经过上述处理，本年收支形成的非财政拨款结转资金共计17 000元。

2.年初余额调整

会计差错更正、以前年度支出收回等事项，属于以前年度非财政拨款结转资金的，借记或贷记“资金结存——货币资金”等科目，贷记或借记“非财政拨款结转——年初余额调整”科目。

3.缴回资金

按照规定缴回非财政拨款结转资金的，按照实际缴回资金数额，借记“非财政拨款结转——缴回资金”科目，贷记“资金结存——货币资金”科目。

【例7-56】某事业单位按照上级单位的规定，缴回上级单位拨入的E项目专项资金5 000元，通过银行账户转账支付。

借：非财政拨款结转——缴回资金　5 000

　贷：资金结存——货币资金　5 000

4.冲销明细科目余额

年末，完成非财政拨款结转的账务处理后，应当冲销有关明细科目余额，将除“累计结转”明细科目外的其他明细科目余额转到“累计结转”明细科目。以下省略明细科目余额冲销的会计分录。

年末，进行上述账务处理前，“非财政拨款结转——累计结余”期初贷方余额为6 000元，经过明细科目的冲销后，其贷方余额应为18 000元。

（二）非财政拨款结余的核算

非财政拨款结余是政府单位非同级财政拨款收支所形成的结余资金。非财政拨款结余资金主要来源于两个方面，一是留归本单位使用的非财政拨款结转资金，二是从非财政拨款结余分配（事业单位）或其他结余（行政单位）转入的资金。非财政拨款结余资金由单位统筹调配，用于单位的各项业务活动。有企业所得税缴纳义务的事业单位，可以用非财政拨款结余缴纳企业所得税。

政府单位设置“非财政拨款结余”科目，核算单位历年滚存的非限定用途的非同级财政拨款结余资金，主要为非财政拨款结余扣除结余分配后滚存的金额。本科目应当按以下要求设置明细科目。（1）按照非财政拨款结余资金的变动原因，设置两类明细科目。第一类：设置“结转转入”“累计结余”明细科目，核算按照规定留归单位使用的非同级财政拨款专项剩余资金，以及历年滚存的非同级财政拨款、非专项结余资金。第二类：设置“年初余额调整”明细科目，核算因发生会计差错更正、以前年度支出收回等原因，需要调整非财政拨款结余的资金。（2）本科目还应当按照《政府收支分类科目》中“支出功能分类科目”的相关科目进行明细核算，或设置功能分类辅助账。按规定从科研项目预算收入中计提项目间接费用或管理费，需要在本科目下设置相应的明细科目。本科目年末贷方余额，反映单位非同级财政拨款结余资金的累计滚存数额。

非财政拨款结余的主要账务处理如下：

1.结转转入

年末，应当对非财政拨款专项资金各项目的执行情况进行分析，区分年末已完成项目和尚未完成项目。对于年末已经完成的项目，将留归本单位使用的非财政拨款专项剩余资金转入非财政拨款结余，借记“非财政拨款结转——累计结转”科目，贷记“非财政拨款结余——结转转入”科目。

【例7-57】年末，某事业单位对非财政拨款专项结转资金项目的情况进行了分析，F项目已经完成，剩余资金2 000元按规定留归本单位使用。

借：非财政拨款结转——累计结转 2 000

　　贷：非财政拨款结余——结转转入 2 000

2.年初余额调整

会计差错更正、以前年度支出收回等事项，属于以前年度非财政拨款结余资金的，借记或贷记“资金结存——货币资金”科目，贷记或借记“非财政拨款结余——年初余额调整”科目。

3.冲销明细科目余额

年末，完成非财政拨款结余的账务处理后，应当冲销有关明细科目余额，将除“累计结余”明细科目外的其他明细科目余额转到“累计结余”明细科目。以下省略明细科目余额冲销的会计分录。

年末，冲销有关明细科目余额前，“非财政拨款结余——累计结余”科目期初贷方余额为7 000元，经过明细科目的冲销后，其贷方余额应为9 000元。“非财政拨款结转——累计结余”期末贷方余额为16 000元。“非财政拨款结余”科目的余额还包括事业单位的非财政拨款结余分配转入、行政单位的其他结余转入等事项，将在后面的科目中讲解。

五、其他各项结余

其他各项结余包括经营结余、其他结余和非财政拨款结余分配和专用结余。其中，行政单位只设置“其他结余”科目，其余三个科目是事业单位设置的会计科目。

（一）经营结余的核算

经营结余是事业单位一定期间经营收入与支出相抵后的余额。事业单位开展经营业务所取得的经营收入和发生的经营支出，应当转入经营结余中，以核算经营业务的成果。经营业务的盈余在弥补以前年度亏损后，应转入非财政拨款结余分配。经营业务的亏损，留待以后年度的经营结余弥补。

事业单位设置“经营结余”科目，核算单位本年度经营活动收支相抵后余额弥补以前年度经营亏损后的余额。本科目可以按照经营活动类别进行明细核算。年末结账后，将本科目贷方余额转入分配后，一般无余额；如为借方余额，反映事业单位累计发生的经营亏损。

经营结余的主要账务处理如下：

1.经营收支结转

年末，应当将本年度取得的经营预算收入、经营支出转入经营结余中。(1) 将经营预算收入本年发生额转入经营结余，借记“经营预算收入”科目，贷记“经营结余”科目；(2) 将经营支出本年发生额转入经营结余，借记“经营结余”科目，贷记“经营支出”科目。

2.转入结余分配

年末，完成上述结转后，如“经营结余”科目为贷方余额，借记“经营结余”科目，贷记“非财政拨款结余分配”科目；如“经营结余”科目为借方余额，为经营亏损，不予结转。

【例7-58】年末，某事业单位进行本年经营收支的账务处理。根据表7-1中的数据，本年经营预算收入21 000元，经营支出13 000元。

（1）结转经营预算收入。

借：经营预算收入　21 000

　贷：经营结余　21 000

（2）结转经营支出。

借：经营结余　13 000

　贷：经营支出　13 000

（3）将本年经营结余贷方余额8 000元转入结余分配。

借：经营结余　8 000

　贷：非财政拨款结余分配　8 000

（二）其他结余的核算

其他结余是政府单位除财政拨款结转结余、非财政拨款结转结余、专用结余和经营结余以外的结余资金。财政拨款收支、非同级财政专项资金收支和经营收支已经转入了相应的结转结余中，其他各项收支形成其他结余，主要是各项非财政、非专项、非经营收支。

政府单位设置"其他结余"科目，核算单位本年度除财政拨款收支、非同级财政专项资金收支和经营收支以外各项收支相抵后的余额。年末，应当将本科目余额转入非财政拨款结余（行政单位）或非财政拨款结余分配（事业单位），年末结账后本科目应无余额。

其他结余的主要账务处理如下：

1.其他收支结转

年末，应当将本年度取得的非财政、非专项、非经营收支转入其他结余。（1）将事业预算收入、上级补助预算收入、附属单位上缴预算收入、非同级财政拨款预算收入、债务预算收入、其他预算收入本年发生额中的非专项资金收入以及投资预算收益本年发生额转入其他结余，借记各预算收入科目及其明细科目，贷记"其他结余"科目；（2）将行政支出、事业支出、其他支出本年发生额中的非同级财政、非专项资金支出，以及上缴上级支出、对附属单位补助支出、投资支出、债务还本支出本年发生额转入其他结余，借记"其他结余"科目，贷记各预算支出科目及其明细科目。

2.其他结余的转出

年末，完成上述结转后，应区分单位类别将其他结余转出。（1）行政单位将"其他结余"科目余额转入"非财政拨款结余——累计结余"科目；（2）事业单位将"其他结余"科目余额转入"非财政拨款结余分配"科目。

【例7-59】年末，某事业单位进行本年其他收支结转的账务处理。根据表7-1中的数据，结转过程如下：

（1）结转其他各项收入。

借：事业预算收入——非专项资金收入　507 000

　　上级补助预算收入——非专项资金收入　129 000

　　附属单位上缴预算收入——非专项资金收入　25 000

　　其他预算收入 ——非专项资金收入　8 400

　贷：其他结余　669 400

（2）结转其他各项支出。

借：其他结余 663 400

　贷：事业支出——其他资金支出 453 000

　　上缴上级支出 81 000

　　对附属单位补助支出 126 000

　　其他支出——其他资金支出 3 400

（3）将本年收支形成的其他结余6 000元转入非财政拨款结余分配。

借：其他结余 6 000

　贷：非财政拨款结余分配 6 000

（三）非财政拨款结余分配的核算

非财政拨款结余分配反映事业单位的结余资金分配过程及结果。可以转入分配的结余资金主要是事业单位的经营结余和其他结余，财政拨款资金、非财政专项资金形成的结余资金不得进行分配。行政单位的各项资金结余均不得转入分配。事业单位的非财政拨款结余分配是内部分配，按照规定提取专用基金。

事业单位设置“非财政拨款结余分配”科目，核算单位本年度非财政拨款结余分配的情况和结果。年末，应将本科目余额转入非财政拨款结余，年末结账后本科目应无余额。

非财政拨款结余分配的主要账务处理如下：

1.可分配结余的转入

事业单位可分配结余包括经营结余和其他结余。（1）年末，将“经营结余”科目贷方余额转入分配，借记“经营结余”科目，贷记“非财政拨款结余分配”科目；（2）年末，将“其他结余”科目余额转入分配，借记或贷记“其他结余”科目，贷记或借记“非财政拨款结余分配”科目。

2.提取专用基金

根据有关规定提取专用基金的，按照提取的金额，借记“非财政拨款结余分配”科目，贷记“专用结余”科目。

3.分配后余额转出

年末，按照规定完成上述处理后，将“非财政拨款结余分配”科目余额转入非财政拨款结余。

【例7-60】年末，某事业单位完成结余分配后，“非财政拨款结余分配”科目贷方余额10 000元，将其转入非财政拨款结余。

借：非财政拨款结余分配 10 000

　贷：非财政拨款结余——累计结余 10 000

至此，完成了各项结转结余的账务处理。经过非财政拨款结余分配后，加上非财政拨款结转转入的资金，“非财政拨款结余——累计结余”期末贷方余额为19 000元。

（四）专用结余的核算

专用结余是事业单位因从非财政拨款结余中提取专用基金而形成的结余资金。按照有关规定，事业单位可以从本年度非财政拨款结余或经营结余中提取专用基金，如职工福利基金、科技成果转换基金等。预算会计中的专用结余与财务会计中的专用基金对应，但二者并非完全一致。专用基金包括从非财政拨款结余中提取、从本期收入中提取和按照有关规定设置三个来源渠道，预算会计仅核算从非财政拨款结余分配中提取的专用基金，从收入中提取、设置的专用基金只进行财务会计核算。

事业单位设置“专用结余”科目，核算单位按照规定从非财政拨款结余中提取的具有专门用途的资金的变动和滚存情况。本科目应当按照专用结余的类别进行明细核算。本科目年末贷方余额，反映事业单位从非同级财政拨款结余中提取的专用基金的累计滚存数额。

根据《事业单位财务规则》（财政部令第108号）规定，事业单位应当将专用基金纳入预算管理。为此，《政府会计准则制度解释第5号》（财会〔2022〕25号）对从结余中提取的专用基金的会计处理作出了规定。

专用结余的主要账务处理如下：（1）根据有关规定从本年度非财政拨款结余或经营结余中提取基金的，按照提取金额，借记“非财政拨款结余分配”科目，贷记“专用结余”科目；（2）按规定使用从非财政拨款结余或经营结余中提取的专用基金时，按照使用金额，借记“事业支出——使用专用结余”等科目，贷记“资金结存”科目；（3）年末，将有关预算支出中使用专用结余的本年发生额转入专用结余，借记“专用结余”科目，贷记“事业支出——使用专用结余”等科目。

【例7-61】某事业单位按规定从非财政拨款结余中提取职工福利基金，用于改善单位职工的福利待遇。

（1）按照规定的比例计算，提取职工福利基金4 000元。

借：非财政拨款结余分配	4 000	
贷：专用结余——职工福利基金		4 000

（2）用职工福利基金支付职工文体活动开支1 500元，款项以银行存款支付。

借：事业支出——使用专用结余	1 500	
贷：资金结存——货币资金		1 500

（3）年末，将本年使用专用结余的本年发生额1 500元转入专用结余。

借：专用结余——职工福利基金	1 500	
贷：事业支出——使用专用结余		1500

第四节　主要业务或事项的平行记账

政府单位会计包括财务会计与预算会计，对于发生的经济业务或事项应当采用平行记账方法。本节介绍平行记账方法，讲解主要业务事项的综合账务处理。

一、平行记账方法

（一）平行记账方法的含义

政府会计由财务会计和预算会计“双功能”构成，两者适度分离又相互衔接。政府会计对于有些经济业务和事项，需要同时进行财务会计和预算会计两项记录，以全面、清晰地反映单位财务信息和预算执行信息。为此，政府单位会计重构了会计核算模式，采用了平行记账方法。

平行记账方法是指在一个会计信息系统中，同时进行财务会计和预算会计两项核算，对于涉及财务会计和预算会计的业务或事项，同时进行平行记录。在平行记账方法下，单位对于纳入部门预算管理的现金收支业务，在采用财务会计核算的同时应当进行预算会计核算；对于其他业务，仅需进行财务会计核算或预算会计核算。

（二）平行记账方法的规则

运用平行记账方法，需要明确哪些业务或事项需要进行平行记账。并非所有的业务或事项均需要同时进行财务会计核算和预算会计核算，有些业务或事项只需要进行单项记账，平行记账只是其中的一种情况。

平行记账方法的规则是，仅涉及政府单位财务会计要素变动的经济业务或事项，只进行财务会计核算；既涉及政府单位财务会计要素变动，又涉及预算会计要素变动的经济业务或事项，同时进行财务会计核算和预算会计核算；少量仅涉及政府单位预算会计要素变动的经济业务或事项，只进行预算会计核算。应用平行记账方法，关键是判断是否应当进行预算会计核算。预算会计核算的业务或事项，需要同时满足两个基本条件：

1.现金收支

现金收支是平行记账的必要条件，单位对于发生的现金收支业务或事项，不但要在财务会计中核算，可能还需要在预算会计中核算。由于预算会计以收付实现为基础，以实际收付现金为标志确认预算收入、预算支出，所以采用平行记账方法的业务或事项应当实际发生了现金流入或现金流出。政府单位的现金收支不但包括库存现金、银行存款、其他货币资金等货币资金的流入流出，还包括国库集中支付下的财政拨款收支。

2.纳入单位预算管理

并非所有的现金收支业务或事项均需要进行平行记账，只有纳入单位预算管理的现金收支业务或事项才需要进行平行记账。预算收入是纳入单位预算管理的现金流入，预算支出是纳入单位预算管理的现金流出，纳入单位预算管理的现金收支才与预算会计相关，在采用财务会计核算的同时，进行预算会计核算。未纳入单位预算管理的现金收支，通常表现为债权、债务的增减，并且不会转化为预算收支，仅需要在财务会计中核算，例如单位发生的应缴财政款、应付转拨款、代扣代缴款、往来结算款、受托代理款等。

（三）业务或事项的账务处理的步骤

在平行记账的会计核算模式下，政府单位对于所发生的业务或事项，首先应当判别是单项记账还是平行记账，然后再按照会计制度的规定进行相应的账务处理。

政府单位可以按照下列步骤进行账务处理。首先，进行财务会计核算。财务会计涉及资产、负债、净资产、收入和费用等会计要素，核算内容较为广泛，绝大多数的业务或事项需要财务会计核算。其次，判别是否需要同时进行预算会计核算。如果经过财务会计核算的业务或事项为纳入单位预算管理的现金收支，需要按照平行记账原则进行预算会计核算。最后，有些业务或事项不需要进行财务会计核算，仅要求进行预算会计核算。此类业务或事项极少，主要是预算结余中的内部调剂等。

二、收入与预算收入业务事项

收入是财务会计要素，按照权责发生制原则确认；预算收入预算会计要素，按照收付实现制原则确认。二者有较多的联系，纳入预算管理的现金收入通常需要平行记账。

（一）财政拨款收入

财政拨款收入是政府单位从同级政府财政部门取得的经费拨款，财务会计设置“财政拨款收入”科目对其进行核算，预算会计设置“财政拨款预算收入”科目对其进行核算。同级财政拨款的方式包括国库集中支付、实拨资金方式和财政应返还额度等方式，需要在收到或使用财政拨付的款项时进行平行记账，在财务会计中确认财政拨款收入的同时，在预算会计中确认财政拨款预算收入。

【例7-62】某行政单位收到国库支付执行机构委托代理银行转来的“国库集中支付凭证”及原始凭证，单位的一笔业务活动费用180 000元已经完成支付。

财务会计			预算会计		
借：业务活动费用	180 000		借：行政支出	180 000	
贷：财政拨款收入		180 000	贷：财政拨款预算收入		180 000

【例7-63】某事业单位收到国库支付执行机构委托代理银行转来的“国库集中支付凭证”和开户银行转来的“到账通知书”，同级财政部门拨入的款项120 000元已经转入单位的银行账户。

财务会计			预算会计		
借：银行存款	120 000		借：资金结存——货币资金	120 000	
贷：财政拨款收入		120 000	贷：财政拨款预算收入		120 000

【例7-64】年末，某行政单位注销未使用的国库集中支付用款额度40 000元。

财务会计			预算会计		
借：财政应返还额度	40 000		借：资金结存——财政应返还额度	40 000	
贷：财政拨款收入		40 000	贷：财政拨款预算收入		40 000

（二）专业业务活动收入

专业业务活动收入是事业单位开展专业业务活动及辅助活动所取得的收入，财务会计设置“事业收入”科目对其进行核算，预算会计设置“事业预算收入”科目对其进行核算。按照是否纳入财政专户管理，专业业务活动收入分为两种情况。

1.未纳入财政专户管理的事业收入

如果开展专业业务活动及辅助活动所取得的收入未纳入财政专户管理，财务会计在其实现时按照合同完成进度确认的事业收入，包括收讫价款、预收账款、应收账款等情况；预算会计在收到款项时按照实际收到的金额确认事业预算收入，无论合同是否开始履行或已经完成。

【例7-65】某事业单位采用收取现款的方式管理专业业务活动收入，提供专业业务服务款项6 000元已经收到并存入银行账户，所收款项未纳入财政专户管理。

财务会计			预算会计		
借：银行存款	6 000		借：资金结存——货币资金	6 000	
贷：事业收入		6 000	贷：事业预算收入		6 000

【例7-66】某事业单位采用应收款方式管理专业业务活动收入，所收款项未纳入财政专户管理。

（1）根据合同完成进度计算，本期已经实现专业业务活动收入7 500元，款项尚未收到。

财务会计		预算会计
借：应收账款	7 500	不记录
贷：事业收入	7 500	

（2）上述应收款项7 500元已经收到，存入单位的银行账户。

财务会计		预算会计	
借：银行存款	7 500	借：资金结存——货币资金	7 500
贷：应收账款	7 500	贷：事业预算收入	7 500

【例7-67】某事业单位采用预收款方式管理专业业务活动收入，所收款项未纳入财政专户管理。

（1）开展专业业务活动的预收客户款项4 500元，存入单位的银行账户。

财务会计		预算会计	
借：银行存款	4 500	借：资金结存——货币资金	4 500
贷：预收账款	4 500	贷：事业预算收入	4 500

（2）根据合同完成进度计算，确认已经实现的专业业务活动收入2 500元。

财务会计		预算会计
借：预收账款	2 500	不记录
贷：事业收入	2 500	

2.纳入财政专户管理的事业收入

对于纳入财政专户管理的事业收入，财务会计在收到、上缴款项时通过“应缴财政款”科目核算，预算会计不需要进行核算。收到从财政专户核拨的款项时，财务会计和预算会计均应确认收入。

【例7-68】某事业单位的一项事业性收费纳入财政专户管理。

（1）收到应上缴财政专户的事业性收费8 600元。

财务会计		预算会计
借：银行存款	8 600	不记录
贷：应缴财政款	8 600	

（2）通过银行账户上缴财政专户款项8 600元。

财务会计		预算会计	
借：应缴财政款	8 600	不记录	
贷：银行存款	8 600		

（3）收到财政专户返还的款项3 500元，存入单位的银行账户。

财务会计		预算会计	
借：银行存款	3 500	借：资金结存——货币资金	3 500
贷：事业收入	3 500	贷：事业预算收入	3 500

三、费用与预算支出业务事项

费用是财务会计要素，按照权责发生制原则确认；预算支出预算会计要素，按照收付实现制原则确认。费用与预算支出有较多的联系，也存在一定的差异，纳入预算管理的现金支出需要平行记账。

（一）业务活动的费用与支出

业务活动的费用与支出是政府单位在依法履职或开展专业业务活动及其辅助活动中所发生的，财务会计设置"业务活动费用"科目对其进行核算，预算会计设置"行政支出""事业支出"科目对其进行核算。财务会计的业务活动费用在其发生时按照应当支付的金额确认，预算会计的行政支出、事业支出在实际支付时按照支付的金额确认。

【例7-69】某事业单位为开展业务活动发生印刷费5 100元，通过单位的银行账户予以支付。

财务会计		预算会计	
借：业务活动费用	5 100	借：事业支出	5 100
贷：银行存款	5 100	贷：资金结存——货币资金	5 100

【例7-70】某行政单位开展的大型招商活动由某展览公司组织，活动结束后再与其结算相关费用。

（1）展览公司报来费用清单及发票，本次招商活动费用共计85 000元，款项尚未支付。

财务会计		预算会计	
借：业务活动费用	85 000	不记录	
贷：应付账款	85 000		

（2）单位以国库集中支付方式偿付上述款项85 000元。

财务会计		预算会计	
借：应付账款	85 000	借：行政支出	85 000
贷：财政拨款收入	85 000	贷：财政拨款预算收入	85 000

【例7-71】某行政单位计算并发放本月业务人员职工薪酬。

（1）计算本月职工薪酬，应付业务人员的薪酬为160 000元，包括应向职工支付本月工资、津贴补贴等和单位承担的社会保险费、住房公积金等。

财务会计		预算会计	
借：业务活动费用	160 000	不记录	
贷：应付职工薪酬	160 000		

（2）工资发放日，扣除应由职工承担的社会保险费、住房公积金后，通过国库集中支付方式实际向职工支付本月工资、津贴补贴等薪酬95 000元。

财务会计		预算会计	
借：应付职工薪酬	95 000	借：行政支出	95 000
贷：财政拨款收入	95 000	贷：财政拨款预算收入	95 000

（3）为职工缴纳社会保险费、住房公积金等65 000元，其中单位承担部分为42 000元，职工承担的代扣部分为23 000元，通过单位的银行账户予以缴纳。

财务会计		预算会计	
借：应付职工薪酬	65 000	借：行政支出	65 000
贷：银行存款	65 000	贷：资金结存——货币资金	65 000

（二）单位管理费用与支出

单位管理费用是事业单位行政部门、后勤部门开展管理与服务活动发生的各项费用。事业单位的财务会计设置“单位管理费用”科目对其进行核算，在发生时按照应当支付的金额确认。行政单位的财务会计不设置“单位管理费用”科目，将其并入“业务活动费用”科目核算。预算会计设置“行政支出”“事业支出”对其进行核算，在实际支付时按照支付的金额确认。

【例7-72】某事业单位行政管理部门的公务用车以预付款的方式定点维修。

（1）通过国库集中支付方式预付车辆维修费用7 200元。

财务会计		预算会计	
借：预付账款	7 200	借：事业支出	7 200
贷：财政拨款预算收入	7 200	贷：财政拨款预算收入	7 200

（2）车辆维修单位交来发票和维修结算单，实际发生车辆维修费用7 800元，通过国库集中支付方式支付结算差价600元。

财务会计		预算会计	
借：单位管理费用	7 800	借：事业支出	600
贷：预付账款	7 200	贷：财政拨款预算收入	600
财政拨款预算收入	600		

【例7-73】某事业单位后勤服务部门租赁的房屋要求年初一次性支付全年租金。

（1）年初，通过银行转账支付全年租金36 000元。

财务会计		预算会计	
借：待摊费用	36 000	借：事业支出	36 000
贷：银行存款	36 000	贷：资金结存——货币资金	36 000

（2）按月摊销房屋租赁费用3 000元。

财务会计		预算会计
借：单位管理费用	3 000	不记录
贷：待摊费用	3 000	

【例7-74】某事业单位按规定从科研项目收入中提取项目管理费。

（1）按照本期科研项目收入的金额和规定的比例，提取项目管理费25 000元。

财务会计		预算会计
借：单位管理费用	25 000	不记录
贷：预提费用	25 000	

（2）通过银行转账支付项目管理费8 000元，用于支付项目中期审查聘请的专家劳务费。

财务会计		预算会计	
借：预提费用	8 000	借：事业支出	8 000
贷：银行存款	8 000	贷：资金结存——货币资金	8 000

四、资产业务事项

资产是财务会计要素，预算会计没有直接与其相对应的会计要素。债权类资产与收入密切相关，通常需要平行记账。存货、固定资产、无形资产等资产的账务处理主要包括资产的取得、发出、折旧与摊销、处置等环节，预算会计在各项资产取得时，按照实际支付的金额确认预算支出，通常不进行其他环节的会计核算。

（一）财政应返还额度

财政应返还额度是政府单位年终注销的、需要在次年恢复使用的用款额度，财务会计设置“财政应返还额度”科目对其进行核算，预算会计设置“资金结存——财政应返还额度”科目对其进行核算。

【例7-75】某行政单位的发生下列与财政应返还额度相关的事项。

（1）年末，注销未实现支付的国库集中支付用款额度21 000元。

财务会计		预算会计	
借：财政应返还额度	21 000	借：资金结存——财政应返还额度	21 000
贷：财政拨款收入	21 000	贷：财政拨款预算收入	21 000

（2）下年度，单位使用已经恢复的上一年度的国库集中支付额度支付业务活动费用15 000元。

财务会计		预算会计	
借：业务活动费用	15 000	借：行政支出	15 000
贷：财政应返还额度	15 000	贷：资金结存——财政应返还额度	15 000

（二）存货

财务会计设置“在途物品”、“库存物品”和“加工物品”科目核算开展业务活动及其他活动中为耗用或出售而储存的资产。预算会计不设置存货类会计科目，将为取得存货而支付的款项确认为预算支出。

【例7-76】某事业单位购买材料一批，用于单位所开展的业务活动。

（1）购买的材料已经验收入库，通过单位的银行账户支付货款3 200元。

财务会计		预算会计	
借：库存物品	3 200	借：事业支出	3 200
贷：银行存款	3 200	贷：资金结存——货币资金	3 200

（2）因业务活动需要，从仓库领用材料一批，价值1 400元。

财务会计		预算会计
借：业务活动费用	1 400	不记录
贷：库存物品	1 400	

（三）固定资产

财务会计设置“固定资产”“固定资产累计折旧”科目核算单位固定资产的原价和计提的累计折旧。预算会计在固定资产取得时按照实际支付的价款确认预算支出，不对固定资产折旧进行核算。

【例7-77】某行政单位通过政府集中采购一台设备，价值总计400 000元。按购买合同的规定扣留质量保证金20 000元，期限18个月。

（1）取得设备时，以国库集中支付的方式支付扣除质量保证金后的设备价款380 000元。

财务会计		预算会计	
借：固定资产	400 000	借：行政支出	380 000
贷：财政拨款收入	380 000	贷：财政拨款预算收入	380 000
长期应付款	20 000		

（2）质量保证期满后，通过单位的银行账户支付扣留的质量保证金20 000元。

财务会计		预算会计	
借：长期应付款	20 000	借：行政支出	20 000
贷：银行存款	20 000	贷：资金结存——货币资金	20 000

【例7-78】某行政单位计提业务活动使用的固定资产本月折旧3 900元。

财务会计		预算会计
借：业务活动费用　3 900		不记录
贷：固定资产累计折旧	3 900	

五、负债业务事项

负债是财务会计要素，预算会计没有直接与其相对应的会计要素。预算会计对于取得的纳入单位预算管理的债务资金确认为预算收入，将偿还债务本金形成的资金流出确认为预算支出。

（一）借入款项

事业单位的财务会计设置“短期借款”“长期借款”科目，核算经批准向银行或其他金融机构等借入的款项。预算会计设置“债务预算收入”“债务还本支出”科目，核算事业单位纳入部门预算管理的债务资金的借入与偿还情况。

【例7-79】某事业单位根据业务活动发展的需要，报经批准从银行借入款项100 000元，借款期2年，年利率6%，到期一次还本付息。

（1）收到借入的款项，存入单位的银行账户。

财务会计		预算会计	
借：银行存款　100 000		借：资金结存——货币资金　100 000	
贷：长期借款——本金	100 000	贷：债务预算收入	100 000

（2）按月计提应付利息500元。

财务会计		预算会计
借：其他费用　500		不记录
贷：长期借款——应计利息	500	

（3）借款到期，偿还本金100 000元，支付利息12 000元

财务会计		预算会计	
借：长期借款——本金　100 000		借：债务还本支出　100 000	
——应计利息　12 000		其他支出　12 000	
贷：银行存款	112 000	贷：资金结存——货币资金	112 000

（二）应付款项

财务会计设置“应付账款”“其他应付款”“应付政府补贴款”“长期应付款”等科目，核算单位在结算过程中产生的债务。在预算会计中，应付款项在发生时不予确认，在实际结算时再将纳入单位预算管理的应付款项确认为预算收支。

【例7-80】某事业单位开展业务活动需要收取对方单位保证金。

（1）收到对方单位存入的保证金60 000元。

财务会计		预算会计
借：银行存款	60 000	不记录
贷：其他应付款	60 000	

（2）业务活动完成，退还对方单位保证金60 000元。

财务会计		预算会计
借：其他应付款	60 000	不记录
贷：银行存款	60 000	

【例7-81】某行政单位承担某项政府补贴款的发放职责。

（1）按规定本月应当发放政府补贴款72 000元。

财务会计		预算会计
借：业务活动费用	72 000	不记录
贷：应付政府补贴款	72 000	

（2）通过单位的国库集中支付方式实际支付政府补贴款72 000元。

财务会计		预算会计	
借：应付政府补贴款	72 000	借：行政支出	72 000
贷：财政拨款预算收入	72 000	贷：财政拨款预算收入	72 000

（三）应缴款项

财务会计设置“应缴财政款”科目，核算单位取得或应收的按照规定应当上缴财政的款项。应缴款项包括应缴国库款和应缴财政专户款，预算会计不对应缴国库款进行核算，将财政专户返还的款项确认为事业预算收入。

【例7-82】某行政单位是某项行政收费的执收单位，收取的款项应当全额上缴财政国库。

（1）本日，收到行政收费4 500元，存入单位的银行账户。

财务会计		预算会计
借：银行存款	4 500	不记录
贷：应缴财政款——应缴国库款	4 500	

（2）月末，将本月汇缴的行政收费126 000元上缴财政国库。

财务会计		预算会计
借：应缴财政款——应缴国库款	126 000	不记录
贷：银行存款	126 000	

六、净资产与预算结余业务事项

净资产是财务会计要素，与预算会计中的预算结余会计要素没有明确的对应关系，二者的内容与结转思路不同，建议分别进行本期盈余与结转结余的账务处理。但净资产与预算结余存在一些共同业务或事项，应当一同进行会计核算。

（一）以前年度调整事项

财务会计设置"以前年度盈余调整"科目，核算单位本年度发生的调整以前年度盈余的事项，各调整事项均应当通过此科目过渡处理。预算会计没有为以前年度调整事项单独设置会计科目，而是以设置"年初余额调整"明细科目的形式，将以前年度调整事项分散在"财政拨款结转"、"财政拨款结余"、"非财政拨款结转"和"非财政拨款结余"科目中。

【例7-83】某行政单位因业务人员的差错，漏付了一笔应在上一年度支付的费用，款项84 500元已经通过银行转账支付，资金性质为非财政拨款其他资金。

财务会计	预算会计
借：以前年度盈余调整　84 500	借：非财政拨款结余——年初余额调整 84 500
贷：银行存款　84 500	贷：资金结存——货币资金　84 500

（二）结转结余资金的调拨与调剂

政府单位应当按照财政部门的规定，对结转结余资金进行归集调入、归集调出、归集上缴和内部调剂。在财务会计中，结转结余资金的调拨与调剂通过"累计盈余"科目核算。预算会计在各结转结余会计科目中设置了"归集调入""归集调出""归集上缴""缴回资金"等明细科目，核算结转结余资金的调拨与调剂的过程。结转结余资金的归集调入、归集调出、归集上缴需要进行平行记账，而结转结余资金的内部调剂只涉及预算会计，不需要进行财务会计核算。

【例7-84】某事业单位按照财政部门的规定，通过单位的银行账户上缴财政拨款结余资金9 800元。

财务会计	预算会计
借：累计盈余　9 800	借：财政拨款结余——归集上缴　9 800
贷：银行存款　9 800	贷：资金结存——货币资金　9 800

【例7-85】某单位经财政部门批准，将某项目的财政拨款结余资金7 200元改变用途，调整用于本单位基本支出。

财务会计	预算会计
不记录	借：财政拨款结余——单位内部调剂　7 200
	贷：财政拨款结转——单位内部调剂　7 200

（三）专用基金

专用基金是事业单位按照规定提取或设置的具有专门用途的资金，财务会计和预算会计分别设置“专用基金”“专用结余”科目对其进行核算。专用基金有三个来源：一是从本年度预算收入中提取；二是从本年度非财政拨款结余或经营结余中提取；三是根据有关规定设置专用基金。

【例7-86】某事业单位按规定提取和使用职工福利基金。

（1）从本年度预算收入中提取职工福利基金56 000元。

财务会计		预算会计
借：业务活动费用	56 000	不记录
贷：专用基金——职工福利基金	56 000	

（2）从本年度非财政拨款结余中提取职工福利基金74 000元。

财务会计		预算会计	
借：本年盈余分配	74 000	借：非财政拨款结余分配	74 000
贷：专用基金——职工福利基金	74 000	贷：专用结余——职工福利基金	74 000

（3）使用从预算收入中提取的职工福利基金10 000元，款项以银行存款支付。

财务会计		预算会计	
借：专用基金——职工福利基金	10 000	借：事业支出	10 000
贷：银行存款	10 000	贷：资金结存——货币资金	10 000

第五节 政府单位会计报表与报告

政府单位会计应当在编制财务会计报表和预算会计报表的基础上，撰写部门财务报告和部门决算报告。本节介绍财务会计报表和预算会计报表的内容，讲解各项会计报表的结构与编制方法，介绍政府部门财务报告和决算报告的内容及编制要求。

一、政府单位财务会计报表

（一）财务会计报表的含义与内容

财务会计报表是政府单位以财务会计核算生成的数据为基础编制的，以表格为主要形式概括反映单位特定时点的财务状况和一定期间的运行情况的书面文件。政府单位应当按照会计制度的规定，定期编制各项财务会计报表，充分披露单位的资产、负债和净资产的状况以及收入、费用的情况。财务会计报表是编制部门财务报告的基础，是政府财务报告的重要组成部分。

财务会计报表的编制主要以权责发生制为基础。财务会计报表应当根据登记完整、核对无误的财务会计账簿记录和其他有关资料编制，做到数字真实、计算准确、内容完整、编报及时。

根据会计制度的规定，政府单位的财务会计报表由会计报表及其附注构成。

1.会计报表

会计报表是政府单位会计根据财务会计账簿数据编制的，反映单位财务状况、运行情况等信息的表格。政府单位会计报表包括资产负债表、收入费用表、净资产变动表和现金流量表。单位可根据实际情况，自行选择是否编制现金流量表。

2.报表附注

报表附注是对会计报表中列示项目的文字描述，提供进一步的明细资料，以及对未在会计报表中列示项目的说明。

按照编制的期间不同，政府单位的财务报表分为月度报表和年度报表。资产负债表和收入费用表应当在月末、年末编制，净资产变动表、现金流量表只要求在年末编制。会计报表附注应当在年末编写。

（二）资产负债表

资产负债表是反映政府单位某一特定日期财务状况的会计报表。资产负债表是政府单位会计报表的重要组成部分，可以提供反映会计期末单位拥有或控制的资产、承担的债务和形成的净资产情况的会计信息。资产负债表由表首标题、编报项目、编报栏目组成。

1.表首标题

资产负债表的表首标题包括报表名称、编号（会政财01表）、编制单位、编报时间和金额单位等内容。资产负债表反映政府单位在某一时点的财务状况，属于静态报表，需要注明是××××年××月××日的报表。按编报时间的不同，资产负债表分为月度资产负债表和年度资产负债表。

2.编报项目

资产负债表的编报项目包括资产、负债和净资产三个会计要素，按资产（左侧）和负债与净资产（右侧）排列，按资产等于负债加净资产平衡。

（1）资产项目按其流动性，区分流动资产、非流动资产和受托代理资产排列；

（2）负债项目按其流动性，区分流动负债、非流动负债和受托代理负债排列；

（3）净资产项目按变动原因，区分累计盈余、专用基金、权益法调整、无偿调拨净资产（月报）和本期盈余（月报）等排列。

3.编报栏目

资产负债表设置“期末余额”和“年初余额”两栏数字。

（1）“期末余额”栏内各项数字反映各项资产、负债和净资产的期末余额，月报的资产负债表为月末余额，年报的资产负债表为年末余额。“期末余额”栏内各项数字，应当根据财务会计中各相关科目的期末余额直接填列，或经过分析、计算后填列。

（2）“年初余额”栏内各项数字反映各项资产、负债和净资产的年初余额，应当根据上年年末资产负债表“期末余额”栏内数字填列。

政府单位资产负债表的格式见表7-2。

（三）收入费用表的编制

收入费用表是反映政府单位在某一会计期间内发生的收入、费用及当期盈余情况的会计报表。收入费用表是政府单位会计报表的重要组成部分，可以提供一定时期单位收入总额及构成情况、费用总额及构成情况，以及收入与费用相抵的盈余情况，反映政府单位的运行情况及结果。收入费用表由表首标题、编报项目、编报栏目组成。

表7-2 **资产负债表** 会政财01表

编制单位： 年 月 日 单位：元

资 产	期末余额	年初余额	负债和净资产	期末余额	年初余额
流动资产：			流动负债：		
货币资金			短期借款		
短期投资			应交增值税		
财政应返还额度			其他应交税费		
应收票据			应缴财政款		
应收账款净额			应付职工薪酬		
预付账款			应付票据		
应收股利			应付账款		
应收利息			应付政府补贴款		
其他应收款净额			应付利息		
存货			预收账款		
待摊费用			其他应付款		
一年内到期的非流动资产			预提费用		
其他流动资产			一年内到期的非流动负债		
流动资产合计			其他流动负债		
非流动资产：			流动负债合计		
长期股权投资			非流动负债：		
长期债券投资			长期借款		
固定资产原值			长期应付款		
减：固定资产累计折旧			预计负债		
固定资产净值			其他非流动负债		
工程物资			非流动负债合计		
在建工程			受托代理负债		
无形资产原值			负债合计		
减：无形资产累计摊销			净资产：		
无形资产净值			累计盈余		
研发支出			专用基金		
公共基础设施原值			权益法调整		
减：公共基础设施累计折旧（摊销）			PPP项目净资产		

续表

资 产	期末余额	年初余额	负债和净资产	期末余额	年初余额
公共基础设施净值			无偿调拨净资产		
政府储备物资			本期盈余		
文物资源			净资产合计		
以成本计量					
以名义金额计量					
保障性住房原值					
减：保障性住房累计折旧					
保障性住房净值					
PPP项目资产					
减：PPP项目资产累计折旧（摊销）					
PPP项目资产净值					
长期待摊费用					
待处理财产损溢					
其他非流动资产					
非流动资产合计					——
受托代理资产					——
资产总计			负债和净资产总计		

1.表首标题

收入费用表的表首标题包括报表名称、编号（会政财02表）、编制单位、编报期间和金额单位等内容。由于收入费用表反映政府单位在某一时期的运营成果，属于动态报表，因此，需要注明报表所属的期间，如××××年××月或××××年。按编报时间的不同，收入费用表分为月度收入费用表和年度收入费用表。

2.编报项目

收入费用表的编报项目包括本期收入、本期费用和本期盈余，按照本期收入减本期费用等于本期盈余的层次排列。

（1）“本期收入”项目反映单位本期收入总额，应当列出各收入项目的明细金额；

（2）“本期费用”项目反映单位本期费用总额，应当列出各费用项目的明细金额；

（3）“本期盈余”项目反映单位本期收入扣除本期费用后的净额。

3.编报栏目

月度收入费用表与年度收入费用表设置的栏目有所不同。

（1）月度收入费用表由“本月数”和“本年累计数”两栏组成。“本月数”栏反映各项目的本月实际发生数，应当根据各收入、费用科目的本期发生额填列，或计算后填列。“本年累计数”栏反映各项目自年初至报告期期末的累计实际发生数，应当根据本月数和上月报表的本年累计数合计后填列。

（2）年度收入费用表由“本年数”和“上年数”两栏组成。“本年数”栏反映本年度各项目的实际发生数，应当根据本年度收入、费用数据填列。“上年数”栏应当根据上年年度收入费用表中“本年数”栏内所列数字填列。

政府单位收入费用表的格式见表7-3。此表为月度收入费用表，编制年度收入费用表时，应当将“本月数”栏改为“本年数”，将“本年累计数”栏改为“上年数”。

表7-3 **收入费用表** 会政财02表

编制单位： 年 月 日 单位：元

项 目	本月数	本年累计数
一、本期收入		
（一）财政拨款收入		
其中：政府性基金收入		
（二）事业收入		
（三）上级补助收入		
（四）附属单位上缴收入		
（五）经营收入		
（六）非同级财政拨款收入		
（七）投资收益		
（八）捐赠收入		
（九）利息收入		
（十）租金收入		
（十一）其他收入		
二、本期费用		
（一）业务活动费用		
（二）单位管理费用		
（三）经营费用		
（四）资产处置费用		
（五）上缴上级费用		
（六）对附属单位补助费用		
（七）所得税费用		
（八）其他费用		
三、本期盈余		

（四）净资产变动表的编制

净资产变动表是反映政府单位在某一会计年度内净资产项目的变动情况的会计报表。净资产变动表是政府单位会计报表的重要组成部分，可以提供一定时期单位的净资产从上年年末余额至本年年末余额的变动过程与结果，以及各项净资产的具体构成情况。净资产变动表由表首标题、编报项目、编报栏目组成。

1. 表首标题

净资产变动表的表首标题包括报表名称、编号（会政财03表）、编制单位、编报年度和金额单位等内容。净资产变动表反映年度的净资产变动情况，月末不需要编制。年末编制净资产变动表时，应当注明报表所属的期间，如××××年。

2. 编报项目

净资产变动表的编报项目包括上年年末余额、以前年度盈余调整、本年年初余额、本年变动金额和本年年末余额，完整反映净资产的变动情况。净资产变动表的编报项目按净资产变动的时间顺序排列，编报项目之间的关系为：

上年年末余额+以前年度盈余调整=本年年初余额

本年年初余额+本年变动金额=本年年末余额

3. 编报栏目

净资产变动表由“本年数”和“上年数”两栏组成。

（1）“本年数”栏反映本年度各项目的实际变动数，应当根据相应科目的余额、发生额、合计数等填列。

（2）“上年数”栏反映上年度各项目的实际变动数，应当根据上年度净资产变动表中“本年数”栏内所列数字填列。

政府单位净资产变动表的格式见表7-4。

（五）现金流量表的编制

现金流量表是反映政府单位在某一会计年度内现金流入和流出的信息的会计报表。现金流量表是政府单位会计报表的重要组成部分，可以提供一定时期单位各项活动的现金流入、现金流出情况，以及实现的现金流量净额。政府单位的现金包括库存现金、银行存款、其他货币资金、零余额账户用款额度、财政应返还额度，以及通过财政直接支付方式支付的款项。根据会计制度规定，现金流量表选择编制，单位可以根据实际情况确定是否编制现金流量表。通常，医疗卫生事业单位、科学研究事业单位等行业事业单位需要编制现金流量表。现金流量表由表首标题、编报项目、编报栏目组成。

1. 表首标题

现金流量表的表首标题包括报表名称、编号（会政财04表）、编制单位、编报年度和金额单位等内容。现金流量表反映年度的现金流动情况及结果，月末不需要编制。年末编制现金流量表时，应当注明报表所属的期间，如××××年。

2. 编报项目

现金流量表的编报项目包括日常活动产生的现金流量、投资活动产生的现金流量、筹资活动产生的现金流量、汇率变动对现金的影响额和现金净增加额。编报项目之间的关系为：

各项活动的现金流入-各项活动的现金流出=各项活动的现金流量净额

表7-4　**净资产变动表**　会政财03表

编制单位：　年　单位：元

项目	本年数					上年数				
	累计盈余	专用基金	权益法调整	PPP项目净资产	净资产合计	累计盈余	专用基金	权益法调整	PPP项目净资产	净资产合计
一、上年年末余额										
二、以前年度盈余调整（减少以“-”号填列）		—	—	—			—	—	—	
三、本年年初余额										
四、本年变动金额（减少以“-”号填列）										
（一）本年盈余			—	—				—	—	
（二）无偿调拨净资产		—	—	—			—	—	—	
（三）归集调整预算结转结余		—	—	—			—	—	—	
（四）提取或设置专用基金			—	—				—	—	
其中：从预算收入中提取	—		—	—		—		—	—	
从预算结余中提取			—	—				—	—	
设置的专用基金	—		—	—		—		—	—	
（五）使用专用基金			—	—				—	—	
（六）权益法调整	—	—		—		—	—		—	
（七）PPP项目净资产	—	—	—			—	—	—		
五、本年年末余额										

日常活动产生的现金流量净额 + 投资活动产生的现金流量净额 + 筹资活动产生的现金流量净额 + 汇率变动对现金的影响额 = 现金净增加额

3.编报栏目

现金流量表由“本年金额”和“上年金额”两栏组成。单位应当采用直接法编制现金流量表。

（1）“本年金额”栏反映各项目的本年实际发生数，应当根据相应会计科目及其所属明细科目的记录分析、计算填列。

（2）“上年金额”栏反映各项目的上年实际发生数，应当根据上年现金流量表中“本年金额”栏内所列数字填列。

政府单位现金流量表的格式见表7-5。

表 7-5　**现金流量表**　会政财 04 表

编制单位：　年　单位：元

项目	本年金额	上年金额
一、日常活动产生的现金流量：		
财政基本支出拨款收到的现金		
财政非资本性项目拨款收到的现金		
事业活动收到的除财政拨款以外的现金		
收到的其他与日常活动有关的现金		
日常活动的现金流入小计		
购买商品、接受劳务支付的现金		
支付给职工以及为职工支付的现金		
支付的各项税费		
支付的其他与日常活动有关的现金		
日常活动的现金流出小计		
日常活动产生的现金流量净额		
二、投资活动产生的现金流量：		
收回投资收到的现金		
取得投资收益收到的现金		
处置固定资产、无形资产、公共基础设施等收回的现金净额		
收到的其他与投资活动有关的现金		
投资活动的现金流入小计		
购建固定资产、无形资产、公共基础设施等支付的现金		
对外投资支付的现金		
上缴处置固定资产、无形资产、公共基础设施等净收入支付的现金		
支付的其他与投资活动有关的现金		
投资活动的现金流出小计		
投资活动产生的现金流量净额		
三、筹资活动产生的现金流量：		
财政资本性项目拨款收到的现金		
取得借款收到的现金		
收到的其他与筹资活动有关的现金		

续表

项目	本年金额	上年金额
筹资活动的现金流入小计		
偿还借款支付的现金		
偿还利息支付的现金		
支付的其他与筹资活动有关的现金		
筹资活动的现金流出小计		
筹资活动产生的现金流量净额		
四、汇率变动对现金的影响额		
五、现金净增加额		

（六）报表附注的编制

报表附注是会计报表中列示项目的文字描述和明细资料，以及对未能在会计报表中列示项目的说明。报表附注是财务报表的重要组成部分，有助于会计报表使用者全面、准确、深入理解会计报表的内容。政府单位年末编制各项会计报表后，应当撰写报表附注。

报表附注的内容应当与会计报表项目密切相关，对资产负债表、收入费用表等报表的重要项目进行解释、说明和补充。报表附注的形式应当是数字表格与文字说明相结合，从定量和定性两个方面对单位的财务状况和运行情况进行阐释。报表附注的格式应当规范，排列有序，文字表达清晰。

根据会计制度的规定，凡对报表使用者的决策有重要影响的会计信息，单位均应当充分披露。报表附注主要包括下列内容：

1.单位的基本情况

应当在报表附注中简要披露政府单位的基本情况，包括单位的主要职能、主要业务活动、所在地、预算管理关系等。

2.会计报表编制基础

政府单位财务会计核算以持续运行为前提，会计报表以权责发生制为基础编制。

3.遵循政府会计准则、制度的声明

政府单位应当根据政府会计准则规定的原则和政府会计制度的要求，对其发生的各项经济业务或事项进行会计核算。

4.重要会计政策和会计估计

政府单位应当采用与其业务特点相适应的具体会计政策，并充分披露报告期内采用的重要会计政策和会计估计。主要内容包括：会计期间、坏账准备的计提方法、存货的计价方法、固定资产折旧方法、长期股权投资的核算方法等。

5.会计报表重要项目说明

政府单位应当按照资产负债表和收入费用表项目列示顺序，采用文字和数据描述相结合的方式披露重要项目的明细信息。报表重要项目的明细金额合计，应当与报表项目金额相衔接。重要项目的内容包括：货币资金、应收账款、存货、长期投资、固定资产等重要资产项目的明细信息，应付账款、其他流动负债、长期借款等重要负债项目的明细信息，事业收入、非同级财政拨款收入、其他收入等重要收入项目的明细信息，业务活动费用、其他费用、本期费用的经济分类等重要费用项目的明细信息。

6.本年盈余与预算结余的差异情况说明

为了反映单位财务会计和预算会计因核算基础和核算范围不同所产生的本年盈余数与本年预算结余数之间的差异，单位应当按照重要性原则，对本年度发生的各类影响收入（预算收入）和费用（预算支出）的业务进行适度归并和分析，披露将年度预算收入支出表中“本年预算收支差额”调节为年度收入费用表中“本期盈余”的信息。

7.其他重要事项说明

除上述内容以外的重要事项说明，主要内容包括：或有事项、以名义金额计量的资产、通过债务资金形成的资产、重要资产的置换、附属单位的情况，以及政府会计具体准则中要求附注披露的其他内容、有助于理解和分析单位财务报表需要说明的其他事项。

二、政府单位预算会计报表

（一）预算会计报表的含义与内容

预算会计报表是政府单位以预算会计核算生成的数据为基础编制的，以表格形式概括反映政府单位年度预算执行情况和结果的书面文件。政府单位应当按照会计制度的规定，按年度编制预算会计报表，充分披露单位的预算收入、预算支出和预算结余的情况。预算会计报表是编制决算报表的重要依据，是部门决算报告的重要内容。

预算会计报表的编制主要以收付实现制为基础，以单位预算会计核算生成的数据为准。预算会计报表应当根据登记完整、核对无误的预算会计账簿记录和其他有关资料编制，做到数字真实、计算准确、内容完整、编报及时。

根据政府会计制度，政府单位的预算会计报表由预算收入支出表、预算结转结余变动表和财政拨款预算收入支出表三张报表构成。预算会计报表均为年度报表，要求在年末编制，反映政府单位年度的预算执行情况及结果。

（二）预算收入支出表的编制

预算收入支出表是反映政府单位在某一会计年度内各项预算收入、预算支出和预算收支差额情况的会计报表。预算收入支出表反映单位预算执行的总体情况，可以提供本年预算收入的总额及构成情况、本年预算支出的总额及构成情况，以及本年预算收入与预算支出相抵后的差额。预算收入支出表由表首标题、编报项目、编报栏目组成。

1.表首标题

预算收入支出表首标题包括报表名称、编号（会政预01表）、编制单位、编报年度和金额单位等内容。预算收入支出反映政府单位在某一年度的预算收支情况，需要注明报表所属的会计期间，如××××年。预算收入支出表为年度报表，月末不需要编报。

2.编报项目

预算收入支出表的编报项目包括本年预算收入、本年预算支出和本年预算收支差额。

（1）“本年预算收入”项目反映单位本年预算收入总额，以及预算收入的构成情况。

（2）“本年预算支出”项目反映单位本年预算支出总额，以及预算支出的构成情况。

（3）“本年预算收支差额”项目反映单位本年各项预算收支相抵后的差额，如本期预算收入与预算支出相减后金额为负数，以“-”号填列。

预算收入支出表的编报项目按照本年预算收入、本年预算支出和本年预算收支差额的顺序上下排列，编报项目之间的关系为：

本年预算收入-本年预算支出=本年预算收支差额

3.编报栏目

预算收入支出表由“本年数”和“上年数”两栏组成。

（1）“本年数”栏反映各项目的本年实际发生数，应当根据各预算收入、预算支出科目的本年发生额填列，或计算后填列。

（2）“上年数”栏反映各项目上年度的实际发生数，应当根据上年度预算收入支出表中“本年数”栏内所列数字填列。

政府单位预算收入支出的格式见表7-6。

表7-6 **预算收入支出表** 会政预01表

编制单位： 年 单位：元

项目	本年数	上年数
一、本年预算收入		
（一）财政拨款预算收入		
其中：政府性基金收入		
（二）事业预算收入		
（三）上级补助预算收入		
（四）附属单位上缴预算收入		
（五）经营预算收入		
（六）债务预算收入		
（七）非同级财政拨款预算收入		
（八）投资预算收益		
（九）其他预算收入		
其中：利息预算收入		
捐赠预算收入		
租金预算收入		
二、本年预算支出		
（一）行政支出		
（二）事业支出		
（三）经营支出		
（四）上缴上级支出		

续表

项 目	本年数	上年数
（五）对附属单位补助支出		
（六）投资支出		
（七）债务还本支出		
（八）其他支出		
其中：利息支出		
捐赠支出		
三、本年预算收支差额		

（三）预算结转结余变动表的编制

预算结转结余变动表是反映政府单位在某一会计年度内预算结转结余的变动情况的会计报表。预算结转结余变动表以预算结转结余为主线，按照时序反映预算结转结余的变动过程及结果。预算结转结余变动表由表首标题、编报项目、编报栏目组成。

1.表首标题

预算结转结余变动表的表首标题包括报表名称、编号（会政预02表）、编制单位、编报年度和金额单位等内容。预算结转结余变动表反映年度的结转结余变动情况，月末不需要编制。年末编制预算结转结余变动表时，应当注明报表所属的年份，如××××年。

2.编报项目

预算结转结余变动表的编报项目包括年初预算结转结余、年初余额调整、本年变动金额和年末预算结转结余。

（1）“年初预算结转结余”项目反映单位本年预算结转结余的年初余额，包括财政拨款结转结余资金的年初余额和其他资金结转结余资金的年初余额。

（2）“年初余额调整”项目反映单位本年预算结转结余年初余额调整的金额，包括财政拨款结转结余资金的年初余额调整金额和其他资金结转结余资金的年初余额调整金额。如果年初余额调减，以“-”号填列。

（3）“本年变动金额”项目反映单位本年预算结转结余变动的金额，包括财政拨款结转结余资金变动的金额和其他资金结转结余资金变动的金额，要求列出变动的具体原因。如果本年变动结果为减少，以“-”号填列。

（4）“年末预算结转结余”项目反映单位本年预算结转结余的年末余额，包括财政拨款结转结余资金的年末余额和其他资金结转结余资金的年末余额。

预算结转结余变动表的编报项目按照预算结转结余的形成时序排列，编报项目之间的关系为：

年初预算结转结余+年初余额调整+本年变动金额=年末预算结转结余

3.编报栏目

预算结转结余变动表由“本年数”和“上年数”两栏组成。

（1）“本年数”栏反映各项目的本年实际发生数，“年初预算结转结余”“年末预算结转结余”项目应当根据相关会计科目的本年年初余额、本年年末余额填列，或计算后以合计数填列。“年初余额调整”“本年变动金额”项目应当根据相关会计科目及其明细科目的本年发生额填列，或计算后以合计数填列。

（2）“上年数”栏反映各项目的上年实际发生数，应当根据上年度预算结转结余变动表中“本年数”栏内所列数字填列。

政府单位预算结转结余变动表的格式见表7-7。

表7-7 **预算结转结余变动表** 会政预02表

编制单位： 年 单位：元

项 目	本年数	上年数
一、年初预算结转结余		
（一）财政拨款结转结余		
（二）其他资金结转结余		
二、年初余额调整（减少以“-”号填列）		
（一）财政拨款结转结余		
（二）其他资金结转结余		
三、本年变动金额（减少以“-”号填列）		
（一）财政拨款结转结余		
1.本年收支差额		
2.归集调入		
3.归集上缴或调出		
（二）其他资金结转结余		
1.本年收支差额		
2.缴回资金		
3.支付所得税		
四、年末预算结转结余		
（一）财政拨款结转结余		
1.财政拨款结转		
2.财政拨款结余		
（二）其他资金结转结余		
1.非财政拨款结转		
2.非财政拨款结余		
3.专用结余		
4.经营结余（如有余额，以“-”号填列）		

（四）财政拨款预算收入支出表的编制

财政拨款预算收入支出表是反映政府单位本年财政拨款预算资金收入、支出及相关变动的具体情况的会计报表。财政拨款预算资金是政府单位的重要资金来源，政府单位应当按照预算管理的要求单独编制报表，反映各项财政拨款预算资金收入支出的明细情况。财政拨款预算收入支出表由表首标题、编报项目、编报栏目组成。

1.表首标题

财政拨款预算收入支出表的表首标题包括报表名称、编号（会政预03表）、编制单位、编报年度和金额单位等内容。财政拨款预算收入支出表反映年度财政拨款预算资金的变动情况，月末不需要编制。年末编制财政拨款预算收入支出表时，应当注明报表所属的年份，如××××年。

2.编报项目

财政拨款预算收入支出表的编报项目应当根据单位取得的财政拨款种类分项设置，主要包括一般公共财政预算拨款和政府性基金预算拨款。如果单位取得了其他类型的财政拨款，应当按照财政拨款种类增加相应的资金项目。在各类财政拨款中，分别设置“基本支出”和“项目支出”两个具体项目。在“基本支出”项目下按照“人员经费”和“日常公用经费”填列，在“项目支出”项目下按照具体项目填列。

3.编报栏目

财政拨款预算收入支出表采用多栏式结构，按财政拨款预算资金的变动过程设置栏目，栏目包括“年初财政拨款结转结余”“调整年初财政拨款结转结余”“本年归集调入”“本年归集上缴或调出”“单位内部调剂”“本年财政拨款收入”“本年财政拨款支出”“年末财政拨款结转结余”。其中，“调整年初财政拨款结转结余”“单位内部调剂”如为减少，以“-”号填列；“本年归集上缴或调出”，以“-”号填列。财政拨款预算收入支出表按栏目横向平衡，基本关系式为：

年初财政拨款结转结余 + 调整年初财政拨款结转结余 + 本年归集调入 + 本年归集上缴或调出 + 单位内部调剂 + 本年财政拨款收入 - 本年财政拨款支出 = 年末财政拨款结转结余

政府单位财政拨款预算收入支出表的格式见表7-8。

表7-8 **财政拨款预算收入支出表** 会政预03表

编制单位： 年 单位：元

项目	年初财政拨款结转结余		调整年初财政拨款结转结余	本年归集调入	本年归集上缴或调出	单位内部调剂		本年财政拨款收入	本年财政拨款支出	年末财政拨款结转结余	
	结转	结余				结转	结余			结转	结余
一、一般公共预算财政拨款											
（一）基本支出											
1.人员经费											
2.日常公用经费											

续表

项目	年初财政拨款结转结余		调整年初财政拨款结转结余	本年归集调入	本年归集上缴或调出	单位内部调剂		本年财政拨款收入	本年财政拨款支出	年末财政拨款结转结余	
	结转	结余				结转	结余			结转	结余
（二）项目支出											
1.××项目											
2.××项目											
⋮											
二、政府性基金预算财政拨款											
（一）基本支出											
1.人员经费											
2.日常公用经费											
（二）项目支出											
1.××项目											
2.××项目											
⋮											
总计											

三、政府部门财务报告

（一）部门财务报告的含义

部门财务报告是指政府部门（单位）编制的，反映政府部门（单位）财务状况、运行情况等信息的总结性文件。各政府单位应当按年度编制本单位的财务报告，反映单位的财务状况、运行情况。各部门应当对所属单位上报的财务报表和部门本级财务报表进行合并，经过综合分析后编制本部门的财务报告。

编制部门财务报告的目的，是向财务报告使用者提供与单位的财务状况、运行情况有关的信息，为加强单位的财务管理和进行经济决策提供参考和依据。部门财务报告以权责发生制为基础，主要反映政府部门的资产负债状况、收入费用情况和现金流量情况。

（二）部门财务报告的内容

部门财务报告包括财务报表和其他应当在财务报告中披露的相关信息和资料，通常由部门财务报表和部门财务分析组成。

1.部门财务报表

部门财务报表包括会计报表和报表附注。会计报表是以表格形式反映政府部门的财务状况和运行情况，内容包括资产负债表和收入费用表。资产负债表重点反映政府部门年末财务状况，按照资产、负债和净资产分类分项列示。收入费用表重点反映政府部门年度运行情况，按照收入、费用和盈余分类分项列示。报表附注是对会计报表做进一步解释说明，内容包括报表的编制基础、遵循相关规定的声明、报表包含的主体范围、重要会计政策与会计估计、报表重要项目的明细信息及说明、未在会计报表中列示的重大事项等。

2.部门财务分析

部门财务分析是以部门财务报表及其他相关资料为依据，采用一系列专门的技术和方法，对部门的资产负债状况、运行情况进行剖析与评价的过程，反映部门加强财务管理的主要措施和取得的成效。部门财务分析的内容包括部门基本情况介绍、部门资产负债状况分析、部门运行情况分析和部门财务管理成效总结等。政府单位可采取比率分析法、比较分析法、结构分析法、趋势分析法等方法进行财务分析。分析指标表包括资产负债率、现金比率、流动比率、固定资产成新率、公共基础设施成新率、收入费用率等。

（三）部门财务报告的编报

政府单位应当按年度编制以权责发生制为基础的部门财务报告。财务报告应当以经核对无误的财务会计账簿数据为基础编制，编报数据应当保持一致性，会计政策、会计估计一经确定，不得随意变更。

部门财务报告采取自下而上方式逐级编制。各单位应当按规定编制本单位财务报告并报送上级单位；上级单位除编制本单位财务报告外，还应当对所属单位财务报表进行合并，撰写财务分析，形成合并财务报告。主管部门编制的合并财务报告，即部门财务报告。部门财务报告编制工作分为两个阶段：一是编制单位财务报告，各单位编制反映本单位财务状况、运行情况的个别财务报告；二是编制合并财务报告，有下属单位的部门，应逐级对本单位和所属单位财务报告数据进行合并，编制合并财务报告。

政府部门、单位应当按规定内容和时限逐级报送财务报告，单位财务报告应当报送上级主管部门，部门财务报告应当报送同级政府财政部门。政府各部门、各单位应当对本部门、本单位财务报告真实性、准确性、完整性、规范性进行初审并负责。政府各部门、各单位应当按照会计档案管理相关规定，对部门财务报告数据资料进行归类整理、建档建库，并从计算机中传出备份保存。

小链接7-1

2023年11月财政部修订印发了《政府部门财务报告编制操作指南》（财库〔2023〕22号），明确了政府财务报告的编报主体、编报基础、主要内容、编报程序及编报要求。

内容见链接：http：//gks.mof.gov.cn/guizhangzhidu/202311/P020231107376642704286.pdf。

四、政府部门决算报告

（一）部门决算报告的含义

部门决算报告是指政府部门（单位）编制的，反映政府部门（单位）年度预算收支执行结果的总结性文件。各政府单位应当按年度编制单位的决算报告，反映本年度单位的预算收支执行结果。各部门应当对所属单位上报的决算报表和部门本级决算报表进行汇总，形成本部门的决算报告。

编制决算报告的目的，是向决算报告使用者提供与政府预算执行情况有关的信息，为预算监督和管理，以及后续年度预算的编制提供参考和依据。部门决算报告以收付实现制为基础，主要反映政府部门、单位的各项收入、支出的预算执行结果等信息。各部门应当按照财政部门要求，组织实施本部门的决算管理工作，并对本部门决算数据的真实性、完整性负责。

（二）部门决算报告的内容

部门决算报告包括决算报表和其他应当在决算报告中反映的相关信息和资料，通常由部门决算报表和部门决算说明与分析组成。

1. 部门决算报表

部门决算报表是以表格形式反映的各政府部门、单位年度预算执行情况的信息，由收入支出决算总表、财政拨款收入支出决算总表、收入支出决算表、收入决算表、支出决算表等一系列决算表和附表组成。财政部负责制定全国统一的部门决算报表体系及部门决算软件，明确报表格式要求和填报口径。

2. 部门决算说明与分析

部门决算说明是以文字形式对部门决算报表的基础数据所做的说明，包括部门基本情况、数据审核情况、年度主要收支指标增减变动情况以及因重大事项或特殊事项影响决算数据的情况说明等。部门决算分析是对部门年度预算执行情况进行的分析，总结经验与教训，进行预算绩效考核与评价，为下期预算管理工作奠定良好的基础。

（三）部门决算报告的编报

年度终了，政府单位应当按照部门决算编审要求，在全面清理核实收入、支出并办理年终结账的基础上，根据登记完整、核对无误的账簿记录和其他有关会计核算资料编制决算报告，做到数据真实正确、内容完整，账证相符、账实相符、账表相符、表表相符。

政府单位应当按照预算管理关系，采取自下而上方式，逐级汇总报送决算报告。各部门应当对所属单位上报的决算报表和部门本级决算报表进行汇总，并对有关收入支出、内部往来等重复项目进行调整和剔除后，形成本部门汇总决算报表。汇总后部门决算草案应当在规定时间内逐级上报财政部门。财政部门批复后的部门决算报告应当向社会公开。

思考题

1. 什么是预算收入？预算收入的确认条件有哪些？
2. 什么是基本支出拨款与项目支出拨款？
3. 如何设置“财政拨款预算收入”科目的明细科目？
4. 如何确认未采用财政专户返还方式管理的事业预算收入？
5. 什么是预算支出？预算支出包括哪些内容？
6. 按资金的性质划分，预算支出有哪些种类？
7. 如何设置“行政支出”“事业支出”科目的明细科目？
8. 什么是预算结余？如何计算本年预算结余和年末预算结余？
9. 什么是结转资金和结余资金？
10. 什么是资金结存？资金结存包括哪些内容？
11. 如何设置“财政拨款结转”科目的明细科目？
12. 什么是平行记账方法？平行记账的规则是什么？
13. 平行记账的账务处理步骤有哪些？
14. 什么是政府单位财务会计报表？财务会计报表包括哪些内容？

15. 什么是预算会计报表？预算会计报表包括哪些内容？

16. 政府单位财务报告包括哪些内容？

17. 什么是部门财务报告？部门财务报告由哪些内容组成？

18. 什么是部门决算报告？部门决算报告由哪些内容组成？

即测即评

第八章 民间非营利组织会计

学习目标

本章介绍我国民间非营利组织会计核算实务。通过本章学习，在理解民间非营利组织会计基本理论的基础上，掌握民间非营利组织会计的核算方法，熟悉民间非营利组织会计的核算过程。通过本章的学习，应掌握和了解以下内容：

1. 理解民间非营利组织会计的含义、会计目标、确认基础和计量方法；
2. 掌握民间非营利组织会计的收入、费用的内容和会计核算方法；
3. 了解民间非营利组织会计的资产、负债和净资产的会计核算方法；
4. 了解民间非营利组织的财务报告的内容及主要会计报表的编制方法。

第一节 民间非营利组织会计概述

党的二十大报告把“引导、支持有意愿有能力的企业、社会组织和个人积极参与公益慈善事业”作为增进民生福祉、提高人民生活品质的重要举措。民间非营利组织作为公益性社会组织，在社会发展中起着越来越重要的作用。本节主要介绍我国民间非营利组织会计的概念、特点、目标、会计要素，阐述民间非营利组织会计的基本理论和基本方法，为学习民间非营利组织会计实务奠定基础。

一、民间非营利组织会计的含义与范围

（一）民间非营利组织的含义

民间非营利组织会计是以民间非营利组织的基本业务活动和其他业务活动为核算对象的专业会计。由于公立的非营利组织（事业单位）纳入政府会计范畴，所以，我国的民间非营利组织会计即是非营利组织会计。

作为民间非营利组织会计的会计主体，民间非营利组织有着特定的范围。民间非营利组织是指企事业单位、社会团体和其他社会力量以及公民个人利用非国有资产举办的，从事非营利性社会服务活动的社会组织。非营利组织按所有权性质划分，包括公立非营利组织和民间非营利组织。公立非营利组织也称为事业单位，是国家出资举办的社会公益性组织。民间非营利组织是其他组织或个人出资举办的社会公益性组织。民间非营利组织主要分布在社会救济、扶贫、教育、助学、养老保健、医疗服务等领域。

我国现行的法律、法规体系，并没有对民间非营利组织的范围进行界定。为了能够明确会计制度的适用范围，财政部颁布的《民间非营利组织会计制度》规定，民间非营利组织应当同时具备以下3个特征：

（1）该组织不以营利为宗旨和目的。这一特征强调了组织的设立目的，要求非营利组织不能以营利为组织的目标，与以营利为目的的企业组织相区分。设立非营利组织的宗旨，是为社会提供公益性服务，并不追求利润的实现。

（2）资源提供者向该组织投入资源不取得经济回报。这一特征强调资源提供者的目的。非营利组织设立后，财务资源是由社会其他组织或个人通过捐赠等方式提供的，资源提供者不得以取得经济回报为目的，非营利组织也不能以任何形式给予资源提供者经济回报。

（3）资源提供者不享有该组织的所有权。这一特征强调组织的所有权性质，非营利组织的资源提供者不能因为提供了财务资源而享有组织的所有权，非营利组织的所有权属于社会公众。如果非营利组织因终止而进行清算，剩余财产只能交给政府或其他非营利组织，使其继续服务于社会公益事业。

民间非营利组织会计的核算对象，是民间非营利组织的业务活动资金。民间非营利组织开展社会服务业务活动的资金，主要来源于社会捐赠、政府补助，以及提供服务、销售商品所取得的收入。

为加强民间非营利组织的管理，规范民间非营利组织的会计行为，财政部于2004年8月颁布了《民间非营利组织会计制度》，自2005年1月1日起施行。为适应民间非营利组织发展的需要，促进社会事业健康发展，提高民间非营利组织会计信息质量和透明度，2020年6月，财政部印发了《<民间非营利组织会计制度>若干问题的解释》（财会〔2020〕9号），对民间非营利组织会计制度有关规定作了说明和补充完善，进一步明确了民间非营利组织有关经济业务或事项的会计处理。

小链接8-1

《〈民间非营利组织会计制度〉若干问题的解释》（财会〔2020〕9号）包括12条内容，重点对接受非现金资产捐赠、受托代理业务、长期股权投资、限定性净资产、资产减值损失等问题的会计处理进行了说明，并对关联方关系及其交易的披露提出了要求。

具体内容见链接：http：//kjs.mof.gov.cn/zhengcefabu/202006/t20200618_3534984.htm。

（二）《民间非营利组织会计制度》的适用范围

依法设立符合规定特征的民间非营利组织执行《民间非营利组织会计制度》。民间非营利组织包括依照国家法律、行政法规登记的社会团体、基金会、民办非企业单位和寺院、宫观、清真寺、教堂等。

（1）社会团体。社会团体是依照《社会团体登记管理条例》的规定设立的，为实现共同意愿而由公民自愿组成的社会组织，包括各种学会、协会、联合会、研究会等。

（2）民办非企业单位。民办非企业单位是依照《民办非企业单位登记管理暂行条例》的规定设立的，从事非营利性社会服务活动的非公立社会组织，包括民办学校、医院、福利院、养老院、研究所、文化中心及宗教组织等。

（3）基金会。基金会是依照《基金会管理条例》的规定设立的，利用社会捐赠的财产从事社会公益活动的社会组织，包括各类教育基金会、慈善基金会、奖励基金会、扶贫基金会等。

（4）宗教组织，包括寺院、宫观、清真寺、教堂等。

二、民间非营利组织会计的目标与确认计量方法

（一）民间非营利组织会计的目标

现行《民间非营利组织会计制度》规定："会计核算所提供的信息应当能够满足会计信息使用者（如捐赠人、会员、监管者等）的需要。"民间非营利组织会计的目标，是向会计信息使用者提供有用的会计信息，反映其受托责任履行情况，满足会计信息使用者经济决策和监督管理的需要。

民间非营利组织的财务资源主要来源于社会各界的捐赠、会员缴纳的会费、接受服务对象缴纳的服务费，以及取得的各种借入资金。民间非营利组织的财务资源是社会公共资源，需要接受政府和社会各界的监督管理。所以，民间非营利组织的会计信息使用者主要包括资源提供者、服务对象、债权人、政府和社会监管部门等。资源提供者关心所提供的财务资源是否按规定的用途使用；服务对象关心财务资源的使用效果及收费的合理性；债权人关心民间非营利组织资产的流动性及偿债能力；政府和社会监管部门关心财务资源的运用是否符合法律、制度的规定。因此，民间非营利组织会计应当提供反映其受托责任履行情况和有助于作出经济决策的会计信息。

（二）民间非营利组织会计的确认基础

现行《民间非营利组织会计制度》规定，"会计核算应当以权责发生制为基础"。民间非营利组织会计以外部信息使用者为主要服务对象，需要反映其受托责任履行情况，对非营利组织的运营业绩进行评价与考核。所以，民间非营利组织会计要求以权责发生制为确认基础。

民间非营利组织的收入需要区分为交换交易形成的收入和非交换交易形成的收入，分别界定其确认标准。民间非营利组织应当加强成本核算，其费用需要区分业务活动成本和期间费用。

（三）民间非营利组织会计的计量方法

现行《民间非营利组织会计制度》规定，"资产在取得时应当按照实际成本计量，但本制度有特别规定的，按照特别规定的计量基础进行计量"。民间非营利组织会计在以历史成本为主要计量属性的基础上，较多地引入了历史成本以外的计量属性（包括重置成本、可变现净值、现值和公允价值等），以反映资产的现时价值。

（1）初始计量。民间非营利组织的各项资产、负债应当按照实际发生的金额或者取得时的实际成本入账，进行初始计量。但是，对于民间非营利组织接受捐赠的非现金资产，如果捐赠方没有提供有关凭据的，受赠资产应当以其公允价值作为入账价值。民间非营利

组织如发生非货币性交易，应当以换出资产的账面价值，加上应支付的相关税费，作为换入资产的入账价值。

（2）后续计量。民间非营利组织需要对资产进行后续计量。民间非营利组织应当按月计提固定资产折旧和无形资产摊销，以便真实地反映其价值。民间非营利组织应当定期或者至少于每年年度终了，对短期投资、应收款项、存货、长期投资等资产是否发生了减值进行检查。如果这些资产发生了减值，应当计提减值准备，确认减值损失。对于固定资产、无形资产等其他资产，如果发生了重大减值，也应当计提减值准备，确认减值损失。

（四）民间非营利组织会计的报告

民间非营利组织会计属于财务会计，应当定期编制财务报告，向会计信息使用者披露民间非营利组织的财务状况、业务活动情况和现金流量。民间非营利组织会计的报告由财务报表和财务分析说明组成。

三、民间非营利组织的会计要素与会计科目

（一）民间非营利组织的会计要素

会计要素是对会计对象的基本分类，是进行会计确认、计量、记录和报告的基础。现行《民间非营利组织会计制度》规定，民间非营利组织设置资产、负债、净资产、收入和费用五个会计要素。

（二）民间非营利组织的会计科目

现行《民间非营利组织会计制度》规定，民间非营利组织会计共设置会计科目49个。其中，资产类23个，负债类12个，净资产类2个，收入类8个，费用类4个。各民间非营利组织，要根据《民间非营利组织会计制度》设置一级会计科目，根据具体的业务核算要求设置各级明细科目。民间非营利组织会计科目见表8-1。

表8-1　**民间非营利组织会计科目表**

序号	编号	科目名称	序号	编号	科目名称	序号	编号	科目名称
一、资产			二、负债			四、收入		
1	1001	现金	24	2101	短期借款	38	4101	捐赠收入
2	1002	银行存款	25	2201	应付票据	39	4201	会费收入
3	1009	其他货币资金	26	2202	应付账款	40	4301	提供服务收入
4	1101	短期投资	27	2203	预收账款	41	4401	政府补助收入
5	1102	短期投资跌价准备	28	2204	应付工资	42	4501	商品销售收入
6	1111	应收票据	29	2206	应交税金	43	4601	投资收益
7	1121	应收账款	30	2209	其他应付款	44	4701	总部拨款收入
8	1122	其他应收款	31	2301	预提费用	45	4901	其他收入
9	1131	坏账准备	32	2401	预计负债			
10	1141	预付账款	33	2501	长期借款			

续表

序号	编号	科目名称	序号	编号	科目名称	序号	编号	科目名称
11	1201	存货	34	2502	长期应付款	五、费用		
12	1202	存货跌价准备	35	2601	受托代理负债	46	5101	业务活动成本
13	1301	待摊费用	三、净资产			47	5201	管理费用
14	1401	长期股权投资	36	3101	非限定性净资产	48	5301	筹资费用
15	1402	长期债权投资	37	3102	限定性净资产	49	5401	其他费用
16	1421	长期投资减值准备						
17	1501	固定资产						
18	1502	累计折旧						
19	1505	在建工程						
20	1506	文物文化资产						
21	1509	固定资产清理						
22	1601	无形资产						
23	1701	受托代理资产						

第二节 收入的核算

民间非营利组织开展各项公益性活动，必须以取得一定的收入作保障。民间非营利组织会计应当严格按照收入的定义确认各项收入，对于不符合收入定义要求的事项，不得确认为收入。

一、收入的内容与分类

（一）收入的内容

收入是指民间非营利组织开展业务活动取得的、导致本期净资产增加的经济利益或者服务潜力的流入。收入具有以下两项主要特征：第一，收入是指民间非营利组织经济利益或者服务潜力的流入；第二，收入会导致本期净资产的增加。民间非营利组织的收入包括以下内容：

（1）捐赠收入，是指民间非营利组织接受其他单位或者个人捐赠所取得的收入。

（2）政府补助收入，是指民间非营利组织接受政府拨款或者政府机构给予的补助而取得的收入。

（3）提供服务收入，是指民间非营利组织根据章程等的规定向其服务对象提供服务取得的收入。

（4）会费收入，是指民间非营利组织根据章程等的规定向会员收取的会费。

（5）商品销售收入，是指民间非营利组织销售商品（如出版物、药品等）所形成的收入。

(6) 投资收益，是指民间非营利组织因对外投资取得的投资净损益。

(7) 总部拨款收入，是指境外非政府组织代表机构从其总部取得的拨款收入。

(8) 其他收入，是指除上述主要业务活动收入以外的其他收入。

(二) 收入的分类

1.收入按交易性质分类

收入按其交易的性质不同，分为交换交易收入和非交换交易收入。交换交易收入和非交换交易收入应当采用不同的会计确认方法。

(1) 交换交易收入是交换交易所形成的收入。民间非营利组织的商品销售收入、提供服务收入和投资收益，均以交换交易为基础，为交换交易收入。

(2) 非交换交易收入是非交换交易所形成的收入。民间非营利组织的捐赠收入、政府补助收入、会费收入、总部拨款收入，均以非交换交易为基础，为非交换交易收入。

民间非营利组织的其他收入应当依据其经济实质，判断其是交换交易收入还是非交换交易收入。

2.收入按限定性分类

民间非营利组织的收入应当按是否存在限定区分为限定性收入和非限定性收入。限定性收入和非限定性收入应当采用不同的核算方法。

(1) 限定性收入是存在一定限制条件的收入，如果资产提供者或法律、法规对资产的使用设置了时间限制或者（和）用途限制，此项收入为限定性收入。民间非营利组织会计的捐赠收入和政府补助收入如果存在一定的限制条件，则为限定性收入。

(2) 非限定性收入是不存在任何限制条件的收入，如果资产提供者或法律、法规对资产的使用没有设置任何限制，此项收入为非限定性收入。民间非营利组织的会费收入、提供服务收入、商品销售收入、投资收益、总部拨款收入和其他收入一般为非限定性收入，除非相关资产提供者对资产的使用设置了限制。

民间非营利组织会计在取得收入时，需要区分为交换交易收入和非交换交易收入，以及限定性收入和非限定性收入，并根据收入的类别不同，采用不同的会计确认与记录方法。各项收入所属的类型如图8-1所示。

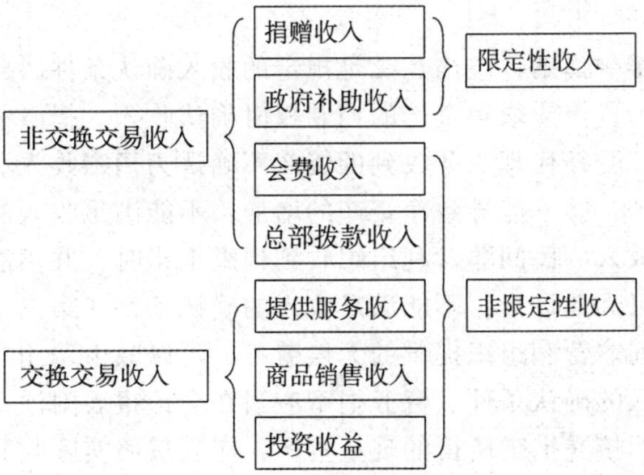

图8-1　收入的分类

需要说明的是，会费收入、提供服务收入、商品销售收入、投资收益和其他收入在一般情况下属于非限定性收入，但不排除在特殊情况下存在限定的可能性，如民间非营利组织有些公益性义卖，所取得的收入要求用于指定的方面，取得的收入即是限定性商品销售收入。

二、非交换交易收入

（一）非交换交易收入的确认

非交换交易是民间非营利组织通过非交换交易取得的收入。在非交换交易中，某一主体取得资产、获得服务或解除债务时，不必向交易对方支付等值或者大致等值的现金，或者提供等值或大致等值的货物、服务等，或者某一主体在对外提供货物、服务等时，没有收到等值或大致等值的现金、货物等。民间非营利组织会计的许多收入是通过非交换交易形式取得的，并不需要以交换作为前提条件。非交换交易收入主要包括捐赠收入、政府补助收入、会费收入和总部拨款收入。会费收入属于非交换交易收入，是因为会员交纳的会费并不要求与会员服务完全相对应。

非交换交易收入确认的前提是要符合收入的定义，同时满足非交换交易收入的确认条件。非交换交易收入应当在同时满足下列条件时予以确认：与交易相关的含有经济利益或服务潜力的资源能够流入民间非营利组织并为其所控制，或者相关的债务能够得到解除；交易能够引起净资产的增加；收入的金额能够可靠地计量。

（二）捐赠收入的核算

民间非营利组织会计应当设置“捐赠收入”科目，核算民间非营利组织接受其他单位或者个人捐赠所取得的收入。社会上许多组织或个人，是以向非营利组织捐赠现款、财物等形式，支持社会公益事业的发展，实现其从事公益事业的愿望的。捐赠收入是民间非营利组织的一项重要收入，占总收入的较大比重。慈善机构、基金会等机构，以捐赠收入为主要收入来源。

民间非营利组织的捐赠收入，需要区分为限定性捐赠收入和非限定性捐赠收入。如果资产捐赠者对所捐赠资产设置了用途限制和（或）时间限制，则确认为限定性捐赠收入；否则，确认为非限定性捐赠收入。限定性捐赠收入要求设立专户进行专项核算，按捐赠的限制条件使用。

民间非营利组织接受捐赠，应当在满足规定的收入确认条件时确认捐赠收入。一般情况下，应当在收到捐赠资产或取得资产的控制权时确认收入。捐赠收入的确认，应当注意以下三个问题。第一，受托代理业务收到的资产不确认为捐赠收入。民间非营利组织因接受委托代为管理的资产，并不能导致净资产的增加，不能满足收入的确认条件。第二，捐赠承诺不确认为捐赠收入。民间非营利组织收到捐赠承诺时，并不能确信经济资源能够流入组织，数额也不能可靠地计量，不能满足收入的确认条件。第三，劳务捐赠不确认为捐赠收入。志愿者向民间非营利组织提供的无偿劳务，可以减少费用支出，但其数额无法可靠计量，也不符合收入的确认条件。劳务捐赠应当在会计报表附注中披露。

民间非营利组织因接受捐赠所得的现金资产，应当按照实际收到的金额入账。对于民间非营利组织因接受捐赠所得的非现金资产，如接受捐赠的短期投资、存货、长期投资、固定资产和无形资产等，应当按照以下方法确定其入账价值：第一，如果捐赠方提供了有关凭据（如发票、报关单、有关协议等），应当按照凭据上标明的金额作为入账价值。如果凭据上标明的金额与受赠资产公允价值相差较大，受赠资产应当以其公允价值作为入账价值。第二，如果捐赠方没有提供有关凭据，受赠资产应当以其公允价值作为入账价值，如同类或者类似资产的市场价格、捐赠方所销售物资的销售价、知名大型电商平台的销售价格等。捐赠收入的主要账务处理如下：

1. 接受现金资产捐赠

民间非营利组织因接受捐赠所得的现金资产，应当按照实际收到的金额借记“现金”“银行存款”，贷记“捐赠收入”科目及其明细科目。

【例 8-1】某民间非营利组织收到慈善捐赠款 100 000 元，其中 40 000 元为限定用途的捐赠，捐赠款项已经到账。

借：银行存款　　100 000

　贷：捐赠收入——非限定性收入　　60 000

　　　　　　——限定性收入　　40 000

【例 8-2】某民间非营利组织与某企业达成协议，该企业承诺出资 600 000 元，用于资助一项教育发展项目，款项分三次支付。现收到企业支付的第一笔款项 200 000 元。

（1）收到的第一笔捐赠款项 200 000 元确认为捐赠收入，另 400 000 元为捐赠承诺暂不确认。

借：银行存款　　200 000

　贷：捐赠收入——限定性收入　　200 000

（2）收到第二笔捐赠款项 20 000 元，第三笔捐赠款项 20 000 元该企业声明不再支付。

借：银行存款　　200 000

　贷：捐赠收入——限定性收入　　200 000

【例 8-3】某民间非营利组织招募志愿者 5 人，协助公益事业宣传工作。由于志愿者工作无须支付劳动报酬，每月可节省人工费用估计为 8 000 元。

此为劳务捐赠，不确认为捐赠收入，应当在会计报表附注中作相关披露。

2. 接受非现金资产捐赠

接受非现金资产捐赠，按照应确认的金额，借记“存货”“长期股权投资”“长期债权投资”“固定资产”“无形资产”等科目，贷记“捐赠收入”科目及其明细科目。

【例 8-4】3 月 1 日，某民间非营利组织为民办学校，因接受捐赠收到一批计算机设备，发票标明其价值为 180 000 元，用于改善办学条件。

借：固定资产　　180 000

　贷：捐赠收入——非限定性收入　　180 000

【例 8-5】某民间非营利组织为教育基金会，因接受捐赠收到一批教学用品，限定用于所开展的教育发展项目。捐赠方没有提供证明其价值的相关凭证，通过知名大型电商平台查询，其销售价格为 120 000 元。

借：存货　　120 000

　贷：捐赠收入——限定性收入　　120 000

（三）政府补助收入的核算

民间非营利组织会计应当设置“政府补助收入”科目，核算民间非营利组织因政府拨款或者政府机构给予补助而取得的收入。政府为支持社会公益事业的发展，通过财政拨款补助的方式，向民间非营利组织提供资助。例如，有些地方政府对非政府举办的养老院按床位数量提供定额补助，有些地方政府对民营研究机构提供专项科研资助。

民间非营利组织的政府补助收入，需要区分为限定性补助收入和非限定性补助收入。如果政府对其所提供的补助设置了用途限制和（或）时间限制，应确认为限定性补助收入；否则，确认为非限定性补助收入。限定性补助收入要求设立专户进行专项核算，按政府的限制条件使用。

【例8-6】某民间非营利组织收到政府提供的补助款100 000元，资助某专项课题研究。款项已经到账。

借：银行存款　　100 000

　贷：政府补助收入——限定性收入　　100 000

【例8-7】某民间非营利组织收到政府提供的补助款150 000元，资助其开展公益事业。款项已经到账。

借：银行存款　　150 000

　贷：政府补助收入——非限定性收入　　150 000

（四）会费收入的核算

民间非营利组织会计应当设置“会费收入”科目，核算民间非营利组织根据章程等的规定向会员收取的会费收入。一些社会团体，如各种协会、学会、联合会、研究会、联谊会、促进会、商会等，以会员的形式发展成员，以收取会费的形式取得收入，为会员提供相应的服务。由于收取的会费与提供的服务不直接对应，所以会费收入一般认为是非交换交易收入。一般情况下，民间非营利组织的会费收入为非限定性收入，相关资产提供者对资产的使用设置了限制的除外。

【例8-8】某民间非营利组织为体育协会，根据章程规定，每年3月份会员应交纳会费。

（1）到截止日，已经收到会费80 000元，存入银行。经查明，会员欠交会费20 000元。

借：银行存款　　80 000

　　应收账款　　20 000

　贷：会费收入——非限定性收入　　100 000

（2）收到会员所欠会费20 000元。

借：银行存款　　20 000

　贷：应收账款　　20 000

【例8-9】某民间非营利组织为行业协会，根据章程规定每年的会费为1 000元。收到某会员一次性交纳的今明两年会费共计2 000元，已经存入银行。

（1）收到付费时：

借：银行存款　　2 000

　贷：会费收入——非限定性收入　　1 000

　　　预收账款　　1 000

（2）次年，将会员预交的会费转为收入。

借：预收账款　　1 000

贷：会费收入——非限定性收入　1 000

（五）总部拨款收入的核算

根据《〈民间非营利组织会计制度〉若干问题的解释》（财会〔2020〕9号），执行《民间非营利组织会计制度》的境外非政府组织代表机构应当增设“总部拨款收入”科目，核算从其总部取得的拨款收入。一般情况下，总部拨款收入为非限定性收入，除非境外非政府组织总部对拨款设置了限制。

境外非政府组织代表机构取得总部拨款收入时，按照取得的金额，借记“现金”“银行存款”等科目，贷记“总部拨款收入”科目。以外币获得的总部拨款收入，应当按照收入确认当日（或当期期初）的市场汇率将收取的外币折算为人民币金额。

【例8-10】某境外非政府组织代表机构收到其总部拨来的款项100 000美元，当日美元市场汇率（USD/CNY）为7.1184。

借：银行存款　711 840

　贷：总部拨款收入——非限定性收入　711 840

三、交换交易收入

（一）交换交易收入的内容

交换交易收入是民间非营利组织通过交换交易取得的收入。交换交易是指按照等价交换原则所从事的交易，即当某一主体取得资产、获得服务或者解除债务时，需要向交易对方支付等值或大致等值的现金，或者提供等值或大致等值的货物、服务等的交易。民间非营利组织的交换交易收入主要包括商品销售收入、提供服务收入和投资收益。

民间非营利组织的交换交易收入是以销售商品、提供劳务或让渡资产使用权为条件取得的，是一种有偿收入，其会计确认方法不同于非交换交易收入。交换交易收入应当分别销售商品、提供劳务或让渡资产使用权三种情况，采用不同的确认标准。

（二）商品销售收入的核算

民间非营利组织会计应当设置“商品销售收入”科目，核算民间非营利组织销售商品所形成的收入。有些民间非营利组织以生产、销售商品的形式向社会提供公益性服务。例如，杂志社、报社、出版社等出版单位发行的报纸、刊物、图书等，医院、保健站等医疗单位提供的药品、器械等，研究所、检测所提供的仪器、设备等，均属于商品销售行为。为弥补生产或制作的成本，这些商品需要有偿提供，取得一定的商品销售收入。一般情况下，民间非营利组织的商品销售收入为非限定性收入，相关资产的提供者对资产的使用设置了限制的除外。

民间非营利组织应当在其收入满足了规定的收入确认条件时确认其商品销售收入，按实际收到或应当收到的金额计量。商品销售收入应当在下列条件同时满足时予以确认：（1）已将商品所有权上的主要风险和报酬转移给购货方；（2）既没有保留通常与所有权相联系的继续管理权，也没有对已售出的商品实施控制；（3）与交易相关的经济利益能够流入民间非营利组织；（4）相关的收入和成本能够可靠地计量。

【例8-11】某民间非营利组织为民营医院，出售药品价值30 000元，存入银行。

借：银行存款　30 000

　贷：商品销售收入——非限定性收入　30 000

【例8-12】某民间非营利组织为出版社，出售图书一批，价值100 000元，合同规定付款期为3个月，若在1个月内付款有5%的现金折扣，即信用条件为（5/30，n/90）。

（1）发出图书时确认商品销售收入。

借：应收账款 100 000

贷：商品销售收入——非限定性收入 100 000

（2）若上述销售图书的款项在30天内（现金折扣期内）收到。

借：银行存款 95 000

筹资费用 5 000

贷：应收账款 100 000

（3）若上述销售图书的款项在30天以后（现金折扣期外）收到。

借：银行存款 100 000

贷：应收账款 100 000

【例8-13】某民间非营利组织为杂志社，通过征订方式预收刊物订阅费20 000元，存入银行。

借：银行存款 20 000

贷：预收账款 20 000

【例8-14】某民间非营利组织为出版社，上月销售的一批图书因质量问题被退回。该批图书取得的销售收入50 000元已经入账，销售成本40 000元也已经结转。退货的款项已经支付给书店。

借：商品销售收入——非限定性收入 50 000

贷：银行存款 50 000

同时：

借：存货 40 000

贷：业务活动成本 40 000

（三）提供服务收入的核算

民间非营利组织会计应当设置“提供服务收入”科目，核算民间非营利组织因向服务对象提供服务取得的收入。提供服务收入主要包括学费收入、医疗费收入、培训收入等。一般情况下，民间非营利组织的提供服务收入为非限定性收入，相关资产提供者对资产的使用设置了限制的除外。

民间非营利组织应当在收入满足规定的确认条件时确认提供服务收入，按实际收到或应当收到的金额计量。对于因交换交易所形成的提供服务收入，应当按以下规定予以确认：（1）在同一会计年度内开始并完成的服务，应当在完成服务时确认收入；（2）如果服务的开始和完成分属不同的会计年度，可以按履约进度或完成的工作量确认收入。提供服务收入的主要账务处理如下：

1.采用收取现款方式提供服务

在采用收取现款的管理方式下，在收讫价款时确认提供服务取得收入。按照实际收到的金额，借记“银行存款”“现金”等科目，贷记“提供服务取得收入”科目。

【例8-15】某民间非营利组织为法律咨询机构，收取咨询服务费收入3 000元，存入银行。

借：银行存款　3 000

　贷：提供服务收入——非限定性收入　3 000

2.采用预收款方式提供服务

在采用预收款的管理方式下，应当在完成服务时或者按照合同完成进度确认已经实现的提供服务取得收入。实际收到预收款项时，按照收到的款项金额，借记“银行存款”等科目，贷记“预收账款”科目。以合同完成进度确认提供服务取得收入时，按照基于合同完成进度计算的金额，借记“预收账款”科目，贷记“提供服务取得收入”科目。

【例8-16】某民间非营利组织为培训机构，3月1日与某单位签订培训协议，为该单位举办两期业务人员培训班，每期培训时间为1个月，每期培训费用50 000元，共计100 000元。

（1）签订培训协议时，收到预付的培训费80 000元。

借：银行存款　80 000

　贷：预收账款　80 000

（2）完成上述培训协议中规定的第一期培训。

借：预收账款　50 000

　贷：提供服务收入——非限定性收入　50 000

（3）完成上述培训协议中规定的第二期培训。所欠的20 000元培训费用尚未收到。

借：预收账款　30 000

　　应收账款　20 000

　贷：提供服务收入——非限定性收入　50 000

【例8-17】某民间非营利组织为外语考试培训机构，与学员签订一项培训期为1年的培训协议，培训期是从当年4月1日到次年3月31日，学费为120 000元。

（1）4月10日收到学员交纳的全部学费120 000元，存入银行。

借：银行存款　120 000

　贷：预收账款　120 000

（2）年末，按培训任务的完成进度确认本年提供服务收入90 000元。

借：预收账款　90 000

　贷：提供服务收入——非限定性收入　90 000

（3）次年8月31日，完成了全部教学任务，确认本年提供服务收入30 000元。

借：预收账款　30 000

　贷：提供服务收入——非限定性收入　30 000

3.采用应收款方式提供服务

在采用应收款的管理方式下，应当按照合同完成进度确认已经实现的提供服务收入。根据合同完成进度计算本期应收的款项，借记“应收账款”科目，贷记“提供服务收入”科目。实际收到款项时，借记“银行存款”等科目，贷记“应收账款”科目。

【例8-18】某民间非营利组织为特种设备检测机构，为某单位提供检测服务，按照合同约定，服务价款56 000元，在履行合同后的3个月支付。

（1）按照合同约定完成检测服务。

借：应收账款　56 000

贷：提供服务收入——非限定性收入 56 000

（2）收到单位转账支付的检测服务款项56 000元

借：银行存款 56 000

贷：应收账款 56 000

（四）投资收益的核算

投资收益是指民间非营利组织因对外投资取得的投资净损益。民间非营利组织可以货币资产、存货、固定资产、无形资产等形式对外投资，在投资中取得一定的投资收益，扩大资金来源，满足公益事业的资金需要。一般情况下，民间非营利组织的投资收益为非限定性收入，相关资产提供者对资产的使用设置了限制的除外。

民间非营利组织会计应当设置“投资收益”科目，核算民间非营利组织因对外投资取得的投资净损益。民间非营利组织应当在满足规定的收入确认条件时确认投资收益，并区分短期投资、长期股权投资和长期债权投资三种情况进行核算。

1.短期投资收益的核算

短期投资收益在实际取得时确认。出售短期投资或到期收回债券本息时，按照实际收到的金额，借记“银行存款”科目，按照已计提的减值准备，借记“短期投资跌价准备”科目，按照所出售或收回的短期投资的账面余额，贷记“短期投资”科目，按照未领取的现金股利或利息，贷记“其他应收款”科目，按照其差额，借记或贷记“投资收益”科目。

【例8-19】某民间非营利组织出售其持有的短期债券，债券的账面余额为100 000元，已计提的减值准备为10 000元，出售价格为120 000元。

借：银行存款 120 000

短期投资跌价准备 10 000

贷：短期投资 100 000

投资收益 30 000

2.长期股权投资收益的核算

长期股权投资收益的确认方法包括成本法和权益法两种。采用成本法核算的，被投资单位宣告发放现金股利或利润时，将宣告发放的现金股利或利润中属于民间非营利组织应享有的部分，确认为当期的投资收益。采用权益法核算的，在会计期末按照应当享有或应当分担的被投资单位当年实现的净利润或发生的净亏损的份额，调整长期股权投资账面价值。

【例8-20】某民间非营利组织对某企业投资，采用成本法核算。被投资企业宣告股利分配方案，民间非营利组织分得的股利为100 000元，款项尚未收到。

借：其他应收款 100 000

贷：投资收益 100 000

【例8-21】某民间非营利组织对某企业投资，占其股份的40%，采用权益法核算投资收益。该企业报表显示本年实现净利润1 000 000元，民间非营利组织应享有的收益份额为400 000元。

借：长期股权投资——损益调整 400 000

贷：投资收益 400 000

【例8-22】某民间非营利组织对某企业投资，“长期股权投资”账面余额为100 000元，未提跌价准备。现转让投资，取得转让款120 000元。

借：银行存款　120 000

　贷：投资收益　20 000

　贷：长期股权投资　100 000

3.长期债权投资收益的核算

长期债权投资的收益应当在其持有期间和处置时确认。长期债权投资的持有期间，应当按照票面价值与票面利率按期计算并确认利息收入。

【例8-23】某民间非营利组织持有期限为3年，年利率为5%，票面价值为200 000元的债券，该债券到期一次还本付息。经过计算，本年应计利息为10 000元。

借：长期债权投资——债券投资——应收利息　10 000

　贷：投资收益　10 000

【例8-24】1年后，该民间非营利组织转让上述债券。转让时，债券的账面价值为200 000元，应收利息10 000元。收到转让价款215 000元。

借：银行存款　215 000

　贷：投资收益　5 000

　　长期债权投资——债券投资（面值）　200 000

　　　　　　　——债券投资（应收利息）　10 000

四、其他收入

（一）其他收入的内容

其他收入是民间非营利组织在主要业务活动以外从其他方面取得的收入。民间非营利组织的主要业务活动收入包括捐赠收入、会费收入、提供服务收入、商品销售收入、政府补助收入、投资收益、总部拨款收入等，主要业务活动收入以外的收入确认为其他收入。民间非营利组织会计的其他收入主要包括确实无法支付的应付款项、存货盘盈收入、固定资产盘盈收入、固定资产处置净收入、无形资产处置净收入等。一般情况下，民间非营利组织的其他收入为非限定性收入，相关资产的提供者对资产的使用设置了限制的除外。

（二）其他收入的核算

民间非营利组织会计应当设置“其他收入”科目，核算民间非营利组织主要业务活动收入以外的收入。其他收入在确信经济利益能够流入民间非营利组织，且收入的金额能够可靠地计量的条件下确认。

【例8-25】某民间非营利组织报废一台设备，转入固定资产清理。清理结束后，固定资产清理账户存在贷方余额3 000元，转为其他收入。

借：固定资产清理　3 000

　贷：其他收入——非限定性收入　3 000

【例8-26】某民间非营利组织确认一项无法支付的应付款项50 000元。

借：应付账款　50 000

　贷：其他收入——非限定性收入　50 000

第三节 费用的核算

民间非营利组织开展各项公益性活动，会发生一定的耗费，导致经济利益或服务潜力的流出。民间非营利组织要求加强成本管理，准确核算业务活动成本与各项期间费用，以便能够提供反映受托责任履行情况的会计信息。

一、费用的内容及分类

（一）费用的内容

费用是指民间非营利组织为开展业务活动所发生的、能够导致本期净资产减少的经济利益或者服务潜力的流出。民间非营利组织会计应当严格按照费用的定义确认各项费用，费用具有以下两项主要特征：第一，费用是民间非营利组织经济利益或者服务潜力的流出；第二，费用会导致民间非营利组织本期净资产的减少。

民间非营利组织的费用包括业务活动成本、管理费用、筹资费用和其他费用。

（二）费用的分类

按照归属的对象不同，民间非营利组织的费用分为成本费用和期间费用。

1.成本费用

成本费用是民间非营利组织开展项目活动所发生的费用，主要包括业务活动成本。成本费用应当按照所开展的业务活动项目进行归集，以便进行成本核算与管理。民间非营利组织的某些费用如果属于多项业务活动或者属于业务活动、管理活动和筹资活动等共同发生的，而且不能直接归属于某一类活动，应当按照合理的方法在各项活动中进行分配。

2.期间费用

期间费用是民间非营利组织本期发生的、不能直接或间接归入业务活动成本的各项费用，包括管理费用、筹资费用和其他费用。期间费用应当按照会计期间进行归集，不计入所开展的项目活动成本。

民间非营利组织的费用一般不需要区分“限定性费用”和“非限定性费用”。民间非营利组织如果存在限定性收入，需要在“捐赠收入”“政府补助收入”等科目中设置明细科目进行核算，但发生的各项费用并不需要按限定性设置明细科目与其对应。期末，民间非营利组织应当将本期发生的各项费用结转至净资产项下的非限定性净资产，作为非限定性净资产的减项，再将限定条件已经解除的净资产从限定性净资产转入非限定性净资产，作为非限定性净资产的增项。

二、业务活动成本

（一）业务活动成本的内容

业务活动成本，是指民间非营利组织为了实现其业务活动目标、开展其项目活动或者提供服务所发生的费用。业务活动成本可以分为提供服务成本和商品销售成本。教学成本、医疗成本等为提供服务成本，刊物发行成本、药品成本为商品销售成本。业务活动成本的构成内容，主要包括业务活动中发生的人工费用、材料费用和其他费用。

业务活动成本是民间非营利组织的一个成本核算类科目，民间非营利组织主要业务活动发生的各项耗费均需要计入业务活动成本，以便考核各活动项目的耗费情况。民间非营利组织可以根据业务的开展情况和管理的要求设置成本项目。如果民间非营利组织从事的项目、提供的服务或者开展的业务比较单一，可以将相关费用全部归集在“业务活动成本”项目下进行核算和列报。如果民间非营利组织从事的项目、提供的服务或者开展的业务种类较多，民间非营利组织应当在“业务活动成本”项目下分别项目、服务或者业务大类进行核算和列报。如果民间非营利组织既从事提供服务活动，又从事商品销售活动，需要分“提供服务成本”和“商品销售成本”两个成本项目类别核算。如果各种活动项目下又设置了许多具体项目，则需要按具体项目进行成本核算。

（二）业务活动成本的核算

民间非营利组织会计应当设置“业务活动成本”科目，核算民间非营利组织为了实现其业务活动目标、开展其项目活动或者提供服务所发生的费用。民间非营利组织应当根据单位的业务实际情况和管理的要求，设置业务活动成本项目。

【例8-27】某民间非营利组织为培训学校，举办CPA考试的考前辅导班，发生业务费用5 000元，以存款支付。

借：业务活动成本——CPA培训项目	5 000	
贷：银行存款		5 000

【例8-28】某民间非营利组织为民营医院，月末结转已销药品进价成本30 000元。

借：业务活动成本——药品进价成本	30 000	
贷：存货		30 000

【例8-29】某民间非营利组织为行业协会，为会员提供服务发生费用4 000元，款项尚未支付。

借：业务活动成本——提供服务成本	4 000	
贷：应付账款		4 000

三、管理费用

（一）管理费用的内容

管理费用是指民间非营利组织为组织和管理其业务活动所发生的各项费用。管理费用是主要业务活动以外的耗费，主要发生在民间非营利组织的管理活动中，在发生时作为期间费用计入当期费用，不要求进行成本核算。

管理费用的内容包括民间非营利组织的董事会（理事会或者类似权力机构）经费和行政管理人员的工资、奖金、福利费、住房公积金、住房补贴、社会保险费、离退休人员工资及补助，以及办公费、水电费、邮电费、物业管理费、差旅费、折旧费、修理费、租赁费、无形资产摊销费、资产盘亏损失、资产减值损失、因预计负债所产生的损失、聘请中介机构费和应偿还的受赠资产等。工资、奖金、办公费、水电费等费用应当按实际支出的数额列支，折旧费、无形资产摊销费、资产减值损失等在按规定的标准提取时列支，福利费应当按照董事会、理事会或类似权力机构规定的标准列支。

（二）管理费用的核算

民间非营利组织会计应当设置“管理费用”科目，核算民间非营利组织为组织和管理其业务活动所发生的各项费用。“管理费用”科目应当按照管理费用的种类设置明细账，进行明细核算。民间非营利组织可以根据具体情况编制管理费用明细表，以满足内部管理等有关方面的信息需要。

【例8-30】某民间非营利组织为民办学校，经计算本月应付工资为100 000元，其中管理人员工资为30 000元，CPA项目培训教师工资为70 000元。

借：管理费用——工资　　30 000

　　业务活动成本——CPA项目　　70 000

　贷：应付工资　　100 000

【例8-31】某民间非营利组织为民办医院，医院管理部门发生办公费用2 000元，以存款支付。

借：管理费用——办公费用　　2 000

　贷：银行存款　　2 000

【例8-32】某民间非营利组织月末根据应收账款的余额，按规定比率计提坏账准备6 000元。

借：管理费用——坏账准备　　6 000

　贷：坏账准备　　6 000

四、筹资费用

（一）筹资费用的内容

筹资费用，是指民间非营利组织为筹集业务活动所需资金而发生的费用。民间非营利组织从事公益服务活动，需要通过一定方式筹集资金，在筹集资金的过程中会发生一定的费用支出。筹资费用是民间非营利组织的一项重要的费用，特别是慈善机构、基金会、扶贫组织等一些社会公益组织，其筹资费用所占的比例较大。筹资费用是民间非营利组织的一项期间费用，在发生时计入当期费用。

民间非营利组织的筹资费用，包括在筹资过程中发生的各种耗费，主要内容包括：

（1）为了获得捐赠资产而发生的费用，包括举办募款活动费，准备、印刷和发放募款宣传资料费，以及其他与募款或者争取捐赠资产有关的费用。民间非营利组织取得代理资产所发生的费用不计入筹资费用。根据《〈民间非营利组织会计制度〉若干问题的解释》（财会〔2020〕9号）的规定，民间非营利组织接受非现金资产捐赠时发生的应归属于其自身的相关税费、运输费等，应当计入筹资费用。

（2）应当计入当期费用的借款费用。借款费用是民间非营利组织因借款而发生的利息费用、手续费等。筹资费用仅包括计入当期费用的借款费用。与购建固定资产有关的借款费用，在办理竣工决算之前发生的应当计入资产价值，不计入筹资费用。银行存款产生的利息收入，冲减筹资费用。

（3）汇兑损失。如果民间非营利组织有外币业务，购入或出售外汇因汇率不同所产生的价差，以及期末按规定汇率折算外币账户余额所产生的价差，为汇兑损失或汇兑收益。若为汇兑收益，冲减筹资费用。

（二）筹资费用的核算

民间非营利组织会计应当设置“筹资费用”科目，核算民间非营利组织为筹集业务活动所需资金而发生的费用。筹资费用应当在发生时按其发生额计入当期费用。“筹资费用”科目应当按照筹资费用的种类设置明细账，进行明细核算。

【例8-33】某民间非营利组织为慈善基金会，该基金会为募集善款进行宣传活动，发生费用4 000元，以银行存款支付。

借：筹资费用——宣传费用　　4 000

　贷：银行存款　　4 000

【例8-34】某民间非营利组织长期借款本期应计利息6 000元，进行预提。

借：筹资费用——利息费用　　6 000

　贷：预提费用　　6 000

【例8-35】某民间非营利组织月末按银行公布的外币汇率调整外币存款账户余额，产生汇兑收益5 000元。

借：银行存款——外币　　5 000

　贷：筹资费用——汇兑收益　　5 000

五、其他费用

（一）其他费用的内容

其他费用是指民间非营利组织发生的，无法归属到上述费用的其他各项费用。民间非营利组织发生的有些费用，无法归属到上述的业务活动成本、管理费用或者筹资费用中，需要通过“其他费用”科目核算。其他费用是民间非营利组织的一项期间费用，在发生时计入当期费用。民间非营利组织其他费用的内容，主要包括固定资产处置净损失、无形资产处置净损失等。

（二）其他费用的核算

民间非营利组织会计应当设置“其他费用”科目，核算民间非营利组织发生的各项其他费用。其他费用应当在发生时按其发生额计入当期费用。

【例8-36】某民间非营利组织进行某项固定资产清理，清理结束后，“固定资产清理”科目借方余额为4 000元。

借：其他费用——固定资产清理损失　　4 000

　贷：固定资产清理　　4 000

第四节　资产的核算

资产是民间非营利组织开展业务活动的基础，可以为民间非营利组织带来经济利益或服务潜力，提高其公益活动水平。民间非营利组织应当加强资产的会计核算与管理。

一、资产的内容与分类

（一）资产的内容

资产是指过去的交易或者事项形成的并由民间非营利组织拥有或者控制的资源，该资源预期会给民间非营利组织带来经济利益或者服务潜力。民间非营利组织会计的资产，应当具有以下特征：第一，资产是由过去的交易或事项形成的；第二，资产是民间非营利组织拥有或控制的；第三，资产预期能够给民间非营利组织带来经济利益和服务潜力。

（二）资产的分类

民间非营利组织的资产按其流动性分为流动资产、非流动资产和受托代理资产。

（1）流动资产是指预期可在1年内（含1年）变现或者耗用的资产，包括货币资产、短期投资、应收及预付款项、存货、待摊费用等。

（2）非流动资产是指变现或者耗用周期在1年以上（不含1年）的资产，包括长期投资、固定资产、文物文化资产、在建工程、无形资产等。

（3）受托代理资产是指民间非营利组织接受委托方委托从事受托代理业务而收到的资产。

二、流动资产

（一）货币资产的核算

民间非营利组织的货币资产包括现金、银行存款和其他货币资金。

民间非营利组织会计设置"现金"科目，核算民间非营利组织的库存现金。设置"银行存款"科目，核算民间非营利组织存入银行或其他金融机构的存款。设置"其他货币资金"科目，核算民间非营利组织的外埠存款、银行汇票存款、银行本票存款、信用卡存款等各种其他货币资金。

【例8-37】某民间非营利组织接受捐赠收到一张支票，金额6 000元。现将收到的支票连同填制的进账单送交开户银行，取得银行盖章的收款凭证。

借：银行存款　　6 000

　贷：捐赠收入　　6 000

（二）短期投资的核算

民间非营利组织会计设置"短期投资"科目，核算民间非营利组织持有的能够随时变现并且持有时间不准备超过1年（含1年）的投资，包括股票、债券投资等。短期投资在取得时应当按照投资成本计量。短期投资的利息或现金股利应当于实际收到时冲减投资的账面价值。期末应当对短期投资是否发生了减值进行检查，如果短期投资的市价低于其账面价值，应当计提短期投资跌价准备。

【例8-38】某民间非营利组织购买6个月期的债券，通过银行转账支付款项300 000元。

借：短期投资　　300 000

　贷：银行存款　　300 000

（三）应收及预付款项的核算

民间非营利组织的应收及预付款项包括应收票据、应收账款、其他应收款和预付账款。

民间非营利组织会计设置"应收票据"科目，核算民间非营利组织因销售商品、提供服务等而收到的商业汇票。设置"应收账款"科目，核算民间非营利组织因销售商品、提供服务等主要业务活动，应当向会员、购买单位或接受服务单位等收取的但尚未实际收到的款项。设置"其他应收款"科目，核算民间非营利组织除应收票据、应收账款以外的其他各项应收、暂付款项。设置"预付账款"科目，核算民间非营利组织预付给商品供应单位或者服务提供单位的款项。

【例8-39】某民间非营利组织月初向某单位提供一项咨询服务，价款为2 500元。咨询服务已经于当月完成，但款项尚未收到。

借：应收账款——某单位　2 500

　贷：提供服务收入——咨询服务　2 500

（四）存货的核算

民间非营利组织会计设置“存货”科目，核算民间非营利组织在日常业务活动中持有以备出售或捐赠的，或者为了出售或捐赠仍处在生产过程中的，或者将在生产、提供服务或日常管理过程中耗用的材料、物资、商品等，包括材料、库存商品、委托加工材料，以及达不到固定资产标准的工具、器具等。

存货在取得时，应当以其实际成本入账。存货成本包括采购成本、加工成本和其他成本。存货在发出时，应当根据实际情况采用个别计价法、先进先出法或者加权平均法，确定发出存货的实际成本。期末，应当对存货是否发生了减值进行检查。如果存货的可变现净值低于其账面价值，应当按照可变现净值低于账面价值的差额计提存货跌价准备，确认存货跌价损失并计入当期费用。

【例8-40】某民间非营利组织收到捐赠物资一批，捐赠方提供的发票表明该批物资价值为52 000元。取得捐赠物资时，发生运输费用500元，以支票支付。

借：存货　52 500

　贷：捐赠收入　52 000

　　　银行存款　500

三、非流动资产

（一）固定资产的核算

民间非营利组织会计设置“固定资产”科目，核算民间非营利组织固定资产的原价。固定资产是指同时具有以下特征的有形资产：（1）为行政管理、提供服务、生产商品或者出租目的而持有的；（2）预计使用年限超过1年；（3）单位价值较高。

固定资产在取得时，应当按取得时的实际成本入账。取得时的实际成本包括买价、包装费、运输费、交纳的有关税金等相关费用，以及为使固定资产达到预定可使用状态前必要的支出。固定资产在使用期间，应当按期计提固定资产折旧。期末，如果固定资产发生了重大的减值，应当增设“固定资产减值准备”科目，计提固定资产减值准备。

【例8-41】某民间非营利组织购入一台计算机设备，价款12 750元，款项通过银行转账支付。该设备不需要安装，已经交付，货款已付。

借：固定资产——计算机　12 750

　贷：银行存款　12 750

（二）在建工程的核算

民间非营利组织会计设置“在建工程”科目，核算民间非营利组织已经发生必要支出，但尚未完工交付使用的各种建筑工程、安装工程、技术改造工程的实际成本。

在建工程应当按照实际发生的支出确定其工程成本。对于自营工程，按照直接材料、直接人工、直接机械使用费等确定其成本。对于出包工程，按照应支付的工程价款等确定其成本。所购建的固定资产已达到预定可使用状态时，应将在建工程成本转入固定资产核算。

【例8-42】某民间非营利组织购入一台网络服务器，价款65 200元，款项通过银行转账支付。该设备需要安装，预计工期为20天。

借：在建工程——服务器安装工程　　65 200

　贷：银行存款　　65 200

（三）文物文化资产的核算

民间非营利组织会计设置"文物文化资产"科目，核算民间非营利组织文物文化资产的原价。文物文化资产是指用于展览、教育或研究等目的的历史文物、艺术品以及其他具有文化或者历史价值并将长期或者永久保存的典藏等。

民间非营利组织会计将文物文化资产与固定资产进行了区分，分别设置会计科目进行核算。文物文化资产的核算方法与固定资产的基本相同，只是不必计提折旧。在资产负债表中，应当单列"文物文化资产"项目予以反映。

【例8-43】某民间非营利组织为博物馆，接受捐赠一件历史文物，参照市场价值为520 000元。

借：文物文化资产　　520 000

　贷：捐赠收入——非限定性收入　　520 000

（四）无形资产的核算

民间非营利组织会计设置"无形资产"科目，核算民间非营利组织无形资产的原价。无形资产是指民间非营利组织为开展业务活动、出租给他人或为管理目的而持有的且没有实物形态的非货币性长期资产，包括专利权、非专利技术、商标权、著作权、土地使用权等。

无形资产在取得时，应当按照取得时的实际成本入账。无形资产的成本，应在预计使用年限、合同规定的受益年限或法律规定的有效年限内分期平均摊销。期末，如果无形资产发生了重大的减值，应当增设"无形资产减值准备"科目，计提无形资产减值准备。

【例8-44】某民间非营利组织购入一项文艺作品的著作权，支付著作权所有人款项68 000元，支付相关税费3 400元。款项通过银行转账支付。

借：无形资产——著作权　　71 400

　贷：银行存款　　71 400

（五）长期投资的核算

1.长期股权投资的核算

民间非营利组织会计设置"长期股权投资"科目，核算民间非营利组织持有时间准备超过1年（不含1年）的各种股权性质的投资，包括长期股票投资和其他长期股权投资。

长期股权投资在取得时，应当按取得时的实际成本作为初始投资成本。长期股权投资应当区别不同情况，分别采用成本法或者权益法核算。期末，民间非营利组织应当对长期股权投资是否发生了减值进行检查。如果长期股权投资的可收回金额低于其账面价值，应当按照可收回金额低于账面价值的差额计提长期投资减值准备。

【例8-45】某民间非营利组织与某公司签订投资协议，以银行存款500 000元对该公司进行股权投资，取得该公司15%的股权。

借：长期股权投资——某公司——投资成本　　500 000

　贷：银行存款　　500 000

2.长期债权投资的核算

民间非营利组织会计设置“长期债权投资”科目，核算民间非营利组织购入的在1年内（不含1年）不能变现或不准备随时变现的债券和其他债权投资。长期债权投资在取得时，应当按取得时的实际成本作为初始投资成本。

长期债权投资应当按照票面价值与票面利率按期计算确认利息收入。长期债券投资的初始投资成本与债券面值之间的差额，应当在债券存续期间，按照直线法于确认相关债券利息收入时予以摊销。期末，民间非营利组织应当对长期债权投资是否发生了减值进行检查。如果长期债权投资的可收回金额低于其账面价值，应当按照可收回金额低于账面价值的差额计提长期投资减值准备。

【例8-46】某民间非营利组织以224 000元的价格购入国债，该国债5年期，2年前发行，面值200 000元，票面利率6%，到期一次还本付息。

借：长期债权投资——债券投资——债券面值　　200 000

　　　　　　　　——债券投资——应收利息　　24 000

　贷：银行存款　　224 000

四、受托代理资产

（一）受托代理资产的内容

受托代理资产是民间非营利组织接受委托方委托从事受托代理业务而收到的资产。在受托代理过程中，民间非营利组织通常只是从委托方收到受托资产，并按照委托人的意愿将资产转赠给指定的其他组织或者个人。民间非营利组织本身只是在委托代理过程中起中介作用，无权改变受托代理资产的用途或者变更受益人。需要注意的是，民间非营利组织的受托代理业务不同于捐赠业务，受托代理资产的受益人并非民间非营利组织，而是委托人指定的第三方。

受托代理业务是民间非营利组织的一项经常性业务，特别是一些基金会、慈善机构会接受其他社会机构或个人的委托，将相关资产按委托人的意愿转赠给指定的受益人。按惯例，民间非营利组织可以按一定比例从受托代理资产中提取一定数额的费用，用于受托代理业务的开支。民间非营利组织收到的受托代理资产，可以是现金、银行存款，也可以是物资、设备等。

根据《<民间非营利组织会计制度>若干问题的解释》（财会〔2020〕9号）的规定，受托代理业务是指有明确的转赠或者转交协议，或者虽然无协议但同时满足以下条件的业务：一是民间非营利组织在取得资产的同时即产生了向具体受益人转赠或转交资产的现时义务，不会导致自身净资产的增加。二是民间非营利组织仅起到中介而非主导发起作用，帮助委托人将资产转赠或转交给指定的受益人，并且没有权利改变受益人，也没有权利改变资产的用途。三是委托人已明确指出了具体受益人个人的姓名或受益单位的名称，包括从民间非营利组织提供的名单中指定一个或若干个受益人。

（二）受托代理资产的核算

民间非营利组织会计设置“受托代理资产”科目，核算民间非营利组织接受委托而收到的资产。民间非营利组织受托代理资产的确认和计量比照接受捐赠资产的确认和计量原则处理。在确认一项受托代理资产时，应当同时确认一项受托代理负债。如果收到的受托代理资产为货币资金，可以不通过本科目核算，而在“现金”“银行存款”“其他货币资金”科目下，设置“受托代理资产”明细科目进行核算。

【例8-47】某民间非营利组织接受某企业委托，将一批价值50 000元的教学设备和现款30 000元转赠西部地区某学校，用于帮助其改善教学条件。

借：受托代理资产——教学设备	50 000
银行存款——受托代理资产	30 000
贷：受托代理负债——某学校	80 000

第五节　负债的核算

民间非营利组织在开展业务活动中会承担一定数额的债务。民间非营利组织应当加强负债的会计核算与管理，控制财务风险，保持良好的财务状况。

一、负债的内容与分类

（一）负债的内容

负债是指过去的交易或者事项形成的现时义务，履行该义务预期会导致含有经济利益或者服务潜力的资源流出民间非营利组织。负债应当具有以下特征：第一，负债是民间非营利组织承担的现时义务；第二，该义务的履行会导致民间非营利组织的经济利益或服务潜力流出；第三，该义务的金额能够可靠地计量。

（二）负债的分类

民间非营利组织的负债按其流动性分为流动负债、非流动负债和受托代理负债等。

（1）流动负债是指将在1年内（含1年）偿还的负债，包括短期借款、应付款项、应付工资、应交税金、预收账款、预提费用和预计负债等。

（2）非流动负债是指偿还期限在1年以上（不含1年）的负债，包括长期借款、长期应付款和其他长期负债。

（3）受托代理负债是指民间非营利组织因从事受托代理交易、接受受托代理资产而产生的负债。

二、流动负债

（一）短期借款的核算

民间非营利组织会计设置“短期借款”科目，核算民间非营利组织向银行或其他金融机构等借入的期限在1年以下（含1年）的各种借款。

短期借款在借入时，按照实际借得的金额入账。短期借款在归还时，按照还款的金额冲销。短期借款应当按照借款本金和确定的利率按期计提利息，计入当期筹资费用。

【例 8-48】某民间非营利组织从工商银行××分行取得借款 150 000 元，期限 6 个月，年利率 6%。

借：银行存款　150 000

　贷：短期借款——工商银行　150 000

（二）应付及预收款项的核算

民间非营利组织的应付及预收款项包括应付票据、应付账款、预收账款、应付工资、应交税金、其他应付款等。

民间非营利组织会计设置“应付票据”科目，核算民间非营利组织购买材料、商品和接受服务供应等而开出、承兑商业汇票。设置“应付账款”科目，核算民间非营利组织因购买材料、商品和接受服务供应等而应付给供应单位的款项。设置“预收账款”科目，核算民间非营利组织向服务和商品购买单位预收的各种款项。设置“应付工资”科目，核算民间非营利组织应付给职工的工资总额，包括各种工资、奖金、津贴等。设置“应交税金”科目，核算民间非营利组织按照有关国家税法规定应当缴纳的各种税费。设置“其他应付款”科目，核算民间非营利组织应付、暂收其他单位或个人的款项。

【例 8-49】某民间非营利组织开展一项咨询服务，预先向某单位收取款项 8 500 元，咨询服务尚未完成。

借：银行存款　8 500

　贷：预收账款——某单位　8 500

（三）其他流动负债的核算

民间非营利组织的其他流动负债包括预提费用、预计负债等。

民间非营利组织会计设置“预提费用”科目，核算民间非营利组织按照规定预先提取的已经发生但尚未支付的费用，如预提的租金、保险费、借款利息等。

民间非营利组织会计设置“预计负债”科目，核算民间非营利组织对因或有事项所产生的现时义务而确认的负债，包括因对外提供担保、商业承兑票据贴现、未决诉讼等确认的负债。

【例 8-50】某民间非营利组织因捐赠款项使用问题与捐赠方发生纠纷，捐赠方向法院提起诉讼，要求的赔偿金额为 72 000 元。经法律咨询，该民间非营利组织败诉的可能性较大。

借：管理费用　72 000

　贷：预计负债——未决诉讼　72 000

三、非流动负债

（一）长期借款的核算

民间非营利组织会计设置“长期借款”科目，核算民间非营利组织向银行或其他金融机构借入的期限在 1 年以上（不含 1 年）的各项借款。

长期借款在借入时，按照实际借得的金额入账。长期借款在归还时，按照还款的金额冲销。长期借款的借款费用应当在发生时计入当期费用，但为购建固定资产而发生的专门借款的借款费用在规定的允许资本化的期间内，应当按照专门借款的借款费用的实际发生额予以资本化，计入在建工程成本。

【例8-51】某民间非营利组织因业务发展的需要，从中国银行××分行借款500 000元，期限3年，年利率8%。

借：银行存款 500 000

贷：长期借款——中国银行 500 000

（二）长期应付款的核算

民间非营利组织会计设置“长期应付款”科目，核算民间非营利组织的各项长期应付款项，如融资租入固定资产的租赁费，以及以跨年度分期付款购入固定资产的价款等。

【例8-52】某民间非营利组织购入一台设备。该设备的价款为48 000元，取得设备时支付价款24 000元，其余款项于次年支付。该设备不需要安装，已经通过验收。

借：固定资产 48 000

贷：银行存款 24 000

长期应付款——设备款 24 000

四、受托代理负债

民间非营利组织会计设置“受托代理负债”科目，核算民间非营利组织因从事受托代理业务、接受受托代理资产而产生的负债。受托代理负债与受托代理资产相对应，在收到受托代理资产的同时确认受托代理负债，在转出受托代理资产的同时冲销受托代理负债。

【例8-53】某民间非营利组织根据委托代理协议，将一批价值70 000元的教学设备转赠西部地区某学校，用于帮助其改善教学条件。

借：受托代理负债——某学校 70 000

贷：受托代理资产——教学设备 70 000

第六节 净资产的核算

净资产是民间非营利组织某一时点的资产净额，体现业务活动的结果。民间非营利组织应当加强净资产的会计核算与管理。

一、净资产的内容与分类

（一）净资产的内容

民间非营利组织的净资产是指资产减去负债后的余额，是民间非营利组织拥有的资产净值。净资产的确认依赖于资产、负债的确认，净资产的数额取决于资产和负债的计量结果。

净资产=资产-负债

本期净资产变动额=本期收入-本期费用±调整本期净资产

期末净资产=期初净资产+本期净资产变动额

（二）净资产的分类

由于民间非营利组织的收入分为限定性收入和非限定性收入，净资产应当按照其是否受到限制，分为限定性净资产和非限定性净资产。

1.限定性净资产

如果资产或者资产所产生的经济利益的使用受到资产提供者或者国家有关法律、行政法规所设置的时间限制或（和）用途限制，则由此形成的净资产即为限定性净资产。

（1）限定主体。

限定性净资产的限定主体包括资产提供者和国家的法律、法规两个方面。第一，资产提供者限定，即资产提供者在向民间非营利组织提供资产时，可能会提出一定的限制条件，规定资产的用途或使用时间。第二，国家法律、法规的限定，即国家可以通过制定一些法律、行政法规对净资产进行限制。

（2）限定条件。

限定性净资产的限定条件包括时间限定、用途限定和时间与用途双重限定三种情况。第一，时间限定，是指资产提供者或者国家有关法律、行政法规要求民间非营利组织在收到资产后的特定时期之内或特定日期之后使用该项资产，或者对该项资产的使用设置了永久限制。第二，用途限定，是指资产提供者或者国家有关法律、行政法规要求民间非营利组织将收到的资产用于某一特定的用途。第三，时间与用途双重限定，是指一项净资产同时存在用途和时间两项限制条件，要求该项资产在规定的时间内用于特定的用途。

2.非限定性净资产

如果资产或者资产所产生的经济利益的使用没有受到资产提供者或者国家有关法律、行政法规所设置的时间限制或（和）用途限制，则由此形成的净资产即为非限定性净资产。民间非营利组织的净资产中，除限定性净资产之外的净资产即为非限定性净资产。

（三）净资产的重新分类

如果限定性净资产的限制已经解除，应当对净资产进行重新分类，将限定性净资产转为非限定性净资产。当存在下列情况之一时，可以认为限定性净资产的限制已经解除，需要将限定性净资产转为非限定性净资产。条件如下：（1）被限定的净资产的限制时间已经到期；（2）被限定的净资产规定的用途已经实现（或者目的已经达到）；（3）资产提供者或者国家有关法律、行政法规撤销了所设置的限制。如果限定性净资产受到两项或两项以上的限制，应当在最后一项限制解除时，才能认为该项限定性净资产的限制已经解除。

资产提供者或者国家有关法律、行政法规对以前期间未设置限制的资产增加限制时，应当将相关非限定性净资产转为限定性净资产。

二、限定性净资产

（一）限定性净资产的内容

限定性净资产是存在一定限制条件的净资产。限定性净资产主要来源于资产提供者的提供和对净资产的使用进行的设置两个方面。第一，资产提供者的提供，如果资产提供者提供了限定性的资产，或者提供的资产受国家法律、法规限制，形成的净资产为限定性净资产。第二，对净资产的使用进行的设置。民间非营利组织根据国家的规定，从净资产中按一定比例提取发展基金，也会形成限定性净资产。

（二）限定性净资产的核算

民间非营利组织会计设置“限定性净资产”科目，核算民间非营利组织限定性净资产的增减变化情况。民间非营利组织会计应当在期末，进行限定性净资产结转，反映最终形成的限定性净资产数额。

限定性净资产的主要账务处理如下：

(1) 收到有时间限制或用途限制的注册资金时，按照实际收到的金额借记“银行存款”等科目，贷记“限定性净资产”科目。

(2) 期末，将各收入类科目所属“限定性收入”明细科目的余额转入“限定性净资产”科目，借记“捐赠收入——限定性收入”“政府补助收入——限定性收入”等科目，贷记“限定性净资产”科目。

(3) 如果限定性净资产的限制已经解除，应当对净资产进行重新分类，将限定性净资产转为非限定性净资产，按照实际使用的相关资产金额或者实际发生的相关费用金额，借记“限定性净资产”科目，贷记“非限定性净资产”科目。

(4) 如果因调整以前会计期间收入、费用项目而涉及调整限定性净资产，应当就需要调整的金额，借记或贷记有关科目，贷记或借记“限定性净资产”科目。

【例 8-54】某行业协会按照社会团体登记管理条例的规定设立，收到举办单位提供的注册资金 100 000 元，限定用于行业协会筹建支出。

借：银行存款 100 000

贷：限定性净资产 100 000

三、非限定性净资产

(一) 非限定性净资产的内容

非限定性净资产是不存在任何限制条件的净资产。非限定性净资产主要来源于资产提供者的提供和从事交换交易产生的结余两个方面。第一，民间非营利组织的部分收入是资产提供者提供的，主要包括捐赠收入和政府补助收入，如果资产提供者没有对提供的资产设定限制条件，所形成的非限定的捐赠收入和非限定的政府补助收入将增加非限定性净资产。第二，民间非营利组织在交换交易中取得的各项收入一般为非限定性收入，主要包括提供服务收入、商品销售收入、投资收益等，在业务活动中会有资金耗费，主要包括业务活动成本、管理费用、筹资费用等。一定时期非交换交易收入与费用之间的差额所形成的结余，增加非限定性净资产。

(二) 非限定性净资产的核算

民间非营利组织会计设置“非限定性净资产”科目，核算民间非营利组织非限定性净资产的增减变化情况。民间非营利组织应当在期末将当期非限定性收入的实际发生额、当期费用的实际发生额和当期由限定性净资产转为非限定性净资产的金额转入“非限定性净资产”科目。

非限定性净资产的主要账务处理如下：

(1) 收到没有限制条件的注册资金时，按照实际收到的金额借记“银行存款”等科目，贷记“非限定性净资产”科目。

(2) 期末，将各收入类科目所属“非限定性收入”明细科目的余额转入“非限定性净资产”科目，借记“捐赠收入——非限定性收入”“会费收入——非限定性收入”“提供服务收入——非限定性收入”“政府补助收入——非限定性收入”“商品销售收入——非限定性收入”“投资收益——非限定性收入”“总部拨款收入——非限定性收入”“其他收入

——非限定性收入”等科目，贷记“非限定性净资产”科目。同时，将各费用类科目的余额转入“非限定性净资产”科目，借记“非限定性净资产”科目，贷记“业务活动成本”“管理费用”“筹资费用”“其他费用”等科目。

（3）如果限定性净资产的限制已经解除，应当对净资产进行重新分类，将限定性净资产转为非限定性净资产，借记“限定性净资产”科目，贷记“非限定性净资产”科目。

（4）如果因调整以前会计期间的收入、费用类项目而涉及调整非限定性净资产，应当就需要调整的金额，借记或贷记有关科目，贷记或借记“非限定性净资产”科目。

【例8-55】某民间非营利组织20×1年12月结账前，各收入、费用类账户余额见表8-2。表中没有区分限定性和非限定性的各项收入，均为非限定性收入。

表8-2　**收入、费用类账户余额表**　单位：元

费用	金额	收入	金额
1.业务活动成本	8 000 000	1.捐赠收入	1 000 000
2.管理费用	1 000 000	其中：限定性收入	300 000
3.筹资费用	300 000	非限定性收入	700 000
4.其他费用	500 000	2.会费收入	0
		3.政府补助收入	200 000
		其中：限定性收入	150 000
		非限定性收入	50 000
		4.提供服务收入	6 000 000
		5.商品销售收入	3 000 000
		6.投资收益	500 000
		7.总部拨款收入	0
		8.其他收入	100 000
费用合计	9 800 000	收入合计	10 800 000

民间非营利组织会计一般按月结转各项净资产，以便编制月份会计报表。结转的程序如下：

（1）将本期限定性收入结转至净资产项下的“限定性净资产”科目。

将“捐赠收入”和“政府补助收入”科目中属于限定性收入的余额转入“限定性净资产”科目的贷方，如果其他各收入类账户也存在限定性收入的余额，也需要一并转入。

借：捐赠收入——限定性收入　300 000
　　政府补助收入——限定性收入　150 000
　贷：限定性净资产　450 000

（2）将本期非限定性收入结转至净资产项下的“非限定性净资产”科目。

将“会费收入”“商品销售收入”“提供服务收入”“投资收益”“其他收入”等科目的

余额转入“非限定性净资产”科目的贷方。如果上述各科目中存在限定性收入，则需要剔除。

借：捐赠收入——非限定性收入　　700 000
　　政府补助收入——非限定性收入　　50 000
　　提供服务收入　　6 000 000
　　商品销售收入　　3 000 000
　　投资收益　　500 000
　　其他收入　　100 000
　贷：非限定性净资产　　10 350 000

（3）将本期发生的各项费用结转至净资产项下的“非限定性净资产”科目。

将“业务活动成本”“管理费用”“筹资费用”“其他费用”的科目余额转入“非限定性净资产”科目的借方。需要注意的是，民间非营利组织会计的费用不需要区分为限定性费用和非限定性费用，全部费用均转入“非限定性净资产”科目。

借：非限定性净资产　　9 800 000
　贷：业务活动成本　　8 000 000
　　　管理费用　　1 000 000
　　　筹资费用　　300 000
　　　其他费用　　500 000

（4）将本期已经解除限制的限定性净资产转为非限定性净资产。

对本期的净资产进行重新分类，确定限定性净资产中已经解除限定的数额。限定性解除包括限制时间已经到期、用途或目的已经实现、法规已经撤销等几种情况。把本期已经解除限定的限定性净资产数额转到“非限定性净资产”科目中。

经过分析，确认该民间非营利组织本期限定性净资产中，时间已经到期的和用途已经实现的限定性项目，实际使用的相关资产金额及实际发生的相关费用金额分别为200 000元和100 000元。将已经解除限制的限定性净资产300 000元，转为非限定性净资产。

借：限定性净资产　　300 000
　贷：非限定性净资产　　300 000

如果发现上一会计期间的收入、费用因差错或政策变化需要调整的，如果涉及净资产的变化，应当相应增加或减少净资产的数额，有些调整事项影响限定性净资产，有些事项影响非限定性净资产。

【例8-56】某民间非营利组织经审查后发现，因发生计算错误，上一会计期间少提固定资产折旧20 000元，应予以调整所涉及的非限定性净资产。

借：非限定性净资产　　20 000
　贷：累计折旧　　20 000

第七节　民间非营利组织的财务报告

民间非营利组织需要定期编制财务报告，反映民间非营利组织的财务状况和业务活动情况，向民间非营利组织的会计信息使用者提供有用的会计信息。

一、民间非营利组织财务报告的含义与内容

（一）民间非营利组织财务报告的含义

财务报告是反映民间非营利组织财务状况、业务活动情况和现金流量的书面文件。民间非营利组织会计需要以日常的会计资料为依据，编制财务报告，以书面形式反映民间非营利组织的总体情况。

民间非营利组织编制的财务报告的目的，是为财务报告使用者提供有用的会计信息。民间非营利组织财务报告的使用者包括内部使用者和外部使用者。外部使用者是民间非营利组织财务报告的主要使用者，主要包括资源提供者、服务对象、债权人、政府和社会监管部门。它们关心民间非营利组织财务资源的运用情况，要求披露反映受托责任履行情况的会计信息。所以，民间非营利组织财务报告是对外披露的报告，是为外部信息使用者提供的总结性书面文件。《民间非营利组织会计制度》规定，民间非营利组织的年度财务报告至少应当于年度终了后4个月内对外提供。如果民间非营利组织被要求对外提供中期财务报告，应当在规定的时间内对外提供。

根据财政部、民政部2011年12月发布的《关于加强和完善基金会注册会计师审计制度的通知》的要求，基金会应当于每年3月31日前向登记管理机关报送上一年度经注册会计师审计的年度财务会计报告和会计师事务所出具的审计报告，接受年度检查；同时，将年度财务会计报告在登记管理机关指定的统一信息公开平台上公布，接受社会公众的查询和监督。

（二）民间非营利组织财务报告的内容

民间非营利组织的财务报告由会计报表、会计报表附注和财务情况说明书三部分组成。

民间非营利组织的财务报告按编制时间划分，分为年度财务报告和中期财务报告。年度财务报告是以整个会计年度为基础编制的财务报告。以短于一个完整的会计年度的期间（如半年度、季度和月度）编制的财务报告称为中期财务报告。民间非营利组织在编制中期财务报告时，应当采用与编制年度财务报告相一致的确认与计量原则。中期财务报告的内容相对于年度财务报告而言可以适当简化，但仍应保证包括与理解中期期末财务状况和中期业务活动情况及现金流量相关的重要财务信息。

二、民间非营利组织会计报表的编制

（一）资产负债表

资产负债表是反映民间非营利组织会计期末财务状况的报表。通过资产负债表，可以了解民间非营利组织的资产总额及构成情况，分析资产的变化趋势；可以了解民间非营利组织的负债总额及构成情况，分析其偿债能力；可以了解民间非营利组织的净资产总额及构成情况，分析净资产的来源渠道。资产负债表由表首标题、编报项目、编报栏目组成。

1.表首标题

资产负债表的表首标题包括报表名称、编号（会民非01表）、编制单位、编表时间和金额单位等内容。资产负债表反映民间非营利组织在某一时点的财务状况，属于静态报

表，需要注明是××××年××月××日的报表。按编报时间的不同，资产负债表分为月报资产负债表和年报资产负债表。

2.编报项目

资产负债表的编报项目包括资产、负债和净资产三个会计要素，按资产（左侧）和负债与净资产（右侧）排列，按资产等于负债加净资产平衡。资产项目按其流动性区分流动资产、长期投资、固定资产、无形资产和受托代理资产排列；负债项目按其流动性区分流动负债、长期负债和受托代理负债排列；净资产项目区分非限定性净资产、限定性净资产排列。

3.编报栏目

资产负债表包括“期末数”和“年初数”两栏数字。“期末数”栏的数额根据本期各账户的期末余额直接填列，或经过分析、计算后填列；“年初数”栏的数额根据上年年末资产负债表“期末余额”栏内的数字填列。

民间非营利组织的资产负债表的格式见表8-3。

表8-3 **资产负债表** 会民非01表

编制单位：某民间非营利组织 20×1年12月31日 单位：元

资　产	年初数	期末数	负债和净资产	年初数	期末数
流动资产：			流动负债：		
货币资金			短期借款		
短期投资			应付款项		
应收款项			应付工资		
预付账款			应交税金		
存货			预收账款		
待摊费用			预提费用		
一年内到期的长期债权投资			预计负债		
其他流动资产			一年内到期的长期负债		
流动资产合计			其他流动负债		
			流动负债合计		
长期投资：					
长期股权投资			长期负债：		
长期债权投资			长期借款		
长期投资合计			长期应付款		
			其他长期负债		
固定资产：			长期负债合计		
固定资产原值					
减：累计折旧			受托代理负债：		
固定资产净值			受托代理负债		

续表

资　产	年初数	期末数	负债和净资产	年初数	期末数
在建工程					
文物文化资产			负债合计		
固定资产清理					
固定资产合计					
无形资产：					
无形资产			净资产：		
			非限定性净资产		
受托代理资产：			限定性净资产		
受托代理资产			净资产合计		
资产总计			负债和净资产总计		

（二）业务活动表

业务活动表是反映民间非营利组织某一时期业务活动情况的报表。业务活动表可以全面反映业务活动收入、费用的总额及构成，以及限定性净资产和非限定性净资产的增减变化数额，是评价民间非营利组织运营业绩的重要依据。业务活动表由表首标题、编报项目、编报栏目组成。

1.表首标题

业务活动表的表首标题包括报表名称、编号（会民非02表）、编制单位、编表时间和金额单位等内容。由于业务活动表反映事业单位在某一时期的业务活动情况，属于动态报表，因此需要注明报表所属的期间，如××××年××月、××××年度。按编报时间的不同，业务活动表分为月报业务活动表和年报业务活动表。

2.编报项目

业务活动表采用上下分步列示结构，按照“收入”、“费用”、“限定性净资产转为非限定性净资产”、“调整净资产”和“净资产变动额”顺序上下排列，分为“限定性”、“非限定性”和“合计”三列。基本关系式为：

净资产变动额合计=收入总额−费用总额±调整净资产

=限定性净资产变动额+非限定性净资产变动额

限定性净资产变动额=限定性收入总额−限定性净资产转为非限定性净资产数额±调整限定性净资产

非限定性净资产变动额=非限定性收入总额−费用总额+限定性净资产转为非限定性净资产数额±调整非限定性净资产

3.编报栏目

业务活动表包括“本年累计数”和“本月数”两列数字。“本年累计数”反映各项目自年初开始到报告期的累计数额，根据“本月数”和上期“本年累计数”计算填列。本月数反映各项目本月实际发生的数额，根据各收入和费用项目的本月发生额填列。在编制季度、半年度等中期财务报告时，应当将“本月数”改为“本季度数”“本半年度数”。

民间非营利组织的业务活动表的格式见表8-4。

表 8-4 **业务活动表** 会民非02表

编制单位：某民间非营利组织 20×1年12月 单位：元

项 目	本月数			本年累计数		
	非限定性	限定性	合计	非限定性	限定性	合计
一、收入						
（一）捐赠收入						
（二）会费收入						
（三）提供服务收入						
（四）商品销售收入						
（五）政府补助收入						
（六）投资收益						
（七）总部拨款收入						
（八）其他收入						
收入合计						
二、费用						
（一）业务活动成本						
其中：提供服务成本						
商品销售成本						
（二）管理费用						
（三）筹资费用						
（四）其他费用						
费用合计						
三、限定性净资产转为非限定性净资产						
四、调整净资产						
五、净资产变动额（若为净资产减少额，以“-”号填列）						

（三）现金流量表

现金流量表是反映民间非营利组织某一时期现金和现金等价物的流入、流出情况的报表。民间非营利组织会计以权责发生制为确认基础，需要编制现金流量表反映一定时期的现金流量情况。现金流量表由表首标题、编报项目、编报栏目组成。

1.表首标题

现金流量表的表首标题包括报表名称、编号（会民非03表）、编制单位、编表时间和金额单位等内容。现金流量表按年编制，月末不需要编报，报表中需要注明报表所属的年份，如××××年度。

2.编报项目

现金流量表包括“业务活动产生的现金流量”“投资活动产生的现金流量”“筹资活动产生的现金流量”“汇率变动对现金的影响额”“现金及现金等价物净增加额”等项目，每项内容按现金流入量、现金流出量和现金流量净额填列。

现金流量净额=现金流入量-现金流出量

现金及现金等价物净增加额=业务活动产生的现金流量净额+投资活动产生的现金流量净额+筹资活动产生的现金流量净额+汇率变动对现金的影响额

3.编报栏目

现金流量表设置“金额”一栏数据。民间非营利组织会计应当采用直接法编制业务活动产生的现金流量。直接法是通过现金收入和现金支出的主要类别，直接反映业务活动产生的现金流量。民间非营利组织采用直接法编制业务活动产生的现金流量时，有关现金流量的信息可以从会计记录中直接获得，也可以在业务活动表中收入和费用数据基础上，通过调整存货和与业务活动有关的应收应付款项的变动、投资以及固定资产折旧、无形资产摊销等项目获得。

民间非营利组织现金流量表的格式见表8-5。

表8-5 **现金流量表** 会民非03表

编制单位：某民间非营利组织 20×1年度 单位：元

项　目	行　次	金　额
一、业务活动产生的现金流量：		
接受捐赠收到的现金	1	
收取会费收到的现金	2	
提供服务收到的现金	3	
销售商品收到的现金	4	
政府补助收到的现金	5	
收到的其他与业务活动有关的现金	8	
现金流入小计	13	
提供捐赠或者资助支付的现金	14	
支付给员工以及为员工支付的现金	15	
购买商品、接受服务支付的现金	16	
支付的其他与业务活动有关的现金	19	
现金流出小计	23	
业务活动产生的现金流量净额	24	
二、投资活动产生的现金流量：		

续表

项　目	行　次	金　额
收回投资所收到的现金	25	
取得投资收益所收到的现金	26	
处置固定资产和无形资产所收回的现金	27	
收到的其他与投资活动有关的现金	30	
现金流入小计	34	
购建固定资产和无形资产所支付的现金	35	
对外投资所支付的现金	36	
支付的其他与投资活动有关的现金	39	
现金流出小计	43	
投资活动产生的现金流量净额	44	
三、筹资活动产生的现金流量：		
借款所收到的现金	45	
收到的其他与筹资活动有关的现金	48	
现金流入小计	50	
偿还借款所支付的现金	51	
偿付利息所支付的现金	52	
支付的其他与筹资活动有关的现金	55	
现金流出小计	58	
筹资活动产生的现金流量净额	59	
四、汇率变动对现金的影响额	60	
五、现金及现金等价物净增加额	61	

三、会计报表附注及财务情况说明书

（一）会计报表附注

会计报表附注是为了便于会计报表使用者理解会计报表的内容而对会计报表的编制基础、编制依据、编制原则和方法及主要项目所做的解释。根据《民间非营利组织会计制度》的规定，民间非营利组织会计的报表附注，至少应当包括下列内容：

（1）重要会计政策及其变更情况的说明；

（2）董事会（理事会或者类似权力机构）成员和员工的数量、变动情况以及获得的薪金等报酬情况的说明；

（3）会计报表重要项目及其增减变动情况的说明；

（4）资产提供者设置了时间或用途限制的相关资产情况的说明；

（5）受托代理交易情况的说明，包括受托代理资产的构成、计价基础和依据、用途等；

（6）重大资产减值情况的说明；

（7）公允价值无法可靠取得的受赠资产和其他资产的名称、数量、来源和用途等情况的说明；

（8）对外承诺和或有事项情况的说明；

（9）接受劳务捐赠情况的说明；

（10）资产负债表日后非调整事项的说明；

（11）有助于理解和分析会计报表需要说明的其他事项。

《〈民间非营利组织会计制度〉若干问题的解释》（财会〔2020〕9号）规定，民间非营利组织与关联方发生关联方交易的，应当在会计报表附注中披露该关联方关系的性质、交易类型及交易要素。

（二）财务情况说明书

财务情况说明书是财务报告的重要组成部分，是对一定会计期间内民间非营利组织财务状况和业务情况进行分析总结的书面文字报告。根据《民间非营利组织会计制度》的规定，民间非营利组织财务情况说明书至少应当对下列情况作出说明：

（1）民间非营利组织的宗旨、组织结构以及人员配备等情况；

（2）民间非营利组织的业务活动的基本情况，年度计划和预算完成情况，产生差异的原因分析，下一会计期间的业务活动计划和预算等；

（3）对民间非营利组织业务活动有重大影响的其他事项。

民间非营利组织对外提供的财务会计报告应当依次编定页数，加具封面，装订成册，加盖公章。封面上应当注明：组织名称、组织登记证号、组织形式、地址、报表所属年度或者中期、报出日期，并由单位负责人和主管会计工作的负责人、会计机构负责人（会计主管人员）签名并盖章；设置总会计师的单位，还应当由总会计师签名并盖章。民间非营利组织的年度财务报告至少应当于年度终了后4个月内对外提供。

思考题

1.如何界定民间非营利组织？

2.民间非营利组织会计的目标是什么？

3.民间非营利组织会计的确认与计量方法是什么？

4.民间非营利组织会计的收入包括哪些内容？应当如何进行分类？

5.民间非营利组织的非交换交易收入应当如何确认？

6.民间非营利组织的商品销售收入应当如何确认？

7.民间非营利组织的提供服务收入应当如何确认？

8.民间非营利组织的费用包括哪些内容？

9.什么是筹资费用？筹资费用包括哪些内容？

10.民间非营利组织的资产包括哪些种类？

11.什么是受托代理资产？其确认条件是什么？

12.民间非营利组织会计的捐赠与受托代理事项应当如何区分？

13.民间非营利组织的负债包括哪些种类？

14.民间非营利组织的净资产如何进行分类？

15.什么是限定性净资产？其解除的前提条件是什么？

16.民间非营利组织会计在期末如何进行净资产的结转？

17.民间非营利组织的财务报告包括哪些内容？

18.民间非营利组织需要编制哪些会计报表？

即测即评

第三部分

西方政府与非营利组织会计

第九章 西方基金会计原理

学习目标

本章主要讲授西方政府基金会计的原理。具体内容包括政府及非营利组织中常用的基金种类、政府基金会计系统的构成、基金会计要素和基金会计恒等式以及基金会计和财务报告原理。通过本章的学习，应掌握和了解以下内容：

1. 掌握政府和非营利组织所设置的基金体系；
2. 理解基金会计要素的特点和不同类型基金的会计恒等式；
3. 掌握基金间主要交易和事项的会计处理方法；
4. 了解政府基金财务报表和政府层面财务报表的内容和基本格式。

基金会计是政府及非营利组织普遍采用的一种会计模式，本章主要介绍基金会计的基本概念，基金会计要素及确认、计量、记录和报告的基本原理，以便与企业会计进行比较，全面了解和掌握政府及非营利组织会计的特点。

第一节　基金及其设置

一、基金的意义

基金（Fund）是一组具有特定用途，要求专款专用、专项核算和报告的财务资源。在政府与非营利组织会计中，基金还被解释为会计主体，即政府与非营利组织为了达成特定目的或从事特定活动而按照法律、法规及其他限定分开设立、自求平衡的一组财务资源及与其相关的负债和剩余权益或余额。

基金可以按不同的目的、活动或项目设立，如为了筹集政府各项公务活动所必需的财务资源，或为了特定的用途管理和运用财务资源。基金因设立的目的、任务的完成或因其他原因需要撤销的，可以由设立该基金的同级机关或上级机关撤销。如属于依法设立的基金，行政长官或法案都无权撤销。政府及非营利组织设置基金的重要意义在于：第一，有利于保证公共财政资源或其他资源真正用于限定的用途，以体现资源的专用性。第二，便于落实政府与非营利组织管理当局的受托业绩和受托责任。第三，为财务管理和会计核算提供一个独特的模式。

政府与非营利组织应当根据国家法律、法规、行政法令、合同协议的规定设立基金。由于财务资源的限定不同，政府与非营利组织应当设立的基金类别和种类也不一样。

二、政府及政府单位设立的基金

政府及政府单位应根据其承担的任务及财务资源的性质，设立各种类别的基金。美国政府会计准则委员会（GASB）向州和地方政府推荐设立公共基金、权益基金和受托基金等三类基金。

1.公共基金

公共基金（Public Funds）也称为政府基金（Governmental Funds），是指政府用于从事社会公共事务管理和国家安全等行政性活动方面开支的各项基金。公共基金具有三个特点：①财务资源主要来源于依法向纳税人征收的各种税收或经特定的法律程序批准发行债券所取得的债务收入。②财务资源均可安排当年的各项支出，但其支出安排必须以“量入为出”“略有结余”为原则，由政府行政部门编制预算，经立法机构批准后，作为政府行政部门安排经费和控制支出的依据。③用这些基金财务资源安排的支出基本上属于消耗性支出，即使形成长期资产，这些资产在将来的使用虽然要向特定的受益人收取使用费，但它不能以营利为目的，所收取的使用费主要用于偿还债务本息。政府基金通常分为普通基金、特种基金、资本项目基金和偿债基金等。

（1）普通基金

普通基金（General Funds）是政府根据法律的规定，以纳税人缴纳的税收建立的，主要用于政府公共行政或一般行政业务活动开支的基金。一般地说，政府所有的财务资源除划入其他基金的财务资源外，都属于普通基金。

（2）特种基金

特种基金（Special Revenue Funds）是政府依据特别的法律规定，通过征收特别税或从其他基金转入设立，具有特定用途的基金。

（3）资本项目基金

资本项目基金（Capital Project Funds）是政府按照法律的规定，以通过发行债券或接受捐赠、政府间补助等方式取得的财务资源设置的，主要用于购置或建造资本工程的基金。这种基金若通过发行债券取得财务资源，其本息必须用普通基金或其他基金转入的财务资源偿还。

（4）偿债基金

偿债基金（Debit Service Funds）是用普通基金或其他基金转入的财务资源设立的，专门用于偿还政府长期负债本息的基金。

美国州和地方政府除设立上述四种主要的政府基金外，还要求设立特赋基金（Special Assessment Funds）。这是一种用于特定地区或社区公共设施改进或为某一居民区提供特定服务而设立的基金。这类基金的受益人是特定的，改进设施或提供服务所耗费的财务资源也通过一定的方式向受益人收取，所以，在进行设施改进或提供服务之前，必须与受益人协商，在征得受益人同意后，由政府垫资修建，然后按受益情况向受益人收取修建时所耗费的资金。目前，世界上许多国家仍然使用特赋基金，并将其作为一个政府基金单独设立。GASB为了简化政府基金管理，在其发布的第6号准则公告中规定，州和地方政府从1987年6月15日起的财政年度取消这个基金，将它并入各相关的基金。

2.权益基金

政府除了向社会公众提供公共管理等服务外，有时还提供一些与企业相似的货物或服务。提供这些货物或服务的主要出发点是为了使政府的公共政策得以贯彻实施，或为了减轻政府财政支出的压力，其提供服务所耗费的资源要通过向服务对象收取一定的服务补偿费来补偿，有的甚至按照高于其服务成本收取。所以，权益基金（Proprietary Funds）主要用于处理政府延伸的营业活动。权益基金包括企业基金和内部服务基金。

（1）企业基金

企业基金（Enterprise Funds）是政府为体现公共政策，由政府出资创办公营企业，向社会公众提供类似于企业组织提供的货物或服务而设立的基金。这种基金应按照持续经营的原则，向消费者收回为社会公众提供货物或服务的成本（包括各种费用和折旧），以保全投入资本。

（2）内部服务基金

内部服务基金（Internal Service Funds）是为了向其他政府部门或单位提供货物或服务而设置的基金。这类基金一般在一个政府部门中设置，为其他部门或单位，或为其他政府提供货物或服务，并按照成本补偿原则收取服务费用。

3.受托基金

受托基金（Fiduciary Funds）主要用于处理政府或政府单位以信托人或代理人的身份，接受个人、私人机构、其他政府单位或其他政府基金保管或监管资产而设置的基金。受托基金包括信托基金和代理基金。

（1）信托基金

信托基金（Trust Funds）依据其可否支用分为可支用信托基金（Expendable Trust Funds）和不可支用信托基金（Nonexpendable Trust Funds）。其中，可支用信托基金是指信托本金根据信托人的指定可以动用的基金。不可支用信托基金是指依据信托人的指定，本金不能支用，必须用于投资，只能动用投资收益的基金。

（2）代理基金

代理基金（Agency Funds）是以政府或政府单位作为代理人，履行代理资源监管责任而建立的基金。这种基金对于代理的政府或政府单位来说，只在代理期间履行财产的监管责任，代理期满时，必须将所监管财产归还给委托人。通常，政府之间征收税债就属于代理基金性质。

基金还可以按其是否可支用分为可支用基金和不可支用基金。其中，可支用基金主要用于处理非商业活动的流动资产、相关的负债及净资产变动。一般地说，政府基金都是可支用基金，非留本的信托基金也属于可支用基金。不可支用基金则用于处理商业活动和留本信托基金的收入、费用、资产、负债及权益。

上述每一种基金都是一个独立的会计主体，但由于政府基金通常只用于“一般行政”活动，只核算政府部门在财政年度内可支用的财务资源，所以其计量的重点是当期财务资源的流入和流出。这就要求政府基金的各基金会计主体只记录当期可支用的财务资源，而不记录当期不可支用的其他资源，如长期资产及发行债券形成的长期负债。长期资产和长期负债应通过设置普通固定资产（General Fixed Assets）和普通长期负债（General Long-Term Liabilities）这两个与上述各基金主体相互独立的账户组（Account Groups）处理。这样，政府基金会计的体系如图9-1所示。

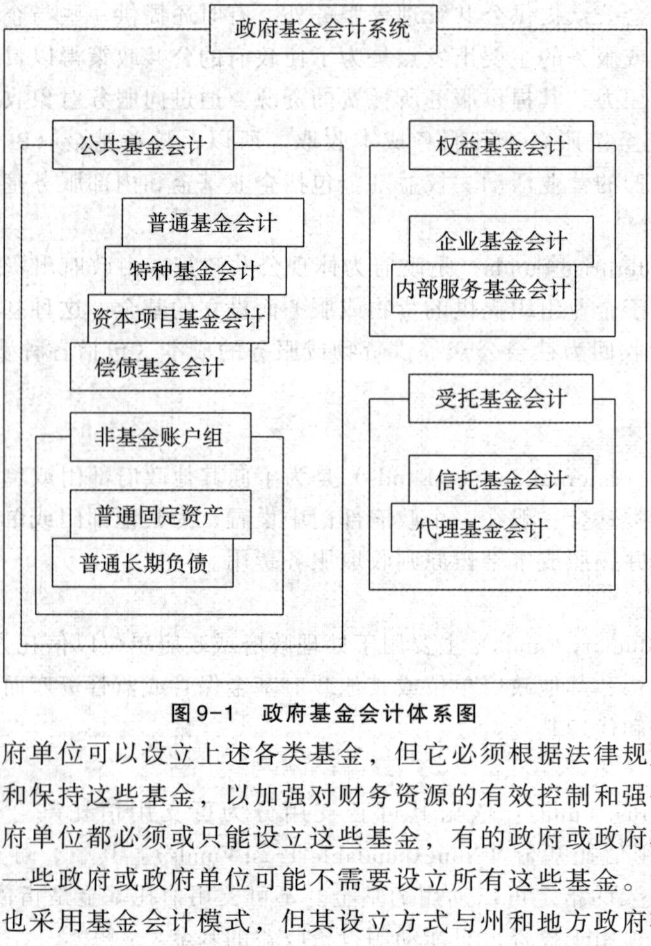

图9-1　政府基金会计体系图

一个政府或政府单位可以设立上述各类基金，但它必须根据法律规定、合同协议或财务管理的需要设立和保持这些基金，以加强对财务资源的有效控制和强化受托责任。但并不是任何政府或政府单位都必须或只能设立这些基金，有的政府或政府单位设立的基金数目可能多一些，另一些政府或政府单位可能不需要设立所有这些基金。

美国联邦政府也采用基金会计模式，但其设立方式与州和地方政府有较大的差别。它一般设立两类基金。一类是以政府来源于税收、公营事业收入的财务资源为对象，并按联邦法律规定设立的基金，包括普通基金、特别基金、公营事业基金、政府内部服务基金和政府外汇基金等。另一类基金以政府作为保管人、信托人而掌握或管理的财务资源为对象，并按照资金来源及信托协议约定使用和管理的基金，包括信托基金和存款基金。

三、非营利组织设立的基金

非营利组织一般应根据资源提供者的限定及业务运营活动的需要，对每一项具有特定用途的资源分别设立相应的基金，并赋予不同的基金名称。非营利组织一般采用以下四类基金或基金组：

1.非限定性流动基金

非限定性流动基金也称为非限定性基金、运营基金、普通基金、流动基金、普通流动基金等。这种基金包括所有未受限定的财务资源，非营利组织可以将其用于一般业务活动。

2.董事会设立的基金

非营利组织董事会设立的基金是非限定性基金的一个子类。董事会从非限定性基金中转出或分离出一部分资源，就形成了董事会设立的基金。但该基金的限定不具有法律效力，它可以随时改变。

3.限定性流动基金

限定性流动基金也有各种不同的名称，如特定用途基金、捐赠人限定基金、限定性基金等。它是非营利组织正常业务的组成部分，但只能用于特定用途。有的限定性流动基金限定使用项目，即只能用于特定项目或目的，有的限定使用时间，如筹集到的一笔只能在当年使用或用于次年某类业务活动的资金。

4.限定性留本基金

限定性留本基金是指捐赠人限定其捐赠的本金要永远（永久性留本）或在规定的时间内（定期留本）保持完整，受赠的组织只能动用将该基金用于投资产生的收益。一般地说，收益本身的使用不受限定且可用于组织持续的业务。

除此之外，非营利组织还会设立许多特殊的基金，以反映捐赠人的限定或董事会使用非限定性资源的决策。如大专院校经常设有贷款或奖学金基金、托管或代理基金、年金与终生收益基金，以及偿债基金等。

第二节 基金会计要素与基金会计恒等式

一、基金会计要素

会计要素通常也称为财务报表要素。政府及非营利组织以基金为主体。为了向财务信息使用者提供有关基金收支活动情况和财务状况的信息，基金主体应当编制资产负债表和收入、支出及基金余额变动表等。这些财务报表涉及的会计要素包括资产、负债、净资产或基金余额、收入和支出。

1.资产

资产一般定义为主体拥有或者控制的能带来未来经济利益、可以货币计量的经济资源，包括各种财产、债权和其他权利。

资产的定义反映的是经济资源的概念，即包括流动资产和长期资产等。在基金会计中，政府类型基金受立法预算约束，由于预算安排或合同协议规定的资产必须是财政年度可支用的财务资源，政府拥有在财政年度不可支用的其他经济资源如长期资产，虽然能够减少受预算约束的基金主体的未来财务资源耗用，但不能成为该基金财政年度可支用的经济资源。因此，按照基金会计原理，上述长期资产包括财政年度内动用基金财务资源购置的长期资产，不能在受立法预算限制的政府基金主体中反映，而必须另外设置账户组，即

“普通固定资产账户组”单独核算、反映。至于其他基金，如权益基金和不受预算或合同协议约束的受托基金的长期资产则应当在该基金中核算、反映。所以，在政府与非营利组织会计中，资产也称为基金资产（Fund Assets）。

2.负债

负债一般定义为会计主体承担的能以资产或劳务偿付的债务，包括流动负债和长期负债。与资产的概念一样，在基金会计中，政府类型基金的负债也不包含不需动用该基金当期财务资源偿付的长期负债。其发生的长期负债应单独设置，普通长期负债应单独设置“普通长期负债账户组”予以核算、反映。其他基金，如权益类基金发生的负债，则直接在原主体中核算、反映。所以，在政府与非营利组织会计中，负债也称为基金负债（Fund Liabilities）。

3.基金余额（或净资产）

基金余额是指政府及非营利组织的基金资产减去负债的差额。政府及非营利组织的基金余额与企业的所有者权益相比，具有以下几个方面的特征：一是基金余额仅表示基金资产与基金负债之间的差额，没有所有权归属的特定含义，所以，不需要像企业所有者权益那样，必须区分投入资本和留存收益；二是基金运营收支结余形成的基金余额不能分配给资源提供者，只能用于向社会公众、服务对象提供持续的服务或活动；三是政府及非营利组织发生清算时，基金余额无须向资源提供者分配。

4.收入

收入是指政府及非营利组织为开展行政及公益事业活动，依法取得的非偿还性资金。政府与非营利组织除了向服务对象收费、向纳税人课征税收、接受捐赠外，其按照法定程序发行债券或其他长期借款能增加当期可支用的财务资源，此外，也可以从其他基金转入，增加当期可支用的财务资源。但是，债务形成的财务资源流入属于偿还性资金，从其他基金转入的财务资源不能重复确认收入。所以，为了与上述收入相区分，政府与非营利组织会计中还普遍使用“其他资金来源”这一术语。

5.支出

在基金会计中，支出要素与企业的“费用”要素也有很大的差别。“费用”是与企业取得收入活动相关的一种资产耗费或承担的负债，不包括购置固定资产和偿还长期负债发生的现金流出。政府及非营利组织的支出是在财政年度内，由于业务运营活动产生的资产耗费和损失，或由于法律规章的规定流出的财务资源，包括对其他组织的补助、购置长期资产及偿还长期负债而动用的当期财务资源等。

同样，基金主体转账给其他基金也会导致基金财务资源流出。为了与支出区分开来，在基金会计中，还普遍采用“其他资金运用”这一术语。

二、基金会计恒等式

如前所述，政府及非营利组织的财务资源必须按照限定的用途使用，不能挪作他用。比如，政府的偿债基金只能用于偿还债务本息，而不能用于行政开支，捐赠人捐赠给某大学用于设立奖学金的资金不能用于支付水电费等。可见，资产的使用只要受到限制，就必须单独进行会计核算。一个经济主体可能有若干不同的资产使用限制，必须对每一组受限制的资产进行单独核算。这样，既保证经济主体与其他人士或实体的事务严格分开，也保证在一个经济主体中受不同限制的资产严格分开，这正是基金主体的意义所在。根据基金理论，基金主体财务资源的用途都受到一定的限制。在复式簿记下，为了反映每一个基金财务资源的来龙去脉，在记录取得财务资源时就必须同时记录该资源的约束或限制。所以，基金会计的基本恒等式为：

资产=资产的限制

上式中，资产表示对基金或活动单位的未来服务，资产的限制表示资源提供者对资产使用的限制，这种限制包括债权人的限制和其他资源提供者（如人大代表或捐赠人）的限制。剩余权益的动用代表管理当局、债权人或法律所施加的限制，未动用的剩余权益则代表一种综合限制。所以，这个会计恒等式可扩展为：

资产=负债+基金余额

上述等式是在特定时日如会计期末反映资产及其限制的。但从特定的会计期间看，财务资源或资产因业务运营活动而发生变动，并形成特定会计期间的基金收支结果，用公式表示即为：

收入-支出=基金余额

那么，上述会计恒等式可以进一步扩展为：

资产=负债+基金余额

=负债+（期初基金余额+本期基金收支结余）

=负债+期初基金余额+（收入-支出）

任何一个作为会计与财务报告主体的基金及账户组，不论其交易或事项如何错综复杂，都将永远保持上述的会计恒等关系。这种关系不会因交易或事项的发生受到破坏。

结合上述对基金会计恒等式和会计要素的介绍，各基金主体、账户组的会计恒等式可概括为表9-1。

表9-1　**基金主体、账户组的会计恒等式**

政府基金	权益基金
普通基金 特种基金 资本项目基金 偿债基金　}流动资产-流动负债=基金余额	企业基金、内部服务基金： 资产（含流动资产和固定资产）=负债（含流动负债和长期负债）+基金余额
账户组	**受托基金**
普通固定资产： 固定资产=固定资产投资 普通长期负债： 应提供偿债款+已提供偿债款=应付长期负债	不可支用信托基金：同权益基金 可支用信托基金：同政府基金 代理基金：资产=负债

三、基金会计确认基础的选择

基金会计究竟选用什么会计基础并不能一概而论，这要视各类基金的财务活动情况及其反映和报告基金主体业绩及受托责任的需要而定。

（一）政府基金会计确认基础的选择

1.公共基金会计确认基础的选择

公共基金主要来源于根据纳税人收入额或收益额课征的税收，由于收入额或收益额是经营过程的积累，所以，纳税人应缴税款通常要等到会计期间结束后，才能根据收入额或收益额按照税法规定的税率计算应纳税额。政府基金会计的目的不在于核算政府应该收取多少税收，而在于核算政府收取了多少在当期可支用的税收。如果按照应计制基础确认税收收入，而纳税人又不能及时缴纳税款，就会影响预算资金的安排和行政事业计划的进度。同样，政府基金支出只确认当期实际耗费或流出的财务资源，而不确认可能的现金流出，这也是预算的限定或要求。所以，政府类型基金不宜采用应计制会计基础。

但是，为了反映政府在税收方面的权利及承担负债的责任，公共基金收支有时也必须采用应计制确认，如财产税就应当采用应计制基础确认，其他某些交易或事项也应当采用应计制基础确认。所以，许多国家的政府类型基金，一般采用修正的应计制会计基础。

2.权益基金会计确认基础的选择

权益基金的运作与企业相类似，尽管内部服务基金只向其他政府部门和单位提供货物或服务，并按照成本补偿基础收费，但从落实经济责任制和衡量受托业绩的角度看，它也需要将服务收入与服务成本进行配比，计算运营盈亏，并强调投入资本保全。所以，权益基金应该与企业一样，采用应计制会计基础。

3.受托基金会计确认基础的选择

受托基金会计确认基础的选择必须具体考虑不同基金财务活动的特点及使用限制，有些受托基金在财政年度内可支用，另一些受托基金则不可支用，所以，必须选用不同的会计基础。通常，可支用受托基金与政府基金类似，应选择修正的应计制会计基础，不可支用受托基金与权益基金类似，应选择应计制会计基础。

（二）非营利组织基金会计确认基础的选择

对于非营利组织的基金会计，美国财务会计准则委员会（FASB）要求采用与企业相同的会计基础，即应计制会计基础。但是，在实务中，一些规模较小的非营利组织由于会计人员配备不全或素质参差不齐，其日常会计核算采用现金制会计基础，期末再转换成应计制会计基础，以编制符合公认会计原则要求的财务报表。

第三节　基金会计处理与财务报告

如前所述，基金会计以基金及账户组作为会计主体，对政府及非营利组织发生的交易或事项进行确认、计量、记录和报告。为了使读者了解基金和账户组的性质及其内在联系，本节以公共基金会计为例，介绍基金交易或事项的会计处理方法，最后介绍基金财务报表的编制原理。

一、基金间交易或事项的类型

基金间交易或事项是指一个基金与另一个基金之间由于开展业务活动或发生其他情况（如法律法规、合同协议规定等）而形成的交易或会计事项。

基金间交易或事项可以根据交易或事项的性质分为以下四种类型：

1.准外部交易

准外部交易（Quasi-external Transactions）。它是指政府设立的各类基金之间由于某一基金主体耗用另一基金主体提供的货物或服务，或根据法律规定应予以偿付的业务或交易，它视同与外部主体之间的交易。例如，企业基金向普通基金缴纳税款，内部服务基金向消费其服务或货物的政府普通基金开出账单，政府基金向养老金信托基金支付公务员养老金保险费，资本项目基金向内部服务基金支付工程设计及监理费用等。类似的交易或事项对于收款的基金主体应确认为收入，对于付款的基金主体应确认为支出或费用。

2.偿付

偿付（Reimbursements）是指一项业务的支出或费用由某个基金承担，而实际应归属于另一个基金。例如，应从特种基金中支出的项目，先从普通基金中支出，这时就产生了偿付事项。

3.剩余权益转账

剩余权益转账（Residual Equity Transfer）是基金主体间非重复性或非日常性发生的转账。它一般是根据法律法规、合同协议的规定，将普通基金的基金余额转作企业基金或内部服务基金的资本金，或者企业基金或内部服务基金剩余权益的转回或收益分配。

4.运营转账

运营转账（Operation Transfer）是指在同一个报告主体内从一个基金转账到另一个基金的交易或事项。运营转账是法定的两个基金之间的转账，即某一基金负责收款（税款的征收、取得补助等），另一个基金依法使用这些款项，即前一基金为后一基金运营支出筹集资金。运营转账的交易通常有：普通基金征收的财产税转账给学区作为特种基金处理、普通基金转账给企业基金作为对公营企业的运营补助金、特种基金转账给偿债基金用于支付长期负债本金和利息、企业基金转账给普通基金以筹集一般行政经费。

二、基金间交易或事项的会计处理

基金间交易或事项的性质不同，其会计处理的方法也不一样。具体情况分析如下：

1.运营转账

由于政府基金只能在某一个基金主体中确认收入或支出，而不能同时在两个或多个基金主体中重复确认收入和支出，所以，运营转账对于转入的基金不应记录为“收入”，而应记录为“转入”或“其他资金来源”；对于转出的基金也不能记录为“支出”或“费用”，而应记录为“转出”或“其他资金运用”。

由于运营转账业务对转入和转出的基金产生直接的影响，这种影响在编制财务报告时必须反映在基金收入、支出及基金余额（权益）变动表中。但运营转账业务不应列入基金收入或支出（费用），而应列入其他资金来源中的“运营转入”项目，或其他资金运用中的“运营转出”项目。

2.准外部交易

准外部交易是在不同的基金类型之间进行的，它们可视同基金支用财务资源于政府外部的业务。为了准确确定权益基金的运营成果，并准确报告通过政府基金筹资的项目或活动的收入和支出，它们应归类为不同基金主体的收入、支出或费用的交易。准外部交易或事项应当在所涉及的基金中分别记录为收入、支出或费用。例如，企业基金支付给普通基金的场地税，普通基金应作借记“现金”、贷记“收入”的分录，企业基金则作借记“费用”、贷记“现金”的分录。准外部交易在财务报告中，可与正常的运营收支业务合在一起报告。

3.偿付

根据偿付业务的定义，基金间发生偿付业务的会计处理原则是：收款的基金不应作为收入，而应冲减其支出或费用；付款的基金应当对应记录为支出或费用。

4.剩余权益转账

剩余权益转账实际上是净资产或基金余额按照法律法规、合同协议的规定在不同类型基金之间的转账，所以不应确认为收入、支出或费用。其中：属于普通基金的基金余额转出作为企业基金或内部服务基金资本金的，普通基金应记录为基金余额的减少（转出），企业基金或内部服务基金应记录为缴入资本的增加；属于从企业基金或内部服务基金转回的，普通基金应记录为基金余额的增加（转入），企业基金或内部服务基金应记录为缴入资本的减少；属于权益基金向普通基金上缴或分配收益的，普通基金应记录为剩余权益转入，企业基金或内部服务基金应记录为剩余权益转出。上述四种基金间交易业务的会计处理在表9-2中做了概括。

表9-2 **基金间交易业务的会计处理方法**

交易或事项种类	收款基金	付款基金
准外部交易	收入	支出或费用
偿付	冲减支出或费用	支出或费用
剩余权益转账	①在公共基金、类似的信托基金中确认为基金余额转入（资本转回），或剩余权益转入（收益分配），列示在运营项目之后、期末基金余额之前； ②在权益基金中确认为缴入资本增加	①在公共基金、类似的信托基金中确认为基金余额转出； ②在权益基金中确认为缴入资本减少（资本转回），或剩余权益转出（收益分配）
运营转账	①在政府基金中，运营转入确认为“其他资金来源”； ②在权益基金中单独列作“运营转入”	①在政府基金中，运营转出确认为“其他资金运用”； ②在权益基金中单独列作“运营转出”

三、基金间交易或事项的会计实例

为了说明基金间交易或事项的会计处理，下面列举一些实例予以分析。

【例9-1】某政府各基金间发生以下转账业务：

①用普通基金18 000元支付企业基金提供的服务费。

这笔业务属于准外部交易业务，在普通基金中的会计分录为：

借：支出 18 000

　贷：现金 18 000

在企业基金中的会计分录为：

借：现金　18 000

　贷：收入　18 000

②企业基金向普通基金交纳场地使用费18 000元。

这笔业务也属于准外部交易业务，在企业基金中的会计分录为：

借：费用　18 000

　贷：现金　18 000

在普通基金中的会计分录为：

借：现金　18 000

　贷：收入　18 000

③普通基金用现金49 000元向养老金信托基金支付公务员养老金保险费。

这笔业务也属于准外部交易业务，在普通基金中的会计分录为：

借：支出　49 000

　贷：现金　49 000

在养老金信托基金中的会计分录为：

借：现金　49 000

　贷：收入　49 000

④普通基金用基金余额120 000元转账给企业基金作为资本金。

这笔业务属于剩余权益转账业务，在普通基金中的会计分录为：

借：基金余额转出　120 000

　贷：现金　120 000

在企业基金中的会计分录为：

借：现金　120 000

　贷：缴入资本　120 000

⑤用普通基金150 000元设立偿债基金。

这笔业务属于运营转账业务，在普通基金中的会计分录为：

借：其他资金运用　150 000

　贷：现金　150 000

在偿债基金中的会计分录为：

借：现金　150 000

　贷：其他资金来源　150 000

⑥普通基金用现金110 000元补助企业基金亏损。

这笔业务也属于运营转账业务，在普通基金中的会计分录为：

借：其他资金运用　110 000

　贷：现金　110 000

在企业基金中的会计分录为：

借：现金　110 000

　贷：运营转入　110 000

⑦特种基金用现金15 000元归还普通基金垫付的水电费。

这笔业务属于偿付业务，由于普通基金支付水电费时记录为支出，但实际上应转由特种基金承担，所以，在普通基金中应将原来记录为水电费的这部分支出冲减掉，其会计分录为：

借：现金 15 000

贷：支出 15 000

在特种基金中的会计分录为：

借：支出 15 000

贷：现金 15 000

四、基金财务报告

基金会计的确认和计量的结果最终要编制成财务报告，以反映政府及非营利组织管理当局的受托业绩及受托责任的履行情况，向政府及非营利组织财务报表使用者提供有助于他们作出各种决策的财务信息。

（一）基金财务报表的编制

如前所述，政府及非营利组织普遍采用基金会计模式，即以基金为会计主体。每一个政府、政府单位或非营利组织都应当按照法律法规、行政法令、合同协议的限定设立基金和账户组，每一个基金和账户组都有与其他基金相独立的收入、支出、资产、负债和基金余额等基本会计要素，以反映基金财务资源收支及资产负债情况。为反映各个基金和账户组的财务活动情况及结果，明确各自的受托责任，每个基金和账户组都必须单独编制和报送财务报表。

基金财务报表主要包括反映基金财务收支情况的收入、支出及基金余额（权益）变动表和反映基金财务状况的资产负债表。下面以政府基金的收入、支出及基金余额变动表为例加以说明。

基金的收入、支出及基金余额变动表应反映当期财务资源收支的构成及对基金余额变动的影响情况。根据政府基金收支及基金余额变动的情况，收入和其他资金来源、支出和其他资金运用应当分开列示。其中：收入应当按照收入的来源列示，其他资金来源应分别列示其他基金运营转入和发行债券收款；支出应按照支出的用途及性质列示，其他资金运用应分别列示运营转出和其他转出等；基金余额应当反映从期初到期末的变动情况。剩余权益转账应分别列示其他基金转入和转出给其他基金的情况。

政府及非营利组织由于承担的行政管理或业务活动不同，预算对财务资源的限定也不一样，所以需要设置多种类型的基金，应当为每一类基金及账户组编制一套财务报表。有时，某类基金的财务资源由于所承担的项目、活动不同，还需要分设若干个子基金或分基金，如特种基金有用于社区下水道设施的，也有用于路灯照明的，还可能有用于其他用途的。由于各种不同用途的财务资源都要求专款专用，也必须分别设立基金，分别进行会计核算，并要求分别编制财务报表。这样，为了分别反映单个基金、某种基金、某类基金，甚至政府、政府单位或非营利组织整体履行受托责任的情况，在基金会计模式下，基金财务报表必须遵循“单个基金→某种基金→某类基金”的顺序编制、汇总，最终形成以政府、政府单位或非营利组织为报告主体的财务报告。

基金收入、支出及基金余额变动表汇总简例见表9-3。

表 9-3　　**基金收入、支出及基金余额变动表汇总简例**

单个特种基金

A 特种基金	
收入	$ 5 000
其他资金来源	800
收入和其他资金来源合计	5 800
支出	4 000
其他资金运用	1 500
支出及其他资金运用合计	5 500
收入和其他资金来源超过（小于）支出及其他资源运用	300
基金余额——期初	1 200
剩余权益转入（出）	（900）
基金余额——期末	$ 600

B 特种基金	
收入	$ 3 000
其他资金来源	300
收入和其他资金来源合计	3 300
支出	3 000
其他资金运用	500
支出及其他资金运用合计	3 500
收入和其他资金来源超过（小于）支出及其他资源运用	（200）
基金余额——期初	2 000
剩余权益转入（出）	—
基金余额——期末	$ 1 800

汇总的特种基金

	A 基金	B 基金	合计
收入	$ 5 000	$ 3 000	$ 8 000
其他资金来源	800	300	1 100
收入和其他资金来源合计	5 800	3 300	9 100
支出	4 000	3 000	7 000
其他资金运用	1 500	500	2 000
支出及其他资金运用合计	5 500	3 500	9 000
收入和其他资金来源超过（小于）支出及其他资源运用	300	（200）	100
基金余额——期初	1 200	2 000	3 200
剩余权益转入（出）	（900）	—	（900）
基金余额——期末	$ 600	$1 800	$2 400

汇总的公共基金

公共基金	普通基金	特种基金	资本项目基金	偿债基金	合计
收入	$ 50 000	$ 8 000			$ 58 000
其他资金来源	12 000	1 100	10 000	2 000	25 100
收入及其他资金来源合计	62 000	9 100	10 000	2 000	83 100
支出	45 000	7 000	8 000	3 400	63 400
其他资金运用	10 000	2 000			12 000
支出及其他资金运用合计	55 000	9 000	8 000	3 400	75 400
收入和其他资金来源超过（小于）支出及其他资金运用	7 000	100	2 000	（1 400）	7 700
基金余额——期初	20 000	3 200		3 000	26 200
剩余权益转入（出）	—	（900）			（900）
基金余额——期末	$ 27 000	$ 2 400	$ 2 000	$ 1 600	$ 33 000

（二）政府基金财务报表与政府层面财务报表的关系

因为美国州和地方政府会计采用的是完全的基金会计和报告模式，所以在编制政府层面的财务报表时，合并主体面对的是基金主体，而不是政府单位。简言之，多个基金主体就构成了“政府主体”。关于政府基金财务报表与政府层面财务报表之间的关系详见图 9-2。

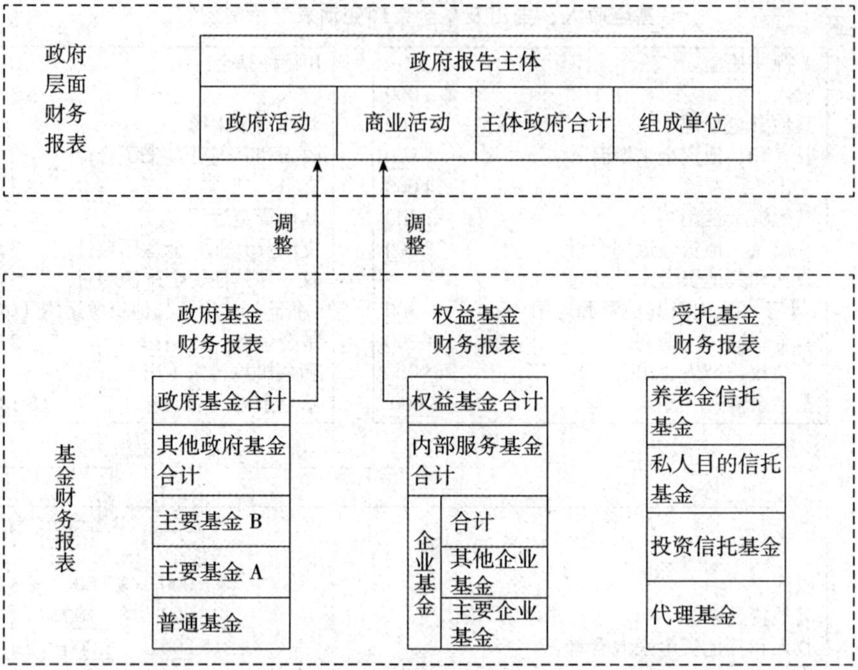

图 9-2 政府基金财务报表与政府层面财务报表的关系

政府层面财务报表应当将报告政府作为一个整体来列示其有关的信息，但报告政府的信托与代理活动除外。政府层面的财务报表应当分别为基本政府的政府型活动和企业型活动设置专栏，同时，还要为基本政府的组成单位设置专栏。政府层面的财务报表应当使用经济资源计量重点和应计制会计基础编报。政府层面的财务报表主要包括净资产表（见表9-4）和业务活动情况表（见表9-5和表9-6）。净资产表的平衡等式一般采用“资产-负债=净资产”的形式，是一张用以反映基本政府及其单独列示的组成单位的财务状况的政府层面基本财务报表，应当报告政府所有的财务资源和资本资源。业务活动表要求对行政类活动的费用按功能或项目列示每个功能或项目的直接费用，并提供详细资料。在该表中，政府业务活动类型活动内的交易应予消除，使这些数据在净资产表和业务活动情况表中都以合并数额来反映。政府层面的财务报表应呈报以前年度的数据，但可以选择简要呈报以前年度的数据，也可以选择完整呈报以前年度的财务报表，并包含在当年的报表中。政府层面的财务报表要求采用应计制基础，计量经济资源流动。这除了对收入和支出的确认、计量产生影响外，更主要的是对长期资产的影响。

表 9-4 **某市净资产表**

年 月 日 单位：美元

项 目	基本政府		组成单位	合 计
	政府型活动	企业型活动		
资产				
现金和现金等价物				
投资				

续表

项　目	基本政府		组成单位	合　计
	政府型活动	企业型活动		
应收款项（净值）				
内部余额				
存货				
资本资产（净值）				
资产合计				
负债				
应付账款				
递延收入				
非流动负债				
一年内到期部分				
一年以上到期部分				
负债合计				
净资产				
资本资产投资，扣除相关负债				
限制性净资产				
偿还债务				
社区发展项目				
其他目的				
非限制性净资产				
净资产合计				

表 9-5　**某市业务活动情况表（最佳格式）**

年　月　日　　单位：美元

	费　用	项　目		
		服务费收入	业务活动补助收入和捐款收入	资本补助收入和捐款收入
职能/项目				
基本政府：				
政府型活动：				

续表

	费　用	项　目		
		服务费收入	业务活动补助收入和捐款收入	资本补助收入和捐款收入
⋮				
政府型活动合计				
企业型活动：				
⋮				
企业型活动合计				
基本政府合计				
组成单位：				
⋮				
组成单位合计				

表9-6　**某市业务活动情况表（最佳格式）（续上）**

年　月　日　　单位：美元

	净收入和净资产变动			
	基本政府			
	政府型活动	企业型活动	合　计	组成单位
职能/项目				
基本政府：				
政府型活动：				
⋮				
政府型活动合计				
企业型活动：				
⋮				
企业型活动合计				
基本政府合计				
组成单位：				
⋮				
组成单位合计				
一般收入：				
⋮				
特殊项目收入：				
⋮				
转账收入				
各项收入合计				
净资产变动				
年初净资产				
年末净资产				

思考题

1. 简述政府及非营利组织的基金体系。
2. 与企业会计要素相比，基金会计要素有何特殊性？
3. 简述各类基金及账户组所适用的会计恒等式。
4. 不同类型的基金应当如何选择会计确认基础？
5. 基金间交易或事项主要包括哪些种类？
6. 基金间交易业务应如何进行会计处理？
7. 基金财务报表应如何编制？
8. 政府基金财务报表与政府层面的财务报表有怎样的内在联系？

第十章 西方政府基金会计

学习目标

本章主要讲授西方政府基金会计实务，主要包括普通基金和特种基金会计、资本项目基金会计、偿债基金会计、受托基金会计，以及普通固定资产和普通长期负债账户组会计的确认、计量和记录。通过本章的学习，应掌握和了解以下内容：

1. 掌握政府普通基金和特种基金主要收支业务的会计处理；
2. 掌握资本项目基金主要业务的会计处理；
3. 了解政府偿债基金会计确认和计量的特殊性和主要业务的会计处理；
4. 了解普通固定资产和普通长期负债账户组的会计科目设置及运用；
5. 了解政府代理基金和信托基金会计的特点和典型业务的会计处理；
6. 了解企业基金和内部服务基金主要业务的账务处理。

第一节　普通基金和特种基金会计

普通基金和特种基金是政府（单位）最基本的基金，任何政府都必须设立这两类基金，为公共事务管理活动筹集资金。普通基金和特种基金是依照有关法律、法规的规定，通过一般税收或特种税收的形式向广大纳税人依法征收税款，筹集资金，并用于政府大部分的“一般行政”（General Government）活动，包括社会治安、公共消防、公共卫生、公益事业、道路维护或独立社区中类似的一般行政活动。

一、普通基金和特种基金收入会计

（一）普通基金和特种基金的收入来源

1.普通基金收入

普通基金收入按来源不同可以分为税收收入、执照和特许收入、政府间收入、服务费收入、罚没收入和其他收入六类。

（1）税收收入

税收收入是普通基金的一项主要收入来源，它是为满足政府管理国家和社会公共事务开支的需要，凭借国家权力强制地、无偿地向纳税人征收的收入。在国外（如美国），税收根据管辖权的不同分为联邦税和地方税，而且联邦税和地方税的税目也不同。其中，州和地方政府的税收收入一般包括财产税、销售税、所得税、其他税收、拖欠税款的罚金及利息等。

（2）执照和特许收入

执照和特许收入是政府给予私人或工商机构各种权利或优惠，按法定程序向其征收的一种收入，包括建筑许可证、车船牌照、娱乐执照、营业执照、专业职业执照、动物饲养执照等。

（3）政府间收入

政府间收入是政府间根据财权与事权划分的原则和财政体制规定的上下级财政之间的补助、权利、分享收入，以及中央（联邦）或上级政府征用土地支付的场地税费的总称。

补助是上级政府以现金及其他资产的方式提供或赠予的，用于或期望用于特定用途、活动的资源，包括资本补助和运营补助。

权利是指地方政府由中央（联邦）政府授予其特有的开发或应用某项资源的权利形成的收入。

分享收入则是指由某一级政府征收但按照预定的比率，由下级政府或其他政府共同分享的收入，如美国的天然气、销售税、烟酒税等都属于联邦与州和地方政府共同分享的收入。

场地税费是由其他政府支付以补偿受款方的收入损失。典型的场地税费为中央（联邦）政府或上级政府向地方或下级政府支付军事基地、公共学校系统用地的税费。

（4）服务费收入

服务费收入是由政府部门或政府单位向公众提供各种货物或服务，按法律规定收取的费用，包括司法费用、特别警察服务费用、收集垃圾费用、街道修理费用、公共图书馆使用费等。

（5）罚没收入

罚没收入是指政府执法部门向违反国家有关法律规章、行政法令的机构、企业及个人处以的罚款和没收的款项，也包括公安政法部门依法收缴犯罪分子或犯罪集团的赃款、赃物等。但不包括由于违反税法而处以的税收罚金及利息等。

（6）其他收入

其他收入是指各种不经常发生、数额不确定的收入，包括利息、租金、版权及专利权税、固定资产销售或损失补偿、政府公共企业费、转移支付、转归公有的土地、私人捐赠等收入。

2.特种基金收入

特种基金收入是指政府根据法律、法规、行政法令、合同协议的规定收取，用于限定项目或活动的收入，如财产税及其他特定税费收入等。政府为了筹集公共设施建设改造资金而通过立法程序批准，以开征财产税、特别税负等形式收取的收入，规定只能用于限定的项目或活动。特种基金收入形成特种基金。一般地说，地方各级政府都可以按照法定程序开征用于法律限定用途的财产税，而且可以根据不同用途对同一财产开征若干税率不同的财产税。这些财产税可以分别计征，也可以按合并后的税率统一计征，再通过基金间转账等方式分配给若干个法定的基金。

（二）普通基金和特种基金收入的确认与计量

普通基金和特种基金收入的确认问题，各个国家甚至一个国家不同级政府之间都不同，有的采用现金制基础，有的则规定采用应计制基础，如新西兰、澳大利亚、瑞士等国家的政府会计就要求采用应计制基础。除了上述两种会计确认基础外，大部分国家的政府采用修正的应计制基础或修正的现金制基础。

采用修正的应计制或修正的现金制基础，实际上是对某些交易或事项采用现金制基础确认，对另一些交易或事项采用应计制基础确认。在普通基金和特种基金中，有些收入项目在收取之前就能够知道应收取的数额，其无法收回的数额也可以作出合理估计，如财产税等，应采用应计制基础确认；有些收入项目在收取之前无法知道应收取的数额，如所得税、销售税等，应采用现金制基础确认。美国政府会计准则委员会（GASB）就要求，政府应区分不同收入的来源和性质，以确定哪些收入可以采用应计制基础确认，哪些应采用现金制基础确认或在最初记录为“递延收入”。对应计制较为敏感的收入应具有两个特性：一是这项收入应当具有客观的可计量基础，二是这项收入应是当期可收到或可支用的财务资源。“可支用”的财务资源必须是法律许可用于当期支出的财务资源，而且必须在当期或嗣后的期间能够立即收到，以便用于偿还即期债务或办理当期运营支出。

关于普通基金和特种基金的计量问题，一般不能按收入总额计量，而应当按照应收款项扣除估计损失后的净额计量。对于采用应计制基础确认的收入项目，如财产税等，应预先估计可能收不回来的税款，并从应收的财产税总额中扣除预计的损失和税款折扣后，将净额记录为财产税收入。但为了反映政府对税款的权利，应收税款应以总额记录，预计的损失和税款折扣则通过设置“备抵税款损失”和“备抵税款折扣”账户予以记录。

（三）普通基金和特种基金收入账务处理示例

【例10-1】某公司拥有不动产一处，根据法律、法规规定应征收财产税。该不动产的评估价值为15 000 000元，应缴财产税的项目、税率和税额见表10-1。

表10-1 **应缴财产税的项目、税率和税额** 金额单位：元

项　目	税基评估值	税　率	税　额
一般财产税	15 000 000	1.5%	225 000
学区建设财产税	15 000 000	0.2%	30 000
偿还债务财产税	15 000 000	0.3%	45 000
合　计		2%	300 000

在财政年度开始并确定该公司纳税义务时，应当记录这笔财产税收入。一般地说，纳税人欠税并导致税收损失的情况时常发生，通常要估计一个适当比率的坏账损失。同时，政府为了保证税款的及时入库，通常也采用税款折扣的办法鼓励纳税人尽早缴纳税款。在本例中，坏账损失估计为2%，给予纳税人的税款折扣率为3%。按照净额计量原则，税收收入不能全额记录，而必须以扣除备抵税款损失和备抵税款折扣后的净额记录。上述税款可以有两种处理方式：一是根据法律、法规的规定分别将上述税款按照不同的用途分别记入相应的基金；二是将全部税款在普通基金中记录，然后再通过运营转账的方式转入其他相关基金。如果采用后一种方式，会计分录如下：

借：应收税款——财产税　300 000
　贷：收入——财产税　285 000
　　备抵税款损失——财产税　6 000
　　备抵税款折扣——财产税　9 000

如果在规定的折扣期内收到上述财产税，则应给予纳税人税款折扣，而未发生的税款损失应增加税收收入。

借：现金　291 000
　备抵税款折扣——财产税　9 000
　贷：应收税款　300 000
借：备抵税款损失——财产税　6 000
　贷：收入——财产税　6 000

如果纳税人未能在规定的折扣期内支付税款，则未给予的预计折扣也增加收入。

借：现金　300 000
　贷：应收税款　300 000
借：备抵税款损失——财产税　6 000
　备抵税款折扣——财产税　9 000
　贷：收入　15 000

【例10-2】根据法案，决定为下一年度学区建设开征财产税，本期开出税收缴款账单800 000元，预计税款损失率为2%。

本项财产税按照法律规定当年不能支用，而必须用于以后年度的特定活动，那么征收的税款当期就不能确认为收入，而必须确认为递延收入，待次年再通过账项调整确认为该年度的收入。分录如下：

借：应收税款——财产税　800 000
　贷：备抵税款损失——财产税　16 000
　　递延收入　784 000

待次年初，做调整分录：

借：递延收入　784 000
　贷：收入——财产税　784 000

【例10-3】收到某纳税人预缴下年度的财产税50 000元。

因为纳税人在税款征收或税务部门发出税款缴款单之前就预付了下年度的税款，所以收到的税款应作为下期的收入，而不应列为当期的收入。分录如下：

借：现金 50 000

贷：预收税款 50 000

收到纳税人预缴的税款代表收入的递延贷项，在资产负债表中应作为递延收入列示。递延收入作为下一年度的收入，在次年应将税款中属于当期的收入进行调整，并记为当期的收入。

【例10-4】某纳税人本期应缴纳的财产税为750 000元，规定期限过后6个月仍未缴纳。按照规定应处以按每天4‰的利率计算的超期滞纳金，并限定在30天内缴纳拖欠的税款及滞纳金。

一般情况下，各国税法都将超期未缴纳的税款视为拖欠税款。对于拖欠税款，首先要收取滞纳金，如果仍不缴纳，则处以一定额度的罚金。在本例中，滞纳金为540 000元（750 000×4‰×30×6）。会计分录如下：

借：应收税款——拖欠 750 000

应收罚金和利息 540 000

贷：应收税款——财产税（本期） 750 000

收入——财产税（罚金和利息） 540 000

这笔业务首先将“应收税款”转为“应收税款——拖欠”，同时确认滞纳金。如果纳税人在规定的30天期限内仍未缴纳拖欠的税款，税务部门则可以按照规定处以拖欠税款一倍的罚金。会计分录如下：

借：应收罚金和利息 750 000

贷：收入——财产税（罚金和利息） 750 000

【例10-5】某纳税人根据销售额向税务部门填报申报表并汇款，其当期的销售收入为1 000 000元，根据销售税法规的规定，按5%销售税税率计算应缴纳的销售税为50 000元。税务部门对其填报的纳税申报表进行了审核并确认其应缴纳税额。

美国政府会计准则委员会指出，应计纳税人自定所得（包括销售）及总应收税额既没有必要也不可操作，除非纳税人的纳税义务和可收到的税额已经确定，否则这些项目最好在收到现金时再加以确认。在政府会计实务中，一般遵循政府会计准则委员会的上述意见进行会计处理。会计分录如下：

借：现金 50 000

贷：收入 50 000

【例10-6】某政府得知委托下级政府代收的本年度税款为5 000 000元，税款尚未转来。根据协议规定，这笔税款应在获得通知后的某一期限内转交给委托方。

对于重大的税款，其收款时间如果拖延到正常收款时间之后，在不影响当期税收形成的财务资源支用的情况下，应按照应计制基础确认为当期的收入。会计分录如下：

借：应收税款 5 000 000

贷：收入 5 000 000

【例10-7】某贸易商本期应缴纳的销售税为1 000 000元，但其书面向税务部门申请，由于货款尚未收回，在规定的期限内无法缴纳此税款。

这笔税款对于政府来说应是重大的税款，应采用应计制基础。会计分录如下：

借：应收税款——销售税 1 000 000

贷：收入——销售税　1 000 000

需要注意的是，如果纳税人在正常缴纳税款日期前就缴纳了税款，那么就不能确认为当期的收入，而应当确认为递延收入。

【例10-8】收到某人缴纳的狩猎许可证款20 000元。

执照和许可证的收入数额一般较小，而且收费额是在执照或许可证发放时确定并以现金交易为主，所以应按照收到的现金进行确认。会计分录如下：

借：现金　20 000

贷：收入——执照和特许收入　20 000

【例10-9】收到上级政府预付征用作为研究基地的土地补偿费500 000元。

美国政府会计准则委员会要求，政府基金的补助、权利或分享收入应在它们可计量、可收到时确认为收入。但是，如果在尚未符合应计制标准之前，即尚未"赚得"前收到款项，则应作为递延收入记账，而不应确认为收入。这笔业务在尚未确定土地补偿费之前收到，所以不能确认为收入。会计分录如下：

借：现金　500 000

贷：递延收入　500 000

【例10-10】根据有关规定，受助政府为某项受助活动支出250 000元。

在政府会计实务中，也可能存在补助收到之前就已经赚得，如提供补助的上级政府规定，其给予补助的数额是根据受助项目的实际支出数确定的。在这种情况下，补助款虽尚未下拨，但政府已经发生了补助项下的限定支出，所以应在发生支出的同时确认补助收入。会计分录如下：

借：支出——××补助活动　250 000

贷：现金　250 000

借：应收补助款——某政府　250 000

贷：收入——补助收入　250 000

【例10-11】按规定，本期应向财产所有者收取街道照明、街道洒水和垃圾收集费用50 000元。

服务费通常是在提供服务时收取并记录为收入的。如果在提供服务之后才收取款项，则应作为应计项目记录；如果在提供服务之前收取款项，则应记录为递延收入。本例符合前种情况，会计分录如下：

借：应收账款　50 000

贷：收入　50 000

【例10-12】普通基金收到特种基金转来的登记费10 000元。会计分录如下：

借：现金　10 000

贷：支出　10 000

二、普通基金和特种基金支出会计

（一）普通基金和特种基金支出的分类

政府基金支出通常是指政府基金在某一期间除运营和剩余权益转账给其他基金以外的所有减少基金余额的交易或事项。支出是政府基金财务资源"流出"的主要计量形式，它与费用的概念不同，与拨款也不一样。支出是财务资源的实际耗费，而拨款是政府部门或单位在一定时期内按照立法机构批准的预算办理支出的一种经费授权，它是政府办理各项支出必不可少的阶段。从政府会计实务的角度看，普通基金和特种基金支出的具体分类如下：

1.资本支出

资本支出是用普通基金和特种基金购置和建造固定资产的支出，政府的支出项目通常从普通基金和特种基金支出中安排，并通过"其他资金运用"转入资本项目基金，同时在资本项目基金中确认资本支出。但日常购置的固定资产，如设备、机器和交通工具等则直接在普通基金和特种基金中确认和记录。

2.偿债支出

偿债支出包括偿还政府普通长期负债本金支出、利息支出和手续费支出。它通常从普通基金和特种基金中安排，并通过"其他资金运用"转入偿债基金，同时在偿债基金中确认偿债支出。这里，偿债支出不包括普通基金和特种基金短期债务的支出，短期债务是政府运营活动产生的临时性债务，它用基金财务资源偿还时并不会导致对政府基金支出的确认。

3.政府间支出

政府间支出主要是根据财政体制给予其他政府分享收入的分配、补助和财政援助等，它既不同于资本支出或偿债支出，也不同于当期运营支出。

4.当期（本期）运营支出

当期运营支出是指除上述资本支出、偿债支出、政府间支出以外的所有支出。本期运营支出应当根据财务管理和对外报告的需要，按照上述分类设置明细分类账户，组织明细分类核算。

（二）普通基金和特种基金支出的会计控制

政府基金支出控制是政府会计控制的主要内容，它通过会计系统以控制支出，使其符合合法性和有效性的要求。尽管会计系统控制的明显作用体现在财务管理方面，但它可以通过会计确认、计量、记录和报告程序为支出控制提供各种资料。政府基金支出会计控制的关键是严守方法与程序。任何一级政府的财务行政机构，包括审计、国库、采购部门等，都应在法律规定的财务体制范围内，应用特定的表格、方法与程序，进行业务的联络和沟通，不得超越财务体制和规定的方法与程序办理各项支出业务。

政府基金支出会计控制的作用主要表现在以下方面：

1.防止基金的滥用

这要求政府部门或单位所办理的各项支出业务都必须保持完整、确凿的资料，包括各项支出步骤的所有信息资料，以便审查各基金之间的资产是否被错误使用，以及使用的合法性和有效性。通常，事前审计是防止基金被滥用的有效措施，它应由主办会计人员负责执行，或在其监督指挥之下进行。事前审计侧重于查核支出程序是否符合规定；事后审计主要由独立的审计人员进行。

2.防止经费超支

对经费支出的控制由政府部门或单位主管负责，主办会计人员最后把关。在薪金支出方面，应控制在公务员任用之时，并辅以事前审计程序；在采购方面，应在签发采购订单时由主办会计人员予以核定，也可以在取得购货发票时一并审核；其他支出通常在事前审计阶段就会得到有效控制。

3.防止不当支出

不当支出的控制通常由主办会计人员与主管人员共同负责控制。为防止不当支出的发生，主办会计人员应在契约承诺或支付款项时予以审查；政府部门或单位主管也应在事前进行全面审核、控制。

4.防止不法支出

不法支出可分为两类：一类是支出超过核定经费；另一类是根本就无核定经费，而且是法律规章所禁止的开支。不法支出控制的主要责任在于各部门、各单位的主管，但开支合法与否，最终应由主办会计人员审定，并由主办会计人员负责控制。

（三）普通基金和特种基金支出的计量

各国政府对基金支出的确认与计量的规定也不一样。美国政府会计准则委员会指出，政府基金会计确认和计量的侧重点是支出而不是费用，对于减少当期财务资源的交易或事项都应确认为支出。部分支出和转出应具有客观的可计量性，而且应在相关基金负债发生的会计期间确认。但对于不同的支出项目，其具体的确认基础与计量标准有所不同。本节主要介绍本期运营支出的确认、计量和记录。

（四）普通基金和特种基金支出的账务处理示例

【例10-13】经过计算，某地方政府单位本月应付公务员薪金200 000元。

薪金支出通常采用修正的应计制基础确认。会计分录如下：

借：支出——薪金支出 200 000
　贷：应付薪金 200 000

待用现金支付公务员薪金时，会计分录如下：

借：应付薪金 200 000
　贷：现金 200 000

【例10-14】经保险估算，本期某地方政府单位应缴公务员养老金80 000元。

美国政府会计理事会（NCGA）在1993年6月发布的第6号准则公告中指出：政府雇主应将按某种可接受的保险估算方法计算出的雇主交款额作为支出/费用报告，而不管是否真正缴纳了这一金额。也就是说，不论该地方政府是否已经缴纳了这笔保险费，都应在普通基金中确认这笔养老金支出。会计分录如下：

借：支出——应付养老金 80 000
　贷：应付养老金信托基金款 80 000

同时，在养老金信托基金中确认并记录。会计分录如下：

借：应收普通基金款 80 000
　贷：收入 80 000

【例10-15】某政府采用集中采购方式，拟采购的货物经公开招标，由A供应商招标，货物总价为450 000元。

物料用品采购和相关的会计处理程序如下：①根据使用部门报送的购货申请，由政府采购中心编制采购计划；②向国内外供应商收集货物报价，公开或邀请招标；③与中标的供应商签订货物合同、发出订单，应用保留数会计对拨款额度予以保留；④收到货物，根据发票单据的金额记录基金负债，同时取消拨款额度的保留数；⑤支付货款。会计处理如下：

①签发采购订单时，对拨款额度在预算会计中予以保留，会计分录如下：

借：保留支出 450 000

贷：保留支出储备 450 000

②收到货物及发票单据载明的货款总额为500 000元，会计分录如下：

借：物料用品 500 000

贷：应付账款 500 000

同时，取消拨款额度的保留数，会计分录如下：

借：保留支出储备 450 000

贷：保留支出 450 000

③支付货款时的会计分录如下：

借：应付账款 500 000

贷：现金 500 000

【例10-16】领用存货时，根据实际领用的数量和存货的单位成本，计算领用存货的成本为210 000元。

在政府会计实务中，如果存货购进批次较多，且每批次的价格都不相同，可以分别采用先进先出法、加权平均法等方法确定存货的单位成本。在永续盘存制下，会计分录如下：

借：支出 210 000

贷：物料用品 210 000

年终时，只对实地盘点出现的存货溢余或短缺部分予以记录。如果出现溢余，应冲减已记录的支出；如果出现短缺，则应补记支出。同时，对年终存货占用的财务资源也应予以反映，其会计分录如下：

借：基金余额——无保留

贷：基金余额——物料用品储备

【例10-17】普通基金耗用内部服务基金货物和服务共计120 000元。

内部服务基金是一个独立的会计主体，普通基金或特种基金耗用内部服务基金提供的货物或服务，应按照规定的结算办法结算。会计分录如下：

借：支出 120 000

贷：应付内部服务基金款 120 000

这笔交易所涉及的会计主体包括普通基金和内部服务基金，在内部服务基金中应做相应的会计记录。

借：应收普通基金款 120 000

贷：收入 120 000

【例10-18】按照立法机构批准的预算，从普通基金中转出70 000元建立偿债基金，从基金余额中转出80 000元给企业基金补充资本金。

政府普通基金和特种基金运营转账包括转账给资本项目基金、偿债基金、企业基金或内部服务基金等。运营转账不是普通基金或特种基金的支出，而是其他资金的运用，在期末会计报表中列示在“其他资金运用”项目下。所以，在进行会计处理时，应将运营转账业务与支出业务分开。会计分录如下：

借：其他资金运用——运营转至偿债基金　70 000

　贷：应付偿债基金款　70 000

该交易还涉及偿债基金，在偿债基金中做如下分录：

借：应收普通基金款　70 000

　贷：其他资金来源——运营从普通基金转入　70 000

基金余额转账给企业基金的会计分录为：

借：基金余额转出——转至企业基金　80 000

　贷：现金　80 000

该交易在企业基金中的会计分录为：

借：现金　80 000

　贷：缴入资本　80 000

三、普通基金和特种基金财务报表

由于普通基金和特种基金采用修正的应计制会计，所以，在编制基金财务报表之前，必须按照应计制会计的要求，进行年末调整和年末结账。

（一）年末调整和年末结账

为恰当反映政府或政府单位的基金运营结果和财务状况，应根据应计制会计基础，对年末有关账户进行检查并作相应的调整。在收入方面，应对投资收益、利息收入以及各种欠款进行调整；在支出方面，也应对短期负债利息、应计薪金和在年末成为支出的应记录的保留支出金额进行调整。经过年末调整后，所有基金收支交易或事项已全部记入有关账户，通过编制试算平衡表以检查日常记账的正确性，并在试算平衡的基础上，办理年末结账手续。

（二）基金财务报表的编制

普通基金和特种基金编制的财务报表主要包括资产负债表和收入、支出及基金余额变动表。根据结账后的试算平衡表，编制某地方政府20×9年12月31日的资产负债表和收入、支出及基金余额变动表，见表10-2和表10-3。

表10-2　**某地方政府普通基金资产负债表**

20×9年12月31日　单位：千美元

项　目	年初数（略）	期末数
资产		
现金		3 200
投资		2 000
应计利息		100
应收税款		3 160
减：备抵税款损失		2 220

续表

项　目	年初数（略）	期末数
应收账款		1 080
减：备抵坏账损失		100
应收特种基金款		
资产总计		9 220
负债及基金余额		
负债		
应付账款		4 300
应付其他基金款		150
递延收入		470
基金余额		
被限制基金余额		1 300
未储备基金余额		3 000
负债及基金余额总额		9 220

表 10-3　**某地方政府普通基金收入、支出及基金余额变动表**

20×9 年度　　单位：千美元

项　目	调整后预算数	实际执行数	差　异
收入			
税收	12 500	13 000	500
执照和许可证	1 000	1 100	100
政府间补助	2 000	2 000	—
服务费	7 500	8 100	600
其他	2 000	1 800	（200）
收入总计	25 000	26 000	1 000
支出			
当期运营			
一般行政	3 000	3 050	（50）
公共安全	6 000	5 480	520
公共卫生	2 500	2 420	80
保健与福利	5 000	5 500	（500）

续表

项 目	调整后预算数	实际执行数	差 异
文化教育	5 500	5 430	70
其他	1 000	1 070	(70)
当期运营支出合计	23 000	22 950	50
偿债支出	100	100	—
支出总计	23 100	23 050	50
收入超过支出	1 900	2 950	1 050
其他资金来源（运用）			
运营转至偿债基金		(70)	(70)
收入和其他资金来源超过支出及其他资金运用	1 900	2 880	980
基金余额——年初	1 500	1 500	—
基金余额转出——转至企业基金		(80)	(80)
基金余额——年末	3 400	4 300	900

第二节 资本项目基金会计

资本项目基金会计也称为基建工程基金会计，与我国的基本建设会计类似，但会计处理方法有较大的差异。资本项目基金会计主要用于核算政府建造或以其他方式取得的“一般行政”固定资产，如建筑物、公路、排洪排污系统，以及桥梁等筹集和支用的财务资源，以保证法律限定用于这些资本项目的财务资源得到专款专用，同时为资本项目成本核算和成本控制提供方法。

一、资本项目基金收入和其他资金来源会计

（一）资本项目基金的财务资源来源

资本项目基金财务资源的主要来源渠道包括发行长期政府债券、法律上有偿还义务的特赋、其他政府给予的补助或分享收入、其他基金转入，以及工程项目暂时闲置资金投资所得收益等。

1.发行长期政府债券

大部分资本工程应通过发行长期债券融资，但并不是发行的所有长期债券都在资本项目基金中处理。其中：用于取得资本资产而发行的债券通过资本项目基金处理；再融资而发行的债券应在偿债基金中处理；为增加企业基金或内部服务基金而发行的债券应分别在这些基金中处理。

2.政府间补助收入

政府的某些资本工程作为整个国家或地区社会经济发展、社会公共设施的重要组成部分，通常由上级政府给予补助，并限定用于指定的资本工程项目建设。政府间补助收入可以采取多种形式，如通过专项补助给予拨款，或通过与地方政府共享这些收入项目为资本工程提供资金等。

3.运营从普通基金或特种基金转入

政府购置"一般行政"固定资产，除非法律或合同特别规定，否则应直接在普通基金或特种基金中处理。但为了更好地控制和处理一般行政的每个项目及相关的资源，对于大型的"一般行政"资本工程或资本性设施也不能直接在普通基金或特种基金中作为当期运营处理，而应当将财务资源转入资本项目基金中处理。

4.资本项目基金投资收益

资本项目有时在工程开工之前就筹集到了资金，或虽然工程已经开工建设，但按照协议无须立即付款，这时就会出现资金暂时闲置的情况。为了提高资金的效益，政府将这部分资金用于风险低、收益高的投资项目，以取得投资收益。

5.特赋收入

政府组织的一些资本工程，如临街建设或改良工程，可以通过特赋来筹集资源。特赋是根据特定财产或纳税人从资本改良中得到利益而通过征收特别税的形式筹集资金。这种资本改良通常通过发行债券融资，待将来特赋工程项目建成后，用收取的特赋款项来偿还债券本息。根据美国政府会计准则委员会的规定，这条资金来源渠道可并入特种基金或其他基金处理。

（二）资本项目基金收入和其他资金来源的确认与计量

资本项目基金应采用修正的应计制基础确认。其中，资本项目基金收入应在可计量和可收到时确认。这里，可计量是指收入可为当期资本项目基金支出提供财务资源，资本项目基金支出则应在相关负债发生时确认。资本项目基金主要计量财务资源来源和运用，以及财务资源可用于嗣后的支出。例如，发行长期债券应在可收到财务资源时记录，但由于负债的偿还不需要动用资本项目基金的财务资源，所以，负债本身应在长期负债账户组中记录。同样，资本资产在建设期间通过资本项目基金处理，但由于资本资产不是资本项目基金可支配支用的财务资源，所以，资本资产建造应在固定资产账户组中记录并予以资本化处理。另外，资本项目基金只在资本资产取得或建设期间存在，资本资产建设期满后应进行清算。

（三）资本项目基金收入和其他资金来源的账务处理示例

【例10-19】经立法机构批准，为了筹集机场建设所需资金，某政府发行面值为50 000 000元的长期债券，现金已收到。

发行债券或举借其他长期负债筹集的资金不是政府资本项目基金的运营收入，它只表示当期可支用的财务资源，通常应确认为其他资金来源。同时，发行长期债券筹集到了当期可支用的资金，也产生了政府按约定期限还本付息的义务，所以，应同时在普通长期负债账户组中记录这笔长期负债。会计处理如下：

在资本项目基金中作记录。

借：现金　　　　　　　　　　　　　　　　　　50 000 000

贷：其他资金来源——发行债券　50 000 000

同时，在普通长期负债账户组中记录政府发生的长期负债。

借：应提供偿债款　50 000 000

贷：应付债券　50 000 000

如果上述债券通过普通基金发行并收款，然后转账给资本项目基金，则这种基金间的转账属于运营转账交易，其会计处理如下：

在普通基金中确认债券发行和收取的款项。

借：现金　50 000 000

贷：其他资金来源　50 000 000

同时，在普通长期负债账户组中记录政府发生的长期负债。

借：应提供偿债款　50 000 000

贷：应付债券　50 000 000

在资本项目基金中确认普通基金应转入的款项。

借：应收普通基金款　50 000 000

贷：其他资金来源——运营从普通基金转入　50 000 000

同时，在普通基金中记录应转账给资本项目基金的款项。

借：其他资金运用——运营转至资本项目基金　50 000 000

贷：应付资本项目基金款　50 000 000

【例10-20】承上例，为了筹集机场建设所需资金所发行的债券采取溢价发行的方式，溢价款为2 500 000元。

与企业一样，政府债券可能按面值发行，也可能折价或溢价发行。当债券票面利率高于市场利率时，一般应选择溢价发行，由于溢价部分实际上是票面利率高于市场利率的一种补偿，所以，在会计确认和计量时，应当将溢价部分与债券本金部分分开记录，且溢价部分不能确认为其他资金来源，而应当转入偿债基金，或作为应付偿债基金款记录，以便将来用于偿付债券的利息。会计处理如下：

在资本基金中确认应转账给偿债基金的溢价款。

借：现金　2 500 000

贷：应付偿债基金款　2 500 000

同时，在偿债基金中确认应转入的溢价款。

借：应收资本项目基金款　2 500 000

贷：其他资金来源——债券溢价　2 500 000

【例10-21】根据立法机构批准的预算，本年从普通基金转账8 000 000元建立资本项目基金，用于桥梁建设。

这种基金间转账业务转出的基金不作为支出而作为运营转出处理，转入的基金也不作为收入而作为其他资金来源处理。会计记录如下：

在资本项目基金中确认其他资金来源。

借：现金　8 000 000

贷：其他资金来源　8 000 000

同时，在普通基金中确认其他资金运用。

借：其他资金运用——运营转至资本项目基金 8 000 000

贷：现金 8 000 000

【例10-22】收到上级政府拨来的本年度的建设公路工程补助款30 000 000元。

资本补助在资本项目基金中应按可计量性和可收到的标准确认为收入。通常，受助单位可能预先收到补助款项，也可能在发生支出时要求补助方给予拨款，也就是在发生经费支出的同时确认支出和相应的补助收入。本业务属于前一种情况，会计分录如下：

借：现金 30 000 000

贷：补助收入 30 000 000

【例10-23】某政府于20×9年8月1日收到上级政府补助款15 000 000元和发行债券所得款5 000 000元，共计20 000 000元，用于购买年利率为12%的9个月期债券。9个月后，收回投资债券的本金和按照约定利率计算的利息。

在美国，根据州和地方政府的法律、法规的规定，这种短期投资所赚得的收益可用于补充资本项目基金或作为其他政府基金的财务资源。如果收益用于资本项目，则应作为资本项目基金的收入确认。但是，如果用发行债券所得款项投资赚得的利息则应转给偿债基金，以帮助它筹集偿还债券本金和支付利息的资金。会计处理如下：

记录短期投资业务。

借：投资——政府债券 20 000 000

贷：现金 20 000 000

20×9年12月31日，应计5个月的利息收入合计1 000 000元，其中，有250 000元属于发行债券所筹资金的投资利息，应转给偿债基金。

借：应收利息 1 000 000

贷：收入——投资利息 1 000 000

借：其他资金运用——运营转至偿债基金 250 000

贷：应付偿债基金款 250 000

同时，在偿债基金中做会计分录。

借：应收资本项目基金款 250 000

贷：其他资金来源——运营从资本项目基金转入 250 000

20×0年5月1日记录收回本金和利息。

借：现金 21 800 000

贷：投资——政府债券 20 000 000

应收利息 1 000 000

收入——投资利息 800 000

记录应转给偿债基金的利息。

借：其他资金运用——运营转至偿债基金 200 000

贷：应付偿债基金款 200 000

同时，在偿债基金中做会计分录。

借：应收资本项目基金款 200 000

贷：其他资金来源——运营从资本项目基金转入 200 000

二、资本项目基金支出和其他资金运用会计

（一）资本项目工程成本的构成

资本项目工程成本应包括所有因资本工程建设而发生的支出，即除了土地、建筑材料、人工费等直接成本外，工程总成本还应包括与之相关的各项支出，如工程设计费、运输成本等。

此外，工程成本还包括管理费和利息。管理费是指应由资本工程负担的相关管理费用，如通过内部服务基金为工程提供货物或服务的费用，或工程项目发生的其他相关费用等。但各国的法律、法规和合同协议对某些工程（如通过政府间补助筹资的资本工程）都作出了不分摊一般行政管理费的规定，这是因为工程发生的一般行政管理费通常由普通基金或特种基金支付。如果需要由工程来负担这部分管理费，应把这部分一般行政管理费返还给普通基金或特种基金，其返还的数额通常是根据预定的公式计算求得的，而不是按照成本会计或类似的记录分摊。利息则指资本项目基金由于资金尚未到位，为保证资本项目工程建设的正常进行，向银行或其他金融机构举借短期债务所发生的利息支出，也包括由内部服务基金提供融资便利而支付的利息及手续费等。按规定，这部分利息和手续费应由资本项目基金承担，并作为工程成本处理。至于为资本工程融资而发行的债券或其他长期债券所支付的利息，则由偿债基金支付，不作为资本项目基金的工程成本处理。

（二）资本项目基金支出的确认和计量

资本项目基金支出同样采用修正的应计制基础确认，即在相关负债发生时确认。资本项目基金主要用于处理政府购置或建设资本资产而支用的财务资源，但取得的资本资产却不在资本项目基金中资本化。资本资产竣工交付使用后，该资产的受托责任就必须从资本项目基金中转出，并将累计支出数在普通固定资产账户组中予以资本化。

（三）资本项目基金支出账务处理示例

【例10-24】某地方政府与艾琳工程公司签订桥梁建设人工及机械费用为15 000 000元的建筑合同，与托玛建材公司签订总价为32 000 000元的建材采购合同。

根据签订的建设合同，做会计分录如下：

借：保留支出	47 000 000	
贷：保留支出储备		47 000 000

【例10-25】承上例，用现金支付桥梁设计费500 000元。做会计分录如下：

借：支出——工程设计费	500 000	
贷：现金		500 000

同时，在普通固定资产账户组中记录如下：

借：在建工程	500 000	
贷：固定资产投资		500 000

【例10-26】承上例，年末根据合同规定确认向艾琳公司支付工程进度款4 800 000元，但款项尚未支付。做会计分录如下：

借：支出——工程支出	4 800 000	
贷：应付账款		4 800 000

同时，做保留数减少的会计分录：

借：保留支出储备 4 800 000
　贷：保留支出 4 800 000

在普通固定资产账户组中做相应分录：

借：在建工程 4 800 000
　贷：固定资产投资 4 800 000

待支付款项时记录如下：

借：应付账款 4 800 000
　贷：现金 4 800 000

【例10-27】承前例，收到托玛建材公司发运来的建筑材料，发票金额为16 000 000元。做会计分录如下：

借：支出——工程支出 16 000 000
　贷：应付账款——托玛建材公司 16 000 000

同时，减少保留支出储备：

借：保留支出储备 16 000 000
　贷：保留支出 16 000 000

在普通固定资产账户组中记录如下：

借：在建工程 16 000 000
　贷：固定资产投资 16 000 000

待支付材料价款时记录如下：

借：应付账款 16 000 000
　贷：现金 16 000 000

【例10-28】承前例，年底经结算，该桥梁工程欠内部服务基金的管理费为120 000元。做会计分录如下：

借：支出——工程支出 120 000
　贷：现金 120 000

在普通固定资产账户组中记录如下：

借：在建工程 120 000
　贷：固定资产投资 120 000

【例10-29】承前例，为建设该工程项目，发行政府债券，面值为20 000 000元，溢价500 000元。

在资本项目基金中记录如下：

借：现金 20 500 000
　贷：其他资金来源——发行债券 20 000 000
　　　应付偿债基金款 500 000

同时，在偿债基金中确认应转入的溢价款：

借：应收资本项目基金款 500 000
　贷：其他资金来源——债券溢价 500 000

在普通长期负债账户组中记录发生的政府长期负债，做会计分录如下：

借：应提供偿债款 20 000 000

　　贷：应付债券　20 000 000

【例10-30】在工程竣工时，向艾琳建筑公司支付工程尾款10 200 000元，向托玛建材公司支付建材余款16 000 000元。会计处理如下：

借：支出——工程支出　10 200 000

　　　　——建筑材料　16 000 000

　　贷：现金　26 200 000

同时，做保留数减少的会计分录如下：

借：保留支出储备　26 200 000

　　贷：保留支出　26 200 000

在普通固定资产账户组中记录如下：

借：在建工程　26 200 000

　　贷：固定资产投资　26 200 000

三、资本项目基金财务报表

与普通基金和特种基金一样，资本项目基金作为一个独立的基金会计主体与报告主体，会计年度结束时也应当按照规定编制有关财务报表。但是，资本项目基金会计最主要的期间是从项目开始到完工后结账的这个期间。由于大部分资本项目都是跨年度的项目，只有将各该项目所发生的所有收入和支出都登记入账后，才能编制出完整的财务报表。所以，年终财务报表只能反映资本项目进度及年度内财务收支情况。公认会计原则要求，即使是跨年度的工程，资本项目基金也应当编制年度财务报表，披露本年度和累计的情况，以满足使用者的具体需要。

另外，政府可能同时进行若干个资本项目的建设，每一个资本项目都应作为独立的会计与报告主体，分别进行会计处理，编制财务报表。而且，政府还经常出现一笔款项或一个渠道来源的资金用于不同的资本项目的情况，因而分基金也是一个独立的会计与报告主体。这样，资本项目基金为了反映单个基金、分基金，以及所有资本项目基金的财务收支情况及运营结果，除了要分别编制单个基金、分基金的财务报表外，还必须编制所有资本项目基金的合并财务报表，单个资本项目基金栏目的数字应与汇总栏目的数字勾稽相符。

单个资本项目或分基金的财务报表包括：①收入、支出及基金余额变动表。这张报表要求按照收入和其他资金来源、支出和其他资金运用分别揭示资本项目基金的收支情况及基金余额。②资产负债表。该报表要求揭示当期可支用的资产和流动负债、基金余额。其中，基金余额应分别揭示已储备和未储备的数额。

第三节　偿债基金会计

政府对外承担的各种具有偿还义务的债务既有短期负债，也有长期负债。其中，长期负债既包括各种中长期债券和票据，也包括资本租赁协议产生的其他流动负债、养老金计划、缺勤补偿和其他非债券长期负债。偿债基金应按项目设置而不按期间设置，由于偿债基金处理的是尚未到期的长期负债，长期负债到期时应予以撤销，所以，偿债基金是有期限的基金。从理论上讲，政府可以为各种长期负债设置偿债基金，但并不是所有的长期负债都通过偿债基金偿还，通常只有那些按照法律程序发行的、以政府的信誉和信用作担保的政府债券及票据，法律或债务协议明确规定在债务未到期之前应当累积偿还本金和利息资金的长期负债才通过偿债基金处理。至于资本租赁和其他长期负债，除非法律作了特别规定，否则可以直接通过普通基金或特种基金偿还，而不必通过偿债基金偿还。

一、偿债基金收入和其他资金来源会计

（一）偿债基金的资金来源

用于偿还长期负债的财务资源一般从以下渠道取得：

1.税收收入

财产税是一个最主要的偿债基金来源渠道，它甚至可以为某一次发行债券确定一个特定的财产税率，或总的年度税率可以根据若干次发行债券的不同比例确定。立法机构可以指定税收的特定用途，如规定只能用于当期运营、资本投资、偿还债务等。在这种情况下，征收的税收应在特种基金中处理，为偿付所发行的债券而征收的部分税收则必须转入偿债基金。

2.偿债基金投资收益

偿债基金在偿还债券本息之前，可用于短期投资，其投资收益一般用于增加偿债基金。

3.其他资金来源

其他资金来源渠道很多，主要包括以下方面：①发行新债券融资。可以用发行的新债券替换即将到期的债券，也可以用发行新债券所得款项偿还到期的债券。②其他政府基金转入。一般而言，对于购置一般行政资本资产或为了弥补普通基金赤字而发行的长期债券，要把财务资源从普通基金转入偿债基金。如果财产税不是由偿债基金征收而是由普通基金或特种基金征收的，也应转入偿债基金。③发行债券溢价款。债券溢价款实际上是由于债券的票面利率高于市场利率而形成的款项，它在将来必须按照票面利率偿还债券利息，所以，债券溢价款应从发行债券的基金转入偿债基金，以备将来偿付利息。④发行债券所得款项的存款利息或投资收益，即在发行债券所得款项使用之前，其存放在银行或用该款项进行短期投资所得利息或投资收益也应转入偿债基金。⑤资本项目基金结余。政府发行的大部分债券是为资本性投资筹集资金，资本项目竣工结算后，如果该项目有收支结余，应从资本项目基金转入偿债基金，作为偿债基金的一个资金来源。

（二）偿债基金的确认与计量

偿债基金一般采用修正的应计制会计基础。美国政府会计准则委员会（GASB）就要求州和地方政府对偿债基金收入和转入应在它们可计量和可收到时确认，支出应在相关的负债发生时确认，但由于债券本金和利息偿还是以“到期时间”为确认基础的，所以，偿债基金支出只确认需要动用当期财务资源偿付的那部分债券本金和利息，对不需要动用当期偿债基金偿还的未到期债券的本金和利息，在会计期末不予确认。与其他政府基金一样，偿债基金计量的侧重点也是当期财务资源的来源与运用，以及可用于嗣后偿还债券本息的净财务资源。因此，尽管偿债基金是用于偿还普通长期负债本息的基金，但长期负债本身在普通长期负债账户组中记录，而且普通长期负债并不动用当期的财务资源。所以，

在到期之前通常不确认为偿债基金负债。

（三）偿债基金收入和其他财务资源来源的账务处理示例

【例 10-31】根据分批偿还债券发行协议，某地方政府为公路建设工程发行的1 000 000元债券建立偿债基金。该基金发生的收入及其他资金来源业务如下：

①收到普通基金转来的财产税300 000元。

由于财产税是通过普通基金征收的，在普通基金中应确认为收入，待期末转给偿债基金时，偿债基金确认为收入的增加，普通基金记录为收入的减少。

在偿债基金中记录如下：

借：现金　300 000

　贷：收入——财产税　300 000

在普通基金中记录如下：

借：收入——财产税　300 000

　贷：现金——应付偿债基金款　300 000

②从普通基金转入偿债基金款150 000元。

在偿债基金中记录如下：

借：现金　150 000

　贷：其他资金来源——运营从普通基金转入　150 000

在普通基金中记录如下：

借：其他资金运用——运营转至偿债基金　150 000

　贷：现金　150 000

③将未使用的偿债基金400 000元用于短期票据（6个月）投资，年利率为12%。

在进行短期票据投资时记录如下：

借：投资　400 000

　贷：现金　400 000

待收回投资的本金和利息时记录如下：

借：现金　424 000

　贷：投资　400 000

　　　收入——投资收益　24 000

④记录应从资本项目基金转入的工程结余款54 000元。

在偿债基金中记录如下：

借：应收资本项目基金款　54 000

　贷：基金余额转入——资本项目基金转入　54 000

在资本项目基金中记录如下：

借：基金余额转出——转至偿债基金　54 000

　贷：应付偿债基金款　54 000

二、偿债基金支出会计

（一）偿债基金支出的确认与计量的特殊性

由于政府用于长期负债本息偿还的财务资源大部分是通过其他政府基金转入或通过征

收财产税筹集的，而政府预算通常是按年编制并据以拨款，财产税也是逐年征收作为偿债基金收入，所以，偿债支出在政府会计实务中一般在财政年度末不作应计的会计处理，而是按照债券本息的“到期时间”确认为支出。美国政府会计准则委员会（GASB）在准则汇编中提出，若当年提供的偿债基金的财务资源是为了支付下年度早些时候到期的债券本息，那么可以在年末确认支出及相关负债，计入偿债基金，同时，债券本金应从普通长期负债账户组中转出。这样，偿债基金支出通常被允许采用“到期时间”和“下年度早些时候到期”的混合确认标准。根据这一确认标准，未到期负债本息由于不需要动用当期偿债基金财务资源而不确认为支出。在债券票面利率高于市场利率时，政府也可能决定提前偿还债券本息并收回债券，如果通过法律程序废止债务，应将债务从普通长期负债账户组中转销并在偿债基金中记录支出。

（二）偿债基金支出的账务处理示例

【例10-32】某政府根据公路建设债券的发行协议，于20×3年1月1日按面额发行5年期、年利率为9%的政府债券1 000 000元，将于20×8年1月1日到期。债券发行协议规定，政府应当为该债券建立偿债基金，每年支付利息，到期偿还本金。

①20×3—20×6年每年的12月份确认90 000元的利息支出。

借：支出——利息支出	90 000	
贷：应付利息——公路建设债券		90 000

待支付利息时记录如下：

借：应付利息——公路建设债券	90 000	
贷：现金		90 000

②由于该债券20×8年1月1日到期，所以，20×7年12月31日应将债券的本金和20×7年度的利息均确认为支出。会计分录如下：

借：支出——利息支出	90 000	
偿还公路建设债券本金	1 000 000	
贷：应付利息——公路建设债券		90 000
应付债券——公路建设债券		1 000 000

同时，在普通长期负债账户组中记录如下：

借：应付债券——公路建设债券	1 000 000	
贷：已提供偿债款		1 000 000

待支付债券本金和利息时记录如下：

借：应付利息——公路建设债券	90 000	
应付债券——公路建设债券	1 000 000	
贷：现金		1 090 000

③用现金支付该债券的财务代理费用50 000元。会计分录如下：

借：支出——手续费	50 000	
贷：现金		50 000

三、偿债基金财务报表

（一）偿债基金财务报表的编制要求

偿债基金的财务报表应包含在政府报告主体的通用财务报表和综合年度财务报告中。通常，偿债基金被要求编制资产负债表和收入、支出及基金余额变动表。如果预算按年度编制，还要求编制预算基础的收入、支出及基金余额变动表。但如果偿债基金只按当期基础用于偿还负债的本金和利息，而且财务资源不作积累，也不用于各种长期投资，通常不需要编制资产负债表。如果政府报告主体分别为不同的项目设立偿债基金，那么，还需要采用与其他政府基金相同的方法，编制合并的资产负债表和收入、支出及基金余额变动表。

（二）单个偿债基金财务报表示例

单个偿债基金通常需要编制资产负债表（见表10-4）和收入、支出及基金余额变动表（见表10-5）。

表10-4　**某地方政府分批偿还债券偿债基金（公路建设债券）**

资产负债表

20×9年12月31日　单位：千美元

项　目	金　额
资产	
现金	180
投资	1 000
应收利息	100
资产合计	1 280
负债及基金余额	
负债	
应付账款	80
基金余额	
基金余额——年初	—
基金余额——年末	1 200
负债及基金余额合计	1 280

表 10-5 某地方政府分批偿还债券偿债基金（公路建设债券）

收入、支出及基金余额变动表

20×9 年度 单位：千美元

项 目	实际数	预算数	差 异
收入			
财产税	2 200	2 000	200
投资收益	100	100	—
合计	2 300	2 100	200
其他资金来源			
运营从普通基金转入	1 100	1 000	100
收入及其他资金来源合计	3 400	3 100	300
支出			
偿还到期债券本金	2 000	2 000	—
支付债券利息	120	120	—
财务手续费	80	80	—
支出合计	2 200	2 200	—
收入及其他资金来源超过支出数	1 200	900	300
基金余额——期初	—	—	—
基金余额——期末	1 200	900	300

第四节 普通长期负债与普通固定资产账户组会计

普通固定资产账户组和普通长期负债账户组是政府基金会计系统中的两个独立的会计和报告主体，但与其他政府基金有密切联系。普通固定资产账户组主要用于确认、计量、记录和报告政府基金和类似的受托基金购置和建造固定资产的增减变化情况。普通长期负债账户组主要用于确认、计量、记录和报告政府基金和类似的受托基金承担普通义务的长期负债的变动情况。

一、普通长期负债账户组会计

（一）普通长期负债账户组会计的特点

普通长期负债是与特定基金负债相区别的一种政府负债，它通常被定义为政府除了那些在权益基金或信托基金中处理之外的所有未到期的长期负债，包括未到期的债券本金、应付票据、要求权与法院判决负债、缺勤补偿，以及不是其他基金主要义务的“一般行政”形成的负债等。在政府会计中，财务资源被要求按照不同的基金主体分别设置账户，单独进行会计核算和报告，政府基金和类似的受托基金以当期财务资源流动为会计计量的侧重点，尽管政府在当期因发生普通义务的未到期长期负债为相应的政府基金提供了可支用的财务资源，并在基金主体中记录为“其他资金来源”，但由于它不需要动用当期财务资源偿还而不被记录为该基金主体的负债。这些长期负债与权益基金及不可支用受托基金发生的长期负债在会计处理上不同。前者不能直接在各基金主体中处理，也不按应计制基础确认其应付利息；后者发生的长期负债则直接在各基金主体中处理，而且为了确定基金净收益，必须应计长期负债利息。所以，为了区别这两类长期负债，把这些长期负债定义为“普通”长期负债。

（二）普通长期负债账户组的会计处理

普通长期负债账户组是一个独立的会计主体，必须设置一套自求平衡的账户体系。普通长期负债账户组的会计处理主要包括以下三个方面：

1.普通长期负债发生时的会计处理

政府发生普通长期负债时，应在有关政府基金中记录为“其他资金来源”，将所欠负债的本金在普通长期负债账户组中贷记相关的负债账户，并将相关的负债反映在“应提供偿债款”或类似的账户中，以表示将来某些收入的资源主要用于偿还到期的负债本金。一般会计分录如下：

借：应提供偿债款

　贷：应付债券（本金）

2.偿债资源积累的会计处理

为偿还到期普通长期负债本金的资源一般应在偿债基金中积累，同时在普通长期负债账户组中根据资源在偿债基金中的积累情况做减少“应提供偿债款”，相应设立或增加“已提供偿债款”的记录，以反映已提供的可用于偿还长期负债的财务资源。一般会计分录如下：

借：已提供偿债款

　贷：应提供偿债款

3.普通长期负债偿还的会计处理

长期负债到期偿还时，一方面通过偿债基金支付，另一方面应将偿还负债的本金分别从普通长期负债账户组中的负债账户及相关的“已提供偿债款”或“应提供偿债款”账户结转出去。一般会计分录如下：

借：应付债券（本金）

　贷：已提供偿债款

（三）普通长期负债账户组的财务报表

为了反映政府承担及履行偿还债务的受托责任，应在政府报告主体的合并资产负债表中反映普通长期负债的情况，而不需要单独编制财务报表。但普通长期负债应作为财务报表的附表反映在政府的财务报告中，以详细反映普通长期负债的形成及偿还情况等。一般在财务报表附注中编制“普通长期负债变动明细表（一览表）”和“债券到期偿还协议明细表（一览表）”，并说明举债资源用于不同用途的数额等。

二、普通固定资产账户组会计

普通固定资产通常被定义为政府及政府单位拥有的除了那些在权益基金或信托基金中处理之外的所有固定资产。在政府会计中，财务资源被要求按照不同的基金主体分别设置账户，进行独立核算和报告。可支用的政府基金和类似的受托基金以当期财务资源流动为会计计量的侧重点，其购置固定资产的财务资源由于动用了当期可支用的财务资源而确认为支出，但这种基金支出所形成的固定资产由于不是以后会计期间可支用的财务资源而不被记录为该基金的资产。这些固定资产与权益基金和不可支用信托基金购置的固定资产在会计处理上不同。前者不能直接在各基金中处理，也不计提折旧；后者购置的固定资产直接在各基金中处理，而且为了确定基金净收益，必须计提折旧。

（一）普通固定资产的分类

在政府会计中，通常按照固定资产的形态进行分类，主要包括土地、建筑物及改良、基础设施及改良、机器设备，以及在建工程等。

1.土地

土地是指政府通过交换、交易取得的土地，其成本主要包括土地的买价、为取得土地所发生的费用，以及为使土地达到可使用状态所发生的各项支出。

2.建筑物及改良

建筑物是指政府通过资本工程项目建造或其他渠道取得的能够相对长久地使用的房屋及其他建筑物。建筑物改良则是指永久性地附加在建筑物上、成为建筑物的一部分的固定设施，若不拆除建筑物的墙体、房顶、地板或以其他方式毁坏建筑物，这些设施就无法搬移。

3.基础设施及改良

基础设施及改良是指政府投资兴建的房屋等建筑物以外的道路、围墙、护栏、地下管道、桥梁、人行道、隧道，以及其他公共设施等资产。

4.机器设备

机器设备是指政府部门及政府单位因办公及其他公务需要而购置的各种不可移动的财产，包括办公桌椅、电脑设备等。

5.在建工程

在建工程是指政府投资建设的尚未完工的资本工程已发生的成本，它们在完工后要进行重新分类。

（二）普通固定资产的确认与计量

1.普通固定资产的确认

普通固定资产的确认主要是关于资本化政策的问题，即哪些基金支出或哪些财产应予以资本化并确认为政府的普通固定资产，通常有三条确认标准。

（1）法律要求

法律规章要求每一项固定资产的成本应在某一需要予以资本化的数额以上，凡是其支出数额达到某一需要予以资本化的限额（一般单位成本超过500元或1 000元）的，均应予以资本化并确认为固定资产。但是，有些财产的单位成本虽然未达到资本化限额，但它们是大量购置的，也应予以资本化并确认为政府的普通固定资产。

（2）重大性

重大性是指确认为普通固定资产的财产必须是数额重大且对财务报表影响较大，性质重大的财产。如果数额较小，对财务报表影响不大，即使可以长久使用，为简化其会计核算手续，也可以不确认为普通固定资产。

（3）管理控制

这条政策主要是从管理需要的角度考虑的，对于某些需要加强控制的财产，如个人电脑、通信设备、枪支等，不论其价值大小，只要它的性质使得采用适当的会计处理成为必需，那么就应当将它确认为普通固定资产。

2.普通固定资产的计量

普通固定资产的计量通常可以采用三种不同的标准。

（1）历史成本

政府基金会计的历史成本原则的含义与企业会计相同，固定资产应按成本计价。这里，成本是指原始成本、取得成本或历史成本，即政府购置或建造固定资产时所发生的成本，包括为取得固定资产而发生的所有正常和必要的支出。

（2）估计成本

对于取得固定资产的原始单据不全或盘盈的固定资产，或由于各种原因造成固定资产丢失，重新建立这些会计记录已不可能或成本过高时，可以采用估计成本予以计量。

（3）公平市价

政府除通过购买、建造和融资租赁等方式取得固定资产外，还可以通过接受捐赠、没收、永久占用或财产归公等方式取得固定资产。政府接受捐赠取得的固定资产在没有取得可据以记账的原始凭证时，可以采用公平市价或其他标准计价。纳税人因欠缴税款或其他原因被没收的担保品，应按照被没收担保品的公平市价与拖欠税款、滞纳金、罚款及没收财产处置成本之和孰低计价。永久性占用是政府为公共目的而有偿取得私有财产的权利，对该项财产所有者的赔偿由法庭裁定。以这种方式取得财产的会计处理与协议购买固定资产的会计处理相同。

（三）普通固定资产账务处理示例

【例10-33】某政府用普通基金为办公室购置100台电脑，总价款为520 000元。会计处理如下：

借：固定资产——机器设备　520 000

　贷：固定资产投资——普通基金　520 000

这笔业务在普通基金中记录为“支出——资本支出”。

【例10-34】某地方政府桥梁建设工程的竣工决算总造价确定为12 800 000元。

应根据竣工决算确定的桥梁价值转记为固定资产。会计分录如下：

借：固定资产——基础设施　12 800 000

　贷：在建工程　12 800 000

【例10-35】某地方政府接受私人捐赠土地一块，评估价值为5 000 000元。

接受捐赠取得的政府固定资产与购买、建造的固定资产不同，它不需要在政府基金中记录收入，也不记录支出。它只需要在普通固定资产账户组中按估计成本或公平市价记录固定资产及固定资产投资即可。会计分录如下：

借：固定资产——土地 5 000 000

贷：固定资产投资——私人捐赠 5 000 000

【例 10-36】某地方政府将一辆账面原值为250 000元的小汽车作价75 000元出售处理。

普通固定资产因出售、报废等原因减少时，由于普通固定资产不计提折旧，应按其取得时的原始成本和账面价值，作与取得固定资产时相反的会计处理，予以注销。将固定资产处置所取得的款项分别在有关政府基金中记录为收入或其他资金来源。

在普通固定资产账户组中的记录如下：

借：固定资产投资 250 000

贷：固定资产——设备 250 000

同时，在普通基金中记录处置的收入如下：

借：现金 75 000

贷：收入——其他收入 75 000

（四）普通固定资产账户组的财务报表

编制普通固定资产账户组的财务报表通常是为了反映政府管理固定资产的受托责任。一般情况下，普通固定资产应反映在政府财务报告主体的合并资产负债表中，而不需要单独编制财务报表，但普通固定资产信息应作为财务报表的附表反映在政府财务报告的附注中，详细报告普通固定资产的构成和普通固定资产的来源情况，即应按照普通固定资产类别、投资来源编制“普通固定资产增减变动明细表”。某地方政府20×7年年末按照普通固定资产类别编制的报表见表10-6。

表 10-6 **某地方政府普通固定资产增减变动明细表**

20×9 年 12 月 31 日 单位：千美元

	期初余额	本期增加额	本期减少额	期末余额
土地	57 200	3 000		60 200
建筑物及改良	36 350	1 350	1 500	36 200
基础设施及改良	70 750	48 650		119 400
机器设备	6 095	825	650	6 270
在建工程	32 550	26 100	12 800	45 850
合计	202 945	79 925	14 950	267 920

第五节 受托基金会计

美国政府会计准则委员会（GASB）第 34 号公告中的受托基金是用来记录政府单位作为个人、组织或者其他政府单位的代理人或信托人所从事的活动。政府受托基金主要包括代理基金和信托基金两大类。在法律上，信托基金同代理基金有着明确的界限。但是，在会计实务中，信托关系和代理关系的区别并不重要。从会计角度出发，最为重要的问题是基金中的资产在法律以及相关的规定下，哪些可以使用，哪些不可以使用。信托基金和代理基金只能说在程度上有所区别。信托基金通常持续时间长于代理基金，而且在更大程度上代表和维护委托人的利益，并在管理和会计及财务报告方面涉及更多内容。代理基金只是在政府单位作为其他方保管人而持有资源时使用。

由于受托活动仅使得其他个人、组织和政府受益，而非政府单位本身，GASB在第34号公告中将受托活动的报告排除在政府总财务报告之外。因此，受托活动仅在相关的代理基金和信托基金财务报告中予以报告。

一、代理基金会计

（一）代理基金及其确认和计量

GASB将代理基金确认为受托基金的四个类型之一。政府的代理基金是根据委托、代理关系设立的，以政府为代理人，代表委托人持有并按委托协议规定或委托人的指令处置资源的基金。如果某一政府单位作为其他政府单位、机构或个人的代理人而持有和管理某种资源，因代理关系的存在，就应当建立相应的代理基金。同样，如果某一政府单位定期收到需要按资源提供者的指令转给其他基金的资源时，也产生了代理关系，也应当设立相应的代理基金。

代理基金中记录的资产属于委托政府单位作为代理人的一方或多方所有。因此，代理基金的资产被同等金额的债务所抵销，即代理基金的会计等式为“资产=负债”，代理基金通常也只需编制资产负债表。GASB第34号公告要求代理基金的资产和负债按照应计制基础确认，然而其收入、支出以及费用不在代理基金中确认。

（二）税收代理基金会计处理示例

税收代理基金的代理关系是基于政府单位为其他基金或者其他政府单位征缴的税收或者其他收入。州政府通常征缴销售税、汽油税和其他税收，这些税收分配给州代理机构或者州内的地方政府单位。

【例10-37】某地方政府20×9年度代理基金可进行征缴的不动产税为2 500 000元。会计处理如下：

借：应收税款——当期为其他基金和单位	2 500 000	
贷：应付其他基金和单位款		2 500 000

如果实际征缴数额为2 000 000元，则会计分录为：

借：现金	2 000 000	
贷：应收税款——当期为其他基金和单位		2 000 000

如果税收代理基金支付现金，会计分录如下：

借：应付其他基金和单位款

　贷：现金

（三）“过账”代理基金会计处理示例

政府可能收到一笔由若干政府单位或基金共享的拨款或收入，在未接到拨款人指令分拨出去之前，应设立代理基金进行会计处理。这种代理基金也称为“过账”基金或“过渡”基金。

【例10-38】某地方政府单位收到中央（联邦）政府拨款300 000元，用于补助普通基金和资本项目基金。

在该款项的分拨数额尚未明确之前，应设立一个过渡的代理基金予以处理。会计分录如下：

借：现金 300 000

贷：应付其他基金款 300 000

待接到该款项分拨数额的指令后，按分拨指令将该款项分拨给这两个基金。会计分录如下：

借：应付其他基金款 300 000

贷：现金 300 000

二、信托基金会计

（一）信托基金的特点及会计原则

信托基金是以政府作为财产受托人或管理人，其所管理的资产通常属于另一个机构或个人，并根据委托人的指令进行管理的基金。作为受托人，政府对信托资产管理的主要依据是它与委托人双方签订的信托协议或合同，其整个管理工作主要围绕如何严格地执行协议或合同的财务收支规定。信托基金通常可以长时间地存在，而且还可能涉及投资和对其他信托资产的管理，所以，信托基金管理和会计系统都比较复杂。

如果按照信托基金资源是否可支用分类，信托基金可以分为可支用信托基金、不可支用信托基金和养老金信托基金。由于不同的信托基金在本质上有重大差异，有些类似于普通基金和特种基金，有些类似于权益基金，有些则兼而有之，因此，在信托基金会计中，应考虑其所属的基金类别，分别参照前面各章相关部分中所介绍的会计原则进行核算和报告。

（二）可支用信托基金会计

可支用信托基金是利用捐赠人或其他资源提供者提供的资源建立并限定用途的信托基金。可支用信托基金资源的流入、流出和基金余额的性质与普通基金和特种基金相类似，其会计确认基础也采用修正的应计制基础。

1.可支用信托基金的会计确认与计量

（1）收入与其他资金来源

可支用信托基金应区分收入和其他资金来源，用于建立基金的资源流入既不能确认为收入，也不能确认为其他资金来源，而应确认为基金余额，使它在初创时就保持“基金资产=基金余额”的会计恒等关系。在可支用信托基金中，收入包括该基金投资获得的收益、补助和捐赠，应在可计量和可收到时确认。从其他政府基金转入的财务资源，由于它具有政府基金的性质，不能确认为收入，应确认为其他资金来源。

（2）支出及控制

可支用信托基金支出可根据信托协议或合同规定的用途分类，但受托的政府为了加强内部控制和对外编制政府主体的通用财务报表或综合年度财务报告，一般还可以按照组织单位、活动、特征和目的分类。可支用信托基金支出反映基金财务资源的减少，它一般应在相关负债发生时确认。为了控制基金支出，可支用信托基金应设置保留数会计，以控制该基金未履行的货物或服务采购协议或合同。

（3）基金资产与负债

可支用信托基金计量的侧重点是当期财务资源流动，基金资产通常是指当期或嗣后用基金财务资源偿付的各项债务，包括应付账款、应计费用、递延收入和应付政府基金款等。通常，可支用信托基金不发生长期负债，也不拥有固定资产。若动用基金资产购置固定资产，在可支用信托基金中通常只记录动用基金资产购置固定资产发生的支出，固定资产应在政府的普通固定资产账户组中处理。

2.可支用信托基金的财务报表

政府编制通用财务报表或综合年度财务报告时，应包含可支用信托基金的财务报表。可支用信托基金应编制资产负债表和收入、支出及基金余额变动表，并提供与法律、信托协议规定相一致的报表及必要的附注说明。如果可支用信托基金按立法程序编制年度预算，还应编制预算与实际比较的收入、支出及基金余额变动表；如果政府单位拥有多个可支用信托基金，还应编制可支用信托基金的合并报表。

（三）不可支用信托基金会计

1.不可支用信托基金的内容及确认与计量

根据基金运营收益是否可支用，不可支用信托基金可分为两类：①本金和收益都不可支用的信托基金，如贷款基金；②收益可动用但本金不可动用的信托基金，它也称为留本基金，如各种捐赠基金等。但不论收益是否可支用，这类信托基金都必须详细区分应保存的信托本金与收益。其中，留本基金还要求将信托基金本金和信托基金收益分别作为会计和报告主体；不可支用信托基金的会计处理主要根据信托协议或合同，而且创立人或捐赠人通常有权决定影响信托基金的收入、费用、利得或损失的特定项目，以及相关的信托收益。所以，收益确定程序一律按信托协议或适用的法律规定进行。

不可支用信托基金与权益基金类似，其会计确认基础采用应计制。在不可支用信托基金中，资产包括能够给主体带来预期经济利益的所有经济资源，即应包括固定资产等，负债包括长期负债在内的所有负债，收入主要指主体销售产品、提供劳务或其他活动所赚取的各种收入或收益，并以交易已经发生且收入赚取的过程已经完成为标准予以确认，费用包括各种固定资产折旧和各种应计费用。

2.捐赠基金账务处理示例

捐赠基金属于收益可动用但本金要保留完整的留本基金，其会计处理要求将本金和收益分别设置各自平衡的账户，将本金与收益的交易或事项分别在本金基金和收益基金中核算。

【例10-39】某地方政府单位的留本基金在20×9年度发生以下交易或事项：

①收到捐赠现金250 000元，用于设立社会治安奖励金，并规定本金不能动用，只能用该基金的收益作为奖励金。会计处理如下：

借：现金	250 000	
贷：基金余额		250 000

②将本金投资于面值200 000元的公司债券，另支付溢价款3 000元，应计利息400元。本金基金的会计处理如下：

借：投资	200 000	
未摊销溢价	3 000	

借：应计利息 400

贷：现金 203 400

③收到债券利息30 000元，并摊销溢价1 250元。本金基金的会计处理如下：

借：现金 30 000

贷：应计利息 400

未摊销溢价 1 250

利息收入 28 350

④将利息收入转入收益基金。本金基金的会计处理如下：

借：运营转出——转至收益基金 28 350

贷：现金 28 350

同时，收益基金应作记录如下：

借：现金 28 350

贷：运营转入——从本金基金转入 28 350

⑤从收益基金中支付奖励金6 000元。收益基金的会计处理如下：

借：支出——奖励金 6 000

贷：现金 6 000

年终，捐赠基金应分别编制本金基金和收益基金的财务报表。其中，收益基金应编制资产负债表和收入、支出及基金余额变动表。本金基金除了这两张报表外，还应编制现金流量表。

第六节　权益基金会计

权益基金是政府用于公营企业和内部服务机构的基金，包括企业基金和内部服务基金。这类基金以商业化形式运营，提供的产品或服务需要收取费用，并要求保证基金的完整。在现代社会中，政府不但从事一般的行政管理活动，还在一定程度上参与市场竞争，通过建立公营企业参与商业活动。政府参与商业活动，并不完全是以营利为目的，主要是为了弥补市场调节的不足，优化资源配置，提高社会的经济效率。政府参与市场活动，还可以保证其公共政策的实施，通过公共交通、供水、供电、道路等项目，达到为社会公众服务的目的。同时，还可以降低行政管理成本，提高财政资金的使用效益。

权益基金与公共基金分别采用不同的会计核算方法。从根本上讲，权益基金的会计核算方法与企业基本相同，但有着自身的特点。基于这一点，本节仅简单介绍企业基金和内部服务基金的会计核算。

一、企业基金会计

政府参与市场竞争，进行商业活动，最直接的手段应是组建公营企业。公营企业的投资者是政府部门，政府是公营企业的所有者、权益人。政府用于投向公营企业的资本，即政府的权益资金。企业基金是政府出资创办普通公营企业的基金，这类企业同其他私营企业一样向社会提供竞争性产品或服务，需要通过向社会销售商品取得收入，保证投入资本的完整。内部服务基金是政府出资创办只为政府内部服务的公营企业的基金，这类企业只为政府部门服务，目的是降低行政支出。

政府权益基金会计，即公营企业会计。西方公营企业会计纳入政府会计体系，但需要遵循财务会计准则（FASB）的规范。权益基金属于不可支用性质的基金，采用与企业会计基本相同的会计方法。

政府应当为每一个公营企业单独建立权益基金，以企业为主体进行会计核算。企业基金要求资本保全，需要区分缴入资本与收入界限，政府投资的资金计入资本项目中。企业基金需要进行成本核算，考核经济效益，要求以应计制为基础确认收入与费用，合理计量会计期间的损益。企业基金与政府其他基金之间的交易活动，视同外部交易处理。企业基金会计需要编制资产负债表、利润表、现金流量表等财务报表反映其财务状况和经营成果。总之，权益基金会计采用与普通企业会计相类似的会计核算方法，以下举几个简单的例子进行说明。

【例10-40】某地方政府从普通基金中拨付5 000 000元，用于建立政府公营企业。

借：现金	5 000 000	
贷：缴入资本		5 000 000

【例10-41】某政府公营企业发生业务费用30 000元，款项已经支付。

借：营业费用	30 000	
贷：现金		30 000

【例10-42】政府公营企业销售商品取得收入80 000元，款项尚未收到。

借：应收账款	80 000	
贷：营业收入		80 000

二、内部服务基金会计

（一）内部服务基金的性质及范围

内部服务基金是政府内部的一个独立的会计与财务报告主体，其设立的目的是为政府部门或单位以及政府提供物品或服务。与公共类型的基金不同，内部服务基金的日常业务运营收入主要来源于向消费该基金物品或服务的政府部门或其他政府收取的服务费，其支出具有垫支性，是一种自我补偿的基金。这种基金与企业基金不同，企业基金主要向社会公众提供物品或服务，其物品或服务的价格通常是根据成本加合理利润确定的，所以，具有营利性质，内部服务基金主要的服务对象是政府内部的各部门或其他政府机构，其物品或服务提供的价格通常只以成本加共同费用的分摊额确定，一般不具有营利性质。

内部服务基金的运营业务十分广泛，涉及政府运营活动的各个方面，其业务活动可分为三种主要类型：

①生产业务，主要为政府部门提供各种大量消耗性货物的制造、加工业务，如印刷厂等；

②物料采购业务，如政府部门耗费的各种办公设备、办公用品及零星物料的采购等；

③提供各种服务或劳务，如复印、政府机关用设备、车辆、房屋修理和维护、汽车运营、通信数据处理、代办保险等。

内部服务基金的资金来源主要有以下几个渠道：普通基金，即通过普通基金直接拨款资助或动用基金余额设立；发行公债或其他债券筹集的资金；由其他政府基金先垫款作为基金的周转金，用将来收回的款项或获得的收益分期偿还；其他政府支付的预付款，将来用物品或服务偿还。

（二）内部服务基金的账务处理示例

内部服务基金的会计处理方法与企业相同，即采用应计制基础确认、计量和记录物品或服务提供活动的收支，并计算运营净收益。固定资产用内部服务基金的资源购置，并计提折旧费用。长期负债直接在内部服务基金中记录，并用该基金的财务资源偿还，而不通过普通长期负债账户组处理。服务价格以成本补偿为基础确定，所以，应提供成本方面的信息，以便相关各方作出各种经济决策。为便于运营业务的管理控制，需要采用成本会计制度，依据作业程序，分别进行分批、分步或标准成本计算。

【例10-43】某政府单位汽车服务中心发生以下运营业务：

①向ABC机械公司购买汽车维修设备，价值250 000元，其中，用现金支付100 000元，余款签发一张为期6个月、年利率为6%的票据。其会计分录如下：

借：设备　250 000
　贷：现金　100 000
　　应付票据　150 000

②用现金支付员工薪金180 000元，水电费90 000元，保险费60 000元，办公费75 000元。其会计分录如下：

借：营业费用——薪金费　180 000
　　——水电费　90 000
　　——保险费　60 000
　　——办公费　75 000
　贷：现金　405 000

③计提固定资产折旧费，其中，房屋折旧费125 000元，机器设备折旧费85 000元。其会计分录如下：

借：营业费用——折旧费　210 000
　贷：累计折旧——房屋　125 000
　　——机器设备85 000

④经汇总，本期耗用的汽车配件及维修材料为300 000元。其会计分录如下：

借：营业费用——物料消耗　300 000
　贷：存货　300 000

⑤应计应付票据利息9 000元。其会计分录如下：

借：营业费用——利息费用　9 000
　贷：应付利息　9 000

思考题

1.政府普通基金和特种基金的财务资源来源于哪些方面？

2.政府资本项目基金的财务资源来源渠道有哪些？

3.政府资本项目基金支出有何特点？

4.政府偿债基金支出的确认与计量有何特殊性？
5.政府代理基金和信托基金有何区别？
6.不同性质的信托基金在会计核算原则方面有何差异？
7.政府普通固定资产如何分类和确认？
8.内部服务基金的主要业务包括哪些方面？
9.政府普通基金和特种基金的财务报表包括哪些内容？如何编制？
10.政府普通固定资产和普通长期负债账户组的财务信息披露有何特点？

第十一章

西方非营利组织会计

学习目标

本章主要讲授西方非营利组织的业务活动特点和高校、医院、自愿健康和福利组织及其他非营利组织的会计基本原理和财务报告编制。通过本章的学习，应掌握和了解以下内容：

1. 了解西方非营利组织的概念、类型和主要业务活动；
2. 掌握西方高等院校基金的设置和会计处理方法；
3. 掌握西方医院的基金设置和会计处理方法；
4. 了解自愿健康和福利组织与其他非营利组织的特征。

美国非营利组织为数众多、发展迅速。在西方各国家中，美国非营利组织会计规范的制定也一直走在前列，故本章讲述的西方非营利组织会计和财务报告均以美国为例展开介绍。

第一节　西方非营利组织的范围与主要业务活动

一、非营利组织的范围

（一）非营利组织的概念

非营利组织是指不具有物质产品生产和国家事务管理职能，主要以精神产品或各种服务形式向社会公众提供服务，不以营利为目的的各类组织机构。

美国财务会计准则委员会（FASB）从非营利组织的特征出发，指出非营利组织应为同时具有以下三个特征的组织：①捐赠人对提供的各种资源既不期望组织返还，也不期望取得经济利益上的回报；②该组织对外提供服务或商品时不以营利或获取某种营利等价物为目的；③该组织不存在可以出售、转让、赎回或一旦清算可以分享剩余财产的所有者利益。

（二）非营利组织的主要活动领域

在以市场经济为主的西方国家，非营利组织一般分为公立的和私立的两大类型。其中，私立的非营利组织占绝大多数。公立的非营利组织主要靠政府拨款运营，视同政府单位，其核算纳入政府会计体系；私立非营利组织主要由私人提供资助，其财务收支具有特殊性。非营利组织采用的会计称为非营利组织会计。

按照非营利组织所从事的业务活动分类，西方非营利组织比较活跃的领域包括：

①教育机构。幼儿园、小学、中学、职业技术学院和高等院校。

②健康和福利组织。医院、疗养院、儿童保护组织、美国红十字会，以及联合服务组织。

③宗教组织。青年男子基督徒协会及其他与宗教相关的组织。

④慈善机构。联合道路、社区心连心及类似筹资机构，其他慈善组织。

⑤基金会。为教育、宗教或慈善目的而建立的私人信托或公司。

二、非营利组织的角色与功能

在价值多元、急速变迁的社会中，非营利组织之所以能存在并日益展现其独特的功能，是因为其扮演了各种积极的社会角色（见表11-1）。

表11-1　**非营利组织扮演的社会角色**

社会角色	说　明
先驱者	非营利组织能敏感地体验社会的需求，以组织的多样与弹性的特质，发展具有创新的构想，适时地传递给政府
改革与倡导者	非营利组织深入社会各层面，实际了解政府政策的偏失，运用舆论或游说等具体行动，促成社会变迁，并寻求政府改善或建立合乎需要的价值体系
价值的维护者	以倡导、参与、改革的精神来改善社会，主动关怀少数弱势群体
服务提供者	承担弥补者（Gap-filling）的角色，经常选择政府未做、不想做或不愿意直接去做的，但是却符合大众需求的服务来做
社会教育者	利用刊物，举办活动，通过媒体的宣传等方式，肩负传递特定人群需求信息的责任，从而尝试提供新的观念，改变社会大众或决策者对社会漠不关心的态度，并弥补正规学校教育体系的不足

非营利组织除了提供传统的慈善、文教、医疗、救助等公共服务外，基于其所处的特殊地位，还承担以下角色并发挥相应的功能：担任政府与民众之间沟通的桥梁；行动导向，针对服务对象直接提供服务；公益服务导向；组织结构比商业团体或政府更加多样，更加有弹性；经常采取较具创新和实验性质的观念和方案。许多非营利组织，如消费者组织或环保团体等，关心的范围包括了公私部门的产品与服务品质的好坏，以及其对社会和民众的影响。因此，非营利组织也扮演着维护公共利益的角色。总之，通过非营利组织提供的公共服务，一方面实现公共行政的公共目的，另一方面通过政府与民间的资源整合，

达到提升整体公共生产力与民众福利的目的。

三、非营利组织的主要业务活动

与政府组织不同，非营利组织种类繁多，性质各异，不同性质的非营利组织在业务活动方面也各具特色。

（一）西方高等院校的主要业务活动

教育作为一个关系社会发展、人类进步的关键领域，一直受到世界各国的高度重视，尤其是高等院校的发展更担负着向社会输送高端人才和研发尖端技术等重任。因而，西方高等院校是各国最普遍和最主要的非营利组织。高等院校以非营利为组织目标，主要从事教育和研究活动。高等院校通过开展教育活动为广大受教育者传授科学文化知识，使受教育者获得相应的技能和知识。而科学研究活动是大专院校的另一项重要活动，它通过充分利用高等院校人才优势和良好的科研平台，接受政府、企业及其他组织的委托，主要进行基础科学研究和应用科学研究，促进科学技术进步，同时，也从另一方面促进教学内容的更新和教学质量的提高。

除教育和科研外，高等院校还提供其他相关的服务，包括为受教育者提供住宿、餐饮、图书资料及其他与教育和学生生活相关的延伸服务。随着世界各国办学水平的逐步提高，高等院校提供的延伸服务种类日渐增多，服务的规模和质量也大幅度提高。

（二）西方医疗保健组织的主要业务活动

西方医疗保健组织从设立情况看，有各级政府提供资金设立的，有民间非营利组织设立的，也有企业或以营利为目的的个人投资者投资创办的。这些医疗保健组织绝大部分不以营利为目的，重在为社会公众提供健康、医疗方面的服务。

医疗保健组织的形式多种多样，除了最具代表性的医院组织外，还包括诊所、保健院、流动医疗机构、健康维护机构、家庭医疗机构、医疗合作社、护理所等组织形式。这些医疗保健组织各具特点，各自从不同方面满足人们对医疗保健服务的需要。从它们提供的服务种类方面看，有的仅提供门诊看病、保健护理等单一服务（如各种诊所、保健院、健康维护机构等），有的则提供包括门诊看病、住院治疗、保健护理、心理咨询与治疗、体检化验等综合的医疗保健服务（如医院）。从它们服务的对象看，有的仅为特定的对象服务（如家庭医疗机构、保健所、护理所等），有的则为社会公众提供广泛的服务（如医院、诊所等）。

但是，上述各种医疗保健服务组织中，以医院的组织机构最为完整，提供服务的种类最为齐全，而且绝大部分以非营利为目的，也是最基本的医疗保健组织。医院主要向社会公众提供医疗、保健、康复、体检化验、健康与心理咨询、培训与医疗保健宣传等活动。

（三）自愿健康和福利组织的主要业务活动

自愿健康和福利组织以社会公众的自愿捐赠、资助和政府拨款等为主要财务来源，并运用这些财务资源自愿地（免费或较低收费）为社会大众提供各类保健、福利和其他社会服务。它们提供各种类型的服务，如为职业妇女照看孩子，出任家庭法律顾问，指导老年人的营养配餐，对心理或生理有障碍的人士提供护理，保护儿童免受虐待，为出狱罪犯提供暂住房等。

以美国为例，在很多城市都存在着自愿健康和福利组织。比如，男童子军、女童子军、美国爱心协会、青年男子基督徒协会、青年女子基督徒协会，以及各种心理健康协会等。

（四）其他非营利组织的主要业务活动

根据美国注册会计师协会发布的《见解公告》（SOP）78-10，其他非营利组织不包括医院、高等院校、自愿健康和福利组织，这些组织以股利、低成本等形式为其成员或股东谋取直接经济利益，本质上是营利性质的非营利组织。

其他非营利组织活跃在公众社会生活的方方面面，其业务活动种类繁多、涉及领域广泛，与人们的生活密切相关。

第二节　西方高等院校基金会计

一、高等院校会计与财务报告原则

各国高等院校会计与财务报告所遵循的会计原则因其规范体系不同而有所差别，而且都处在不断发展变化之中。

1984年，美国财务会计基金会成立了政府会计准则委员会（GASB），将制定会计准则的职责在财务会计准则委员会与政府会计准则委员会之间进行了分工。财务会计准则委员会主要负责制定企业及非营利组织的会计准则，政府会计准则委员会则负责制定州和地方政府的会计准则。如前所述，在西方国家，特别是美国，大专院校有公立与私立之分，公立大专院校主要遵循政府会计准则委员会制定的会计准则，而私立的大专院校则主要遵循财务会计准则委员会及其前身会计程序委员会、会计原则委员会等权威机构制定的会计准则。

1991年，美国政府会计准则委员会在第15号准则公告《公立大专院校会计与财务报告编制模式》中，允许公立大专院校自行决定究竟是采用财务会计准则委员会制定的会计准则，还是采用政府会计准则委员会制定的会计准则，即所谓的AICPA模式和GASB模式。但是，大部分公立大专院校在会计实务中基本上都采用AICPA模式。AICPA模式的主要特点包括：

1.基金设置方面

在基金设置方面，要求大专院校设置如本节所述的各类基金，即流动基金（分为非限定性流动基金和限定性流动基金）、贷款基金、留本及类似基金（分为永久性留本基金、暂时性留本基金和准留本基金）、年金和终生收益基金，以及房舍及设备基金等。

2.财务报表方面

在财务报表方面，要求大专院校编制并提供资产负债表，基金余额变动表和流动基金收入、支出及基金余额变动表。其中，资产负债表和基金余额变动表要求列示每个主要类别基金组的基金余额及变动情况。流动基金收入、支出及基金余额变动表只列示非限定性和限定性流动基金。

值得指出的是，财务会计准则委员会第117号准则公告《非营利组织的财务报表》的发布，取消了要求非营利组织运用基金会计呈报财务报表的规定。但是，许多非营利组织，包括大专院校，为了内部记录和对外报告的需要，仍然使用基金会计，并根据特殊业务、捐赠人设置的限定条件设立基金，按基金主体划分收入、支出、资产、负债及净资产（基金余额）。所以，第117号准则公告并不影响基金会计在大专院校内部的普遍使用。

3.会计确认和计量方面

在会计确认和计量方面，要求大专院校的收入和支出均应采用应计制基础确认，但有些项目（如利息收益、保险费用等）可以不采用严格的应计制基础，通常应在发生期间予以确认。教育机构使用的财产，原则上不计提折旧。但如学校的财务政策是从经常收益中提供这项财产的重置资源时，就应适当计提使用中财产的折旧。学校的学生公寓、餐厅、书店及其他经营事业单位由于要衡量经营业绩，其所使用的财产应当计提折旧。留本基金的本金如果要求保持完整，留本基金的财产也应计提折旧。

二、高等院校的基金设置与基金会计

西方高等院校的财务资源大多是从不同渠道取得的，为了保证大部分财务资源按特定要求用于特定项目或特定期间，学校往往对每一项具有特定用途的财务资源都要设立基金，实行基金管理，采用基金会计模式记录和报告财务资源的收支情况。

（一）流动基金会计

1.流动基金会计的确认

流动基金也称普通基金、普通流动基金、运营基金等，它包括所有当期可支用的未受限定或受限定的资金，即分为非限定性流动基金和限定性流动基金。其中，非限定性流动基金是指国家法律规章、学校董事会、资源提供者等未对其用途作特别限定且当期可支用的财务资源，包括学费和杂费、资源提供者（包括政府、捐赠人等）提供的非限定性拨款或赠款、非限定性投资收益等，它与政府基金中的普通基金相类似。限定性流动基金则指当期可支用，但法律规章、学校董事会、资源提供者等要求用于特定目的的财务资源，这种基金有的限定使用的项目，即只能用于特定项目或目的，有的限定基金使用的时间。限定性流动基金主要来源于捐赠人提供的特定的捐赠款，合同签订者提供的合同款，政府给予的具有特定用途的补助款，留本基金收益及其他由资源提供者设置的特别用途的资源等。

流动基金收入应采用应计制基础确认，并按收入来源分类，主要包括：①学费和杂费；②各级政府拨款；③政府资助及约定付款；④私人捐赠、补助和约定付款；⑤留本基金收益；⑥教育活动的销售及服务收益（包括出售资产的非限定性收益）等。

流动基金支出应在基金负债发生或动用基金资产偿付时确认，并按支出功能进行分类报告，而且教育和一般支出应与附属企业的支出分开报告。其中，教育与一般支出按功能可分为：教育费用、研究费用、行政管理费用、公共服务费用、学术资助、学生服务支出、赞助支出、房舍及设备运行与维护费用、奖学金及助学金支出等。

2.流动基金会计核算举例

【例11-1】某高校发生如下业务：

①收到中央政府拨款20 000 000元，地方政府拨款1 000 000元。其会计分录为：

借：现金	21 000 000	
贷：收入——政府拨款		21 000 000

②收到校友、企业界限定性捐赠800 000元。其会计分录为：

借：现金	800 000	
贷：收入——限定性捐赠		800 000

③购买办公及教学用品共计1 900 000元，用银行存款支付1 500 000元，余款开出一张无息票据抵付。其会计分录为：

借：用品存货	1 900 000	
贷：现金		1 500 000
应付票据		400 000

④用银行存款支付教师薪金16 000 000元，研究人员薪金8 000 000元，行政管理人员薪金600 000元。其会计分录为：

借：支出——教育费用	16 000 000	
——研究费用	8 000 000	
——行政管理费用	600 000	
贷：现金		24 600 000

（二）房舍及设备基金会计

1.房舍及设备基金分类

房舍及设备基金按照性质和形态分为四个级次的基金：

（1）未支用房舍及设备基金

未支用房舍及设备基金，即供高等院校取得实质性房舍和设备，而在报告日尚未耗用的基金，一般从普通流动基金中转入。接受限定用于购置房舍和设备的捐赠，也应转入未支用房舍及设备基金中，并根据房舍及设备基金是否限定进行区分。

（2）更新和重置基金

更新和重置基金，即供高等院校房舍和设备更新及重置的基金，从流动基金中转入。从流动基金中转入时，应在流动基金中记录为“转出——更新和重置基金”，同时在房舍及设备基金中记录为“基金余额——更新和重置基金”等。

（3）偿债基金

偿债基金，即划出供高等院校清偿购置房舍及设备的负债而设立的基金。高等院校为房舍和设备购置而发行的债券，应根据债券协定建立偿债基金。偿债基金也应从流动基金中转入。

（4）房舍及设备投资基金

房舍及设备投资基金，即为高等院校房舍和设备投资及这些投资形成的基金。高等院校为购置房舍和设备，将一定数额的流动基金转至未支用房舍及设备基金或收到限定用于购置房舍及设备的捐赠时，应在未支用房舍及设备基金中记录为基金余额。用未支用房舍及设备基金建造房舍或购置设备时，除在未支用房舍及设备基金中记录基金余额减少外，还应在房舍及设备投资基金中记录房舍及设备投资。为建造房舍或购置设备发行债券时，应在未支用房舍及设备基金中记录应付债券，竣工决算的，将其随在建工程转入房舍及设备投资基金。为建造房舍或购置设备发生支出时，应在未支用房舍及设备基金中记录在建工程。房舍及设备建造完工时，应在未支用房舍及设备基金中记录在建工程转出，同时在房舍及设备投资基金中记录固定资产。

2.房舍及设备基金会计核算举例

【例11-2】某高校房舍及设备基金发生如下业务：

①收到校友捐赠用于建造实验大楼的资金6 000 000元。

在“未支用房舍及设备基金”中记录如下：

借：现金 6 000 000

贷：基金余额 6 000 000

②用更新及重置基金2 000 000元购置教学设备。

在“更新及重置基金”中记录如下：

借：基金余额——非限定性 2 000 000

贷：现金 2 000 000

同时，在“房舍及设备投资基金”中记录：

借：设备——教学设备 2 000 000

贷：房舍及设备净投资 2 000 000

（三）贷款基金会计

1.贷款基金的来源与运用

高等院校贷款基金，既可通过社会各界捐赠或馈赠建立，也可以由高等院校董事会决定从非限定性流动基金中转出一部分资金建立。贷款基金的本金和利息都可用于向教职工和学生发放贷款。其中，学生的贷款基金在收回后还可作新贷款继续循环使用。

2.贷款基金的会计核算举例

【例11-3】某高校贷款基金发生如下业务：

①接受某企业捐赠1 500 000元用于建立贷款基金。会计分录为：

借：现金 1 500 000

贷：基金余额 1 500 000

②本年度向学生发放贷款800 000元，预计1%的贷款无法收回。其会计分录为：

借：应收贷款 800 000

贷：现金 800 000

同时，记录预计坏账。

借：基金余额 8 000

贷：备抵坏账 8 000

③用贷款基金1 200 000元购买政府债券。其会计分录为：

借：有价证券投资 1 200 000

贷：现金 1 200 000

（四）留本基金会计

1.留本基金的分类

高等院校的留本基金可根据其限定的性质分为纯留本基金、定期留本基金和准留本基金三类。

（1）纯留本基金

它是授予人创设的基金，要求在保持基金完整的前提下，允许将基金投资收益用于当期运营活动，即必须将其本金无限期地持有投资，以产生收益，只有来自留本基金所获得的收益，才可供高等院校支用。

（2）定期留本基金

定期留本基金的本金由捐赠人指定一段时间后或指定的事件发生时，才可予以支用。

（3）准留本基金

它是由高等院校的董事会而非外界捐赠人设置的，准留本基金的本金可由董事会自行决定支用或撤销。

高等院校的留本和类似基金应分别在基金余额中设置“纯留本基金”、“定期留本基金”和“准留本基金”明细科目，记录其增减变动情况。用留本基金投资取得的投资收益，应按比例分配记入各基金余额账户。

2.留本基金会计核算举例

【例11-4】某高校留本基金发生如下业务：

①收到捐赠人捐赠款3 000 000元用于设立一项基金，并指定该基金的本金不能动用，只能用于投资，投资收益用于补充该校的教育支出。做会计分录为：

借：现金	3 000 000	
贷：基金余额——纯留本基金		3 000 000

②收到某校友捐赠基金1 500 000元，约定2年内本金不能动用，该基金的收益用作学生的奖学金。2年后，该基金可用于学校基础设施建设。做会计分录为：

借：现金	1 500 000	
贷：基金余额——定期留本基金		1 500 000

（五）年金与终生收益基金会计

1.年金基金

年金基金（Annuity Funds）是捐赠人提供的在一定期间内按期支付一定数额给捐赠人所指定的受益人的基金。该基金超过捐赠人指定的期限或受益人不在人世，可根据协议的约定将基金余额转入规定的其他基金。若无特别规定，应转入非限定性流动基金。

年金基金应以收到基金时的公平市价入账，以每期应支付款项精算的贴现值记录年金负债，以两者之间的差额记录年金的基金余额。年金基金的收益直接转入年金基金余额，每期向受益人支付年金时，支付的金额与原记录的年金负债之间的差额则记录为年金的基金余额。

下面举例说明年金基金的会计核算。

【例11-5】①王老先生是某高校的知名校友，他为感谢母校培育之恩，向学校提供了一笔12 000 000元的基金。其中，现金支票2 000 000元，有价证券在收到当日的市价为10 000 000元。王老先生与校方约定，在其有生之年，每月由校方支付16 000元生活费，待王老先生过世后，该基金将用于建造一座以他的名字命名的图书馆。经精算师估计，每月支付16 000元的年金现值为1 850 000元。其会计分录为：

借：现金	2 000 000	
有价证券投资	10 000 000	
贷：应付年金		1 850 000
基金余额——年金基金		10 150 000

②若干年后王老先生去世，该年金基金的应付年金现值余额为85 000元，基金余额为

36 100 000元（其中，有价证券投资余额为28 000 000元，其余为现金）。其会计分录为：

借：应付年金 85 000

基金余额——年金基金 36 100 000

贷：现金 8 185 000

有价证券投资 28 000 000

同时，按约定将该年金基金的余额转入房舍及设备基金。

在房舍及设备基金的“未支用房舍及设备基金”中做会计分录如下：

借：现金 8 185 000

有价证券投资 28 000 000

贷：基金余额 36 185 000

2.终生收益基金

终生收益基金（Life Income Funds）是授予人规定只以基金的收益支付给指定受益人，供其有生之年享用，受益人去世后，按约定将该基金转入其他基金或交由校方处置。在终生收益基金下，唯有基金的收益才能给予受益人，因此，每期支付给终生收益基金受益人的数额是不固定的，也不必计算现值。

高等院校在接受捐赠设立终生收益基金时，应借记“现金”等，贷记“基金余额——终生收益基金”。用终生收益基金投资时，应借记“投资”，贷记“现金”。取得投资收益时，应借记“现金”，贷记“应付终生收益”。把基金收益支付给受益人时，应借记“应付终生收益”，贷记“现金”。年金与终生收益基金增减变动及余额情况应分别在高等院校资产负债表和基金余额变动表中披露。

三、高等院校的财务报表

在美国，高等院校根据公认会计原则编制的财务报表包括：流动基金收入、支出及基金余额变动表和合并资产负债表等。表11-2给出了一所高等院校的资产负债表，下面以此为例介绍高等院校主要财务报表的构成。

表11-2 **某高等院校资产负债表**

20×9年12月31日

单位：美元

报表项目	金　额
资产	
流动资产：	
现金和现金等价物	4 571 218
短期投资	15 278 981
应收账款净额	6 412 520
存货	585 874
债券信托存款	4 254 341
应收票据和抵押款净额	359 175

续表

报表项目	金　额
其他资产	432 263
流动资产合计	31 894 372
非流动资产：	
限定用途现金和现金等价物	24 200
留本基金投资	21 584 723
应收票据和抵押款净额	2 035 323
房地产投资	6 426 555
资本资产净值	158 941 329
非流动资产合计	189 012 130
资产总计	220 906 502
负债	
流动负债：	
应付账款和应计债务	4 897 470
递延收入	3 070 213
一年内到期的长期负债	4 082 486
流动负债合计	12 050 169
非流动负债：	
存款	1 124 128
递延收入	1 500 000
长期负债	31 611 427
非流动负债合计	34 235 555
负债总计	46 285 724
净资产	
投资于资本资产，扣除相关债务	126 861 400
限定用途净资产：	
不可支用部分：	
奖学金和助学金	10 839 473
研究	3 767 564

续表

报表项目	金　额
可支用部分：	
奖学金和助学金	2 803 756
研究	5 202 732
教导部门使用	938 571
贷款	2 417 101
资本资产项目	4 952 101
偿还债务	4 254 341
其他	403 632
未限定用途净资产	12 180 107
净资产总计	174 620 778

第三节　西方医院会计

一、医院会计与财务报告原则

西方国家的医院根据其设立的目的不同，可分为非营利性医院和营利性医院。本书拟重点关注的非营利性医院，又可根据其创办主体不同，分为政府创办的公立医院和社会各界出资创办的私立医院。非营利医院中，政府出资创办的公立医院通常作为政府的一个公营事业机构，其会计处理遵循政府会计准则委员会（GASB）制定的准则和其他公告。由社会各界出资创办的私立医院则执行财务会计准则委员会（FASB）发布的准则和其他公告。但由于财务会计准则委员会主要制定企业会计准则，对于非营利组织，包括医院、高等院校及其他类型的非营利组织，至今尚未建立和形成一套完整的、可供这些非营利组织遵循的公认会计原则体系。目前，美国医院会计遵循的公认会计原则主要来源于美国医院协会（American Hospital Association）、美国保健财务管理协会（Healthcare Financial Management Association）和美国注册会计师协会所发布的有关文告。美国医院协会和保健财务管理协会都鼓励其成员遵守美国注册会计师协会承认的作为公认会计原则的各种会计准则及其他文告提供对外财务报告，并接受审计师的年度审计。

二、医院的基金会计

（一）普通基金会计

根据美国注册会计师协会85-1号公告提供的定义，普通基金是指捐赠者或其他资源提供者未限定将资源用于特定目的而设立的基金，包括医院管理当局可用于任何目的的资源和资源提供者以外的外部团体和医疗服务单位签订协议而限定用途的资源。

1.普通基金会计的特点

相对于限定性基金而言，普通基金会计具有以下几个方面的特点：

（1）普通基金主要反映可用于医院所有业务活动的非受限性资源及相关的债务，其核算的内容包括非限定性流动资产、固定资产、资源提供者以外的人士或团体限定用途的资产和代理他人持有的资产等。医院的普通基金与政府或高等院校的普通基金不同，它包括了所有非限定性的资产和负债，即包括长期资产和长期负债。

（2）医院在提供医疗服务的过程中发生的所有事项，包括收入、费用、利得或损失等应采用应计制基础核算。医院的普通基金会计需要运用递延、应计、配比、摊销等会计程序和方法，把一切影响医院财务结果的交易和其他事项及情况都在其发生期间记录，如固定资产折旧、应计收入、应付费用、应摊销债券折价或溢价、坏账准备提取等都是采用应计制会计的典型业务。

（3）医院日常业务运营活动发生的收入、费用及非运营利得或损失应全部在普通基金中记录和反映。

①收入。医院日常业务运营活动的收入可根据其来源不同划分为医疗收入和其他业务收入。其中，医疗收入是医院的主营业务收入，它单设一个账户，反映应向病人收取的或实际收取的病人医疗费总额。其他业务收入是指与向病人提供医疗服务有关的其他收入，如客房收入、餐饮收入、医疗培训收入及基金间转账业务产生的收入。此外，为慈善护理病人而接受的捐赠或拨款也应作为收入报告。

②费用。医院发生的各种费用可以根据其用途分为护理服务费、管理费用、财务费用、一般服务费、其他专业服务费、折旧费用等。这几类费用均应设置专门账户予以反映。

③非运营利得或损失。非运营利得或损失是指医院正常业务以外取得的收益或发生的损失，如投资收益、限定性基金收益、转入捐款、捐助物资或捐赠劳务、固定资产清理收益或损失等。

（4）医院管理当局指定用于特定目的，如管理当局指定用于医院房舍的扩建、偿债或捐赠等资源，应在普通基金中核算。这是因为即使管理当局对资源作了用途的限定，但它并不会改变这些资源非限定的性质，也不形成单独的基金。它实质上是将一部分普通基金余额作了限定或分离，管理当局有权予以取消，所以，它不是合同性或法定的限定性资源，仍应当留在普通基金中核算。但是，为了反映管理当局的限定，这部分资产及与之相关的债务应与一般的普通基金资产和负债分开记录，基金余额也应分别按限定用途和非限定用途分开列示，待限定取消或结束时予以转回或注销。

2.普通基金会计核算举例

【例11-6】某医院日常活动中发生如下业务：

①向病人收取医疗费6 000 000元。其会计分录为：

借：应收账款	6 000 000	
贷：医疗收入		6 000 000

②医院本年度共购进材料、物料用品等存货200 000元，款项尚未支付。其会计分录为：

借：存货	200 000	

贷：应付账款 200 000

③本年度发生的各项费用如下：一般服务费600 000元，护理服务费800 000元，其他专业服务费580 000元，财务费用180 000元，管理费用260 000元。以上各项费用均以银行存款支付。其会计分录为：

借：一般服务费 600 000

护理服务费 800 000

其他专业服务费 580 000

财务费用 180 000

管理费用 260 000

贷：银行存款 2 420 000

④本年度获得普通基金投资收益15 000元现金。其会计分录为：

借：现金 15 000

贷：非运营利得——普通基金投资收益 15 000

⑤医院本年度报废一台医疗设备，成本为130 000元，已计提折旧80 000元。其会计分录为：

借：累计折旧——设备 80 000

非运营损失——固定资产清理 50 000

贷：设备 130 000

（二）限定性基金会计

1.专用基金

专用基金是捐赠人或其他资源提供者限定用于特定经营目的的基金。其会计核算的要点为：不核算收入和费用；记录影响基金一切事项的财务结果时，增加（或减少）专用基金余额；医院按规定使用专用基金时，需将资金从专用基金余额转至普通基金，在普通基金中记入“非运营利得”账户，同时在普通基金中记录发生的相关费用。

先举例说明专用基金会计的核算。

【例11-7】某医院专用基金发生了如下业务：

①收到某捐赠者指定用于医院核磁共振设备改良的限定性捐款500 000元。其会计分录为：

借：现金 500 000

贷：专用基金余额——捐赠 500 000

②用专用基金300 000元购买债券。其会计分录为：

借：投资——债券 300 000

贷：现金 300 000

③为弥补慈善减免造成的收入损失，转给普通基金50 000元。

在专用基金中，应作会计分录如下：

借：专用基金余额——转入普通基金 50 000

贷：应付普通基金款 50 000

在普通基金中，应作会计分录如下：

借：应收专用基金款 50 000

贷：非运营利得——专用基金转入　50 000

2.留本基金

留本基金是资源提供者提供的需永久或定期保存本金的资源。留本基金可根据其限定条件的不同分为永久性留本基金和暂时性留本基金。其中，暂时性留本基金又可分为限定时间的暂时性留本基金和限定用途的暂时性留本基金。暂时性留本基金在超过限定日期后或按限定用途使用后应将资源转入其他各类相应的基金中。

下面举例说明留本基金会计的核算。

【例11-8】某医院留本基金发生了如下业务：

（1）接受地方政府捐款1 500 000元，按规定该项捐款的本金要永久保存。其会计分录为：

借：现金　1 500 000

贷：留本基金余额——永久性留本基金　1 500 000

（2）收到留本基金投资取得的收益200 000元，按资源提供者的限定，将投资收益中的150 000元用于固定资产的重置和扩充，另外50 000元未作限定。

①记录投资收益的取得，其会计分录为：

借：现金　200 000

贷：留本基金余额　200 000

②记录留本基金收益转出，其会计分录为：

借：留本基金余额——转出　200 000

贷：现金　200 000

③在固定资产重置及扩充基金中，记录限定用于固定资产重置及扩充的150 000元投资收益，其会计分录为：

借：现金　150 000

贷：固定资产重置及扩充基金余额——留本基金收益转入　150 000

④在普通基金中，记录未限定用途的50 000元投资收益，其会计分录为：

借：现金　50 000

贷：非运营利得——留本基金收益转入　50 000

3.固定资产重置及扩充基金

固定资产重置及扩充基金是指由资源提供者提供限定用于固定资产重置和扩充的资源，但不包括那些由医院管理当局指定用于固定资产重置及扩充的资源。医院管理当局指定的这部分资源直接在普通基金中核算。捐赠人或援助者提供给医院限定用于固定资产重置或扩充的财务资源时，应贷记“固定资产重置及扩充基金余额”。在符合捐赠人规定的支出条件时，应按取得的固定资产数额在普通基金中借记资产账户，贷记基金余额，同时，冲减固定资产重置及扩充基金中的资产及基金余额。类似地，捐赠给医院的固定资产在使用前，也应在固定资产重置及扩充基金中记录。投入使用后，应从固定资产重置及扩充基金中转入普通基金。当医院按资源提供者所附条件购置固定资产时，这部分资金应从固定资产重置及扩充基金中支付。在会计核算时，应将资金从固定资产重置及扩充基金转入普通基金，同时，所购置的固定资产也在普通基金中核算。固定资产重置及扩充基金暂时闲置的资金可用于投资，如购买有价证券，其投资收益应按规定在相应基金中记录。一般情况下，投资收益应增加该基金余额。医院固定资产应以历史成本计入普通基金，并计提折旧，同时在财务报告中披露固定资产的估价基础及折旧政策。

现举例说明固定资产重置及扩充基金会计的核算。

【例11-9】某医院固定资产重置及扩充基金发生如下业务：

（1）收到某企业捐赠款800 000元，按约定这笔捐赠款指定用于购置医疗设备。其会计分录为：

借：现金 800 000

　贷：固定资产重置及扩充基金余额 800 000

（2）用固定资产重置及扩充基金500 000元购买医疗设备。

①在固定资产重置及扩充基金中，记录医疗设备的购置。其会计分录为：

借：固定资产重置及扩充基金余额 500 000

　贷：现金 500 000

②在普通基金中，记录购置上述医疗设备新增的固定资产。其会计分录为：

借：设备 500 000

　贷：普通基金余额——限定性余额 500 000

三、医院的财务报表

根据美国注册会计师协会颁布的《医院审计指南》的规定，医院需编制的财务报告主要包括资产负债表、业务运营情况表、现金流量表和基金余额（或净资产）变动表及报表附注。下面以某医院20×9年的资产负债表为例介绍医院资产负债表的构成内容（见表11-3）。

表11-3 **某医院资产负债表**

20×9年12月31日

单位：美元

普通基金	金　额
资产	
流动资产	
现金	1 620 000
应收账款	1 190 000
减：坏账准备	90 000
应收专用基金款	20 000
预付费用	30 000
存货	10 000
流动资产合计	2 780 000
非流动资产	
投资	500 000
限定用途资产	60 000

续表

普通基金	金　额
非流动资产合计	560 000
固定资产	
土地	3 300 000
建筑物	7 800 000
设备	6 350 000
固定资产合计	17 450 000
减：累计折旧	2 050 000
固定资产净值	15 400 000
资产合计	18 740 000
捐赠人限定基金	
专用基金	
现金	480 000
投资	350 000
资产合计	830 000
留本基金	
现金	1 100 000
投资	1 580 000
应收利息	105 000
资产合计	2 785 000
固定资产重置及扩充基金	
现金	60 000
投资	2 100 000
资产合计	2 160 000
普通基金负债及基金余额	
流动负债	
应付账款	1 020 000
应付薪金	130 000
应付利息	98 000
流动负债合计	1 248 000

续表

普通基金	金　额
长期负债	
应付抵押票据	1 600 000
长期负债合计	1 600 000
负债合计	2 848 000
基金余额	
未限定用途	1 986 000
限定用途	13 906 000
负债及基金余额合计	18 740 000
捐赠人限定基金负债及基金余额	
专用基金	
应付普通基金款	26 000
基金余额	804 000
负债及基金余额合计	830 000
留本基金	
基金余额	2 785 000
负债及基金余额合计	2 785 000
固定资产重置及扩充基金	
基金余额	2 160 000
负债及基金余额合计	2 160 000

从上面给出的医院资产负债表可以看出，医院的资产负债表不同于企业，整张报表是按不同的基金类别分别列示的。从构成上看，资产负债表由两部分构成：一是普通基金的资产、负债和基金余额；二是限定性基金所包括的专用基金、留本基金和固定资产重置及扩充基金的资产、负债和基金余额。但无论是哪一类基金，都严格按照会计恒等式“资产=负债+基金余额”来编制。

第四节　自愿健康和福利组织及其他非营利组织会计

1978年，美国注册会计师协会发布了《见解公告》（SOP）78-10《某些非营利组织的会计原则和报告实务》。其中指出其他非营利组织为包括除医院、高等院校、自愿健康和福利组织、主要为其成员或股东的经济利益经营的企业型的非营利组织以外的所有非营利组织。显然，最不容易与其他非营利组织区分的就是自愿健康和福利组织，因而，下面将二者合并为一节内容进行介绍。

一、自愿健康和福利组织与其他非营利组织会计及财务报告原则

从20世纪60年代起，自愿健康和福利组织与其他非营利组织的会计准则经历了几次演变。20世纪60年代中期，美国注册会计师协会逐渐成为为这些组织制定会计准则的中坚力量。目前，关于包括自愿健康和福利组织与其他非营利组织在内的一切私立非营利组织使用的权威指导文件，是1993年6月财务会计准则委员会发布的《财务会计准则第116号公告》“捐赠收入和捐赠支出会计”（Accounting for Contributions and Contributions Made）和《财务会计准则第117号公告》“非营利组织财务报表”（Financial Statements of Not-for-profit Organizations）。

二、自愿健康和福利组织与其他非营利组织的特征

（一）自愿健康和福利组织的特征

自愿健康和福利组织的成立是为了向社会各阶层以免费或少量收费的方式提供各种健康、福利和社区服务，其资金来源于公众的自愿捐赠，享有免税权，为公众利益服务，主要由公众捐赠维持，并且不以营利为目的。因此，自愿健康和福利组织区别于其他非营利组织的特征如下：

①目的，满足社区的健康、福利或其他社会服务需要；

②自愿性，免费，或只收取与所提供的服务相比极少量的费用；

③与资源提供者的关系，自愿健康和福利组织的资源提供者不是服务的主要接受者或受益人。

有些其他非营利组织可能会提供与自愿健康和福利组织相似的服务，但其他非营利组织更多的是通过向服务的主要接受者收取使用费或会员费的方式提供服务的。

（二）其他非营利组织的特征

其他非营利组织是指以下几种类型的组织和其他一些真正非营利的组织。其主要包括：公募组织、公民组织、联谊组织、图书馆、博物馆、其他文化机构、艺术表演组织、政党、私人或社区基金会、私立小学或初中、职业协会、宗教组织、科研组织、动植物保护协会。

三、自愿健康和福利组织与其他非营利组织的会计核算特点

（一）会计确认基础

自愿健康和福利组织以及其他非营利组织都要求采用权责发生制作为会计确认的基础，即要求核算收入和费用，也可以采用其他基础，如收付实现制记账，而在期末按公认会计原则进行调整。

（二）基金会计

《财务会计准则第117号公告》及以前的文件都不要求非营利组织采用基金会计，但是许多自愿健康和福利组织以及其他非营利组织在接受了限定资源目的的赠与和捐款后，都采用基金会计来保全和证明它们对这类限定资源的责任。一个组织拥有的限定用途资源

数额越大，基金会计在加强财务控制和会计责任方面所起的作用就会越明显。自愿健康和福利组织与其他非营利组织的基金会计没有具体要求采用何种基金结构，也不允许用基金报告来代替汇总报告，故在此不作详细阐述。

（三）净资产分类

《财务会计准则第117号公告》规定，自愿健康和福利组织以及其他非营利组织采用的会计等式为：

资产=负债+净资产

并要求将净资产分为三类进行报告。这三类净资产分别为：

①未限定用途净资产，未作暂时或永久限定用途的一类净资产（包括曾经是暂时限定用途，后因捐赠条件满足而解除限定的资产）；

②暂时限定用途净资产，捐赠者对捐赠资源作了时间或用途上的限定的一类净资产；

③永久限定用途净资产，捐赠者对资源的用途作了永久性的限定，即限定不会随时间的消逝或组织的行为而解除。

四、自愿健康和福利组织与其他非营利组织财务报告举例

《财务会计准则第117号公告》要求自愿健康和福利组织以及其他非营利组织提供的财务报表有：财务状况表、资产负债表、业务表和现金流量表。此外，自愿健康和福利组织还必须提供职能费用表。

下面是某自愿健康和福利组织以及其他非营利组织资产负债表的示例（见表11-4）。

表11-4 **某自愿健康和福利组织资产负债表**

20×9年12月31日 单位：美元

项　目	20×9	20×8
资产		
现金（和现金等价物）	227 000	125 000
应收捐赠承诺（扣除坏账准备20×9年为$14 000，20×8年为$4 000）	76 000	46 000
应收利息	—	2 000
材料及材料物资存货	7 800	3 000
投资	90 000	90 000
限定用途固定资产	150 000	270 000
土地	50 000	50 000
建筑物及其改良（扣除累计折旧，分别为$140 000和$154 000）	466 000	280 000
设备（扣除累计折旧，分别为$56 000和$85 000）	209 000	115 000
限定留本用资产	411 900	445 000
资产合计	1 687 700	1 426 000
负债和净资产		

续表

项　目	20×7	20×6
负债		
应付账款	25 000	28 000
应付工资	3 000	—
应付抵押款	165 000	205 000
负债合计	193 000	233 000
净资产		
永久限定用途净资产	411 900	345 000
暂时限定用途净资产		
用于研究	7 500	15 000
用于教育	84 000	24 000
用于固定资产	150 000	270 000
用于留本基金	—	100 000
用于以后年度	55 000	22 000
暂时限定用途净资产合计	296 500	431 000
未限定用途净资产		
指定用于资本支出	—	100 000
指定用于留本基金	50 000	—
投资于固定资产	560 000	240 000
未指定用途的其他净资产	176 300	77 000
未限定用途净资产合计	786 300	417 000
净资产合计	1 494 700	1 193 000
负债和净资产合计	1 687 700	1 426 000

思考题

1. 试分析西方非营利组织的业务活动特点。
2. 试分析非营利组织在当今社会中扮演的角色和发挥的作用。
3. 简述西方高等院校基金设置。
4. 高等院校的财务报表包括哪些？
5. 西方医院会计设置的基金类型有哪些？
6. 西方医院普通基金会计的特点有哪些？
7. 什么是自愿健康和福利组织？
8. 试述自愿健康和福利组织与其他非营利组织的特征。
9. 自愿健康和福利组织以及其他非营利组织会计的核算特点有哪些？